重庆市社会科学界联合会专项资助成果

《西南大学学报》建设丛书

教育学研究文集

西南大学期刊社／编

主　编　李远毅
执行主编　曹　莉

西南师范大学出版社
国家一级出版社　全国百佳图书出版单位

图书在版编目(CIP)数据

教育学研究文集 / 西南大学期刊社编. — 重庆 ：
西南师范大学出版社，2018.8
(《西南大学学报》建设丛书)
ISBN 978-7-5621-9528-3

Ⅰ. ①教… Ⅱ. ①西… Ⅲ. ①教育学—文集 Ⅳ.
①G40—53

中国版本图书馆 CIP 数据核字(2018)第 166725 号

教育学研究文集

JIAOYUXUE YANJIU WENJI

重庆市社会科学界联合会专项资助成果

西南大学期刊社　编

主　　编　李远毅
执行主编　曹　莉

责任编辑：王传佳
责任校对：畅　洁
封面设计：王玉菊
出版发行：西南师范大学出版社
地址：重庆市北碚区天生路 1 号
邮编：400715　市场营销部电话：023-68868624
http：//www.xscbs.com
经　　销：新华书店
印　　刷：重庆共创印务有限公司
成品尺寸：165 mm×235 mm
印　　张：24
字　　数：420 千字
版　　次：2018 年 12 月　第 1 版
印　　次：2018 年 12 月　第 1 次印刷
书　　号：ISBN 978-7-5621-9528-3

定　　价：78.00 元

分册主编

《马克思主义与哲学文集》	主　　编	黄大宏
	执行主编	毛兴贵　高阿蕊
《文学与中国侠文化文集》	主　　编	黄大宏
	执行主编	韩云波
《明清史研究文集》	主　　编	黄大宏
	执行主编	张颖超
《教育学研究文集》	主　　编	李远毅
	执行主编	曹　莉
《心理学研究文集》	主　　编	李远毅
	执行主编	曹　莉
《“领跑者5000”论文集》	主　　编	欧　宾

编集说明

BIANJI SHUOMING

本丛书是《西南大学学报》改版10年来，首次精选所刊发的各学科领域代表性论文编纂而成的系列文集，比较全面地展示了办刊的成绩，并作为创刊60周年的纪念。

《西南大学学报》的前身是创自1957年的《西南师范学院学报》(人文社会科学版)和《西南农学院学报》，两刊都属1949年以来，创办时间最悠久的高校综合性学术期刊之一。1985年以后，随着两校办学的发展，先后分别改为《西南师范大学学报》(人文社会科学版)和《西南农业大学学报》(自然科学版)，至2005年两校合并组建西南大学，各自走过了近半个世纪的发展历程。

2005年，世所熟知的"西师""西农"两校，皆源出于1906年创建之官立川东师范学堂，在各经百年发展后，又重新融合，合并组建为西南大学。在2016年迎来合并组建10周年暨办学110周年的历史节点。在这12年间，随着西南大学成为国家"211工程"建设高校，并获准为"985工程优势学科创新平台"，原来的两刊也变更为《西南大学学报》社会科学版和自然科学版，秉承"含弘光大　继往开来"的校训，以新的面貌继续发挥着沟通西南大学与学界、业界的纽带与桥梁的作用。

两刊创立伊始，就以繁荣学术、发展科学文化事业、促进社会全面进步为宗旨。几代编辑同仁数十年如一日，在各自的学科领域内，孜孜矻矻，甘作嫁衣，以广交天下英才，提高办刊质量和学术水准，扩大期刊学术影响力，使之成为学界重要成果的主要发表平台为追求。以今视往，《西南大学学报》在政治与学术上的导向作用、优秀学术成果的推广作用、对外交流中的形象作用、对学术人才的扶持作用、反映本校教学科研水平的窗口作用日臻显著，也锻炼了一支业务精湛的学术型编辑队伍，得到学界和业界的高度认可。《西南大学学报》（社会科学版）是CSSCI（中文社会科学引文索引）来源期刊，被重庆市人民政府授予“第一届重庆出版政府奖”，获得“全国高校三十佳社科期刊”“全国高校精品社科期刊”称号，作为重庆市社会科学学术期刊界的代表性刊物，在全国同类学术期刊中位居前列。《西南大学学报》（自然科学版）近年来四次荣获“百种中国杰出学术期刊”称号，多次荣获“中国精品科技期刊”及“中国高校百佳科技期刊”称号。两刊多次被重庆市评为一级期刊，2012年以来各年度均获得重庆市重点学术期刊建设工程出版专项资金资助。总结和展示两刊60年来的办刊成绩以及组建后的西南大学办学成就，是我们编集本丛书的源起和初衷。

在2017年6月动议之时，本丛书只是基于《西南大学学报》（社会科学版）多年设立的几个主要栏目，精选历年高转载、高被引论文，分别编集系列专题论文集，即《马克思主义与哲学文集》《文学与中国侠文化文集》《教育学研究文集》《心理学研究文集》和《明清史研究文集》5种，拟入选论文100余篇，暂定名为“《西南大学学报》(社会科学版)建设丛书”,共一百多万字,由西南师范大学出版社出版。

在社科版论文集的编纂过程中,我们一直希望涵容自然科学版刊发的高质量论文,使本丛书真正成为《西南大学学报》创刊60周年暨改版10周年的纪念文集。但因编选体例难于确定,这一想法一直悬而未决。10月底,国家科技部中国科学技术信息研究所发布“2017年中国科技论文统计结果”,知自然科学版第3次入选“中国精品科技期刊”,即“中国精品科技期刊顶尖学术论文(F5000)”项目来源期刊,又新入选3篇“‘领跑者5000’(F5000)中国精品科技期刊顶尖学术论文”(即各学科年度所发表论文中的前1%高被引论文)。至此,共有30多篇论文入选“领跑者5000”项目,既体现了自然科学版的学术影响力,也落实了文集编选体例,使《“领跑者5000”论文集》与前5种社科文集一起,共同构成《〈西南大学学报〉建设丛书》的完整面貌。

本丛书的编纂,固然是基于本刊同仁数十年来励志耕耘的心血,也有赖于西南大学领导、各院系及党政部门的大力支持,学界大批专家学者的信任,以及业界先进的指引,我们对此深怀感激。这次旧文新刊,就是一次总结性的汇报。“嘤其鸣矣,求其友声”!我们希望得到来自各方面的批评和指导,使我们能不忘初心,继续前进。

西南大学期刊社
2017年12月

目录

MULU

上编

教育理论与政策研究

泸沽湖镇摩梭儿童辍学原因调查及分析①

吴晓蓉，杨　东

摘　要：本研究在长达四个月田野考察的基础上，运用参与观察、深度访谈等研究方法，通过对四川省盐源县泸沽湖镇摩梭儿童辍学现象的深入考察，对深度访谈资料的细致分析，进而提出：文化疏离、语言差异、读书无用的价值取向等是摩梭学童基础教育阶段辍学的真正原因与深层背景。

一、泸沽湖镇基础教育的主要职能："普初"与"扫盲"

学校教育在四川省盐源县泸沽湖镇初始于20世纪50年代。1952年和1976年，这里分别有了第一所小学——沿海小学（现泸沽湖镇中心校）和第一所中学——沿海中学（现泸沽湖镇中学，仅有初中，没有高中）。发展至今，当地学校教育已初具模型。现有1所中学、1所中心学校和7所村级小学，尽管各学校规模不大，却也基本实现了学校在各村的普及，"普初"（普及初等义务教育）、"扫盲"是当地基础教育的主要职能。

当地学龄儿童如达到"汉语三会"（会讲汉语、会写汉字与会运用加减乘除进行简单运算），"普初"目标则达成，反之则未能达标。"三会"是衡量当

① 汉文古籍有关于摩梭人和蒙古族"摩梭"（磨些、么些、摩沙等）的部分记录。中央政府于1956年、1958年对云南、四川等少数民族的社会历史展开调查，并于20世纪50年代将云南宁蒗等地摩梭人归为"纳西族"，将四川盐源、木里、盐边等地的摩梭人归为蒙古族。然而，当地人在语种、风俗习惯、婚姻家庭、宗教、饮食、服饰和社会结构都与蒙古族迥然相异。文献考据和实地考察表明，世居于左所和前所的是摩梭人而非蒙古族，本文一律写作摩梭人。关于摩梭人的族称、族源和分布问题，作者在博士论文《仪式中的教育——摩梭人成年礼的教育人类学分析》和拙著《教育在仪式中进行——摩梭人成年礼的教育人类学分析》中专门作了探讨。

地“普初”程度的主要标准。在“普初”职能的引导下,学生学习成绩好坏成为检验教师教学好坏的主要参照标准。泸沽湖镇中心小学办公室墙上贴有一则通知,通知内容如下:

> 一、二年级不分类别的以全学区班的五分之一前名次予以奖励;泸沽湖中心校、长柏乡中心校三至六年级为一类,参加全县山区学校评比,五、六年级以参考班的三分之一前名次予以奖励,三、四年级以参考班的四分之一前名次予以奖励;乡、镇以综合得分合计奖励前三名;不分类别的以综合得分数取得全县第一名奖 600 元,全区第一名奖 300 元,全校第一名奖 200 元。

“奖励”是通知的核心词汇,追求奖励的实质是追求分数、证书与荣誉,这种追求构成了教师学校教育的首要任务。教师工作业绩的考评以每年一度的考试为主,教学评估的参照标准是全县统一考试的结果,考试内容是以学区负责人在盐源县或凉山州统一购买的试题为主。

除了“普初”,学校同时承担着另一重要职能——扫盲。“盲”是指不具备“三会”能力的“文盲”,文盲必须接受“三会”教育。扫盲工作由当地政府和学校共同承担,政府主要承担人员组织、文件发布、奖惩等工作,学校成为扫盲工作主要的执行机构,教师则成为主要的执行人员。

莱纳兹(Lennards, J. L.)曾指出教育有五条突出职能:一是职业社会化的主要促进因素;二是发挥人才身份社会化的工具作用;三是为民主社会的公民资格训练学生;四是建立公众文化一致性;五是发展个体人格、潜能,发挥革新源泉的作用。[1]97 他认为上述五种职能既存在内部矛盾,也存在外部矛盾,如对人发展不同要求的矛盾,学校的政治社会化与文化社会化职能的矛盾,等等。在论证学校政治社会化与文化社会化职能矛盾时,他认为:“在学校的文化作用方面,学校从事的是国家建设。它试图加强人民与他们的社会之间的同一性,并向人民灌输团结的感情和国民自豪感。”[1]99 以莱纳兹的观点分析泸沽湖镇的基础教育会发现,当地学校在强调实现其外部职能,促进摩梭人了解外部文化,认识科技发展、学科知识重要作用的同时,忽视或没能充分实现学校的文化社会化职能。因为,学生的在校学习是根据外界文化提出的成绩要求，接受一种与自己文化传统相关不大、仅在学校内部有用的知识。这种知识既难以有效地促进其传统文化的传承与发展，也不能充分满足人们因发展现实生活而产生的实际需求，更难以对学生的发展潜力起开拓作用。所以，对当地学生而言，学校存在于他们的生活“场域”，就其文化作用而言，学校却是在他们的生活“之外”。

二、泸沽湖镇的师资和学生就学概况

（一）师资概况

以下是作者对当地三所小学师资学历构成的调查数据，见表 1：

表 1　泸沽湖镇教师学历构成统计[2]

	男	女	学历	共计
摩梭人	12	3	中专	15
汉 族	5		中专	5
彝 族	5		中专	5
共 计	22	3		25

该调查结果与西南师范大学教育学院么加利博士对木里县水洛乡一个普米族聚居地的两所学校——水洛乡中心校和东拉村小学全体教师学历构成统计结果差别较大，见表 2：

表 2　水洛乡中心校和东拉村小学全体教师学历构成统计[3]

学历	师范类中专	初中	高小	初小	共计
人数	3	1	1	9	14

表 1、表 2 数据显示，接受调查的普米族教育者学历普遍偏低，摩梭人教育者的学历相对较高，前者以初小学历为主，后者则清一色中专学历。摩梭人聚居区的教师，大部分系从凉山州西昌市、会理县、冕宁县等地的师范院

校毕业返乡的学生①，尽管个别年长者是通过函授、夜大或电大等方式获取的学位，整体而言，当地师资的文化程度并不低，这些教师也多系本地、本族人。按理，这些本地、本族的且学历较高的教师，对两种文化都较为熟悉，能在教学中熟练使用两种语言，进而有助于当地学生对知识理解与掌握。事实上，教师在教育过程中从语言的使用、方法的选择、教学内容的传授、学生学习结果的评价等方面，似乎都未能反映出这一优势。如果说，普米族聚居地儿童的低就学率与其偏低的整体师资水平密切相关的话，那么，泸沽湖镇教师的师资水平与当地儿童的就学情况则不成比例。

（二）学生就学情况

从理论上讲，不弱的本土师资因为了解本土人的认知结构和价值取向，而也有利于针对学生的实际情况有区别地实行教学。但当地学生的辍学数据②显出实然和应然的差异，学生就学情况并不理想，辍学成为当地基础教育面对的一大症结。见表3所示：

表3　1998—2000年度4—6年级学生辍学情况统计

		山南小学	木夸小学	中心校	共计
2000年	六年级	14	10	29	53
1999年	五年级	18	16	38	72
1998年	四年级	28	24	51	103

数据显示，三所学校四年级阶段学生辍学人数共计103人，五年级阶段共计72人，年辍学率为30.09%；六年级共计53人，五年级至六年级的年辍

① 关于当地师资，凉山州政府根据当地人才流失情况与大学或师范毕业后，学生普遍滞留大城市，不愿回归乡土的实际情况，规定实行定向培养。如，从泸沽湖镇木夸乡走出的师范生或大学生，一般在其入学前与当地政府签署相关协议，核心内容是其毕业后必须回归本土，如不返回，将作相应赔偿或在其外出寻找工作时当地政府采取不给予个人档案等方式限制人才外流。

② 对文中数据和数据收集过程的说明：作者分别于2001年秋季入学时、2001年冬季考试时和2002年冬季三次进入当地对摩梭人的学校教育与传统教育展开田野考察，前后耗时共4个月左右。以考察时间计，应将当前六年级学生数量从初入校时开始统计，进行纵向追踪调查并加以说明。当地学校建档工作由泸沽湖镇中心小学统一负责，该校建档工作尚处于起始阶段，许多资料还不全面，无法获取纵向、全面的资料信息。此外，该校新迁校址，造成部分资料在搬迁过程中遗失。故作者只有从现有资料和访谈信息出发，取其中部分数据。关于该问题，将有更进一步的调查研究。

学率为25.00%;对其做纵向分析,四年级至六年级辍学率则高达52.42%,表明当地学生的就学情形并不乐观。当地教师形象地把学生辍学逐年递增的情况比喻为"宝塔型"。"宝塔型"意味着低年级阶段学生入学率较高,个别村甚至达到98%;到小学中级阶段,就学人数逐渐减少;到高年级时,就学人数则远不及初级和中级阶段。即使泸沽湖镇中心校也同样如此,到六年级时,一个班有时仅剩二十几个学生,有的甚至只有十几个。和一年级初入学时的情形相比,学生人数有成倍减少的趋势(个别转学、留级者忽略不计)。

在有关少数民族学生"低教育成就"归因分析的研究中,Sando认为"教师族籍"是影响少数民族教育成就的原因之一,因为不同的文化背景与价值观念容易使师生之间发生冲突、产生误解,从而给学生的学校适应带来不适并最终导致学生对学习的厌弃。[4] Sando的理论,部分说明了少数民族低教育成就与"教师族籍"的相关性。但泸沽湖镇的教育事实与Sando的研究结果存在差异,该差异促使我们深入探究导致摩梭儿童高辍学率的深层原因。

三、摩梭儿童辍学原因的综合分析

通过对当地教师、家长、学生的深度访谈和对访谈资料的深入分析后发现:文化疏离、语言差异、读书无用的价值取向和经济贫困是导致当地儿童辍学的主要原因。

(一)文化疏离导致学校适应困难

"文化疏离"是造成摩梭学童辍学的重要原因。其主要表现为:

一是学校课程反映出的文化疏离。常规的学校课程注重对主流文化价值观、情操、知识和技能的强调与传递,目的在于通过有选择的文化传播,赋予社会稳定性和活力,赋予个体行动、思维的动力以及对自己的深层控制,这是学校以课程为教育载体的核心所在。学校作为中央集权化管理模式的集中体现,作为国家统编教材的实施场所,事实上,达到了国家试图通过学校教育追求社会的稳定性、普遍性,寻求个体对自己思维与行动深层控制目的,却未能实现其赋予社会与文化活力的职责。因为文化疏离,课程内容与学习者业已形成的价值观、生活态度、行为方式等明显不同。课程宣扬的观点、态度、价值判定标准、认知方式和对知识价值的界定，反映了主流文化的立场、观点、意识形态和价值观，它与摩梭人已有的文化认知存在差异。

二是教学环境反映出的文化疏离。学校建筑是教学环境的外部表现方式，这里学校的建筑和职能都与其存在环境不相符，甚至有些格格不入。摩梭人一般依山傍水而居，房屋多为木质结构，俗称“木楞子”。房屋四壁用削过皮的原木，两端砍上卡口垒制而成，房顶用四尺左右的木板盖上，俗称“黄板”。而学校白白的墙体、方形的教室、笔直的走廊、冰冷的水泥地板与操场是学校内部职能的外部表现形式，学校建筑首先从形式上反映出与其所处环境的不同。学校被人们视作唯一的文明场所，文化学习场所和改变个人命运的场所，这使得学校犹如一块“方印”，深深地、真切地印在了偏僻遥远的山村之上。

从学校存在的空间结构讲，它是另类的，是一个标识，是一个与该空间其他物质区别开来的标志。从其存在形式、职能和内部营造的文化氛围讲，它也与其存在社区的文化环境格格不入。学生往返于家庭与学校之间，家庭与学校分别代表两种不同的文化背景，学校提供的文化刺激明显不及家庭，这使学生存在适应和转换上的困难。处于发展中的学生无法在社区文化、家庭文化和学校文化间找到平衡点，周旋于家庭和学校间的儿童可能有些无所适从。在这一过程中，学校教育也忽视了文化在自我发展中的多种渗透性，忽视了文化与社会环境的共生现象，使学校知识存在于抽象、僵化的教育体制中，单纯的书面语词和教育意向无法实现将另一种文化概念从事实转换成观念，从质料转换成机能的结果，单纯以异文化符号获得为目的的教育过程不符合摩梭儿童业已形成的认知结构和认知特点。从当地教育实际看，学校与摩梭人文化环境的疏远与脱节使学生学校生活脱离现实、失去情感依托和自觉性，使学校把自己局限在一个刻板的、被层层筛选过的“场域”内。学生在为分数和证书的竞争中，根据外界提出的成绩要求来接受一种仅在学校内部可用的知识，学校如果既不能满足随着儿童与青少年的发展而产生的要求，也不能对这种发展潜力起开拓性作用，则会削减其文化传承与促进人发展的基本职能。[5]100

（二）语言差异引发师生冲突

针对教学语言和学生母语的差异，许多老师深感苦恼、无奈。因为不论是本民族教师，还是外族教师，都无法在教学中真正做到用本族语（摩梭话）向学生确切解释书上的文字与实物间的联系，如书上的“云”字、“水”字和天上云彩、山涧流水的关系，尽管学生能理解本族语言中的云与水，却无法理解书上的方块汉字与实物（如云彩和水）间的联系。学生不懂则询问老师，老师在无法直观、清晰地向学生解释其真正内涵时，多采取斥责或回避的态度，更多的是告诫学生：“哪来那么多为什么，你只需要记住这个字念‘云’，那个字念‘水’，记住它们的读法和写法就可以了。”

事实上，尽管语言问题千头万绪，但全部能归结到一个问题：音与义如何结合的问题。[6]而语音的形成和语义的产生，都不是随随便便的事情，语音和语义的结合更是如此。因为，语音的形成受发音器官、耳朵等生理因素的限制，不同语言因素的结合方式也存在差异。语义（所指）的产生则与每门语言和外部事物建立关系网络的方式有关。人类语言的习得，与语境的提供密切相关。有研究表明，在发育的最初阶段，儿童言语极度紧密地与此时此地相维系，儿童以受制于环境开始说话，却以用语言营造环境结束。[7]这表明，语言的习得通常发生在大量相互交流的环境里，人类语言的获得过程，是一个受制于语境且逐渐拓展语境的过程。母语的掌握，之所以表面看来水到渠成、顺理成章，其原因在于母语的习得既不受生理因素的限制，也不受环境制约，个体与父母及周围其他人的语言交往大多发生在熟悉的环境里，所涉及的都是在场的物体，这简化了个体语言转化的负担。摩梭儿童的汉语学习则不具备上述条件。

对7—8岁入学的摩梭学童而言，母语的习得，已部分决定了他们的发声习惯和对语言所指的理解。汉语学习不仅受语音形成、语义产生条件和语音与语义结合条件的限制，更受限于语言环境。教师与学生一致表明：以汉语传授为主体、以考试成绩为终极评定标准的学校教育，既不能为学生提供汉语语音、语义相结合的条件，也不能为学生创造良好的汉语学习环境。在学习中，学生和教师在语言与沟通形式上的差异容易造成师生之间的误解，既给学生的语言运用带来障碍，也对学生思考问题、认知与能力发展等造成干扰，增加学生的学习负担，使其难以获得成功的学习经验，导致学习兴趣与动机的丧失，直至最终辍学。

（三）读书无用的价值取向

教师和家长的访谈资料一致显示，家长关于子女的学习动机与“读书无用”的功利性价值观，直接影响其对子女的教养态度，这与当地学生的辍学也有一定的相关性。因为家长对子女学习过程与学习结果采取的态度，将直接影响学生的学习动机、学习态度与学业成就。

当地家长关于教育的价值取向，与当地人们生活中的两种现象紧密相关。一是高中毕业后回家的年轻人既找不到一份称心的工作，也没有生产劳动技能，在学校学习的东西回到农村几乎没有一点用处，有的没有能力参与生产劳动，有的则不安心参与生产劳动，个别人还与家人发生莫名的冲突与矛盾。基于此，人们认为读到高中没有太大的价值。二是村落中大学毕业生去向的不遂人愿。这主要体现在：一是个别学生大学毕业后没能如人们预想的那样走出山沟，留居大城市；二是有的毕业后因找不到工作而失业。学生大学毕业不能如愿留居大城市或找不到工作，当地人将其归因于“没有社会关系”。在“没有社会关系”与“读书无用”之间画等号，使部分家长产生了功利的教育观点，并更关注现实的重要性。家长的价值取向，可能与学生在学校所学的知识没有“价值”，既不能用于指导现实生活，也无益于改变人们的生活境遇有关。

学校知识使用价值的丧失，学校知识与“本土知识”在存在价值较量上落败，个体在学校之外获取到更有益处的知识，使其可以取代学校知识或改变人们接受学校教育的价值取向。当学校教育所授知识与社会法则失去紧密联系时，人们自然会滋生“读书无用”的想法，从而选择主动放弃接受学校教育并避免在上面投入过多的精力。当少数民族家长或学生对未来就业的困难有所察觉后，产生心理上的退却成为必然，辍学自然成为人们自认为的“明智选择”。

调查表明，因经济收入来源较少而导致的经济贫困也对摩梭儿童的就学产生不利影响。由于这方面的问题已在民族教育研究中达成共识，本文不再赘述。

总之，影响摩梭儿童教育成就高低的因素较为复杂，而文化疏离、语言差异、读书无用的价值取向、经济贫困是其突出的几大因素，这些因素之间势必相互影响和彼此作用。对其辍学现象的调查研究，还应考虑这些因素间的互动关系，继而有助于问题的发现与深入解决。

参考文献：

[1]莱纳兹．教育的各种职能[G]//瞿保奎．教育学文集·教育与社会发展．北京：人民教育出版社，1989.

[2]吴晓蓉．仪式中的教育——摩梭人成年礼的教育人类学分析[D].重庆：西南师范大学，2003：133.

[3]么加利．构建四翁普米族校内外教育互补结构的调查与研究[D].重庆：西南师范大学，1997：8.

[4]谭光鼎．原住民教育研究[M].台北：五南图书出版有限公司，1998：97.

[5]勒德尔．现代学校的改革与对现代学校职能的认识[G]//瞿保奎．教育学文集·教育与社会发展[M].北京：人民教育出版社，1989.

[6]海然热．语言人——论语言学对人文科学的贡献[M].张祖建，译．北京：生活·读书·新知三联书店，1999：56.

[7]彼得·A.德维利尔斯，吉尔·G.德维利尔斯．幼年语言[M].贾生，译．沈阳：辽海出版社，2000：72-73.

第一作者：吴晓蓉(1975—)，女，四川苍溪人，西南大学西南民族教育与心理研究中心，副教授，教育学博士，主要研究教育学原理、课程与教学论和民族教育。

原文出处：《西南师范大学学报》(人文社会科学版)2005 年第 4 期。

转　　载：人大复印报刊资料《教育学》2005 年 11 期全文转载。

受教育权性质：国际法与中国宪法的比较研究

陈正华，王保庆，杨瑞勇

摘　要：受教育权是公民的基本人权和基本自由，是一个国家公民的宪法权利，国家是保障公民受教育权实现的义务主体，这是国际法有关受教育权立法的基本精神。而我国现行宪法对受教育权性质的规定则持权利与义务的统一观，其表述存在着语义与逻辑上的固有缺陷，其立法精神也与国际法不符，不利于我国公民受教育权利的实现，因而有必要对我国公民受教育权的法律基础进行重新审视，以便对现行宪法和法律法规做进一步的修改，使公民的受教育权利能够得到更好的法律保障。

对受教育权的性质，我国学者形成了两种有代表性的观点：一种观点认为，受教育权是公民权利和义务的统一，这与我国现行宪法的立法精神是一致的，即“中华人民共和国公民有受教育的权利和义务”，持这种观点的学者主要是从公民个人、社会的发展与教育的关系角度来论证的①；另一种观点为受教育权的权利观，持这种观点的学者不赞成将受教育权规定为公民的义务，他们主要是从人权的角度来论证的。回顾我国宪法史发现，我国 1954 年宪法、1975 年宪法、1978 年宪法都是按照受教育权是公民的基本权利这样一个角度来规定的，即“中华人民共和国公民有受教育的权利”。但 1982 年，我国宪法则是按照权利与义务相统一的观点来对公

① 劳凯声：《教育法论》，江苏教育出版社 1993 年版第 101 页；秦惠民：《走人教育法制的深处——论教育权的演变》，中国人民公安大学出版社 1998 年版第 190 页。本文所指的义务教育中的儿童为 6－16 周岁的公民，因为这个年龄阶段的儿童为我国法定的接受九年义务教育的未成年人；同时文中义务教育阶段未成年人的监护人以儿童父母为例展开论述。

民受教育权作出规定的[1]。

一、国际法中的受教育权：公民的基本权利，国家的义务

联合国自成立以来，发布了很多包含有公民受教育权问题的国际法与一些国际规范性文件，它们大致可以分为两类：一类是涉及具有普遍性的人的受教育权问题的，如《世界人权宣言》《经济、社会、文化权利国际公约》《世界全民教育宣言：满足基本学习需要》《取缔教育歧视公约》等；一类是涉及儿童受教育权特殊保护问题的，如《儿童权利宣言》《儿童权利公约》《儿童生存、保护和发展世界宣言》等。当前，很多国家已经对这些国际法与国际规范性文件做出了自己的承诺，促进了各国公民受教育权的实现，推动了世界各国教育的发展。

（一）国际法对公民受教育权的定位：公民的基本人权和基本自由

在诸多国际法中，1948 年由联合国大会颁布的《世界人权宣言》在受教育权性质的发展过程中起到了里程碑式的作用。该宣言第二十六条是专门规定有关受教育权问题的，共三款。

第一款规定："人人都有受教育的权利，教育应当免费，至少在初级和基本阶段应如此。初级教育应属义务性质。技术和职业教育应普遍设立。高等教育应根据成绩而对一切人平等开放。"

第二款规定："教育的目的在于充分发展人的个性并加强对人权和基本自由的尊重。教育应促进各国、各种族或各宗教集团间的了解、容忍和友谊，并应促进联合国维护和平的各项活动。"

第三款规定："父母对其子女所应受的教育的种类，有优先选择的权利。"

---

[1] 1982 年宪法对过去"中华人民共和国公民有受教育的权利"的规定作了修改，之所以修改为"中华人民共和国公民有受教育的权利和义务"，是因为在对宪法修改的过程中，有人认为受教育权不仅是公民的权利，同时也是每个公民所应尽的义务。对于家长而言，让孩子接受义务教育也是应尽的义务。参见温辉：《受教育权入宪研究》，北京大学出版社 2003 年版第 13 页；同时参见肖蔚云：《我国现行宪法的诞生》，北京大学出版社 1986 年版第 140 页。

可见，受教育权是一种基本人权，是人的基本自由，“人人都有受教育的权利”，而且父母有对子女所受教育种类进行“优先选择的权利”，保障受教育权的实现是对基本人权和基本自由的尊重。同时，《世界人权宣言》规定国家有为人们接受教育提供相应的教育条件的义务，因为“教育应当免费”，“普遍设立”技术和职业教育，并使高等教育“根据成绩而对一切人平等开放”。也就是说，各国至少应将初级教育规定为义务教育，而且应当免费；对其他类型的教育，国家则应创造良好的教育条件，或通过设计良好的教育制度来保障人们受教育权利的实现，保障这一基本人权和基本自由的实现。因而，《世界人权宣言》明确地规定了受教育权的权利性质——公民的基本人权和基本自由。这成为世界各国公民受教育权发展的基本依据。

《经济、社会、文化权利国际公约》在遵循《世界人权宣言》对受教育权是公民的基本人权和基本自由的精神与规定的基础上，在第十三、十四条中强调为了保障充分实现公民的受教育权利，要强化国家和社会在不同教育阶段中的不同责任和义务，包括：初等教育应属于免费义务教育；普遍发展中等教育，并对一切人平等开放；高等教育应根据成绩对一切人平等开放；中、高等教育也要做到逐渐免费；积极推进那些未完成初等教育的公民接受基本的国民教育；国家改善办学条件；等等。而《世界全民教育宣言：满足基本学习需要》也承继《世界人权宣言》的立法精神，重申所有人都有受教育的权利，并强调国家要采取各种措施，制定支持基础教育发展的政策，调动全社会的资源，不断丰富、扩大基础教育的手段和范围，为公民提供平等的受教育机会，尤其要采取措施保障社会弱势群体也能平等地接受基础教育，满足全民的基本学习需求，提高基础教育的水平和质量，促进公民个人与社会的发展。因而，《经济、社会、文化权利国际公约》与《世界全民教育宣言：满足基本学习需要》一样，都强调国家应切实履行公民受教育的义务，国家有不断改善教育条件，为公民提供更高水平、更高质量的教育的义务。

此外，为进一步促进公民受教育权的平等实现，联合国各成员国共同签署了《取缔教育歧视公约》。该公约回顾了《世界人权宣言》中确立的受教育权的性质，特别强调国家应遵循不歧视原则，使人人都享有平等受教育的权利，反对任何形式的教育歧视，否则，就是对公民平等受教育权的损害，也就是对公民基本人权和基本自由的严重威胁。因此，该公约突出了公民受教育权的平等性，强调追求教育公平与公正的社会目标是国家的义务。

（二）国际法对儿童受教育权的特别规定：享有受到特别照顾的权利

儿童作为公民中的一个特殊群体，他们尚未成年，是受教育的主体，理应得到国家和社会的特别照顾。《世界人权宣言》鲜明指出："儿童有权享受特别照料和协助。"[①]针对儿童这个特殊群体，讨论儿童受教育权问题有着重要的意义和价值。

《儿童权利宣言》在《世界人权宣言》的基础上，确立了培养、教育儿童的基本原则——儿童利益最大化原则。它强调凡是对儿童负有辅导、教育责任的人，都必须以实现儿童的最大利益为原则，无论在任何状况下，儿童都应获得最优先的照顾与救助，确保儿童健康、快乐地成长。对残疾儿童，尤应依特殊状况为之提供特别的治疗、教育和保护。

《儿童权利公约》进一步强调，所有儿童都平等地享有各种权利，国家有确保所有儿童的权利无任何差别地得到实现的义务。

尽管世界各国都在努力加强对儿童权利保护的力度，但是部分国家和地区儿童的生存和发展状况依然非常令人担忧，于是 1990 年联合国召开了世界儿童问题首脑会议，并发布了《儿童生存、保护和发展世界宣言》。宣言要求各国将儿童权利保护与儿童幸福上升为国家"最高一级的政治行动"，以确保每个儿童拥有更加美好的未来，确保整个人类的幸福。因而，儿童权利的实现、儿童的生存和发展不仅需要通过国家行动来保障，也需要通过持久协调的国际合作来实现，这既是儿童所在国家的义务，也是世界各国的共同职责，因为"我们做此努力不仅是为了现在这一世代，也是为了今后所有世世代代。让每个儿童享有更美好的未来，这是一项最为崇高的使命"。可见，《儿童生存、保护和发展世界宣言》将儿童权利的实现及儿童生存与发展的保护上升到了一个新的高度——儿童的美好未来与整个人类的未来福祉。

从国际法对儿童权利的保护规定中可以发现，国家和社会有责任、有义

---

① 类似《世界人权宣言》中对儿童的特别照顾和协助的条款在诸多的国际公约中得到体现，如《儿童权利宣言》、《公民权力和政治权力国际公约》（特别是第二十三和二十四条）、《经济、社会、文化权力国际公约》（特别是第十条）、《儿童权利公约》与《儿童生存、保护和发展世界宣言》等等。

务为了儿童的美好明天与人类的幸福对儿童权利给予特别照顾和保护，包括对儿童受教育权（通常为义务教育的受教育权）给予特别保障的责任和义务。

综上所述，《世界人权宣言》规定了公民受教育权的基本性质——公民的基本人权与基本自由。这已成为国际社会有关公民受教育权发展的基本依据。对一国而言，对受教育权性质的规定则表现为一个国家宪法或基本法所确定的公民的基本权利或宪法权利，宪法从根本大法的角度保障各国公民受教育权的实现。为此，国家有为公民受教育权的实现而提供基本的受教育条件的义务，国家应积极作为，切实履行职责，创造条件，保障公民至少接受基本的义务教育，并尽可能地履行更大范围的教育义务，使义务教育逐渐向幼儿教育、中等教育与高等教育延伸。概而言之，受教育权是公民的基本权利，国家是公民受教育权实现的最重要的义务主体。

二、中国宪法对受教育权性质的规定：公民的权利和义务

我国现行宪法第四十六条规定，“中华人民共和国公民有受教育的权利和义务”。这种对受教育权性质的规定存在着语义上和逻辑上的问题，更重要的是容易造成政策上的误导，不利于我国公民受教育权利的保障。其存在问题主要表现为如下四个方面。

第一，我国宪法这种抽象规定并未指明所有公民有接受何种教育的义务。事实上，公民只有接受国家规定的一定年限的义务教育的义务，公民没有接受非义务教育的义务，或者说，在现阶段，接受高等教育并不是我国公民应尽的义务。因而我国现行宪法这一规定中的义务实际上表现为现阶段所有公民都有接受九年基本国民教育的义务，即接受九年义务教育的义务。因此，我国宪法的这种规定指向不够明确，意思含混不清，容易造成人们对受教育权的误解。

第二，我国宪法这种抽象规定没有将义务教育的权利主体与义务主体（提供主体）区分开来。在明确了公民只有接受义务教育义务的基础上，我们可进一步讨论“中华人民共和国公民有接受义务教育的义务”（姑且先不讨论这种义务的特征）的表述是否科学。乍看似乎是肯定的。但依据法理，

义务就意味着责任，如果义务主体没有履行其义务，就应该追究其法律责任，就应受到法律的制裁。在我国现阶段，接受九年义务教育的义务主体应该就是享受九年义务教育的权利主体——不满16周岁的公民。如果说公民（儿童）有接受义务教育的义务，这就意味着我国公民（儿童）若不接受义务教育就必须由之承担责任或者必须接受法律的制裁与处罚。但是，由于接受义务教育的主体还不满16周岁，尚未成年，还不具备完全民事行为能力，因而义务教育阶段的儿童（公民）也是无力履行其义务的，他们无力承担起不履行义务所带来的相应的法律制裁与处罚。这就意味着这样的义务实际上是无效的、没有实质意义的义务规定。因此，对义务教育阶段的儿童（公民）来说，他们只能行使接受义务教育的权利。因而，享受义务教育权利的主体（儿童）与履行义务教育义务的主体之间发生了分离，享受教育权利的行为与履行教育义务的行为非同一人所为，与之相对应的行为主体应该是两个不同的主体，即权利主体与义务主体不是同一个主体，而是两个不同主体。为此，不能仅用“中华人民共和国公民”这一个名词来指代两个不同行为的施动者——两个不同主体。可见，我国现行宪法对受教育权性质的规定指代不明，将受教育的权利主体与义务主体混同，没有将这两个主体明确区分开来。

我国宪法对受教育权的这种规定欠妥还可以从另一条宪法条款得到佐证。我国现行宪法第四十二条有关劳动权问题采用了与受教育问题相似的表述形式，该条第一款表述为“中华人民共和国公民有劳动的权利和义务”。从语言形式上看，这种表述与“中华人民共和国公民有受教育的权利和义务”是一致的。但是，事实上，该条并没有产生像第四十六条那样的问题。而该条之所以没有产生问题，关键在于劳动权利的享有与劳动义务的履行都是针对有劳动能力者而言的，一个没有劳动能力的人是无法真正享有劳动权利的，他只有放弃劳动的权利；同时，一个没有劳动能力的人更不可能承担劳动义务了。这个道理很简单，并且在宪法第四十二条的第三款中得到了确证：“劳动是一切有劳动能力的公民的光荣职责。”因此，只有那些具有劳动能力的公民才有履行劳动的义务，相反，那些有劳动能力却未履行劳动义务的公民，因为他有劳动能力，所以能够承担相应的法律责任，因而对其劳动义务的规定是可行的；没有劳动能力的公民则无需承担劳动的义务。

所以，在公民的劳动权方面，劳动权利的享有者与劳动义务的履行者是同一个主体——有劳动能力的公民。这样，不论是从语义上看，还是从法律产生的实际作用看，“中华人民共和国公民有劳动的权利和义务”的表述是科学合理的。但是，对受教育权而言，人人都可以接受教育，不管是婴幼儿还是老人，人人可以行使受教育的权利，但不是人人可以履行受教育的义务的，未成年的儿童就是例外。

第三，进一步而言，我国宪法的规定在义务教育的义务主体以及其相互之间的关系上也不够清晰和明确，这容易造成在义务教育实施过程中义务主体之间相互推脱责任而使义务教育的义务得不到切实履行的情况发生。如上所述，儿童（公民）无法履行接受义务教育的义务，那么儿童（公民）接受义务教育的义务到底由谁承担呢？显然，承担义务教育的义务主体就只可能是除了儿童之外的国家、社会、学校与家庭中的某些主体了。按照法律规定，作为儿童监护人的家长似乎理所当然就应该成为儿童接受义务教育的义务主体。在我国农村义务教育免费政策实施之前，发展农村义务教育的义务正是部分地，或者很大部分地转化为受教育者（儿童）父母的义务，而这种义务集中表现为父母得为孩子缴纳学杂费，甚至缴纳建校费等其他费用才能够获得接受义务教育的机会①。但在实践中，一部分孩子父母因家庭贫困而无力支付孩子上学需要缴纳的这些费用。这往往是导致孩子失学而无法完成义务教育的主要原因，即使国家对这些孩子的父母采取强制措施也是如此。实践表明，将接受义务教育的义务（尤其是义务教育经费投入义务）转化为父母的义务无法保障所有儿童（公民）受教育权利的实现，因而将儿童（公民）受教育的义务规定为儿童（公民）父母的义务也难以真正有效得到贯彻实施。反之，这不仅无助于进一步保障公民受教育权的实现，也将会导致因法律得不到很好的贯彻实施而影响到我国法律的权威性。因而，将接受义务教育的义务主要归结为儿童所在家庭（父母）的义务是不现实的，

① 客观地说，在国家财政支付能力不足以承担起免费义务教育的情况下，让受教育者家庭承担部分义务教育经费，如缴纳一定的学杂费，以弥补经费缺口，也符合一定时期内国家发展的实际，这样也有利于公民受教育权利的行使与国家义务教育的发展。在世界义务教育发展历史上，西方义务教育发展的初期也同样存在着受教育者家庭缴纳学费的情况，因而义务教育并不是在其诞生之日起就具有免费性特征的，实施具有免费特征的义务教育是现代国家在不断发展进步过程中逐渐形成的。

也是缺乏保障的。因此，只有国家才是儿童（公民）接受义务教育的首要的、最现实的义务主体。国家应全面履行实施义务教育的职责，保障实施义务教育的基本条件，在当今时代和社会条件下尤其要创造条件为儿童（公民）提供免费教育，并对阻碍儿童接受义务教育的行为采取各种措施，包括强制性制裁，以确保每个儿童（公民）能够顺利完成国家规定年限的义务教育。

在国家全面履行义务教育职责的前提下，社会、学校和家庭（父母）有创造便利条件推动儿童（公民）接受义务教育的义务，儿童（公民）则有不放弃行使接受义务教育权利的义务。在国家为儿童（公民）创造了基本的接受义务教育条件的前提下，其他社会主体不得阻碍儿童（公民）接受义务教育，否则就要受到国家法律的制裁。同时，儿童（公民）有不放弃行使义务教育权利的义务。这种义务是一种特殊义务，它实质上表现为一种特别权利，不得放弃的权利，但这种不可放弃的特别权利又具有义务的形式特征。当儿童（公民）放弃行使接受义务教育的权利时，国家、社会、学校和家庭应当采取引导、批评、说服教育等方式劝解儿童（公民），促使其接受义务教育，这是国家、社会、学校和家庭共同的责任。实际上，在国家全面履行发展义务教育职责的前提下，受教育者（公民）个人一般不会主动放弃接受义务教育的机会，因为教育无论是对个人的发展，还是对家庭和社会的发展都有很重要的意义和帮助，受教育者（公民）也不会轻易放弃行使接受义务教育的权利。但若是由于国家没有很好地履行发展义务教育的义务，不能为受教育者提供必要的教育条件，从而导致受教育者（儿童）不能履行不放弃行使受教育权利的义务，在这种情况下，其责任也主要在国家。

因此，对公民个人而言，义务教育的义务实则表现为一种权利本质，一种特别权利，一种不可放弃的特别权利。而对公民所在家庭而言，其在义务教育的实施过程中只是起辅助作用的主体，受教育者家庭应为儿童（公民）接受义务教育提供必要的帮助与便利，如对处于学龄期的儿童（公民），父母有按国家规定时间让其入学的义务。

第四，我国宪法对受教育权的规定过于抽象，不便于人们全面、正确地理解受教育权的性质。在明确了受教育权的权利主体与义务主体的基础上，可以进一步将受教育权分为一般意义上的受教育权与特殊意义上的义务教育的受教育权。这种区分有助于我们正确理解受教育权的权利本质，明确其权利主体与义务主体。这在理论上可以避免出现语义与逻辑上的问题，也有利于人们在实践中更好地认识和处理受教育权的权利和义务问题，有利于促进公民受教育权更好地实现。

具体而言，一般意义上的受教育权是公民的一项基本人权和基本自由，也就是公民的基本权利或宪法权利，宪法保护公民受教育权不受侵犯、不被剥夺。从一般权利的角度看，公民可以放弃这种权利的行使，比如公民有接受高等教育的权利，但由于它不属于义务教育范畴，公民可以按照自己的意愿而决定是否放弃这一权利的行使。但实际上，由于教育对人的生存和发展，对改善人们的生活质量有着非常重要的意义和价值，为此，人们总是通过各种努力创造条件，哪怕是通过参加选拔性考试等竞争手段，也要尽可能地争取获得更多的受教育机会，以便为未来的美好生活做准备。因此，对于非义务教育而言，公民受教育权的行使往往是有条件的，例如在我国高等教育阶段，公民受教育权利的行使还必须满足一定的条件才能实现，如参加各种形式的高考招生并获得较好的成绩、缴纳一定的学杂费等等。但同时，国家有设计良好的制度，为社会创造公平的教育竞争环境的义务。

而特殊意义上的受教育权，即义务教育中的受教育权有其特殊性。一方面，对公民个人而言，它表现为公民有接受义务教育的权利，在国家提供所需的教育条件下，有按照国家规定接受教育而不放弃行使义务教育权利的义务，因而义务教育的受教育权具有义务形式的特征与特别权利的本质；另一方面，义务教育中的义务应理解为国家的义务，国家是发展义务教育的最重要、最现实的义务主体与责任主体，国家应为儿童提供接受义务教育所需要的教育条件，包括在当今时代与社会背景下为公民提供平等的、免费的义务教育。同时，受教育者（儿童）家庭、学校和社会应为公民接受义务教育提供必要的帮助与便利，促进儿童（公民）更好地完成义务教育。

三、明确受教育权的权利主体与义务主体，切实保障公民受教育权的实现

长期以来，在我国贯彻实施义务教育法的过程中，由于国家教育经费投入不足，相当部分义务教育经费由受教育者（儿童）父母承担，特别是在广大农村，农村居民曾经是发展农村义务教育的重要的义务主体，因为他们是农

村儿童(公民)学杂费的主要承担者。曾经有相当部分的义务教育经费由农民承担,这导致儿童(公民)因家庭贫困而无法完成义务教育的悲剧时有发生,儿童(公民)的受教育权利没有得到切实的保障。这种问题的产生与我国现行宪法对受教育权性质的规定有着密切的关系,因为受教育权不仅是公民的权利,也是公民的义务,结果国家将本应承担的发展教育的义务(义务教育经费投入)部分地转由受教育者(儿童)家庭来承担,而一部分家庭却无力承担起这种经费投入义务,因而必然导致一些儿童(公民)失学而无法完成九年义务教育。可喜的是,2005 年,我国部分省市开始对农村义务教育真正推行免费政策,并推动了国家义务教育免费政策的发展。自 2006 年起,西部地区农村义务教育学杂费全免,这一政策于 2007 年起在我国农村得到全面实施。国务院 2005 年 12 月 24 日签发的《国务院关于深化农村义务教育经费保障机制改革的通知》中,国家还对家庭特别贫困的学生实施两免一补政策,真正做到不让一个儿童因贫困而失学,切实保障公民受教育权利的行使与义务教育的顺利实施。这标志着我国农村义务教育的发展进入了一个新的历史时代,国家真正开始全面承担起实施农村义务教育的义务。2006 年 6 月新修订的义务教育法也进一步强调了政府是发展义务教育的最重要的义务主体和责任主体,并明确和规范了各级政府发展义务教育的具体责任。该法第二条明确地指出,“义务教育是国家统一实施的所有适龄儿童、少年必须接受的教育,是国家必须予以保障的公益性事业”,同时“实施义务教育,不收学费、杂费”,为此,“国家建立义务教育经费保障机制,保证义务教育制度实施”。

可见,近几年来我国政府出台的有关义务教育政策法规及其义务教育实践贯彻执行了受教育权是公民的基本权利与国家义务的基本精神,与国际法对受教育权性质的规定也是一致的。

通过对国际法与我国现行宪法有关受教育权性质的比较研究,可以得出如下结论:

(1)受教育权是公民的基本人权和基本自由,是公民的基本权利,是国家的义务,人人享有平等的受教育权利,国家要采取积极措施保障公民平等受教育权的实现。

(2)在教育过程中,儿童(包括处境不利儿童)享有得到特别照顾的权利。如果实施十二年义务教育制度，儿童 6 至 7 岁开始入学，那么社会上就不应存在 18 岁以下的儿童乞丐与童工。

(3)受教育权可以划分为一般意义上的受教育权与特殊意义上的义务教育的受教育权，这种划分有助于明确其权利主体与义务主体。

(4)在非义务教育阶段，由于受国家经济发展水平、社会文明程度等多方面的制约，在一定时期内国家只能为公民提供有限的教育机会，国家只能为符合一定条件的公民提供平等的竞争机会，但维护教育公平与公正是国家和政府的基本职能。

研究表明，受教育权是公民的基本权利，是国家的义务。我们期待着我国政府沿着建设和谐社会的发展方向，以科学发展观为指导，积极作为，切实履行发展教育的义务，为公民受教育权利的实现创造良好条件，让公民接受更多、更高质量的教育。为此，建议按照受教育权的权利本质与国家义务的精神来修改我国宪法和相关教育法律法规，重新确立公民受教育权的法律基础，切实保障公民的受教育权利。

参考文献：

[1]杨成铭．国际人权法中受教育权的性质：权利或义务？[J]．法学评论，2004(6)：67-72.

第一作者：陈正华(1975—)，男，湖南衡阳人，首都师范大学教育科学学院，讲师，教育学博士，主要研究教师教育与教育政策。

原文出处：《西南大学学报》(社会科学版)2007 年第 3 期。

转　　载：《新华文摘》2007 年 14 期论点摘要。

什么知识最有价值

——追问中的问题与教育启示

辛治洋

摘　要：在对“什么知识最有价值”的追问中，出现了偏差心态，把不同专业类型的知识人在社会上的贡献大小变成了不同专业知识的价值大小，完全忽略了知识作为经验的、内在的、个人的性质；出现了离题行为，把一个情境性质的和偶发性质的经验问题变成了一个一般性质、普遍意义上的先验问题。实际上，知识的价值排序完全是一种个人行为，虽然它受到了公众意识和社会风尚的影响，这也正是该追问对于教育改革的价值所在。

在各种机会面前，某个或某些人比其他人具有更大的竞争优势。在衡量了种种自然和社会的不同条件及排除了个人不同的选择和努力程度后，大家的目光集聚到他们不同的学习经历（特别是专业背景）上来了。习惯上，大家把这些不同的学习经历或专业背景区分为不同的（专业或科学）知识。既然某种知识能让主体具有更大的竞争优势，那么，是不是这种知识就是更有价值的知识呢？于是，毫不奇怪地，我们再一次听到了关于知识价值的追问。

一、追问中的偏差心态

在历史进程中，两位教育学家对知识价值的追问最具影响力。第一位是英国人斯宾塞。1859年，他在《什么知识最有价值》一文中首次提出了这个问题。斯宾塞生活于资本主义迅速发展的时期，人们开始意识到科学知识对于社会发展的巨大促进作用。然而当时学校里占主导地位的学科并不是自然科学，而是古典学科。为了唤起人们对自然科学知识的学习热情，斯宾塞明确地提出科学知识（主要指自然科学知识）是最有价值的知识，学校教育的主要任务应当向儿童传授各种科学知识的观点。[1]第二位是美国人阿普尔。阿普尔曾说，斯宾塞的老问题“什么知识最有价值”，在今天应当更进一步地追问：“谁的知识最有价值。”传统知识观的最大缺陷恰恰在于忽视了这一点，即由于过分强调课程知识的客观性、普遍性和中立性而忽视了课程中的意识形态问题。阿普尔认为：课程是法定知识，它代表的自然是统治集团的利益。

再一次追问知识的价值问题，显然不是继续证实或证否斯宾塞或阿普尔的结论。因为言辞之间的此问题非彼问题。无论是斯宾塞还是阿普尔，都是站在群体的角度，对人们习以为常的知识观提出疑问，并提请人们注意知识在社会生活中所蕴含的“完满生活”或“政治霸权”；而我们今天继续这个追问，既不是为人类寻找最有意义的活动，也不是为特殊群体寻找突破霸权的可能，而是从个人所属的专业出发，为寻找到更轻松的职业和更舒适的生活而考虑。也就是说，群体性的问题变成了个体性的问题。

问题性质的改变，并不表明今天的追问与历史上的追问就没有任何的相关性，也不能表明今天的追问就完全失去了意义。因为任何话题都不是空穴来风，它的提出部分地反映了当前教育实际情况，也折射出了讨论者的偏差心态。这些偏差心态主要体现在四个方面。

第一，过去生活经验总结的知识在追问中被当成了知识的全部。OECD认为，知识实际上有四种类型：(1)知道是什么的知识；(2)知道为什么的知识，指自然原理和规律方面的科学理论；(3)知道怎样做的知识，指在人类实践活动中做某些事的技巧、诀窍和能力；(4)知道是谁的知识，指谁知道和谁知道如何做某事的信息，它包括了特定社会关系的形成，即有可能接触有关专家并有效地利用他们的知识。[2]而在当今的追问中，“知道是什么的知识”一枝独秀。在很多人眼里，是什么的知识就是人对事物的认识和经验的总结。在教育中的它就是书本知识，学科的具体内容。于是，教育就成了传输，把过去的生活经验传输给学生，并通过回忆性质的考试来检查传输的有效性。无休止的知识灌输和记忆考核又反过来在学生心中留下这样的印象：在这个社会里，准确地回忆过去是最有意义的活动，“知道是什么的知识"是最有价值的知识。

第二,为将来生活做准备的知识观阉割了真实的经验生活。在当下的追问中,不仅把知识的内容等同于过去生活经验的总结,也把知识的目的等同于将来生活的准备。不管知识具有多大的客观属性,它的价值的发挥,关键在于人们(或个人)的兴趣是否与之相关,人们(或个人)的思维能否把它与自己的生活经验相结合。从这个道理上讲,人并不能够占有知识,而只能利用知识。知识能够发挥价值,就在于它能够被人的生活经验所利用。但现在的追问颠倒了这种观念,认为知识如同一个物品,可以被人占有,似乎一旦知识被占有,那就能一劳永逸地解决生活中出现的所有问题。在这种心态下,现在的知识学习就是为了将来生活的准备。这种理所当然的知识准备论是经不住推敲的。从事理上讲,我们谁也没证据证明未来对于我们来说一定存在。但准备论调者却用未来的幸福生活为现在的无趣学习辩护,将现在的任何活动都假设为手段意义,证明现在受苦地接受知识的合理性。这种知识观阉割了本来应该存在的真实有趣的当下生活。

第三,知识的外在工具价值掩盖了知识的内在欣赏价值。[3]258 价值是人评价出来的。知识的内在价值是通过其自身得到证明的,它无须和别的价值进行比较,也无法比较。但"吾生也有涯,而知也无涯",当生活时间的有限性遭遇知识范围的无限性时,人们又不得不进行选择,于是就建立了价值序列。因为价值序列的建立有一定的依据,比如主体的需要、外在的经济价值等,而这些依据又不具备稳定性,所以,价值序列就具有情境性的特征。可见,每一种知识的工具性价值来源于其内在的欣赏价值,其不能取代知识的内在欣赏价值。但如果一再地追问每一种知识的价值,势必导致知识的外在工具价值掩盖知识的内在欣赏价值,造成知识观的偏差。

第四,知识的社会标准埋没了个人兴趣标准。金生鈜教授曾指出:在一个时代中,知识类型的序列存在着相互交织的三个层面,它们分别是社会、教育、个人的知识价值序列。[4]也就是说,现实生活中,这三个领域中的知识是有不同之处的。这种不同不仅是因为处于不同领域中的人在经验占有、社会交往上的不对称,而且也因为现实社会并非理想的秩序良好的社会,不同的人占据着不同的社会地位。他们从自身的处境出发,把自己对知识价值的理解通过各种手段传递给别人。我们不能肯定地说,这些理解缺失了人类社会的共性，但我们也不能断定它就没有特定团体和阶级的特性。用一位美国人的话来说："只要孩子并不喜欢你给他的东西，无论你教给他什么东西都一样，没有什么区别。"而知识价值高低的追问就是想寻找一个具有普遍性的社会知识价值高低的标准，并把社会的标准当成个人的标准，这势必会埋没个人的知识兴趣。

以上四种心态倾向实际上都是在知识和人之间修了一道墙，以为知识是一种外在于人的存在，认为人可以占有知识，学习和教育就是占有和传授知识的必要途径。这种知识观把知识的价值等同于占有知识的人的价值，反之亦然。不同专业类型的知识人在社会上获取回报的多少变成了不同专业知识的价值大小，完全忽略了知识作为经验的、内在的、个人的性质。

二、追问中的离题行为

追问之所以会出现以上四种偏差心态，这与追问者在追问时的离题行为是分不开的。而追问者之所以离题，很大程度上是因为追问者混淆了几组概念。如果要澄清这个追问的偏差，我们至少要区分四种相似而又不相同的概念。

第一组概念是社会知识和学校知识的概念。杜威曾谈及学校教育对社会生活的改造功能，而这恰恰构成了学校知识与社会知识区别的最好证明。杜威认为学校教育的职能有三个。其一，为了使儿童适应并促进儿童对社会生活的把握，学校教育简化了社会知识。我们目前社会生活中的各种关系，数量很大，相互交织在一起，由于儿童没有参与这些关系，它们的意义不被儿童理解，学校教育机构的首要职责就在于提供一个简化的环境。其二，为了尽力排除现实环境中的丑陋景象，以免影响儿童的心理习惯，学校教育还有净化社会生活的职责。学校要建立一个净化的活动环境，不仅是简化环境，而且要消除不良的东西。学校有责任从环境中排除它所提供的这些坏东西，从而尽其所能抵制它们在通常社会环境中的影响。其三，为了使儿童生活于一种整体的、全面的、合理的社会生活环境之中，学校教育还应该平衡社会生活和环境中的各种成分，保证使每个人有机会避免他所在社会群体的限制，并和更广阔的环境建立充满生气的联系。[3]22—23 但无论是简化、净化，还是平衡，都是一个地地道道的人工过程，带有很强的人的主观性。对于学校知识的挑选、组合、创造等，人的价值观、认识水平等都作用其中，更何况这种挑选、判断与平衡只是对人类经验的阶段性总结。可见，社会知识与学校知识相去甚远，用学校知识来衡量社会知识的价值，自然成了跑题行为。

第二组概念是价值有无和价格多少的概念。学习者只学习有价值的知识，而不学习无价值的知识，这种价值来源于知识本身与人类经验的相关性。价值是一个没有多少或高低等数量意义的概念，能测量和数量化的只能是价格。从这个道理出发，真正的知识都是有价值的知识，它没有情境性的变化。而价格是一个外在于学习者的命题，价格多少是一个情境中的命题，离开了做判断的具体情境，就没有价格多少的顺序排列。如果我们把知识价值的有无问题当成知识价格的多少问题来讨论，这势必会使讨论跑题。实际上，这样的跑题行为经常发生，而讨论者却浑然不觉。如一则报道在介绍某些专业"招生时受人冷落，毕业时却成了'香饽饽'"，而某些"'热门'有时成鸡肋"时，用的标题就是"招生就业冷热不均　专业选择遇价值判断尴尬"，其将一个受市场供求所调节的价格问题跑题成了专业知识的价值问题。[5]

第三组概念是心理学上的欣赏价值和经济学中的市场价值的概念。任何知识都具有价值，这个判断是从心理学的角度出发的，是从人类需要的角度而言的。经济学中的市场却是一个随着消费者的需要而随时变化着的情境，把不同类型（专业）的知识通过价格手段放到市场中，买进卖出，它的市场价值也就会随着市场对不同专业人的需要变化而上下浮动。"高校专业冷热尴尬状况很有说明性，当多数人急功近利地选择时，就会产生所谓的热门专业，之后受市场需求反作用，热专业又会变冷，而'冷门小径'最后却变成了就业的阳光大道。"[5]可见，市场价值的波动性与欣赏价值的稳定性区别太大，不能等同。

第四组概念是知识的市场价值与投机价格的概念。知识的市场价值标准虽然是外在的，但确实存在。然而，投机的价格却无视市场法则，以最小的投入（甚至不投入）获取最大的回报。虽然市场经济拒绝这种行为，但我们却能见到有很多热门领域和暴利行业，而这些领域和行业又往往被具有某些知识背景的人所把握。这是一种社会不公现象，但“人若发现某种制度或规范是不公正的，它偏向某一群体、组织或个人时，一般的做法不是去改变这种制度的不公，使其成为公正的制度，而是去改变自身，去努力改变自身的身份，去进入某一群体，去分享这种利益”[6]。于是投机心理和投机行为得以复制，投机价格得以维持，虽然它违背了知识的市场价值规则。

上述四组概念的辨析告诉我们，追问之所以出现了心态偏差，往往就是以学校的知识取代了社会的知识，把一个知识价值有无的绝对问题变成了一个价格多少的相对问题，用不同类型（专业）知识人在市场上的竞争大小取代学习者对知识内在的欣赏价值。更有甚者，他们用市场在不同专业领域的成熟度、违规度来作为（专业）知识价值的评判标准。这样的追问，自然成为离题的追问。它反映了追问者无意识地把一个情境性质的和偶发性质的经验问题变成了一个一般性质、普遍意义上的先验问题。这种转变看似是一种哲学抽象，却违背了抽象的原则，从而导致了问题的失真。

三、追问应该属于个人行为

那么，不发生心态偏差的对知识价值的追问可能进行吗？如果可能，属于哪种性质的追问呢？

知识是人们在实践中获得的认识和经验。[7]回答上述问题之前，我们有必要对“人们”进行一个简单的划分：一是“人类”，二是“个人”。在整个人类面前，知识也可以被称为“公共知识”。作为人类实践经验的总结，公共知识的价值就在于给“个人”提供学习的材料。从这一点上看，公共知识的价值来源于它自身的性质，取决于它能否给人类带来福利。这种价值不是个人所能够赋予的。在一个良性发展的社会中，不同类型的公共知识是不可或缺的。我们不能抛弃某些知识，也不能赋予某些知识以特殊的社会地位。有人可能反驳说不能排除这种可能：一些在原来看来有价值的知识，如利用打字机打字的技术知识，由于计算机的普及基本上变得没有价值了。但这正好印证了上面关于“离题”的讨论。也就是说，这只是一个价值有无的问题，而不是价值高低的问题，两者不能混淆。

个人的种种特殊性表明我们不能把在社会中的判断迁移到个人身上。

因为对于个人而言,“价值是任何兴趣的任何对象”。该命题出自美国学者拉尔夫·巴顿·培里(R.B.Perry)《一般价值论》一书。在该书中,培里将人们对价值与兴趣的观点区分为四种:第一,价值与兴趣无关;第二,价值是对象的特征、对象激起或调节兴趣,也就是说价值是兴趣的特定对象;第三,价值是特定兴趣的对象;第四,价值是任何兴趣的任何对象。培里依次对前三类观点进行了考察和剖析,最终得出了“价值是任何兴趣的任何对象”的结论。他说:“当一件事物或任何事物是某种兴趣或任何兴趣的对象时,这件事物在原初的和一般的意义上便具有价值,或是有价值的。或者说,是兴趣对象的任何东西事实上都是有价值的。”他举例说,和平的价值便是因和平的属性、效果和含义而对和平发生的那种兴趣赋予它的那种特征。价值因而是兴趣和它的客体之间的特殊关系,也就是说价值是具有本体论情形的任何事物,无论它是实在的还是想象的,与感兴趣的主体所形成的关系。主体的兴趣是构成价值的决定性力量,是价值的最初源泉。[8]

由于兴趣和经历不一样,也由于精力有限,在种类繁多的知识面前,个人总要进行相应的取舍。在取舍间,个人对于知识价值序列(为了使讨论符合大众习惯,我在下面的行文中,仍然使用“价值”这一说法。但它的实际意义却是作为表现形式的价格)的意见就出来了。但这种取舍或者说排序的过程是不可以相互讨论的。这一方面是因为个人不愿意把决定排序过程的且属于私人领域的经验、经历、爱好等公之于众,另一方面或许是某些排序理由本身就是朦胧的,不能够用理性的话语进行阐发。也就是说,个人对于知识的价值排序完全是一种个人行为,虽然它受到了公众意识和社会风尚的影响。此外,之所以说它是个人行为,不仅是因为交流的过程无法实现,而且也有个人心态和偏好方面的考虑。对于个人而言,某些专业的知识之所以特别有价值,那是因为它能够充分地实现个人的人生目标和利益追求。因为不同人有不同的人生目标和利益考虑,所以他们完全可能有着不同的知识价值序列。

是不是我们可以把此问题再简化和具体化,抽取这些不同之中的相同呢?拿毕业生找工作为例。对于大多数毕业生来说,高收入、大城市和好单位就是他们追逐的目标,能够实现这些目标的专业(知识)就是最有价值的知识。显然,我们不难发现,拥有不同专业知识的毕业生完全可以相同地实现上述三大目标。从这一点看，我们也无法对这些能一次性实现上述三大目标的专业知识进行价值比较。此外，假设这三大目标不能同时满足（这或许更符合现实的情况），那么，我们把评判知识价值的标准放在什么目标上，这本身也是一个见仁见智的话题。不仅如此，简单化和具体化的价值询问还违背了两个基本的常识。第一个常识是，如果说事物的价值是给人带来幸福的话，那么个人的目标不等于个人的幸福，因为谁也不能保证拥有“高收入、大城市和好单位”的工作就是幸福的生活。第二个常识是，这种通行的价值规定排除了个人的特殊性。比如在鲁迅的眼里，最具有价值的知识不是能给他带来高收入的医疗知识，而是让他奋笔疾书的文学知识。也就是说，知识价值的公开排序蔑视了个体的独特生活方式。

最后，“价值”的特殊属性也让我们无法形成一致意见或采取一致行动。在市场上，一件物品的价值（这里价值表现为价格）高，那主要是因为没有别人跟它竞争。同样的道理，如果大家一致地认为某种知识最有价值，从而一窝蜂地去“占有”这种知识，可想而知，最有价值的知识也会变得最缺乏价值了。这也就是说，虽然不同的个人可能一致地赋予某些专业的知识以特殊的地位，但这种结果却不是“商量”出来的。但我们也没有必要从此认为，个人无法断定相对于自身的最高价值的知识。实际上，虽然人们没有注意到上述问题，但每个人还在一如既往地向往和追求着他们自己认为的最有价值的知识。

四、追问中的教育启示

对“什么知识最有价值”的追问没有最终的结果，但认真思考在追问中所反映出的一些问题，对学校教育的变革却具有深远的意义。

对于学习者个体而言，追问“什么知识最有价值”无非是想通过发现什么知识最有价值，然后调整自己的学习方向，追求最有价值的知识，借以发展自我认识和自我责任感，实现自己的人生理想。个体当然要调整自己与周围世界的关系，但如果这种调整仅仅是通过对利益的判断和选择而进行，那么就容易形成个人的“他治”状态，失去主体性。存在主义者认为：“知识（就对知识的正确看法来说）产生自由，因为它把人从无知和偏见中解脱出来，并使他能看到自己真正的样子。”但如果相反，知识统治了自身，那就失去了自我。“因此，学校必须完全修改它对知识的看法。它必须不再认为教材本身就是目的，或者是为学生从事未来职业作好准备的一种工具，而是必须把它看作是为培养自我的一种手段。”[9]这一点学校教育不能不重视。

对于学校而言，知识价值的有无取决于它是否来自生活现实，是否跟学习者的生活相关。当前基础教育改革在政策和管理层面如火如荼地进行着，在学校（特别是薄弱学校）的回应却相对较少。用一位来自基层学校的校长的话来说：“我们是新瓶装旧酒。”为什么改革倡导者提倡的与生活密切相关的新知识不被接纳，而旧知识依然畅销呢？每个基础教育的参与者都明了教育与实际生活的应然关系，都知道丰富多彩的生活才是生活的原态，但又毫无例外地在全身心地追求一种虚构的知识价值。为什么会产生知识价值的偏移，这是每个基础教育参与者都需要认真思考的问题。

对于教育研究者而言，知识是内在社会价值与外在个人价值的统一体。相对于学习者有限的时间而言，我们的问题应该是：是否能在具有其内在价值的同时赋予学生最大的个人价值？知识的价值最终取决于学习者能否把它与经验进行有效的连接。思维在连接过程中起着决定性作用。也就是说，知识的价值服从于学习者经验的习得，服从于学习者智慧的攀升。从这个意义上说，我们是不是应该把对知识价值的追问转移到对学习者智慧的激发上来？

参考文献：

[1]滕大春．外国教育通史（第四卷）[M]．济南：山东教育出版社，1992：165-169.

[2]赵玉芳，张进辅．论知识价值观研究[J]．西南师范大学学报（人文社会科学版），2001(4)：79-83.

[3]杜威．民主主义与教育[M]．王承绪，译．北京：人民教育出版社，2001.

[4]金生鈜．规训与教化[M]．北京：教育科学出版社，2004：343-344.

[5]廖君，李永文．招生就业冷热不均 专业选择遇价值判断尴尬[DB/OL]．(2006-05-10)．http://news.xinhuanet.com/employment/2006 — 05/10/content_

4527961.htm.

[6]蔡春，扈中平．德性培育与制度教化——论道德失范时期的道德教育[J]．华东师范大学学报(教育科学版)，2002(4)：10-20.

[7]中国社会科学院语言研究所词典编辑室．现代汉语词典[R]．北京：商务印书馆，1978：1481.

[8]培里，等．价值和评价——现代英美价值论集萃[M]．北京：中国人民大学出版社，1989：50.

[9]黄济．教育哲学[M]．北京：北京师范大学出版社，1985：292.

作者简介：辛治洋(1978—)，男，安徽太湖人，教育学博士，安徽师范大学教育科学学院，副教授，主要研究教育哲学和比较教育。

原文出处：《西南大学学报》(社会科学版)2008 年第 5 期。

转　　载：人大资料《教育学》2008 年 12 期全文转载。

农村留守儿童教育问题研究报告

刘明华，李朝林，刘骁畅

摘　要：通过调查法和资料分析法对留守儿童教育问题的现状、归因和出路进行研究。农村剩余劳动力大规模转移受城乡分割的管理体制制约，部分农村家长重养轻教和学校教育单一，农村留守儿童出现数量多、家庭教育缺失、学校教育受阻和身心健康堪忧等社会难题，可能会影响社会和谐和国家可持续发展，必须引起政府的高度重视和社会的广泛关注。解决问题的关键在于政府要认真履职，家长要主动担责，学校要积极跟进，社会要广泛响应。要通过推进学校标准化建设、"共享蓝天"和"绿色通道"三大工程，推广校园关爱行动、"代理家长制"和社会爱心行动三大成功经验，构建经费、制度和监护三大保障体系，争取能够从根本上保障农村留守儿童公平的受教育权。

近年来，随着我国经济社会的持续发展，越来越多的农村剩余劳动力外出务工，一大批未成年的孩子被留在家里，由此出现了一个新的特殊儿童群体——留守儿童，且这个群体的人数正在不断扩大，成为一种比较普遍的社会现象。我国现有农村留守儿童达2 000万人。[1]虽然我国多数留守儿童的发展是较为正常的，但有相当一部分留守儿童存在的问题值得我们高度关注。而这一部分留守儿童，同样是祖国的未来，民族的未来。我们若不及时妥善解决留守儿童的教育问题，一二十年后，这批孩子必然影响祖国的发展和中华民族素质的提高，以及我国各项事业的可持续发展。

为了摸清农村留守儿童教育问题现状，探寻更多解决农村留守儿童教育问题的有效途径，民盟中央委托民盟重庆市委联合民盟中央妇委会等单位开展了关于农村留守儿童教育问题的专题调研。调研以北京，重庆万州、北碚、巴南、涪陵、南川，四川邻水等地的农村留守儿童教育问题为重点，分析农村留守儿童分布规律和教育问题，搜集各地区的成功经验，如重庆南川的“代理家长制”、邻水二中的“关爱行动”，根据其发展演进状况进行可行性分析，针对当前我国农村留守儿童教育中存在的具有普遍意义的问题，在机制、法理和实际运用等方面提出政策性的对策和建议。

一、问题概况

（一）农村留守儿童数量多

全国妇联提供的数据显示，中国农村留守儿童达 2 000 万人，并呈继续增长的趋势。在一些农村劳动力输出大省，留守儿童在当地儿童总数中所占比例已高达 18%至 22%。[2]据中央教科所“中国农村留守儿童问题研究”小组抽样显示，甘肃、江苏和陕西三省某 5 县的留守儿童比例高达 47.7%。[3]劳务输出大省四川，一般农村学校，农民工①留守子女的比例达到 70%，个别地方甚至达到了 85%，比如阆中市各级各类学校在校学生 10.4 万人，其中留守学生 7.8 万人，占学生总人数的 75%。[4]

重庆市的留守儿童数量也很多，农村留守儿童约有 85 万人，占全市中小学生总数的 22.3%。[5]各调研小组数据显示：从农村留守儿童的绝对数量看，巴南区约 1.2 万名，涪陵区超过 2 万名，万州区约 6 万名；从农村留守儿童在义务教育阶段学生所占比例看，巴南区约为 15.4%，涪陵区约为 35.2%（有的学校接近 50%），处于库区腹地的万州区比例更高，个别学校甚至超过 70%。② 尤其需要注意的是，随着我国城市化进程的加快，特别是统筹城乡综合配套改革的推进，农村剩余劳动力转移力度必将进一步加大，农村留守儿童数量和比例还将增加和提高。如果不采取有效的解决措施，农村留守儿童的教育问题必将更加突出。

---

① “农民工”现多称“进城务工人员”，因本文为已发表论文，未对该词进行处理。后文同此。——编者注

② 数据来源：《农村“留守儿童”教育状况的调查与分析》，民盟重庆市巴南区委课题组调研报告；《万州区“留守儿童”问题调查与对策研究》，民盟重庆市万州区委课题组调研报告；《关于我区农村留守儿童教育问题的调研报告》，民盟重庆市涪陵区委课题组调研报告。

（二）农村留守儿童的分布具有规律性

从时间上看，由于儿童的自理能力和家长对学校教育的依赖性逐渐增强，留守儿童的比例与年龄成正比关系。调查显示，小学留守儿童的比例要低于初中，小学低年级留守儿童比例要低于小学高年级。比如万州区梨树小学一年级中留守学生占本年级学生数量的60.1%，而六年级留守学生占本年级学生数量的71.1%。太龙初级中学的情况也反映了这一规律：该中学2007年上学期留守学生占全校学生数量的72.4%，比梨树小学留守学生占全体学生的比重65.9%高出6.5个百分点。[6]而经济较发达的李渡片区较低，其中毗邻李渡工业园区的马安小学比例只有24.2%。[7]此外，从区域上看，由于受经济、文化等多方面影响，留守儿童分布具有从城市—集镇—村庄递增的规律。比如涪陵区江东片区农村学校留守儿童的比例就只有18.7%，作为集镇的蔺市镇小学为38%，而在行政区域调整中被撤并的五马乡原所辖五马小学为44%。[7]

（三）农村留守儿童存在的相关问题

一是亲情缺乏，心理失衡。涪陵区调查显示，70%的留守儿童"十分想念父母"，26%的留守儿童"偶尔想念父母"。[7]但由于父母不在身边，留守儿童长期缺乏亲情的抚慰与关怀。这些孩子往往焦虑紧张，缺乏安全感，人际交往能力较差。如果这种情绪长期得不到有效的疏导，就容易引发种种心理病症。

二是习惯不良，学习较差。处于义务教育阶段的儿童少年，其行为发展在很大程度上还处于他律阶段，自律能力很弱。由于父母不在身边，儿童和监护人之间关系特殊，所以缺乏及时有效的约束管教，导致部分留守儿童纪律散漫，存在行为偏差。调查中发现，36.7%的留守儿童行为习惯较差，他们不听祖辈教导，在校不遵守规章制度，常有迟到、旷课、逃学、说谎和欺负同学等行为。[7]

三是教育单一，安全难保。留守儿童的父母在外，临时监护人重养轻教，教育的责任就落到了学校，而学校教育是需要家长配合、社会支持的。在调查中发现，学校对留守儿童的教育常常得不到监护人的配合。如家长会无人参加，学生违纪或者受到侵害后无监护人配合处理。留守儿童是弱势群体，缺乏自我保护的意识和能力，没有父母的直接监护，容易成为不法分子侵害的对象。侵害后又无亲人倾诉，往往不易及时发现和处理。加上学校、家庭之间存在安全衔接上的“真空”，监护人又普遍缺乏安全保护意识和防范防护能力，导致留守儿童伤人或被伤害等安全隐患无处不在。涪陵区调查显示，留守儿童溺水身亡、打斗致残等伤亡的比例明显高于其他儿童，留守女童被拐卖、被侵害的恶性案件也发生多起。

四是道德滑坡，价值扭曲。家长外出打工，可以改善孩子的物质生活和受教育的条件，但部分家长容易忽视对子女的伦理道德教育和法制教育。特别是部分父母长期在外，因无法照顾孩子而产生负疚感，于是采取“物质＋放任”的方式来进行补偿，使得一些留守儿童拥有过多零花钱，极易形成功利主义价值观、享乐主义人生观和好逸恶劳、奢侈浪费的陋习，甚至导致“读书无用论”“拜金主义”等错误思想抬头。据调查，部分留守儿童已经产生厌学情绪，认为不读书同样能挣钱，并把人生发展方向定位为打工挣钱。

五是留守儿童犯罪率逐渐上升。资料显示，上海市少年管教所在押的未成年犯上海市籍与外省籍的比例：2000 年为 6∶4，2005 年猛增至 3∶7。这七成少年犯大部分是农民工子女，且这个群体已占未成年犯罪的 50％以上。[8]

（四）解决农村留守儿童教育问题任重道远

农村留守儿童教育管理难的问题，已经成为农村教育中的突出问题。虽然中央和一些地方出台了不少的规定和办法，如“一帮一”、“手拉手”、“特别关爱”、“结对帮扶”、“共享蓝天”、“关爱行动”、“寄宿制工程”、“心理阳光工程”、“代理家长制”、“留守儿童之家”、“爱心爸爸”、“爱心妈妈”、“四老”家长培训班等。但应该看到，由于留守儿童教育问题具有长期性、广泛性的特点，解决留守儿童问题又必须依赖经济社会发展和突破体制障碍，所以目前在关爱留守儿童方面所做的工作还存在很多问题，主要表现：上层关注多，基层措施少；专家呼吁多，部门落实少；局部活动多，整体受益少；短期工作开展多，长效机制跟进少。

二、问题成因分析

(一)社会整体发展中存在农村劳动力大规模流动与城乡壁垒之间的矛盾

农村劳动力大规模流动的原因主要有二:一是城镇化,二是劳务输出。

城镇化是社会发展的必由之路。目前,我国耕地面积仅19亿亩(1亩≈666.67平方米),据测算,在农村现有生产力水平和生产规模条件下,仅需1.5亿劳动力,而现实情况是农村人口近8亿,农村劳动力有4.98亿,剩余劳动力近3.5亿。按照要用城乡统筹解决中国“三农”问题的思路,必然要加快推进城镇化,这就意味着大量农村剩余劳动力要进入城市。[9]

劳务输出是发展不平衡的必然结果。当前我国经济社会发展存在着巨大的不平衡,东西部差异明显,城乡落差巨大。2006年,上海人均GDP相当于贵州的10倍,两地区农民收入的差距为4.6倍;2006年,城乡居民人均收入比例为3.28∶1。[10]巨大的收入差距导致大量农村劳动力由西部流向东部,由乡村流向城市。很多地方政府将劳务经济作为本地区“第一经济”来发展,加剧了这一趋势。

尽管国务院、中央各部委、各级地方政府出台了一系列解决农民工和留守流动儿童问题的办法和意见,成立了一些相应的机构,明确了农民工子女义务教育“两为主”政策,即“流入地政府管理为主、以全日制公办学校为主”,但许多城市学校在政策的落实过程中明显存在“上有政策下有对策”的问题,或确实存在具体困难,使得农民工子女进城读书依旧艰难。调查显示,其主要根源在于城乡隔离的户籍制度以及随之产生的不能异地享受子女免费或低收费入学和必须在原籍所在地中考、高考等制度形成的壁垒。无法承担的高学费问题、在简陋的农民工子弟学校入学无法解决升学考试问题、各地选用的教材不同使得农民工子女在转学后面临两地教育内容不能衔接的困境等问题,直接推动了留守儿童这一群体的产生。

(二)留守儿童家庭多有教育意识薄弱和教育方式不当两大顽症

教育意识薄弱,重养轻教。外出打工的部分农村家长对教育的重要性认识不足，造成了在增加经济收入与子女教育之间取舍失衡。农业部2004年发布的数据显示：劳动力不外出的原因中“怕影响子女上学”仅占第一、第二选择的6.7%。[3]这虽有生活压力的原因，但更主要的是教育意识淡薄。不少农民没有认识到教育是最大的投资，而认为教育是最大的负担。外出打工家长大多数没有时间与精力过问孩子的学习，对孩子的困惑、需求、交往、兴趣的关注就更少了。正处于身心迅速发展时期的中小学生，在学习和生活上，尤其是生理和心理上有太多的问题需要解决，但家庭教育的缺失使他们不能得到精神上的支持和知识上的解答。

教育能力较低，监护不力。留守儿童大多有人代管。但临时监护人由于受年龄、文化、身体和精力等综合因素的制约，对孩子的帮助仅限于满足其基本生活需要，或者督促孩子完成作业，家庭教育基本处于空白状态，无法实现家长监护、教育职责的完全转移。据涪陵区的调查显示，临时监护人文化程度小学及以下的比例达93.5%；临时监护人“经常辅导孩子学业”的只占13.9%，“从不辅导孩子学业”的占52.4%。调查还显示留守儿童由祖辈监护的比例高达87.2%，由亲戚监护的比例为9.9%；留守儿童受到临时监护人“非常关心”的占42.6%；留守儿童对临时监护人“非常信任”的只占38.4%。[7]

（三）学校教育中有课程设置与儿童身心发展不相适应的问题

教师的关注是儿童形成学习动机的外部动因之一。由于家庭生活的不完整，留守儿童在心理发展上比较其他学生存在更多的困惑与问题，他们需要学校给予更多的帮助与疏导，需要通过教师、集体的温暖弥补亲子关系缺失对其人格健全发展形成的消极影响。但由于教育理念、办学条件、师资力量等多方面的制约，农村学校很少开设专门的心理课程并配备专门的心理教师。也很少有组织、有计划地对学生进行心理教育、生存教育、安全教育和法制教育。这些教育内容对生活在社会飞速变化时代的所有儿童都是必要的，对留守儿童更是如此。

三、对策及建议

农村留守儿童问题是在农村社会转型过程中，伴随劳动力转移而产生的新问题。在今后较长的时间里，这个群体还将继续扩大，因此，政府、有关部门及全社会应给予高度重视。为此，建议要抓好以下几点：

（一）抓好三大重点工程

一要在继续实施“农村寄宿制学校建设工程”的基础上积极推进“农村中小学标准化建设工程”。

农村寄宿制学校可以让留守儿童受到更多的监督、照顾与关爱，减少留守儿童受教育的断层与真空，是解决农村留守儿童教育问题的有效途径。但目前在实际工作中，“农村寄宿制学校建设工程”还存在硬件建设不能满足学生寄宿的需要，很多学校还没有建成标准的寄宿制学校，即使具备寄宿条件的学校，接纳能力也很有限。另外还存在管理的人员和经费欠缺的问题。

针对这些问题，建议：

第一，目前，要抓紧对2004年以来的工程实施情况进行检查评估，并在第一轮工程结束后，国家应该根据实际情况，继续实施寄宿制学校建设工程。在评估工作中，要摸清容量缺口，合理规划，拟定再推进方案，保证一个乡镇应集中建设好寄宿接纳能力较强的初中和中心小学各1所，保证广大农村学生能够按需寄宿读书。其资金的落实需要各级财政的共同支持，同时也要提倡鼓励社会资金的投入。

第二，加强寄宿制学校的管理。针对当前存在的管理难问题，中央和各级地方政府要根据实际情况逐步增加寄宿制学校管理人员编制，分期对管理人员进行培训，保证更多的留守儿童受到更好的教育和管理。

第三，寄宿学校要优先考虑留守儿童。各地在寄宿容量有限的情况下，应优先考虑留守儿童，通过改善食宿条件、完善配套设施，使学校成为温馨的“留守儿童之家”。

第四，积极推进“农村中小学标准化建设工程”，努力缩小城乡间在教育资源、办学条件上的差距。义务教育均衡发展是实现教育公平的基础。针对农村办学条件普遍较差的特点，政府应加大投入，通过标准化学校的建设缩小城乡间办学条件的差距。这是一条能够从根本上解决问题的途径。

二要加速推进“共享蓝天”工程。2007 年 5 月 25 日，全国妇联、教育部、公安部、民政部等 13 家单位联合召开“共享蓝天”全国关爱农村留守流动儿童大行动电视电话会议，启动了“共享蓝天”全国关爱农村留守流动儿童大行动。会议要求完善工作机制，建立专门的工作机构，建立督查、激励、信息反馈机制，落实工作经费并纳入同级财政预算，纳入测评体系等措施保障这次大行动顺利进行。“共享蓝天”工程启动以来，在全国引起了一定的反响，但是各级地方政府跟进乏力，尤其是在机构的设置和经费保障方面进展缓慢。为此建议：

第一，加强督查和落实工作。国家相关部委要对各级地方政府落实情况进行督查，保证“共享蓝天”工程全面实施，能够惠及广大农村留守儿童。

第二，敦促尽快成立专门机构。留守儿童问题将长期存在，但目前负责该项工作的部门、人员均不固定，造成工作职责不清，工作延续性较差、随意性大。建议各级地方政府尽快增加编制、配备人员成立一个专门的强有力的协调机构；对留守儿童较多的学校，政府应要求其设置专门机构负责该项工作，并增加相应的人员编制予以保障；就现在有关部门、群团组织各自发挥作用关爱留守流动儿童的形势，应明确政府的角色，明确牵头单位，以更好地协调各方，整合力量。

第三，建立信息反馈机制和测评体系，落实工作经费。各级地方政府要建立相关的督查、激励、信息反馈机制和测评体系，落实工作经费，为开展“共享蓝天”大行动提供组织和财力保障。

三要尽快完善“绿色通道”畅通工程。解决农村留守儿童教育问题除了在“留得住”上做文章外，还要在“流得畅”上想办法。根据相关规定，农民工子女异地入学问题由接入地负责。所以，很多农民工流入地均开设了“绿色通道”——建设农民工子女学校或指定农民工子女就读学校。“绿色通道”维护了农民工的权益，解决了其子女入学的后顾之忧。但是，调查发现，“绿色通道”与农民工的期望还有较大距离。主要问题有二：一是“绿色通道”的容量有限，很多地方尤其是城市的教育资源本来就有限，解决本地学生就读难度很大，于是不得不对农民工子女入学设置很多附加条件（如户口、住房、暂住年限等）；二是农民工子女学校办学条件参差不齐，其教学水平得不到保障。此外，由于受课程衔接和考试限制的影响，很多农民工子女流出容易回归难。比如部分在京农民工反映：北京农民工子弟学校多为私立学校，教学质量较差，收费不合理；孩子在京没有户口无法参加高考，且北京与原籍教材不同；等等。

解决上述问题的思路有：

第一，规划并建设好农民工子女学校。农民工流入地区，政府要切实承担责任，根据经济社会发展需要，规划并建设好农民工子女学校，同时对非营利性质的民办学校要予以鼓励，它们不仅对城市紧张的教育资源有缓解作用，还能在一定程度上规避建设公立学校的投资风险。这些学校的相关费用要纳入义务教育经费保障机制，要让其享受公共财政的阳光，以保证农民工子女享受异地免费接受义务教育的权利。同时，整合本地教育资源，促进教育均衡发展，让农民工子女享受与本地区学生一样的优质教育。

第二，逐步消除对进城农民子女读书的限制。各地城市要根据推进城镇化需要，超前规划，合理配置教育资源，减少并逐步消除对农民工子女读书的限制，增加“绿色通道”容量和流速，让接受义务的农村孩子共享城市文明。

（二）完善推广三种经验

一要丰富和推进校园关爱活动。虽然留守儿童的教育问题是因社会和家庭而产生，但学校是教育的主阵地，在解决农村留守学生教育问题上有义不容辞的责任。在家长远离孩子时，学校更应该扮演孩子第二个“家”的角色，主动承担起更多的教育义务。调查中发现，四川省邻水二中的“关爱活动”值得推广。四川邻水二中是一所省级重点中学。学生以高中生为主。但农业大县的县情决定，该校学生家长在外打工的不少。该校称这类学生是“留守学生”而非“留守儿童”。但相关问题却具有共性，仍值得关注。该校将关注对象扩大到所有“留守学生”。在结对帮扶的基础上，专门制定了《邻水二中“留守学生”管理制度》，在师生中构建了四层关爱网络（即校领导—中干—班主任—生活老师），明确了各层关爱工作的内容和责任，也使每个留守学生都能得到教师的关爱帮助。同时该校还成立了“班级关爱制度”，通过班主任、科任老师、同学等多渠道帮助留守学生，这种建立在师生长期相处、相互了解基础上的方式有效避免了流于形式的“关爱”，对留守学生健康成长极为有利。该校为了使留守学生在校期间过得安全、开心、有意义，建立起了“留守学生之家”，购置了活动设备、课外书籍，并在周末为留守学生放映爱国主义、预防青少年犯罪、消防安全等方面的影片；在校园开设“绿色网吧”，安排专职老师管理；校团委坚持每周一次的校园文艺演出活动，组织兴趣小组，开展“周末大讲坛活动”和体育竞赛活动。

根据邻水二中的经验，中小学校关爱农村留守儿童工作还可以注意以下内容：

第一，建立留守学生档案。学校可开展调查摸底工作，建立留守学生档案，收集学习与发展的重要信息，记载成长过程和特点，实行动态跟踪管理，全面掌握每个留守学生的家庭、学习、生活情况，也让外出家长能及时了解和掌握每个留守孩子的成长情况。

第二，开展结对帮扶活动，构建亲情关爱网络。结对帮扶的形式主要有五种：优帮差、城帮乡、大帮小、师帮生和老帮少。

第三，增设特色课程，将心理辅导课程和法制课程纳入必修。根据本校留守学生的年龄分段开展生存教育、安全教育、感恩教育和自强自立教育，强化自尊自立意识，提高自理自助能力。各种类型的心理问题和淡薄的法律意识是现阶段留守学生的通病，如不能得到及时纠正，不仅不利于其自身的发展，还对未来社会的健康有序发展构成较大的威胁。

校园关爱工作，能弥补家庭教育弱化给孩子带来的影响。邻水二中的经验也证明了这种工作富有成效。但是，对于专业教师来说，这类工作一般不属于刚性任务，各学校开展起来随意性很大，措施不尽相同，效果参差不齐。其效果取决于学校领导是否重视，工作任务是否刚性。因此，要真正发挥好学校的特殊作用，政府和教育主管部门一定要牵头并统筹，将一些好的做法升华为管理办法，变推广经验为落实措施，保证学校帮扶行动步入制度化、规范化的轨道。学校要将留守儿童教育问题纳入德育常规工作来抓，保证机构完整，制度健全，措施得力。

二要完善和推广“代理家长制”。“代理家长制”源于重庆市南川区鸣玉中学的实践,其经过多家媒体宣传得以在重庆和全国推广。这是目前被证明了的在关爱和教育农村留守儿童对策和措施中充满人性关怀、因地制宜且有效的方法之一,所以被认为是十分值得推广的办法。代理家长(有的称为"代管家长")是指临时履行农村留守儿童家长部分职责的志愿者,其职责主要包括"三知、三多、三沟通"("三知"即知道留守儿童的个人情况、家庭情况和学习情况;"三多"即多与留守儿童谈心沟通,多参加学校学生集体活动,多到其家中走访;"三沟通"即定期与留守儿童父母、托管人、老师联系沟通)和"五个一"(每周与留守儿童联系交流、辅导作业一次;每月与留守儿童父母、任课教师、托管人联系一次;每两月到留守儿童家中走访一次;每学期初制订一份帮扶计划书;每学期末撰写一份帮扶工作总结或教育经验文章)。但是,此制度在推广的过程中也遇到一些问题。比如,角色认定难,制度跟进难,责任落实难,长期坚持难。比如万州区调查发现,一方面留守儿童数量庞大,但愿意做代理家长的人很有限;另一方面,代理家长不是留守儿童的法定监护人,要他们承担法定监护义务从法理上难以通行。而南川鸣玉中学甚至出现了这样的情况:有了代理家长后,有的家长"心安理得"地外出打工。要让"代理家长制"更有效地推广,就必须认真思考和解决这些问题。为此建议从以下几个方面完善"代理家长制":

第一,建立准入机制。代理家长必须符合两个条件,一是本人愿意,二是家长认同。由于代理家长具有公益性,所以必须以自愿为前提;由于代理家长的自身文化素质和人格修养将对留守儿童的成长形成直接影响,所以必须对代理家长申请人建立经济水平、文化水平、道德修养等准入门槛,其相关素质必须符合政府认定、家长认同的准入条件,同时告知代理人所拥有的权利、义务。调查显示,73.3%的农民工认为代理家长制可行,同时认为代理家长的素质非常重要,应该具有以下几个条件:一是年龄在40岁左右;二是多数认为女性为好,也有部分人主张男孩的代理家长为男性、女孩的代理家长为女性;三是文化程度应在大专以上;四是代理家长的家庭状况应该较好,有足够的时间;五是代理家长自己要有孩子,人品要好,有责任心。他们还认为,学校教师是子女最理想的代理家长。[11]

第二,建立跟踪评估机制。由政府相关机构或者委托机构建立留守儿童个人档案,对孩子的学习成绩、思想道德水平、健康状况、心理状况进行跟踪考察，定期对孩子的综合状况进行评估。建立代理状况评估档案，对代理家长的代理状况进行评估，作为继续代理和退出代理的参考依据，同时作为政府补助和奖励的参考依据。

第三，建立退出、奖励机制。退出机制可分为自愿退出和强制退出。对在代理过程中，不再愿意，或自认为难以继续承担代理责任的代理家长，经申请核实后可自愿退出。对在代理过程中未能尽到代理责任或在跟踪评估中有不良表现的代理家长应进行强制退出。对表现突出的代理家长可以考虑给予一定精神和物质奖励，相关经费由政府承担或募捐所得。

第四，建立综合代理模式。从目前条件看，留守儿童代管的最佳模式为“寄宿制学校＋代理家长制”。具体做法是：在农村大力发展寄宿制学校，增加相应的生活老师和课外辅导员，生活老师和课外辅导员在自愿前提下担任代理家长，负责孩子们的日常生活和心理辅导。由于有学校的统一指导和管理，此模式更能让家长放心，让学生得到全方位的关爱，也不至于过分增加代理家长的负担。

第五，尝试建立补助机制。由政府牵头，根据各地实际情况，举行家长、学校和代理家长代表三方听证会，进一步明确代理家长职责，确定家长支出经费和代理家长补助标准，保证代理家长责、权、利的统一。经济较发达的地区，可考虑将代理经费纳入财政通盘考虑，寄宿制学校可将代理家长补助纳入管理经费统一预算。从湖北随州实行的合同式有偿代理运行情况看，此办法具有一定可操作性，但不易被热心公益事业的人接受，有偿标准也不易确定。

三要规范和支持社会爱心行动。在政府的倡导和媒体的关注下，社会呵护留守儿童的网络正在形成。各地在妇联、团委、关工委、工会的牵头下，一支由党政机关人员、离退休教师、大学生志愿者、企业界公益事业热心人等人员和公益性非政府组织组成的留守儿童服务队伍正在壮大。但从工作的实效性看，这支队伍所发挥的作用还比较有限。原因在于妇联、关工委等组织无力广泛整合社会力量，而各种社会组织又存在发展不成熟、组织松散、聚合力差的特点。所以社会对于留守儿童的帮助有“点”无“面”，有“雷”无“雨”。要改变这一尴尬局面，完善社会呵护体系，建议做好以下工作：

第一，加强社会组织的建设，加深社会力量帮助和参与的程度。随着经济的快速发展，各种关心民生、热心公益的群体组织逐渐增多。政府部门要鼓励个人或者企业创建并充分发挥非政府组织的作用，引导它们关注留守儿童教育问题，或者通过各种方式直接对留守儿童提供物质上的帮助或者学习上的指导。相关组织可以借鉴SOS儿童村的运作模式：经费是社会赞助，人员是志愿者，工作是公益事业。

第二，尝试建立农村留守儿童社区委托监护机构。可以由基层政府、学校和共青团三家牵头，联合妇联、工会、村委会和派出所，共同建立农村留守儿童社区委托监护机构，直接对留守儿童进行监护或加强对留守儿童监护人的培训、跟踪评测，督促监护人对留守儿童进行有效的教育，并教给监护人科学教育的观念和方法。

（三）构建三大保障体系

一要发挥政府的社会管理职能，进一步推行公共财政制度，完善经费保障体系。留守儿童问题是一个社会问题，解决社会问题应是政府的应尽之责，所以，认真、有效地解决农村留守儿童教育问题，政府责无旁贷。

第一，要进一步完善公共财政制度。特别要加快发展教育、医疗事业，积极扩大就业和加强社会保障体系建设，完善城乡最低生活保障和社会救助制度。

第二，要按照发展规划需求保障教育经费，促进教育事业健康发展。从需求看，留守儿童在留守地需要寄宿，进城需要被接纳。地方政府及各类学校很想解决，但各有难处。所以，中央政府要根据相关法律法规，根据农村教育现状，切实加大投入力度，改善农村学校办学条件，确保农村教育发展需要。

第三，调整教育经费的筹措和管理方式。中央政府和省级人民政府要根据实际情况加大教育投入比例，尽量减少县级人民政府筹资的份额。同时加强教育经费的管理，保证无挪用和挤占现象。为了保证流入地愿意接受农民工子女读书，可以借鉴国家《对种粮农民直接补贴工作经费管理办法》，对义务教育阶段农村学生进行直补；也可以办理流动学籍卡，卡随人行，费跟卡进，保证他们进城或者异地读书畅通无阻。

第四，依法保障教育经费总量到位，并将增补部分投向农村基础教育。

我国1995年9月1日实施的《中华人民共和国教育法》规定："国家财政性教育经费支出占国民生产总值的比例应当随着国民经济的发展和财政收入的增长逐步提高。具体比例和实施步骤由国务院规定。全国各级财政支出总额中教育经费所占比例应当随着国民经济的发展逐步提高。"而此前中共中央、国务院于1993年2月印发的《中国教育改革和发展纲要》已明确提出，逐步提高国家财政性教育经费支出占国民生产总值的比例，20世纪末达到4%，达到发展中国家80年代的平均水平。这一目标本应在2000年实现，但最好状况的2005年，也只达到3.28%。建议依法拨款，落实经费，并将以后的增补部分大部分投向农村基础教育，这样，可完成前面提到的"农村中小学标准化建设工程"，也就可以从根本上解决基础教育投入不足的问题。

二要抓住统筹发展契机，逐步拆除体制屏障，完善制度保障体系。

第一，加快户籍制度和就学制度改革，逐步消除城乡差距。改革户籍制度的核心并不在于完全取消户籍管理制度，而是要逐步弱化乃至取消与户籍相联系的城乡隔离的各种制度，从而保障劳动力的合理流动。政府应制定和实施优惠政策和配套措施，使流入城市的农民享有与城市人口平等的权利和社会权益。同时，逐步实现以户籍制度改革为中心，拆除就业、医疗、住房、教育等制度壁垒，彻底打破维系多年的城乡"二元经济体制"，引导农村富余劳动力在城乡间的有序流动。

由于现阶段我国尚难取消高考与户籍挂钩的制度，对流动学生的就读问题只能从义务教育阶段进行考虑。所讨论的对象也只能是义务教育阶段的学生。故建议连续暂住和就读时间长且有一定条件在城市就读的农民工子女享受与本地区学生同等的义务教育升学待遇。孩子跟随父母在外地上学，既可以解决学业督促问题，又不致感情疏远，初中毕业后，孩子基本能自立，再回家乡读高中或职中。

第二，劳动力转移是一个长期过程，城乡统筹发展不是只发展城市，关键是促进城乡公平发展、协调发展。从目前看，发展重点应该向农村倾斜，保证广大农民共享发展成果。各地在做强工业的同时，更要做好特色农业和大力发展乡镇企业，增加农民就地就业的机会，从源头上减少留守儿童的数量。要重视小城镇建设，多建卫星城镇，缓解城市高速发展的压力；完善小城镇配套工程，缓解大量留守儿童进城带来的挤堆问题。

三要明确家长监护职责，帮助家长优化选择，加固监护保障体系。

家长在儿童的成长过程中具有难以替代的特殊作用，我国法律把父母对子女的抚养教育规定为公民的基本权利，同时也规定为父母或家庭必须履行的基本义务。但是，因为客观现实，很多家长重养轻教，丢下孩子，双双外出挣钱，使孩子们失去亲人的关爱和亲情的沐浴。要改变这一现状，建议在以下几个方面做些努力：

第一，加强家长法律意识的培养，提高家长素质。部分家长法律意识淡薄，不明确自己应该承担的法律责任，更有家长认为孩子有代理家长，自己便可长时间打工不归，对孩子不闻不问。有些家长二三年才回家一次，有的甚至长达十多年。如果家长能充分认识子女教育的重要性，在外出务工和子女教育的抉择上，会变得更加理智和科学。因此，各级政府和学校要通过各种途径宣传相关法律政策，对进城务工农民进行引导和教育，转变农民工家长的家庭教育观念，让其明确监护职责、树立责任感。如重庆市渝中区解放小学与重庆市妇联联手开办了首家流动儿童、留守儿童示范家长学校。这种类型的教育有利于帮助家长明确自己的责任、学习科学教育子女的方法，形成社会、学校、家长共同监管的局面。

第二，丰富"义务教育"内涵，将义务教育的"强制性"由学校延伸到家庭。在义务教育所具有的特征中，强制性是其最本质的属性之一，这也正是其区别于其他各类教育的最本质特征。但是，义务教育的内涵常常只限于学校教育而忽视家庭教育。其实，义务教育应该包括家庭教育，所以家庭教育也应该具有强制性。保证儿童得到应有的家庭教育也是《中华人民共和国未成年人保护法》和《中华人民共和国预防未成年人犯罪法》等法律规定的。所以，政府要严格贯彻落实相关法律，强化父母或监护人对被监护人的监护责任和教育责任，依法赋予政法机关对留守儿童父母的追究权，对不依法履行监护责任的父母或临时监护人予以相应的处罚。

参考文献：

[1]苏婷．呼唤心灵的家园　农村留守儿童教育状况掠影[N]．中国教育报，2006-11-29.

[2]吴晶晶，王娅妮．一代人的“别样童年”：农村留守儿童达 2000 万[N]．新华每日电讯，2006-10-23.

[3]中央教育科学研究所教育发展研究部“中国农村留守儿童问题研究”课题组．“中国农村留守儿童问题研究”第一期调研报告[R]．新教育，2004(5).

[4]四川省统计局．四川调查：消除体制障碍　解决农民工子女教育问题[EB/OL]．(2005-08-09)．中华人民共和国国家统计局，中国统计信息网，http://www.stats.gov.cn/ztjc/ztfx/fxbg/200508/t20050808_15693.html.

[5]关于关爱农村留守流动儿童的考察报告[R]．重庆市政协社会法制委员会 2007 年 6 月 22 日报送市委的材料．

[6]万州区“留守儿童”问题调查与对策研究[R]．民盟重庆市万州区委课题组调研报告．

[7]关于我区农村留守儿童教育问题的调研报告[R]．民盟重庆市涪陵区委课题组调研报告．

[8]100 所“新公民学校”7 月招标[N]．公益时报，2007-06-05.

[9]胡雪萍．劳动力迁移理论与我国农业剩余劳动力转移[J]．宏观经济研究，2004(5)：51-52.

[10]丁元竹，等．分配是民生之源[J]．群言，2007(8)：13.

[11]农村留守儿童教育问题调查报告[R]．民盟中央妇委会课题组调研报告．

第一作者： 刘明华(1956—)，男，四川平昌人，西南大学文学院，文学博士，教授，博士生导师，主要研究中国古代诗学、文化学，近期关注农村基础教育问题。

原文出处：《西南大学学报》(社会科学版)2008 年第 2 期。

转　　载：《高等学校文科学术文摘》2008 年 3 期全文转载。

当代世界基础教育课程改革的发展趋势

徐　辉

摘　要:基础教育作为提高国民素质和造就高端人才的奠基工程,受到世界各国高度重视。就课程领域而言,回望世界各国近一二十年基础教育的改革发展之路,以下一些共通性的趋势和动向值得关注:建立国家课程标准,统一中小学课程的质量要求;大力提倡课程设置综合化,适度减少分科课程;调整培养目标;课程内容进一步关注学生经验,反映社会、科技最新进展;积极变革教学方式,培养大批具有创新精神和实践能力的人才;拓展传统的教材观,加强课程资源的开发等。

基础教育作为提高国民素质和造就高端人才的奠基工程,受到世界各国高度重视。一些发达国家从20世纪80年代就开始了以提高基础教育质量、迎接新世纪挑战为主题的大规模教育改革,而发展中国家自1990年世界全民教育大会召开以来,在扩大教育机会方面也作出巨大努力,取得了很大成绩。据联合国教科文组织1998年的《统计年鉴》显示:全世界第一级和第二级教育在校生人数在1980—1990年十年间增长了1.06亿,占同期各级教育总增长人数的86%,而在1990—1996年六年间增长了1.30亿,占同期各级教育总增长人数的89%。

就课程领域而言,回望世界各国近二十年基础教育的改革发展之路,以下一些共通性的趋势和动向值得关注。

一、建立国家课程标准，统一中小学课程的质量要求

长期以来,各国在课程管理上存在中央集权和地方分权两大基本范式。

这两大范式无所谓优劣，而是各有利弊。近年来，世界各国逐渐认识到课程设置“统得过死”和“放得过宽”都不利于提高教学质量，于是大都转而走上了两相融合的道路。

如美国，其宪法修正案第十条规定，“本宪法所未授予合众国或未禁止各州行使之权力，皆由各州或人民保留之”，而教育正好属于此列，因此成为“地方分权”教育范式的典型，长期以来没有统一的全国性课程，而由州和地方学区确立各自的课程标准。但 80 年代以后，美国开始设立全国性课程，全国科学基金会和教育部把全国课程标准作为学校改革的原则，提出应将全国课程标准作为基金会资助各州改革课程结构和地方课程，改革教学方法、教科书、师范教育和证书制度以及在职培训和学生评估的依据。克林顿政府在《2000 年目标：美国教育法》中主张将 1990 年布什政府提出的国家教育目标正式完成立法程序，并建立“国家教育目标专门小组”，以随时对实现这些目标的进程提出报告；要求编订供各州自愿采用的“核心课程国家标准”，希望借此能够对学生在基本学科领域里必须掌握哪些东西有一个共识。《2000 年教育目标法：美国教育法》把课程标准分为“国家标准”和“州标准”。“国家标准”[1]166 即由“国家教育标准和改进委员会”（NESIC）等机构制订的课程标准总的“准则”，根据这些标准，得到 NESIC 的确认后，再报“国家教育目标专门小组”审查批准。“州标准”是在自愿基础上，各州遵循国家标准而编订的州课程内容标准及评估体系。核心课程全国标准的制订一改美国过去学校课程设置的地方分权状况，虽然没有明确规定各地必须严格执行全国标准，但要求各地的地方标准要依据全国标准来制订，体现出课程设置的统一性与灵活性相结合的特点，这在美国学校课程发展史上还是首次。

英国的中小学在历史上也没有统一课程，都是由地方自行设置，而且地方政府对学校的管理也很松散。1988 年颁行的《教育改革议案》则一改过去的做法，授权教育科学部长制订国家课程，教育科学部长又委托国家课程委员会制订出各科教育大纲，使得大部分学校的主要教学内容趋于统一，但各学校仍可以自行决定开设一部分课程。对国家课程，教育科学部委托国家课程委员会编制教学大纲。大纲中详细列出教学内容和教学要求，对每一学科要求学生掌握的知识、技巧、对知识的理解和应用都作了明确的规定。

为了帮助教师掌握大纲，搞好教学，还印发了一些非指令性的参考资料。

而与此同时，以中央集权为课程传统的国家，如日本、法国、俄罗斯（苏联时期）等则更加强调课程设置和管理上的地方分权，中央政府（及其教育主管部门）的权限逐渐收缩，在保证“核心课程”的前提下，赋予地方政府和学校越来越多的课程决定权。

为了适应“集权”与“分权”的融合，既能在一国之内保证基本的教育水准，又能给地方和学校足够自主权以更好地达成教育目标，国家层面管理课程最为重要的手段就是课程标准。国家颁行具有法定效力的课程标准，所追求的不是“最大限度的控制”，而是“最小限度的控制”，是一种必须达到的保底性要求，在此基础上把很大一部分空间留给了地方政府和学校。

二、大力提倡课程设置综合化，适度减少分科课程，普遍用“学习领域”代替了“学科”的概念

课程综合化是强调各学科领域之间的联系和一致性，避免过早或过分强调各领域的区别和界限，从而防止各领域间彼此孤立、相互重复或脱节的隔离状态的一种课程设计思想和原则。课程综合化趋势主要表现在：重新审视传统的学科分类体系，软化学科界限，改变单纯以学科的逻辑来组织课程内容的做法，强调以学习者的经验、社会需要和问题为核心进行课程的整合。就课程综合化的基本形式而言，各国普遍使用“学习领域”代替了“学科”概念，比如“social study”“中东问题研究”“东亚文明研究”“儒家文化研究”等。

课程综合化是科学与社会发展的需要。20 世纪以来科学技术的高速发展，一方面使学科内部的分化更加精细，另一方面，也使学科之间进一步交叉综合。专家预言，既高度分化又高度综合而以高度综合为主的整体化趋势是当代科技发展的基本特征之一。课程要反映科技发展的新成果，并促进知识的再生产，就必须纳入一些重要的综合性知识，而只对原有分科课程做一些细节的调整是远远不够的。为适应现代科学技术的飞速发展和人类面临的种种社会问题，应重新整合学科知识，加强课程内容的综合性，如环境问题、人口问题、资源问题等，是学校教育亟待加强的内容，而这些内容在

分科课程中难以综合体现。[2]课程综合化趋势正是现代社会科技综合性加强的体现。

课程综合化有利于解决中小学课程问题上的一些突出矛盾。开设综合性课程有利于解决课程门类和课程内容无限"扩容"的问题,减轻学生负担,有利于解决教学内容重复和脱节的问题,有利于增强中小学课程与社会、生活实际的联系,有利于培养儿童综合利用知识解决实际问题的能力。中小学生与成年人一样,他们所认识的周围世界,不是以学科的形式出现,而是综合的整体的自然事物或社会现象,课程适度综合更符合中小学生认识事物的特点和认识能力渐次发展的规律。

正是为了加强有关学科之间的联系和渗透,培养学生的综合能力,各国在中小学课程开设上的综合化趋势十分明显。如:

美国在《普及科学——美国 2061 计划》中提出的课程改革,注意自然科学、社会科学和数学知识的综合,并增加必要的技能训练。每门课程自成开放的体系,在同一个单元里将多学科综合起来进行教学。如"水——自然环境"这一单元教学,就涉及理科调查,社会的"自然环境"的教学,数学的用水量计算,语文的写作四门学科的综合。

在加拿大,课程的综合有 8 种模式:(1)以主题为基础的学习,用主题(如社区、冬天等)来整合学习经验;(2)以项目为基础的学习,应用杜威"做中学"思想,通过调查、设计、创作来学习;(3)以研究为基础的学习,在社会课与科学课的学习中均可运用;(4)学习风格——采用各种策略强调不同学生的不同学习方式,使更多学生获得成功;(5)多元智能——根据不同的智能,强调多样的学习方式;(6)知识框架——将第二语言的学习与学科内容相结合;(7)以文学为基础的学习,以一本书或一个故事为线索形成一个单元教学的序列;(8)以文艺作品体裁为基础的学习,将体裁作为框架来思考和交流跨学科的学习。[1]299-300

韩国小学一、二年级的现实生活课将语言、道德和社会科学知识综合到了一起,探究生活课将自然科学方面的内容融合到了一块,愉快生活课将体育、音乐、美术结合到了一起。

三、调整培养目标，使新一代国民具有适应21世纪社会、科技、经济发展所必备的素质

教育承担着为未来社会培养公民的重要责任，教育所培养出来的"人才"应该能够满足适应未来社会和促进社会发展的需要。面对世纪之交社会、科技、经济的新发展，基础教育课程正在作出响应，按照时代需要调整培养目标，如培养"世界公民"。随着全球化时代的到来，各国家、地区以及不同族群间的政治、经济、文化联系越来越紧密，在接触与交流大增的同时，碰撞甚至冲突也越来越频繁。长期在联合国教科文组织（UNESCO）负责基础教育的高级官员奥德内斯评论道："全球范围内的教育系统在传授识字和计算技能方面已经取得了进步，但是，它们在第三个主要领域即生活技能、社会技能和价值观念的传授方面却没有太多的成绩。虽然20世纪造就了一代在计算机和知识开发领域里的专家，而这些专家在价值观念、生活技能、对多样化持宽容尊重态度方面却不那么完美。可以说，这个世纪教育的失败不是在科学、语言和数学教学上的失败，而是在倡导人类之间和平共处上的失败，是在为了充分平等的发展而应发掘个人和社会潜能上的失败。"基础教育必须加强国际理解教育和多元文化教育，让学生"学会共同生活"，从拓展视野、增进理解、培育共识、养成和平共处行为等根本层面上努力造就具有国际视野、致力于和谐世界建设的世界公民。[3]如美国教育就强调要让学生"了解人类的共性以及文化、种族、宗教的多样性"以及"对多样化真诚地尊重"。而日本所提的教育目标则是要培养年轻一代"具有广阔的胸怀、强健的体魄和丰富的创造力，具有自由、自律的公共精神，使他们成为世界中的日本人"，这种人才既能从国际视野高度处理事务，又能在国际社会中把日本文化、日本历史、日本的传统等介绍出去，能够与异国文化相沟通。

培养学生终身学习的能力。按照终身学习的观点，基础教育是一种"初始教育"，是终身学习的起点。国际21世纪教育委员会认为："良好的初始教育是开始终身学习的关键。这种教育应该覆盖儿童认知和情感两方面的发展，应该保证所有青少年掌握坚实的基础知识和技能，同时使他们养成学习新知识的态度和能力——学会学习。"基础教育必须在培养学生的基础知识

和学习的基本态度、良好习惯上下功夫，培养学生交流、数的处理、信息技术、共同操作、改进学习和解决问题等方面的能力，真正做到为其终身学习奠基。

四、积极变革教学方式，培养大批具有创新精神和实践能力的人才

人类的教学方式（即人才培养模式）在20世纪曾经发生过三次转变，每一次转变都带来学生学习方式的变革。19世纪末20世纪初，针对赫尔巴特的传统教学体系，进步主义教育和新教育运动提出并实践了做中学、道尔顿制等强调学生经验、强调学生参与的教学方法。20世纪40年代，《论现代知识的增长》提出知识增长的无限性和人的学习有限性之间矛盾的问题，人们发现学校课堂教学有利于传授抽象知识、间接经验，于是便十分看重知识学习、课堂学习，以及如何在老师的指引下高效地学习，苏联的凯洛夫教育学、赞可夫的高难度高速度教学思想，美国的回到基础运动、布鲁纳所强调和追寻的学科结构等，都是基于这样的时代背景而向传统课堂教学的回归。20世纪80年代以来，随着知识经济的出现，全球化的加速，对人才提出了新的要求：不仅要有扎实的知识基础，还要有动手能力和创新素质，于是教学方式由重课堂教学转向系统的基础知识传授与基于学生经验的个性化教学并重。

当代各国普遍认为，应摒弃单一的接受性学习方式，通过研究性学习、参与性学习、体验性学习和实践性学习，实现学习方式多样化，促进学生知识与技能、情感、态度与价值观的整体发展，提高学生的综合素质和在未来社会中的竞争能力。在具体的学习方式上，普遍强调在不放弃知识基础的前提下进行自主学习、合作学习、探究性学习。

自主学习以强调学生在教学活动中的主体地位为前提，认为人的自主能力很重要，但自主能力不能够靠灌输知识来获得，没有人能替别人做决定。对学习者而言，外部提供的只是学习的资源和限制，旁人最多只能提供建议，不能替他抉择，支持课堂的是一个师生双向的学习契约，而非单向的教师权威。在教学上需要注意积极自主和消极自主的区分。消极自主限于

“免于……的自主”，如免于固定课表、免于单一的知识维度评价等；积极自主强调“能够……的自主”，如自主制订学习计划、追求自我实现等。自主学习最终落脚于培养学生的自我发展能力，包括了解自我、了解环境、寻求自己与环境最佳的互动可能、着手实现和不断反思、改进、提升的能力。

合作学习以研究与利用课堂教学中的人际关系为基点，以师生间、学生间、教师间的合作为基本动力，以小组活动为基本教学方式，以团体成绩为评价标准，以标准参照评价为基本手段，以大面积提高学生的学习成绩、改善班级内的社会心理气氛、形成学生良好的心理品质和社会技能为根本目标，是一种极富创意与实效的教学理论与策略体系。合作学习作为对传统教学组织形式的一种突破和补充，受到了世界各国的追捧。合作学习的代表人物约翰逊指出：“实际上，教师的一切课堂行为，都是发生在学生——同伴群体关系的环境之中的。在课堂上，学生之间的关系比任何其他因素对学生学习的成绩、社会化和发展的影响都更强有力。但课堂上同伴相互作用的重要性往往被忽视。学生之间的关系是儿童健康的认知发展和社会化所必须具备的条件。事实上，与同伴的社会相互作用是儿童身心发展和社会化赖以实现的基本关系。”合作学习利于培养学生间的合作精神与协作技能，这在当代和未来社会中是一项不可或缺的重要品质。实际教学需要妥善处理好教师在合作学习中的引导、协调作用，在各参与方之间建立积极的相互依赖关系，力求实现实质性合作。

探究性学习在杜威时代就已提出，当代课程改革对它再次强调，而关注的侧重点之一在于培养学生的创新意识与创造精神。美国国家科学教育标准中对探究的定义是：探究是多层面的活动，包括观察，提出问题，通过浏览书籍和其他信息资源发现什么是已经知道的结论并制订调查研究计划，根据实验证据对已有的结论作出评价，用工具收集、分析、解释数据，提出解答、解释和预测，交流结果。探究要求确定假设，进行批判的和逻辑的思考，并且考虑其他可以替代的解释。[4]学生通过探究所学到的东西远远多于知识本身，能极大地提高学生的综合素质。

五、课程内容进一步关注学生经验，反映社会、科技最新进展，满足学生多样化发展需要

课程内容必须反映时代发展，满足社会需要。20世纪中后期以来，科技进步日新月异，社会变革一日千里，教育必须跟进，课程理当调整。

科学教育受到高度重视。一个典型的例子就是1989年美国促进科学协会提出的《普及科学——美国2061计划》。该计划的扉页上对科学教育的重要性做了这样的阐述："在下一个人类历史发展阶段，人类的生存环境和生存条件将发生迅速的变化。科学、数学和技术是变化的中心，它们引起变化，塑造变化，并对变化作出反应。所以，科学、数学和技术将成为教育今日儿童面对明日世界的基础。"

加强人文课程的趋向。20世纪90年代以来，许多国家认识到，在追求技术文明的同时，继承和弘扬人类传统美德和优秀价值观念同样极为重要。因此，许多国家在调整课程结构的改革中，再次注重对未来社会公民道德、情操和品行的培养，通过伦理学、哲学、文学、历史等学科，强调认识和汲取民族的传统文化精华，以民族的、健康向上的文学、音乐、传统文化丰富和充实现代学校课程，以陶冶情操，弘扬爱国主义精神。

围绕世界各国共同面临的社会问题开设实用性和知识性课程。随着信息技术日益深入人们的日常生活，欧美发达国家率先开设以科学、技术和社会为主题的相关课程，不仅将计算机技术作为辅助手段融合到教育教学活动中去，而且，通过计算机网络教会学生了解更新、更广阔的知识世界。同时，许多国家针对当前日益严重的全球环境恶化问题，相继开设环境教育、生态保护等课程。

当代课程观十分重视学生自身的既有经验，强调从学生的既有经验出发，即所谓的课程与教学要"回归生活"，但"回归"不是目的，仅仅是切入点和起点，关键还是要落脚于促进学生既有经验基础上的改造和发展，指向学生的未来，服务于学生的终身发展。[5]

六、拓展传统的教材观，加强课程资源的开发

当代课程和教学都是具有开放性的，因而也具有极大的丰富性，教材观得到了拓展。在传统意义上，往往在教材与课本之间画等号，而当代课程观则认为，教材是指具有一定特定结构、可供学生和教师阅读、视听和借以操作的材料，是帮助教师和学生认识世界、获得发展的一种媒体，它包括教科书（含电子教科书）、教学挂图、图册以及与教科书配套的音像制品、计算机辅助教学软件、教学参考信息、教学辅导信息等，“大教材”的外延已经远远超出我们传统意义上的教科书了。

事实上，当代的教材观已被视为课程资源的一个下位概念。课程资源是指形成课程的因素来源与必要且直接的实施条件，它可以分为素材性资源和条件性资源两大类。前者包括知识、技能、经验、活动方式与方法、情感态度和价值观以及培养目标等方面的因素，后者包括直接决定课程实施范围和水平的人力、物力、时间、场地、媒介、设备设施、环境以及对于课程的认识状况等因素。课程资源是课程最终得以实施，进而转化为实践形态课程的重要条件，必须重视课程资源的开发和利用，尤其是教师首先要树立开放的课程资源观，紧紧围绕课程目标，密切联系学生的实际状况与现实需求，寻求足够的课程资源，为课程实施服务。而学校和社区、地方政府亦应努力创造条件，不但在开发课程资源上下功夫，更要按照开放的观念整合课程资源，包括利用信息技术提供课程资源。

当代世界基础教育课程改革的趋势可以从多个维度去解析，这里简要分析了课程管理、课程设置、课程目标、课程实施、课程内容和课程资源六个方面的趋势，其实不但还有其他的探讨维度，就是在本文所提的六个方面之下，也都还可以从不同的角度去进一步分析。我们必须把握课程领域在国际上的这些共通性趋势，更要结合本国（本土）和当地实际，将“国际接轨”与继承、改造自身传统结合起来，这才是我们创造充满活力、富有实践价值的新课程的必由之路。

参考文献：

[1]强海燕．中、美、加、英四国基础教育研究[M]．北京：人民教育出版社，2005.

[2]徐辉．当代国外基础教育改革[M]．重庆：西南师范大学出版社，2001：51.

[3]徐辉，王静．国际理解教育研究[J]．西南师范大学学报(人文社会科学版)，2003(6)：85-89.

[4]美国国家研究理事会．美国国家科学教育标准：前言[S]．中国科技信息研究所，译．北京：科学技术文献出版社，1999.

[5]靳玉乐，董小平．论学校课程的规划与实施[J]．西南大学学报(社会科学版)，2007(5)：108-114.

作者简介：徐辉(1963—)，男，重庆开县人，西南大学教育学院，教授，博士生导师，主要研究比较教育、外国教育史。

原文出处：《西南大学学报》(社会科学版)2009 年第 3 期。

转　　载：《新华文摘》2009 年 19 期全文转载。

论我国教育改革与研究的价值取向

廖其发

摘　要:我国教育改革与研究应该特别重视价值取向问题。学术界虽然对教育的价值取向做了很多各具合理因素的研究,但总体来说,人们的相关观点分歧较大,其认识还不够全面或不够辩证,还需要以唯物辩证法的思想观点与方法为指导,在充分认识受教育者个体和不同群体的教育需要、充分认识教育可能发挥的价值或功能和现实的教育条件的基础上,对教育价值取向,包括教育改革与研究的价值取向,做出正确的判断和抉择。我们应该在坚持实现个人的教育价值和社会的教育价值的和谐统一的根本取向之下,充分开发受教育者身心发展的有益潜能,促进受教育者身心健康、全面、和谐地发展,以充分实现个人的教育价值,同时最大限度地满足社会各方面发展和不同社会群体的合理教育需要,以充分实现社会的教育价值。

有学者曾深刻地指出:"改革有成、败之分,得、失之别。教育改革当然也是这样。"因此,他认为教育改革必须认真思考和处理好这样一个根本的问题:"改"向哪里,"革"向何方?[1]2 同样,教育研究者也需要认真思考和处理好这样一些问题:以什么样的目的和准则来从事教育研究?以什么标准来评价教育研究过程和教育研究结果?以什么标准来评价过去的和现在正在进行的教育实践,包括教育改革实践及相关理论或相关思想的成败得失?要正确解决或回答这些十分重要的问题,需要首先解决价值取向问题。

"价值"一词有很多不同的界定,但其根本含义是人们所利用的并表现了对人的需要的关系的物的属性,是物的对人的有用或使人愉快等属性,[2]39、326 或是事物的用途或积极作用[3]577。也就是说,"价值"是客体内在的属性、功能等对主体的需要所具有的积极作用或有用性。这里所说的主体，就是判断、追求甚至享受客体价值的人，所谓客体就是被作价值判断、价值取向的对象或发挥价值作用的对象。所谓“价值取向”，其实质就是主体在对客体的价值作出判断的基础上，对客体某些价值的选取或选择、追求或向往。教育改革与研究价值取向的客体是教育，其取向主体就是教育改革者与研究者。但教育改革者和研究者所作的价值取向，实际上不仅仅是为自己的工作作价值取向，更重要的是为教育价值的享受者或受益主体作价值取向。

教育改革与研究价值取向属于教育价值取向范畴。国内外已经有不少人从不同角度对教育价值取向问题进行了思考，提出了许多不尽相同的观点。我国有代表性的教育价值取向观有以下一些：有些学者主张教育价值取向要以社会为主；有些学者主张以人为主的或以人为本的教育价值取向；有些学者明确提倡“个人主义”的教育价值取向；有些学者提倡关怀生命的教育价值取向；有些学者重视个人的教育价值和社会的教育价值的统一；有些学者强调教育要回归生活世界、关注生活经验；有的学者强调教育的文化使命；有的学者强调中国教育价值取向的历史定位应是侧重科学精神的培养；还有学者强调人文精神理应成为现代学校教育的基本价值追求；等等。可以说，学术界关于教育价值取向的各种观点都有不同程度的合理因素，对人们思考教育价值取向问题有多方面的启发价值。但总体来说，人们对教育价值取向的认识分歧较大。其中有些观点还不够全面，强调了某些方面的教育价值而忽略另外一些比较重要的教育价值；有些观点还不够辩证，将一些含有合理因素的思想观点强调到了极端的程度；有些观点本身虽然比较合理，但有的学者做出了不尽合理或不够辩证的阐释，因而，对这些合理观点还需要做更深入的分析和论证。也就是说，在教育改革和教育研究所必须面对的价值取向方面，还需要根据唯物辩证法全面的、联系的、发展变化的、合度的思想观点与思想方法，在充分认识受教育者个体和不同群体的教育需要、充分认识教育可能发挥的价值或功能及现实条件的基础上，对如何最大限度地发挥教育的最大价值或功能，如何充分地满足不同的教育受益主体的各种合理教育需要做出正确的判断、抉择。与此同时，还需要对教育价值取向观做出比较全面、恰当的表述。根据这一思想，笔者认为，我国的教育改革与研究，包括我国西部农村教育综合改革与研究，应当坚持多元统一的价值取向:在实现个人的教育价值和社会的教育价值的和谐统一的根本原则之下,充分开发受教育者身心发展的有益潜能,促进受教育者身心健康、全面、和谐地发展,以充分实现个人的教育价值,同时最大限度地满足社会各方面发展和不同社会群体的合理教育需要,以充分实现社会的教育价值。

一、和谐统一个人的教育需要与社会的教育需要以及个人的教育价值和社会的教育价值

教育价值取向的核心问题,也是争论最大的实质问题,是如何认识、如何处理个人的教育需要和社会的教育需要以及个人的教育价值和社会的教育价值之间的关系。对这一问题的认识,学者们各执一端,争执不下。事实上,个人的教育价值取向与社会的教育价值取向有对立的一面,如果只是片面地强调某一方面,就会阻碍另一方面的教育价值充分而又合理地实现。但是,二者又不是绝对的非此即彼的关系,应该而且也有可能和谐地统一起来。

(一)个人与社会有密不可分的联系

有些人在论述教育价值取向时,将人与社会看成是两个根本对立的范畴。事实上,二者的关系至为密切。所谓社会,《现代汉语词典》作了两种解释:指由一定的经济基础和上层建筑构成的整体,泛指由于共同物质条件而互相联系起来的人群。[3]1013 社会的这两层含义是密切联系的,相互之间有一定联系的人群是构成社会的核心,而在社会物质资料的生产或社会生产力的发展基础上形成的社会生产关系之总和的经济基础及建立于其上的上层建筑是由相关人群造就的,是为相关人群服务的,不存在脱离人群而独立存在的经济基础和上层建筑。也就是说,社会的核心就是由相互之间有一定联系的个人组成的群体。人实际上是社会的核心,不存在无人的社会,无人便无社会。同样,人的本质不是单个人所固有的抽象物,在其现实性上,它是一切社会关系的总和[4]56。也就是说,个人都是生活在社会或人群之中的,不存在绝对的无任何社会联系的孤零零的或抽象的个人。因此,讲教育为社会各方面的发展服务,实际上是为组成这个社会的个人服务。只不过

不是只为某一个人服务，而是要为所有个人服务。同样，我们要重视教育为个人服务，就不能只为某一个人服务，而是要为所有的个人服务。也就是说，讲教育为个人服务，就不能不讲为社会服务。同理，讲教育为社会服务，就不能不讲教育为个人服务。从这些意义上说，个人的教育价值与社会的教育价值在本质上应该是统一的。

（二）社会的发展与个人的发展或自我完善互为条件

任何时代的任何个人都只有在生存和发展条件得到最起码的保障下才谈得上自我的发展或完善，而个人生存和发展条件的获得不仅要靠个人的努力，更要靠社会的发展。没有整个社会的延续和发展，个人可能连生存条件都无法保障，更谈不上发展或完善。而社会的进一步发展，又离不开组成这个社会的个体的发展，如果没有个体比较充分的发展，社会的发展也失去了基础。因此，社会的发展与个人的发展或自我完善不是绝对对立的，而是互为条件或前提的。因此，我们不能在个人与社会之间片面地强调某一方面的需要而否定或轻视另一方面的需要。

（三）个人潜能开发或人性的发展与社会发展相互制约

这里所说的个人的潜能实际上是指人生来具有的潜在的发展可能性。现实社会中有各种各样的人，说明人具有各种各样的发展可能性或潜能。对于人性，并没有公认的确定的内涵或认识。因此，有些人认为教育的根本目的或价值取向是使人的潜能充分地、自由地、全面地、不受限制地得到开发，或绝对强调个体自由、自主地发展，或强调个人人性不受控制的尊严或人性的自由发展的观点都是不辩证的。个人的发展和社会的发展都需要开发人的相关潜能，发展人的完美的人性。从这个意义上说，前面的这些观点包含了很大的合理因素。但是，人有各种潜能和复杂的人性，每个人既有成为好人的潜能，也有成为坏人的潜能，既有有益的潜能，也有有害于他人、社会甚至自己的潜能，既有善的人性，也有恶的人性。社会上的一切丑恶现象，都是人的恶的潜能或恶的人性的充分暴露。因此，不能绝对地、无条件地讲使人的潜能或人性充分地、自由地、全面地、不受限制地或不受控制地开发或发展。有人说："公民基本权利进入行为领域，都应受到限制。"[5]事实上，不仅人的现实行为应该受到合理的控制，人的潜能的开发与人性的发展也应该相应地受到合理的引导或控制，即个人潜能的开发或人性的发展要受到个人发展需要和社会发展需要的双重制约。换句话说，需要开发或发展的是那些对个人生存和发展非常重要但又对他人和社会无害甚至有益的潜能和人性，这既有利于个人，也有利于社会，但绝对不能开发或发展那些有害的潜能或人性，或不能任由人的潜能或人性向恶的方向或不良的方向发展。

（四）个人主体性的发展或发挥与社会的发展不能分离

有些学者特别强调个人独立、自由、自主等主体性不受限制地发展或发挥。这需要具体分析。可以说，个人主体性的发展或发挥对于个人与社会都十分重要，但又与社会的发展不能分离。一是个人与社会的发展都十分需要个体主体性比较充分地发展、比较合理地发挥；二是个人主体性的发展和发挥又离不开个人对社会发展的参与，离不开各种社会条件的作用；三是个体主体性的发展、发挥必须与社会发展的需要相适应。很多危害他人和社会的人，不能说他们没有主体性，而是他们的主体性向不良的方向作了极度的发挥。这种不良的主体性发挥，从长远来看，对个人也是有害的，是需要抑制的。也就是说，个人的独立、自由、自主等主体性的发展或发挥以及自我的实现都非常重要，但应当接受社会需要的合理制约。

（五）“以人为本”的教育价值取向应该是兼顾个人与社会的教育价值取向

有些学者把“以人为本”或“以人为主”的教育价值取向主要定位于个人的教育价值取向，忽略甚至否定教育的社会价值取向，可以说这失之偏颇。我们应该特别重视“以人为本”或“以人为主”的教育价值观，但这里所说的“人”既指有社会联系的单个的个人，也指由相互之间有联系的个人组成的“群体”或“人群”。因为“以人为本”不是仅仅考虑某个个人的利益或以某个个人为本，而是要以所有的或绝大多数的个人的利益或发展为本。所有的或绝大多数的相互之间有一定联系的人实际上就是“社会”。因此，“以人为本”实际上要兼顾个体的人和群体的人的利益或发展需要。也就是说，“以人为本”的教育价值取向的正确解释应该是兼顾个人与社会的教育价值取向。

（六）成为对社会发展有用的人是个人内在的教育需要

有不少学者轻视甚至完全否定教育的工具价值，这种观点太过绝对。从一般意义上说，社会的发展需要每一个人贡献其聪明智慧，需要每一个人成为促进社会某些方面有效发展的人。如果说这样的人是社会的工具的话，那就是有益于社会健康发展的有力工具。可以说，使每一个人成为对社会有用的人既是社会的教育需要，也是个人内在的教育需要。因为每一个人要使自己未来的生活丰富多彩，要使自己未来的生命更加有价值、有意义，就要使自己成为一个有益于社会发展的人。只有这样，他才能够真正融入社会，才能够充分而且正确地发挥自己的聪明才智，从而为社会的发展做出贡献。与此相应，他才能够得到社会的认可，也才能够获得社会合理的回报，他的生活才有可能丰富多彩，他的生命才可能比较充分地体现出存在的价值。从这个意义上说，个人与社会的教育需要在主体上或根本方面是统一的，不是绝对对立的，合理的教育工具价值在一般意义上来说是需要重视和追求的。

（七）个体和社会的发展都需要充分发展个人的有益的特殊素质

在有些人看来，个人特殊的教育需要与社会的教育需要是对立的，重视社会的教育需要似乎会妨碍个人特殊素质的发展。应该说，如果把个人的特殊教育需要或社会的统一的教育需要强调到极端的程度，那二者就有可能相互对立。但如果把二者都保持在合理的范围内，那二者相互之间又是统一的或兼容的。可以说，每个个体的情况千差万别，每个个人的生活应该丰富多彩，因此，除了要发展那些于个人和社会都有益的比较统一的素质外，也需要充分发展那些于个人有益但对社会无害的特殊的素质，或者说，应该适当地满足个人特殊的教育需要。与此同时，整个社会也不应该是千人一面的，也特别需要个体的特殊素质来充实和丰富社会的生活，推进社会各方面的发展。也就是说，重视社会的教育价值，并不意味着一定要排斥个体的差异性或特殊性，也特别需要充分发展个人的有益的特殊素质或适当地追求教育对于个人的特殊价值。只不过这些特殊素质的发展,既应对个体有益,又不应当造成对群体的危害。对社会进步或者是对人民大众有害的那些个人特殊的教育需要,不仅不应该满足,而且应该给予压抑。

上述观点说明,个人的教育价值取向和社会的教育价值取向既有相对立的一面,但在一定的范围内又是可以和谐统一的。这种和谐统一的度就在于充分满足既于个人生存与发展有益又对群体无害甚至对群体有益的那些个人的教育需要,而在考虑充分满足社会的教育需要时,又以有助于充分满足而不是妨碍个人合理的教育需要为准。这一根本观点,可以说是确定教育改革和研究价值取向的根本准则。在这一根本准则指导之下,才有可能比较准确地确立个人的教育价值和社会的教育价值。

二、充分开发受教育者身心发展的有益潜力,实现受教育者身心健康、全面、和谐地发展,从而最充分地实现个人的教育价值

充分发挥或实现教育内在价值的基础,在于比较充分但又合度地实现个人的教育价值。个人的教育价值可以从多个角度去认识,但在教育改革和教育研究乃至整个教育实践中,主要需要充分考虑或追求以下一些个人的教育价值:

(一)充分开发受教育者身心发展的有益潜能,发展其完美的人性

联合国教科文组织国际21世纪教育委员会提出,"扩大了的教育新概念应该使每一个人都能发现、发挥和加强自己的创造潜力,也应有助于挖掘出隐藏在我们每个人身上的财富。这意味着要充分地重视教育的作用,就是说使人们学会生存,实现个人全面发展的作用"[6]76。也就是说,教育的主要作用或主要价值是最大限度或最充分地开发每一个人身心发展的有益潜能,使这些潜能转化为现实的德智体等方面的素养或完美的人性,从而使每一个人的身心能够获得比较充分的发展。一个身心获得比较充分发展的人,就能够利用自己的各种素养来最大限度地为自己和社会创造尽可能多的物质财富和精神财富,这对于个人和社会都是十分重要的。因此,充分地开发受教育者身心发展的有益潜能,发展其完美的人性,是我们应该坚持的

一个最基本的教育价值取向，也是教育的基本任务。

（二）使受教育者身心健康或合度地发展

受教育者身心发展的过程是渐进的，在一定时期内，个人身心发展的可能高度也是有限的，如果急于求成，或对受教育者的要求超过其身心发展的限度，则欲速不达，不仅达不到促进受教育者身心发展的目的，甚至可能有损受教育者身心的健康。也就是说，我们对受教育者的要求不能超越其身心发展潜力许可的范围或不能超越其“最近发展区”，即使在其承受能力范围之内，也应该留有一定余地，使受教育者能够学得愉快、学得主动、学得活跃，从而使其身心能够健康地发展。但是，也不能认为对受教育者的要求越低越好。如果过分降低对学生的要求，就会阻碍学生的身心发展，荒废学生的生命，不利于学生潜力的充分发挥、生命价值的充分实现。因此，使受教育者身心真正健康或合度地发展，是应当坚持的教育价值取向之一。

（三）使受教育者身心全面和谐地发展

这里所说的全面和谐发展不是一个有统一的、僵死的或固定标准的概念，而是一个富有弹性的、发展的、包容性很强的教育理想，是指在社会所能提供的教育条件之下，在受教育者身心发展潜能许可的范围内，每个受教育者的德、智、体、美等方面的素养都得到比较充分、比较协调的发展。因此，这里所说的全面和谐发展具有以下一些重要特征：

一是统一性与差异性、共性与个性相统一。受教育者身心全面和谐的发展是一种理想的发展境界、发展方向，这种发展境界或发展方向是一致的，其最基本或一般的要求也应该是基本统一的。但由于不同时代、同一时代的不同时间段、不同地方的教育条件不尽相同，每个人身心发展的潜能也不完全一样，故不同时代的人、同一时代的不同的人全面发展的内容和各种具体素养的发展水平不完全一样，甚至有很大的差异。也就是说，受教育者身心全面和谐发展本身既有统一性，同时又有差异性，是共性与个性的辩证统一。

二是有限性与无限性相统一。从短时期看，教育的条件是有限的，每一个人身心发展的可能空间也是有限的，故一定时期内一个人全面发展的水平也是有限的。但从人的一生来看，特别是从人类历史发展的长河来看，教育条件改善的潜在空间是很大的，人的潜能开发的空间也可以说是很大的，个人终身发展的可能性是很大的，未来人类身心发展的可能性可以说是无限的。教育的任务或价值取向就是要尽可能充分地实现受教育者身心每一个阶段的有限发展，有限发展不断递进，就能够不断接近无限的高度。

三是个体性与社会性、本体性与工具性相统一。受教育者身心真正实现了全面和谐发展，就既发展了个体特别需要的、具有个人特色的那些素质，也发展了对社会发展有益但对个人无实质性损害的那些素质，同时也发展了个人与社会都需要的、对个人和社会都有益的那些素质，从而使个人的教育价值和社会的教育价值都得到了实现。也就是说，全面和谐发展的内容本身是全面的，是个体的教育价值与社会的教育价值、本体的教育价值与工具性的教育价值的和谐统一。

四是科学素养与人文素养相统一。我国现代化建设非常需要提高人们包括科学精神在内的科学素养，但如果没有包括人文精神在内的人文素养为基础，科学素养就难以得到比较充分的提高。要使社会健康和谐地发展，社会成员的人文素养需要达到相当的高度。但是人文素养的发展，也需要包括科学精神在内的科学素养的滋养。因此，一个人的科学素养与人文素养实际上并不是有我无你的绝对对立的关系，而是相互促进的关系。一个人的科学素养与人文素养都得到了比较充分的发展，其身心发展的水平就有可能达到较高的境界。从这个意义上说，全面和谐发展，体现了科学的价值取向与人文的价值取向的高度统一。

五是个人生活经验与人类文化智慧相融合。可以说，个人的生活经验、系统的科学文化知识和多方面的智慧对一个人的发展都十分重要，不可偏废。一个身心全面和谐发展的人，应该是在可能的范围内，具有丰富的个人生活经验，获得了个人能够掌握的人类积累起来的相对系统的科学文化知识，在受到比较充分的人类智慧熏陶的基础上，发展了个人多方面的智慧。也就是说，全面和谐发展是在个人生活经验与人类文化智慧相融合的基础上，形成了个人的集人类智慧之大成的智慧。这也是著名科学家钱学森先生所说的“大成智慧”之意。[7]

概言之，身心全面和谐地发展是一个富有弹性的、发展的、包容性很强的观念，具备多方面的内容与特征，只要每个受教育者在他（她）所处的条件之下、在他（她）的身心发展潜能许可的范围内，其德、智、体、美等方面的素养得到比较充分、比较和谐的发展，无论其具体的发展水平如何，对他（她）本人来说，都可以称为全面和谐发展。教育改革与发展的任务，就在于如何最大限度地改善教育条件，以最大限度地提高受教育者身心全面和谐发展的水平。

（四）既要充实受教育者当下的生活和生命，又要为受教育者未来生活的美满、生命价值的充分实现，为社会生活的丰富多彩、社会生命的健康延续奠定坚实的基础

不少学者主张教育教学过程要体现生活意义，要充满生命活力，应当说这是很重要的。但是，对此该如何理解？学生当下的生活和生命与未来的生活和生命之间的关系如何处理？学生个人的生活和生命与社会的生活和生命的关系是什么？这些是需要进一步思考的。就当下教育过程的生活意义与生命意义来说，不能对其做过分狭隘的理解，不能认为单纯地使学生高兴、愉快、活跃就是教育实现了生活与生命的意义，因为教育特别是学校教育除了要追求教育过程之中当下的生活和生命价值外，还要为受教育者未来能够很好地生存与发展，未来生活的丰富与美满，未来生命能够发挥出光彩而做好准备。此外，个体的生活和生命需要融入群体或社会积极向上的生活和生命之中，个体才能充分实现其生活和生命的价值，故不单是要追求教育对于个体生活与生命的价值，也要追求教育对于群体或社会生活与生命的价值。概而言之，教育应该有助于整个世界生命系统持久地充满生机与活力、人与自然高度地和谐或协调，从而为拓展人类生活与生命的广度做出有益的贡献。这是我们应当坚持的教育价值取向，也是对教育的生活价值、生命价值的全面理解。

（五）重视个人的教育价值但不宜提倡个人主义的价值取向

在一般人看来，“个人主义”的价值观就是极端地重视个人利益，根本不考虑他人和社会利益，甚至不择手段地危害他人和社会的利益来获取其个人利益的价值取向。因此，无论对个人主义做何种界定，以“个人主义”来概括应当提倡的教育价值取向都是不适宜的。这容易给人以误导,容易造成人们的思想混乱。所以,不宜提倡“个人主义”的教育价值取向。

总之,应当尽可能满足个人多方面的合理的教育需求,以充分但又合度地实现个人的教育价值。

三、最大限度地满足社会各方面发展和不同社会群体的合理的教育需要,以充分实现社会的教育价值

如前所述,个人的教育价值与社会的教育价值应当是和谐统一的。因此,我们不仅应当充分重视个人的教育价值,也应当最大限度地满足社会各方面发展和不同社会群体的合理的教育需要,以充分实现社会的教育价值。

(一)全面提高我国全体国民的素质,充分开发我国丰富的人力资源

党和国家提出实施人才强国战略,建设人力资源强国,这是非常符合我国国情的。如果不考虑政治制度方面的因素,我国与其他国家特别是许多发达国家相比,在许多方面都处于劣势,如:人口太多,负担沉重;自然条件或自然环境较差,人均资源贫乏;人口素质水平相对偏低;科技发展水平、生产力发展水平相对落后;等等。但是,如果我国能够充分发挥教育的作用,全面提高全体国民的素养,使每个人的生存和发展能力都得到提高,就能够充分开发我国丰富的人力资源,把我国沉重的人口负担转化为巨大的人力资源优势,我国就能够赶上甚至超过世界的发达国家,人民的生活质量就能得到提高。因此,全面提高我国全体公民素质,充分开发我国丰富的人力资源,是我国社会主义现代化建设的根本,是中华民族自强于世界民族之林的根本,也是判断教育改革与研究成败得失的一个重要标准,是我国教育改革与研究应当坚持的一个重要的价值取向。

(二)最大限度地满足我国政治建设、经济建设、文化建设、社会建设等方面的发展对教育的需要

可以说,政治、经济、文化、社会等方面的发展不仅对社会整体或社会中的群体是非常重要的,对每一个社会成员也非常重要。而社会各方面的发展,需要以教育为基础,教育在社会各方面的发展中具有全局性、先导性的

作用。如果不重视或不充分发挥教育在社会各方面发展中的作用或价值，社会发展就会缺乏后劲，社会前进的步伐就会缓慢，绝大多数社会成员或个体的需要就难以得到比较充分的满足，个人的幸福程度就难以提高。因此，必须充分发挥教育在社会的政治建设、经济建设、文化建设、社会建设等方面的价值或充分实现教育在这些方面所应当承担的使命。在这些价值取向中，经济方面的即发展社会生产力的价值取向是基础，而社会其他方面的教育价值也都非常重要，不可偏重或偏废。

（三）兼顾教育的国际性与民族性，以民族性为本

中国教育作为世界教育的重要组成部分，应当为全世界和全人类的发展作出自己的贡献，如在促进世界的和平与繁荣、科学文化的发展、人类福祉的增进等方面发挥自己的作用。但是，我国的教育更应该在维护、增进我国或中华民族利益方面充分发挥自己的作用或价值。我们在思考评判中国的教育问题时，国家利益和民族利益是应该考虑的首要立场。也就是说，我们既不应该站在维护外国利益的立场来思考中国的教育问题，也不应该站在个人私利的立场来思考整个国家、民族的教育问题，而应当首先站在中国自身和中华民族自身的立场来分析、评判中国教育改革与研究的各种问题，即应该坚持我国教育的民族性。一是应当注意将相关问题放到整个国家、民族的发展这个大局中去考察，看其是否符合我国和中华民族的根本利益、长远利益或长远发展需要。凡是符合我国和中华民族的长远利益、根本利益的，我们就认为是正确的，否则就是错误的。二是我国的教育不应该亦步亦趋地照搬外国教育的一切，而应当根据我国的国情和实际需要办出自己的特色，使之真正符合我国的实际，能够为中国的发展作出更大的贡献。

（四）教育的全民性与大众性相统一，以大众利益为本，以广大受教育者利益为本

我国教育应该尽可能满足我国每一个社会成员的合理的和可能实现的教育需要，如充分保障每一个人的受教育权，尽可能为每一个人提供比较好的教育条件，使每一个人都能得到比较充分的发展，即我国教育要体现全民性的特点，这也是“以人为本”的教育的根本要求。但是，当不同的社会成员

对教育的要求发生严重冲突时，我们应该特别重视维护在总人口中占绝大多数的人民大众的利益。我国发展教育事业和其他一切事业，其根本目的应该是增进广大人民群众的利益，而不是保障极少部分人的特权或不合理的利益。因此，我们在评价任何教育改革理论、政策、措施时，或思考当前或未来的教育改革时，或在确定教育研究目的、评价研究成果优劣时，一方面要看其是否有利于我国每一个社会成员的合理的和可能实现的教育需要的满足，另一方面，要注意衡量其是否符合人民大众的长远利益和根本利益。凡是符合人民大众的长远利益和根本利益的以及有利于人民大众甚至全体人群的，我们就认为是正确的，否则是错误的。这里的人民大众是广义的，其中也包括广大受教育者。从这层意义上说，适合广大受教育者身心发展的需要、符合他们的长远利益和根本利益的，就是正确的，否则是错误的。

（五）大众教育与精英教育相统一

学术界在究竟重视以提高大众素质为主要目的的大众教育还是重视以培养精英人才为重要目的的精英教育之间有争论。笔者认为，这二者应该统一，也可以统一。也就是说，我们一方面要重视培养精英的教育，使我们国家有尽可能多的英才，将来有尽可能多的世界顶尖级的科学家、技术发明家、思想家、政治家、经济家、军事家、教育家等各类杰出人才，以提升我国各个领域的发展水平。另一方面也要重视面向大众的教育，大力提高全体受教育者乃至全体国民的素质，使每一个人都能成为有用之才，以最大限度地开发我国的人才资源。这两个方面的教育价值取向，我们都应该给予充分的重视。如果只重视精英教育而忽视大众教育，全体国民素质难以得到有效的提高，我国现代化建设就失去了基础，个人的教育需要就难以得到比较充分的满足。如果不重视精英教育，我国在各方面就难以赶超世界先进水平。如果我们尽可能创造有利条件，使全体国民特别是青少年都能受到比较良好的教育，同时根据他们的天赋条件、学习能力及基础，因材施教，每一个人身心发展的有益潜能就能得到很好的开发，全体受教育者的素质就能够得到比较充分的提高，精英人才也就能脱颖而出。也就是说，大众教育与精英教育二者是可以统一的。

（六）兼顾全国的统一需要与地方的特殊需要

我国社会要获得发展，必须充分提高每一个受教育者的德、智、体、美等方面的素养，充分满足我国社会发展对于教育的基本需要，这种要求对全国教育是统一的。同时，对每一个受教育者素养的基本要求，也应该有一个比较统一的方向，如有比较高尚的国民精神、较高的智慧素质、强健的身体素质、基本的审美素质等。但是，我国地域辽阔，不同区域的社会发展状况和需要不完全一样。满足各个地方的特殊需要，使教育既充分发挥促进全国社会发展的作用，也充分发挥促进地方发展的特殊作用，是教育改革与研究应当坚持的一个价值取向。

（七）兼顾教育公平与效率

关于教育公平与效率的关系，学术界有诸多争论。很多学者看到了二者相对立的一面，有些学者更重视效率，强调效率优先、兼顾公平甚至主张不管公平或平等，只重效率，还有些学者更重视公平，强调公平优先、兼顾效率。实际上，二者都很重要。所谓教育公平有多方面的含义，除了保障每个公民基本的受教育权外，每个受教育者的受教育条件、受教育的过程、教育竞争的机会、评价的标准等方面都应该得到相对公平的对待，从而使每个受教育者都能受到他应该受到的教育。教育公平不仅是社会公平、公正的重要体现，也是每个受教育者能够获得发展机会的保证，同时也是使我国的人力资源能够得到充分开发的保证。因此，有助于教育公平的基本实现是教育改革与研究应当坚持的一个价值取向。与此同时，教育改革与研究应当有助于教育效率的提高。这里所说的教育效率，是指教育事业发展的速度和教育质量提高的水平。总体来说，我们应该在可能的条件下，追求教育发展速度更快一些，受教育者个人身心发展的速度更快一些，教育质量整体水平更高一些。这也是教育改革与研究应当坚持的一个价值取向。

教育公平与教育效率二者也可以统一。因为所谓的公平，严格地说，就是在一定的标准之下，大家都能够得到大致相同的对待。而这个标准，本身应该有效率方面的要求，因为教育的标准，特别是培养质量的标准要有合理的高度和区分度，应该根据个人发展与社会发展的不同需要，提出具有一定弹性和包容性的标准。这个标准的总原则是统一的，但对每一个受教育者的具体要求则应该是不同的。对每一个受教育者，都以这个标准来对待，体现了教育的公平性，与此同时，也体现了教育的效率性。重视真正的教育公平，可以使所有的受教育者获得基本的教育条件和一视同仁的竞争条件，进而使所有的受教育者的潜能得到当时条件允许范围内的比较充分的开发，这实际上有利于提高教育的效率和我国人力资源开发的效率。

（八）创新性与科学性相统一，以科学性为本

教育改革与研究都应该追求创新性和科学性。可以说，人的潜能可开发的空间是很大的，教育水平提高的空间也是非常广阔的，我们只有在继承过去有益的教育经验的基础上，不断地创新，才有可能充分发挥教育的潜在价值、充分挖掘和发挥受教育者身心发展的有益潜能。但是，这种创新应该以坚持科学性为前提，不是毫无根据地标新立异。也就是说，我们分析、评判教育改革与研究的成败得失时，应该坚持实事求是的基本原则，坚持实践是检验真理的唯一标准，力求使所提出的观点符合教育实际，符合教育事业发展的客观规律，符合社会发展的需要和受教育者个人身心发展的需要和规律。可以说，坚持教育的科学性，本身就包含了创新性，因为要符合科学性、教育改革与发展的规律，就需要创新。

除了上述关于教育改革与研究价值取向的基本观点外，我们还可以从其他角度考察教育改革与研究的价值取向，如教育改革要注重“改革目的与改革手段之间的统一”，“处理好继承与创新的关系”，“注重理想与现实的统一”，等等。[8]无论如何，我们都应该以辩证的思想观点与方法，全面考察各种教育受益主体对于教育的需要，全面认识教育潜在的价值，全面认识教育的条件，尽可能充分地挖掘和发挥教育的潜在价值，尽可能充分地开发人的身心发展的有益潜能，最大限度地满足从个体到不同群体的不尽相同的合理的教育需求，这是教育改革与研究的价值取向的根本。换句话说，教育改革与研究的价值取向既是多元的，也是辩证统一的。在这些应当坚持的多元的价值取向之中，我们不应当顾此失彼，更不能好此而恶彼，而应当追求多元价值取向的和谐统一。

参考文献：

[1]瞿葆奎．序[M]//廖其发．新中国教育改革研究．重庆：重庆出版社，1996.

[2]马克思．剩余价值理论[M]//马克思恩格斯全集：第26卷，第3册．北京：人民出版社，1974.

[3]杨合鸣．现代汉语词典[Z]. 昆明：云南人民出版社，2008.

[4]马克思．关于费尔巴哈的提纲[G]//马克思恩格斯选集：第1卷．北京：人民出版社，1995.

[5]唐忠民，王继春．论公民基本权利限制的基本原则[J]. 西南大学学报（人文社会科学版），2007(2)：104-108.

[6]国际21世纪教育委员会．教育——财富蕴藏其中[M]. 联合国教科文组织总部中文科，译．北京：教育科学出版社，1996.

[7]钱学敏．论钱学森的大成智慧学[J]. 中国工程科学，2002(3)：6-15.

[8]廖其发．论我国的学制改革[J]. 西南师范大学学报（人文社会科学版），2004(2)：86-93.

作者简介： 廖其发（1952—），男，四川三台人，教育学博士，西南大学教育科学研究所，教授，博士生导师，主要研究中国教育史和当代中国教育改革。

原文出处：《西南大学学报》（社会科学版）2011年第1期。

中国教育投资回报率度量的关键问题探析

董银果，郝立芳

摘　要：教育投资回报率(简称教育回报率)试图衡量教育收益与投入的比例关系，为宏观、微观的政策选择提供依据。通过从数据、变量和模拟方程三个层面对国内外学者研究中国教育回报率的相关文献进行梳理和评论，我们认为：高质量的数据是精确化研究的基础；关键变量和实证模型的选择虽仍存在不足和争议，但可根据不同的研究重点和需要进行选择。结合现阶段我国教育的实际情况，本文对我国教育回报的未来研究方向提出了相关建议。

一、引言

教育作为人力资本投资的主要形式，不仅是提高个体劳动生产率和收入的主要方式，而且是推进经济社会发展和文明进步的主要途径。教育的投资回报率试图衡量教育的收益与教育的投入之比，为个人、家庭或政府的教育投资选择提供依据，也为政府制定教育公平政策奠定基础。因此，教育回报率的估计与度量一直是经济学家、教育学家关注的热点。然而，由于教育产品的外部性以及许多现实因素的不确定性，增加了度量的难度。但是，随着先进计量方法的出现，学者们致力于解决实证研究中存在的老问题和不断涌现的新问题，这使教育回报率的度量更接近客观现实。

在中国教育回报率的实证研究中，为了得到准确、一致的估计，国内外学者在研究中不断发展和完善衡量方法和变量。不同的研究使用的模拟方法、采用的变量甚至数据来源可能不同，得出的结论也不尽相同。那么中国教育回报率度量中的关键变量有哪些？度量中面临的焦点问题是什么？研究的进展又如何？基于以上问题，本文对中国教育回报率的实证研究成果进行梳理和评价，包括数据来源、变量选择、度量方程以及研究进展，特别是对变量的选择和模型发展的轨迹进行了勾画，指出现有研究的不足之处，力求建立起关于中国教育回报率的分析框架，为进一步研究奠定基础。

二、教育投资回报率的理论概述

20 世纪 60 年代，美国经济学家 Schultz 和 Becker 创立的人力资本理论开辟了人类关于人的生产能力分析的新思路。Schultz 认为，人力资本是体现在劳动者身上的一种资本类型，以劳动者的受教育程度、科技水平、工作能力以及健康状况来度量，是这些方面价值的总和。人力资本通过投资形成，而教育是提高人力资本的最主要手段，所以人力资本投资也被视作教育投资。教育投资不仅给个人带来收益，而且为社会创造很高的经济效益，甚至具有比物质资本投资更高的收益率。Becker 继承和发展了 Schultz 的理论，更为强调教育与培训对形成人力资本的重要作用。

世界银行高级教育经济学家萨哈罗普勒斯（Psacharopoulos G.）指出，“教育投资的回报率”与其他投资的回报率含义十分相似，“回报率”就是在不同的时间点上对成本和收益的一种总结，回报率用年收益（百分比）来表示。[1]

根据 Lucas 的理论，教育投资回报率可以分为私人回报率和社会回报率。[2]私人回报率是指个体因受教育水平的提高，即个体人力资本的提高而带来的收入增加；而社会回报率是指社会人力资本平均水平的提高，进而促进了整体经济的发展和经济增长，社会回报率体现了教育的“外溢利益”。用受教育者的个人收入和教育水平等微观数据可估计出教育的私人回报率；使用一国（地区）的受教育者的平均收入和平均教育水平等宏观数据，可估计出教育的社会回报率。

三、中国教育投资回报率研究的数据来源及评价

在对中国教育回报率的研究文献中，其主要数据来源大致可以分为两

类：一类是调查数据，另一类是全国性的统计年鉴数据。调查数据最大的好处在于：不需要对样本中的每个个体进行统计，只需抽取有针对性的样本进行调查，即可对整体样本的基本情况进行预测，且预测的结果在统计上能够显著，具有很高的可信度。在研究中国教育回报率的文献中，全国性的调查数据，如UHS（Urban Household Survey，中国城镇住户调查数据）、CHIP（Chinese Household Income Project Survey，中国家庭收入项目调查）和CHNS（China Health and Nutrition Survey，中国健康和营养调查）数据被广泛采用，三者都包含个人层次上的变量，数据专业，信息量大，是目前研究中国私人教育回报率的权威数据。调查数据的缺点是样本受调查范围的限制。而统计年鉴数据（如《中国人口统计年鉴》《中国价格及城市居民家庭收支调查统计年鉴》）等是调查数据的汇总，从宏观角度对各种统计指标进行测度。其优点是面广量大，主要用于度量社会回报率，其缺点是由于各地统计口径不一，会导致地方统计的总和与统计年鉴数据之间产生很大的缺口。因此二者各有优势，需要配合使用。

高质量的数据是实证研究的基础。Arias和McMahon认为，长期相同变量的动态数据，即面板数据使得估计更为精确。[3]现代统计技术的进步有助于高质量数据的获取，统计数据包含的个体信息越来越详细，越来越深入具体，这将有利于对教育回报率的精确估计。

四、私人教育投资回报率关键变量的测度

由于大多数学者的研究集中于私人教育回报率，因此，本文主要关注私人教育回报率。私人教育回报率测度的是教育所引起的成本和收益，故个体的收入和教育是两大基本变量。已有文献中，这两大变量在测量单位的选择上也经历了演进过程，并且仍在探讨中。

（一）因变量—收入的度量

早期的研究文献大都采取个人年收入作为因变量。但采用年收入作为因变量面临的问题是：对于不同类型的工作，其工作时间和方式不同，比如小时工的工作时间以小时计算，每年甚至每周的工作时间都不确定。一些

学者指出，相对于脑力劳动者而言，体力劳动者倾向于更长的工作时间，因此对于不同类型的工作，其年收入没有可比性。

大多数学者认为，使用小时工资得出的估计结果会更可信。[4]小时工资不仅衡量了个体在其工作时间内的收入，而且也衡量了个体选择闲暇的机会成本。因此，小时工资更能准确度量教育对个体的内部收益。一般而言，具有高学历、从事脑力劳动的个体的工作时间比体力劳动者短，小时收入相对较高，因此用小时工资估计得出的教育回报率一般较高。[5]Li H 基于1995年中国家庭收入项目调查（CHIP）数据，用小时工资估计出5.5％的教育回报率，高于年工资得出的估计值5.0％。[6]使用小时工资估计个体的教育回报率面临的问题是，一些具有间断性的工作类型，比如小时工人，个体不得不或者说非自愿地在工作后"休息"一段时间。如果"闲暇"是非自愿的选择，在个体更期望工作的情况下，小时工资大于闲暇的机会成本。如果仍用小时工资估计个体的教育回报率，可能产生向上的偏误。

非货币收入（如住房、医疗福利、公共基础设施等）也是目前对于收入变量度量的难题。由于中国处于从计划经济向市场经济转变的特殊时期的国情，仅用货币工资对教育回报率进行估计难免有偏差，因此学者们试图添加非货币收入。Zhao 从非货币收益的角度考虑了中国国有部门和非国有部门的工资差异。[7]还有学者把住房福利引入工资方程，得到的教育回报率显著提高。但问题是，非货币收入包含的具体内容有含糊之处，在实践中难以统计测度，另外，货币工资和非货币工资之间是否存在替代关系，学者们对此也是意见不一。补偿工资理论认为，当其他因素一定时，那些获得更多非货币收入工人的工资相对其他工人较低。然而 Currie 和 Madrain 研究认为，很难证明工资和非工资收益之间的替代关系。[8]

个人收入的多寡与个人受教育程度密切相关，但现实中也有"例外情况"。个人收入是个很复杂的问题，涉及分配理论与分配实践，如目前面临的非货币收入的计量、特殊人群收入的度量等。因此，"因变量—收入"的科学确定仍是需深思的问题。

（二）自变量—教育的度量

对于教育变量的测度，多数学者选取了个体的受教育年限。这面临的问题是，不同时期、不同地区或不同背景条件下的教育可能不同质，人力资本的积累效应不同，因而对个体收入的影响亦不同。如我国城乡教育资源配置不公平，农村教育设施相对落后，农村教师素质相对较低，造成农村教育质量相对较低。而且，同是四年本科教育，名牌大学毕业生的收入普遍高于一般院校，这种“名牌效应”很大程度上与大学的教育质量有关。如果用教育数量代替教育质量，忽略了教育质量差别的影响，必然会低估发达地区或名牌学校的教育回报率而高估落后地区或一般院校的教育回报率。

教育变量度量面临的另一难题是教育回报具有“羊皮效应”[9]，即收入是作为学历的回报而非受教育年限的回报。也就是说，拿到毕业证的毕业生与未获取毕业证的肄业生相比，前者可能获得更高的“收入回报”，即高中或大学最后一年的回报率远远高于前几年。另外，学历相同、个体受教育年限不一定相同。如果加入分组法的教育学历变量，又往往会导致选择性偏差问题。[10]有学者则尝试使用了部分线性模型来解决教育的异质性和分组法的选择性偏差问题，得出了不错的结论。[11]

对于职业培训这种特殊教育的度量也是目前面临的一大难题。诺贝尔经济学奖获得者 Becker 认为，学校正规教育与企业在职培训之间并不一定有明显的区别。[12]但是，职业培训与学校正式教育仍有区别，前者一般持续时间较短，大都只有几个月且一般都是间断的（半年或一年一次），而且很多没有类似于学历类的证书，也就是说“羊皮效应”不存在或不明显，但是对于提高个体劳动生产率仍起着重要的作用。

总之，对教育变量的测度，以受教育年限还是以学历作为度量标准仍存在争议，还没有形成更有说服力的一致的观点。近几年，一些学者试图把两者都放入回归方程，但其有效性仍值得研究。特别是对于非正式教育（如职业培训），如何准确有效地测度仍是值得研究的问题。

五、中国教育投资回报率模型面临的挑战

根据教育投资的边际成本等于边际回报，即令贴现的投资成本流量现值总数等于它所产生的收益流量的现值总数，计算教育回报率的人力资本理论相对比较精确，但是由于其对数据要求较高，纵断面数据实际难以操

作，而横断面数据又具有一定的缺陷[13]，因此实用性方面不太理想。在估计我国教育回报率的研究中，一般还是使用传统的更具实用性和操作性的明瑟收入方程进行OLS回归分析（即普通最小二乘法）[14]。明瑟收入方程基本形式为：$\ell n\ Y=\beta_0+\beta_1 S+\beta_2 X+\beta_3 X^2+u$，其中Y表示收入变量，S表示教育变量，X表示工作经验，u为误差项。但是，明瑟收入方程也存在一些不足和面临一些挑战。

（一）忽略了许多现实因素

个体特征（性别、身体状况等）、家庭环境和外部环境（地区差异、企业性质、工作环境等）都会影响教育的私人回报率。如彭巍研究发现，“市场群体”的教育回报率为22.47%，高于“再分配群体”的14.94%和“混合群体”的21.66%。[15]工作地域对教育回报率的影响也十分重要。在我国，各地区的经济水平和发展状况差异较大，各地区的发展重心也不同，工作地域的差异会影响个体的就业状况和收入水平，特别表现在城乡教育回报率的差异上。[16]由于大城市或大工业基地能够提供更多就业机会和更高的劳动报酬，因此无论是高校毕业生还是农民工群体，都倾向于选择沿海大城市“留城”。即使在金融危机影响下，经济萧条，城市失业率增加，农民工群体也并未出现大规模返乡现象。

另外，教育回报率不仅随教育程度的变化而波动，而且也随收入水平的提高而波动。[17]张车伟通过实证分析得出了最低收入5%的人群教育回报率只有2.7%，而最高收入95%的人群教育回报率最高达6.53%的结论。[18]在正常环境条件下，个体收入与个体受教育程度、教育质量、是否掌握创新知识和新技术具有较高的相关性，但例外情况也是存在的。如某个时期研制导弹的不比卖茶叶蛋的收入高，拿手术刀的不如拿剃头刀的收入高，某些个体户文化程度很低，收入却很高。现实中“例外”情况怎么考虑，仍是个问题。

由此可见，把一些可观测到的个人特征变量和对收入有重要影响的外部环境变量加入OLS回归分析中是十分必要的。但在实际操作中，对这些特征变量的选取有一定的难度。由于个体的许多特征变量是相互影响的，变量过多会产生共线性问题，而引入变量不足又会引起估计向上的偏误。

因而，变量的正确选取在实证研究中尤显重要。

（二）教育的内生性问题

在传统的OLS回归中，教育常被作为一个外生变量来进行估计分析，现实中，个体自身的能力或者外部环境等因素的不同会造成个体选择不同程度的教育水平。影响受教育水平的因素很多：一些学者认为“能力”的差异是影响个体选择受教育程度的主要因素，而忽略不可观测的“能力”因素往往会对回归结果造成较大的偏差。为解决这一问题，许多学者尝试用双胞胎数据来控制能力变量，但是Ashenfelter等发现，基于双胞胎能力特征相同假设的固定效应法，其测量误差远远高于OLS回归分析法，双胞胎之间的能力差别可能很大，而且固定效应模型可能会恶化无法避免的测量误差。[19]

工具变量法(IV)用来解决教育的内生性带来的估计偏差问题，常用的工具变量如是否出生在上半年，中学与最近大学的距离，父母的收入或教育水平，等等。一般来说，工具变量法估计出的教育回报率一般都比传统的普通最小二乘法(OLS)高一些[20]，如李雪松和Heckman(译作赫克曼)用工具变量法估计出的每年大学教育回报率为14%，远远高于用OLS估计出的7%[21]。工具变量法对工具的选取非常敏感，选择不同的变量，其结果也不尽相同，因此，一个好的工具变量(与教育水平相关，与其他影响收入的不可观测变量不相关)的选择尤为关键，可以大大减少估计误差。

（三）样本选择问题

样本选择问题是微观计量经济学中常见的问题之一。在实证计量研究分析中，所估计出的参数结果依赖于所抽取的样本数据。在许多事件的研究中，抽样并不是随机的，因为事件的总体很大，甚至没有边界，这就有可能把相关联的变量没有放入抽样，或是把不相干的变量放入抽样中，出现抽样选择的偏差，所以，抽样只能是在研究者所选择的界定范围和规则内进行。在教育回报和工资决定的研究中，是否接受教育和女性就业决策都存在自选择问题。例如，妇女选择就业与不就业往往不是外生的，而部分是由所研究的问题决定的。例如，工资水平的高低、工作环境的好坏显然会影响妇女的就业选择。这样，以就业妇女作为研究样本就不再是随机的，而是部分地由所研究问题的某些因素决定的。如果按照传统的方法，这种样本所估计的参数就会存在偏差，随机效应的 OLS 回归结果可能无效。

"赫克曼两阶段模型"或称赫氏法、两步最小二乘法可用来解决这种选择的偏差和自选择问题。Chen 和 Hamori 在工具变量法的基础上，采用了 Heckman 的两步最小二乘法（TSLS），通过构造逆米尔斯比率（the Inverse Mill's Ration）的选择项来对样本的不可观测的选择性进行控制和纠正，得出了 13.61％的回报率，高于通过 OLS 或 IV 所获得的数据。[22]但是，有学者指出，异方差的存在可能会影响估计值的有效性。而且，逆米尔斯法有一个前提假设，即决策方程中的误差项必须是正态分布的。这种过于严格的假定，可能会使得实证结果与实际情况不一致。针对这些问题，Duncan 和 Leigh 提出的工具变量法（IV）估计加上豪斯曼检验的方法更有优势。[23]因为工具变量法能够纠正选择性偏误问题，且对决策方程误差项的分布没有特殊要求。

（四）教育回报的异质性问题

由于个体样本的异质性和个体所处的环境不同，教育对于单个个体的私人回报率未必相同，这就与 OLS 回归假定教育回报率为常数相矛盾。半参数和非参数是目前比较流行的处理异质性问题的方法。

李雪松等以 Heckman、Vytlacil 及 Carneiro 等学者的半参数分析框架为基础，利用中国城镇居民家庭收入与支出调查（CUHIES，2000）所公布的横截面微观数据，估计出中国高等教育的异质性回报[21]；而葛玉好考虑到教育回报率可能因个体的特征差异而不同，采用了非参数方法——部分线性模型来估计教育回报率[11]。另外，分层模型或称多水平模型（Multi-Level Model）也常用于研究教育回报率在工作单位和地区之间的异质性。多水平模型不仅可以获得回归系数的有效估计，而且通过利用聚集信息，提供正确的标准误差、可信区间和假设检验，且可分析研究结果差异的影响因素。[24]如王海港等建立分层线性模型估计发现，1995 年、2002 年的教育回报率分别为 4.24％和 8.45％，他们首次对劳动力市场化程度对教育回报率的影响进行了研究。[25]

分位数回归法（Quantile Regression）是对处于条件分布某个分位点的

样本如何受到各个变量的影响，通过对不同的分位数进行回归，可对条件分布的不同位置进行分析，所以也用来解决个体异质性的问题。如果给定教育水平（同时控制其他因素），工资的（条件）分布反映了其他没有被观测到的特征。由于这些特征因素在一定程度上与教育存在互补性，因此教育回报率在工资条件分布的不同位置是不同的[26]。同时，Koenker 和 Bassett 指出，通过分位数回归可以考察是否存在异方差——如果条件分布的形状随着解释变量而变化，不同分位点分位回归的系数也将不同[27]。而且，分位数回归的稳健性优于传统的 OLS 回归。如罗楚亮用分位数回归法分析得出，低收入个体的教育回报率较高[28]。

多水平模型和分位数回归分析作为两种新方法被运用到教育回报的研究中，其结果的有效性虽仍需要大量实证研究的检验，但在一定程度上丰富和发展了对教育回报率的研究。

总之，通过对实证模型的不断改进，在回归模型中加入更多重要个人特征变量，纠正了回归结果偏误的问题，使得实证研究和现实情况更接近。在教育回报的研究过程中，随着计量经济学的发展，一些新的计量分析方法不断出现，为准确估计教育回报率提供了更多的研究途径和方法，解决了一些在教育回报率研究中存在的问题。虽然一些研究方法仍存在不足，有待于完善和修正，但各种研究方法和模型都有其研究重点和比较适用的研究对象。因此，应根据不同研究主题的需要，选择适用的研究方法和模型。

六、中国教育投资回报率度量研究进展及展望

国内外学者对中国人力资本投资回报率的研究从 20 世纪 90 年代开始，因为数据的原因，研究大多集中在对城镇私人教育回报率上。后来，有些学者逐渐开始关注城乡教育回报的差异，并对农民工的教育回报做了一些研究，提出了一些对相关教育政策有指导意义的建议。例如中国最大的不公平，是教育的不公平，是城乡教育资源配置的不均衡、不公平。对中国教育回报率的研究，不同学者采取的数据、模型不尽相同，得出的结果也存在差异甚至还存在争议，但在一些问题的研究上形成了比较一致的共识，主要体现于以下五个方面：

第一,中国教育的社会回报率高于私人回报率。人力资本的外部性使得人力资本投资市场无法自动实现帕累托最优,从而要求政府介入其中。蔡增正认为,社会回报率更能反映出教育的“外溢利益”,且样本越大越能反映出个体的受教育水平对其他个体的正外部性,从而越能捕捉到教育的“外溢利益”。[29]Demurger 也认为,中国教育的社会回报率大大高于私人回报率,因此应加大公共财政对教育的投资力度,令其产生更多的教育“外溢利益”,从而提高教育资源配置效率,促进整体经济更好更快地发展。[30]

第二,改革开放以来,中国的教育回报率有不断上升的趋势。如于学军研究发现,1986 年至 1994 年期间教育回报率大约增长了 80%,年平均增长率约为 10%。[31]李实等研究发现,在 1990—1999 年期间,个人教育回报率是逐年上升的。[32]然而,何亦名研究发现,在中国教育快速扩张的新世纪,教育的回报率却出现了增长减缓甚至停止增长的迹象[33],这表明,中国目前的教育扩张速度和结构存在不合理因素,需要进一步调整。

第三,中国女性教育回报率高于男性。如袁霓研究发现,北京女性的教育回报率(约 8%)比男性(约 5%)高出大约三个百分点。[34]王美艳对性别教育回报率进行深入研究后发现,对于同一行业,性别工资差异中人力资本禀赋可解释的部分,占总工资差异的 6.95%。[35]女性教育回报率高归因于工作女性存在样本自选择问题和女性人力资本折旧率更高。

第四,城镇比农村具有更高的教育回报率。姚先国等以浙江、广东、湖南、安徽等省的调查数据为基础,得出了城镇劳动力的教育回报率在 8%左右,而农村劳动力的教育回报率在 4%左右的结论。[20]农村人力资本投资少、积累质量低,导致城乡教育质量的差异及教育资源分配的不公平。[36]另外,中国城镇居民教育回报率的地区差异也很大,特别是省内城市之间,各地区劳动力市场化程度对教育回报率有正的影响。[25]

第五,不同所有制、行业和产业教育回报率也不尽相同。一般而言,民营部门具有更灵活的工资机制,其平均教育回报率高于国有部门。[37]不同行业的教育回报率也差异较大,国有垄断行业由于垄断收入的存在,具有较高的教育回报率。不同产业的教育回报率也存在差异,这使得大量人力资本从农业部门流向工业部门和新兴服务业部门。在中国,越来越多的农民工加入低端服务业中,这表明服务业比农业具有更高的教育回报率。

时至今日，虽然对于教育回报率的估计研究还不完全精确，但逐渐在向实际靠近，研究仍具有重要的现实指导意义：一是促进个人和政府部门加大对教育的投资，确保教育法规定的教育投资占 GDP 4％目标的实现；二是缩小城乡教育资源配置的差距，促进城乡教育公平的实现。根据目前研究现状，结合中国的实际情况，对于教育回报的研究还有很大的空间。

首先，进一步加强对中国教育投资回报率的理论研究，更好地发挥理论研究成果对教育回报实践的指导作用。例如按照科学技术发明创造的要求，制订创新型拔尖人才的培养模式与教育方法，研究拔尖人才高投入、高产出、高回报的准确度量方法，为国家和学校培养创新型拔尖人才、合理使用拔尖人才以及大幅提高教育投资回报率提供理论和实践依据。又如，企业对一线工人、科技人员、管理人员的新知识、新技术的培训投入以及投资回报的度量，对于企业制订合理的工资分配办法，正确调节职工收入分配差距具有重要的指导作用。

其次，在新的《中华人民共和国劳动法》实施后，中国工薪阶层的福利待遇水平得到了进一步的提高，医疗和住房公积金等非货币收入在个体收入中的地位越来越重要。运用包括非货币收入的收入数据估计，才使得教育回报的估计研究更具现实意义。在未来的研究中，如何合理地统计和有效地利用非货币收入数据是精确估计的前提。

再次，个体的私人教育回报率会受到其他个体受教育水平的影响。如在一个充分竞争的劳动力市场，整体劳动力受教育水平的提高可能会对某些受教育水平较低的个体有负的外部性。在未来的研究中，可以尝试用整体的平均受教育水平估计这种外部性对个体收入的影响程度。而且在中国，地域空间大，劳动力流动性大，劳动力之间的相互影响作用较大。一般而言，对于某一地区，外来劳动力对本地经济和劳动力的教育回报存在溢出效应。对于存在空间关系的数据，如果只是简单地把个体作为孤立的个体去估计其教育回报率，是没有说服力的。因此，充分考虑个体之间以及个体与地区之间的相互关系，引入空间经济学的分析方法，以便较为准确地估计教育的溢出效应。

最后，引入重要变量，或通过重要变量交叉项及重要变量分组分层，估计其对教育回报率的影响，从而引导教育政策的实施。比如，学校教育背景

（学校实力、影响、所在地和专业实力等）和工作地等因素对教育回报率的影响。

需要指出的是，尽管学术界对中国教育投资回报率的度量研究取得了重要进展，但是鉴于现阶段中国教育改革和人才培养存在严重缺陷，研究教育投资回报率涉及的不确定因素较多，加之教育投入与收益的例外情况依然存在，因此，本文认为对目前中国教育投资回报率的总体估计不能过高。

参考文献：

[1]Psacharopoulos G. Returns to Investment in Education: A Global Update [J]. World Development,1994(9): 1325-1343.

[2]Lucas R E. On the Mechanics of Economic Development[J]. Journal of Monetary Economics, 1988(1): 3-42.

[3]Arias Omar, McMahon W. Dynamic Rates of Return to Education in the U. S.[J]. Economics of Education Review, 2001(2):121-138.

[4]姚先国，张海峰．中国教育回报率估计及其城乡差异分析——以浙江、广东、湖南、安徽等省的调查数据为基础[J]. 财经论丛，2004(6)：1-7.

[5]孙志军．中国教育个人收益率研究：一个文献综述及其政策含义[J]. 中国人口科学，2004(5)：65-80.

[6]Li H. Economic Transition and Returns to Education in China[J]. Economics of Education Review,2003(3): 317-328.

[7]Zhao Yaohui. Earnings Differentials between State and Non-state Enterprises in Urban China[J]. Pacific Economic Review,2002,7(1).

[8]Currie Janet, Madrain B C, Health, Health Insurance and the Labor Market [G]//In Handbook of Labor Economics, edited by Orley Ashenfelter and David Cared, 1999: 3309-3416.

[9]张立新，苗薇薇．教育回报率估算方法之调整及缺陷分析[J]. 哈尔滨工业大学学报(社会科学版)，2007(3)：151-154.

[10]李锋亮．筛选理论的文献综述[J]. 北大教育经济研究(电子季刊)，2004(2)：1-22.

[11]葛玉好．教育回报异质性问题研究[J]. 南方经济，2007(4)：11-21.

[12]Becker G S. Human Capital[M]. New York: Columbia University Press, 1975:2-173.

[13]徐玮斌．教育成本收益分析:实证方法探讨[J]. 教育与经济,1995(3): 27-30.

[14]Mincer J. Schooling, Experience and Earnings[M]. New York: Columbia University Press for the National Bureau of Economic Research. 1974:5-91.

[15]彭巍．经济转型期人力资本和社会资本对职工收入影响的社会学研究[J]. 海南师范学院学报(社会科学版),2003(1):99-103.

[16]李春玲．文化水平如何影响人们的经济收入——对目前教育的经济收益率的考查[J]. 社会学研究,2003(3):64-76.

[17]孙妍,商国龙．受教育水平、教育回报率与收入差距[J]. 经济研究导刊, 2009(6):170-171.

[18]张车伟．人力资本回报率变化与收入差距:"马太效应"及其政策含义[J]. 经济研究,2006(12):59-70.

[19]Ashenfelter O, Krueger D. Estimates of the Economic Returns to Schooling from a New Sample of Twins[J]. American Economic Review, 1994,84(5): 157-173.

[20]姚先国,张海峰．教育、人力资本与地区经济差异[J]. 经济研究,2008(5): 47-57.

[21]李雪松,赫克曼．选择偏差、比较优势与教育的异质性回报:基于中国微观数据的实证研究[J]. 经济研究,2004(4):91-116.

[22]Chen G, Hamori S. Economic Returns to Schooling in Urban China:OLS and the Instrumental Variables Approach[J]. China Economic Review, 2009, 01, 003, Vol. 10-16.

[23]Duncan G M, Duane E. Leigh, The Endogeneity of Union Status: An Empirical Test[J]. Journal of Labor Economics,1985(3): 385-402.

[24]H. Goldstein. 多水平统计模型(2 版)[M]. 李晓松,主译. 成都:四川科学技术出版社,1999:19-23.

[25]王海港,李实,刘京军．城镇居民教育收益率的地区差异及其解释[J]. 经济研究,2007(8):73-81.

[26]邢春冰．分位回归、教育回报率与收入差距[J]. 统计研究,2008(5):43-49.

[27]Koenker Roger, Gilbert Bassett Jr. Regression Quantiles[J]. Econometri-

ca, Econometric Society, 1982, 46(1): 33-50.

[28]罗楚亮．城镇居民教育收益率及其分布特征[J]. 经济研究，2007(6): 119-130.

[29]蔡增正．对教育投资社会回报率的估计[J]. 教育与经济，2000(2):1-14.

[30]Demurger Sylvie. Infrastructure Development and Economic Growth: An Explanation for Regional Disparities in China? [J]. Journal of Comparative Economics, 2001(29): 95-117.

[31]于学军．城市经济转型时期人力资本回报率研究[J]. 市场与人口分析，2000(1):2-11.

[32]李实，丁赛．中国城镇教育收益率的长期变动趋势[J]. 中国社会科学，2003(6):58-72.

[33]何亦名．教育扩张下教育收益率变化的实证分析[J]. 中国人口科学，2009(2):44-54.

[34]袁霓．城镇居民收入性别差异的实证分析[J]. 人口与经济，2005(1): 48-52.

[35]王美艳．中国城市劳动力市场上的性别工资差异[J]. 经济研究，2005(12): 35-44.

[36]赵国友．农村人力资本积累与社会公平的关系研究[J]. 西南大学学报(社会科学版)，2010(4):122-127.

[37]邢春冰．中国不同所有制部门的工资决定与教育回报：分位回归的证据[J]. 世界经济文汇，2006(4):1-26.

第一作者：董银果(1969—)，女，陕西乾县人，管理学博士，上海大学经济学院，教授，主要研究农产品国际贸易、服务贸易及WTO规则等。

原文出处：《西南大学学报》(社会科学版)2011年第1期。

转　　载：《新华文摘》2011年11期论点摘要。

城镇化市民化进程中我国城乡统筹发展职业教育策略研究

石伟平，陆俊杰

摘　要：在大力推进城镇化过程中，市民化是其中的关键环节。职业教育是推动市民化顺利实现，进而保证城镇化达成的重要推动力。农村剩余劳动力转移、失地农民培训、进城务工人员的培训与融合都要求职业教育的城乡统筹发展。城乡职业教育只有实现协同发展、集团化发展、优势互补，才能有效完成其历史使命。

随着我国工业化的深度推进，城镇化的重要性日益凸显。能否有效地推进高质量城镇化，越来越成为我国新阶段经济社会发展的关键环节之一。经过多年发展，我国城镇化取得了显著成绩。但是，土地城镇化速度远快于人的城镇化却日益成为一个显性现象。学界意识到了这一问题，并提出市民化的概念。能否顺畅有效地转移农村剩余劳动力，科学解决失地农民职业发展问题，让农民工带着归属感融入城市，是当代我国市民化研究的重要内容。职业教育作为与经济社会发展最为紧密、与人的职业发展和生存生活关联最为直接的教育类型，必须也有能力为我国城镇化市民化的有效推进发挥应有的作用。

一、城镇化市民化与职业教育的关系

要厘清城镇化市民化与职业教育的关系，必须首先弄清城镇化与市民化的关系，进而界定职业教育在城镇化市民化过程中的关键作用。

（一）城镇化与市民化的关系

城镇化与市民化的关系主要可以概括为两点：第一，从城镇化内涵看，市民化是城镇化的应有之义，是“人的城镇化”的重要实现方式；第二，从历史发展历程看，市民化是我国当代新型城镇化中的最突出特征和最关键任务。

城镇化是发展战略和模式，是一个立体的概念和系统化工程，既包括城乡布局、基础设施等物的层面，也包括市民身份落实和城镇文化渗透等人的内容。在长期实践中，我国走了“先物的城镇化再人的城镇化、土地城镇化速度远快于人的城镇化”的道路，市民化一度被相当程度地忽视了。其结果就是城镇化率的虚高。王卫国研究指出，2011 年我国城镇化率达到 51.27%，但国家统计局农民工监测调查报告显示，除去“被城镇化”的农民工，我国真实城镇化率不到 40%。[1]也就是说，农民工市民化的问题在很大程度上决定着我国城镇化率的真实性，关乎其中 10 个百分点究竟是否可以确认。因此，要实现我国城镇化率的实际提升，实现城镇化由虚而实、保证质量、持续稳定，市民化是关键。

2012 年以来，“新型城镇化”这一战略构想逐步进入公众视野，各界人士从多个角度作了解读：与传统的城镇化或城市化不同，“新型城镇化”将在农民市民化上重点发力；“新型城镇化”以城乡统筹、城乡一体、产城互动、节约集约、生态宜居、和谐发展为基本特征，力促大中小城市、小城镇、新型农村社区协调发展和互促共进；“新型城镇化”的核心在于不以牺牲农业和粮食、生态和环境为代价，实现城乡基础设施一体化和公共服务均等化，实现共同富裕。[2]这再次表明，没有市民化，“新型城镇化”就是一句空话，既无法实现“新”，也无法保证“真”，更不能达到“实”。

城镇化市民化主要涉及三大类群体，即农村剩余劳动力、失地农民和农民工，而他们的市民化离不开职业教育。

（二）农村剩余劳动力转移培训与职业教育

农村剩余劳动力大致可以分为三种类型。一是欲进城务工的农民，即“准农民工”，他们时刻为进城市务工做准备，时机成熟便会离村入城。他们中有一部分已经有过短暂的城市务工经历，但还不是常态化和严格意义上的农民工。二是拟在农村的非农产业就业的农村剩余劳动力，可以称为“农村非农经营者”，他们留在农村但不从事传统的农业劳作，即离农不离乡。三是留在农业内，但是拟在未来规模经营的现代农业产业中就业的“农业工人”，他们既不离乡也不离农，但谋求产业转型和升级。

对于“准农民工”而言，他们之所以没有成为农民工，除了城市相对就业机会不够而“进不去”和因家庭特殊情况而“出不去”以外，深层原因是知识和能力相对不足，只能去竞争相对低端的、劳动力供给并不缺乏的岗位。即使能在城市短暂务工，也不具备到城市稳定就业的能力，更没有将其他家庭成员“带出去”的硬实力。对其进行职业教育与培训是提高其职业能力，实现成功向城市转移的必由之路。

对于农村“非农经营者”而言，他们大多是具有灵活头脑和产业转换勇气的“能人”，不少具有一定的经济实力。但是，他们在经营、投资、管理等方面仍然存在不少缺陷和盲区，既有知识也往往限于经验主义。尽管他们从农业中“走出来”了，但是，在没有大量适切性知识补给的情况下也“走不远”，对其进行职业教育与培训也刻不容缓。

对于“农业工人”而言，加强教育与培训更是必需的，因为他们大多数并未为新型农业做好充分准备，与持续深化推进的农业改革不适应。2013年中央一号文件提出创新农业经营体制，鼓励专业大户、家庭农场以及农民合作社发展。这些都表明国家改革农业生产模式，深化农业改革的决心。新型农业对从业农民的科技文化知识、新设备操作水平都提出了更高要求，加强职业教育与培训乃形势所需。

从整体上看，我国农村剩余劳动力受职业技能培训率仅13.6%。[3]无论是让想走出去的农村剩余劳动力成功走出去，还是让想留下来的更好地留下来，都需要职业教育发挥其应有作用。

（三）城镇化进程中失地农民转业培训与职业教育

失地农民大致可以分为两种类型：一种是获得的补偿费较少，具有较为急迫职业转向需求的群体；一种是获得了可观的补偿费，暂时没有生存压力而徘徊观望的群体。其中还有部分人具有创业的愿望，但是缺乏相关知识和技能。对于前者，由于补偿费用低，难以替代原来土地对养老等的保障作用，有的很快就被用完，有的即使暂时可以维系，但也往往“好景不长”。在没有职业能力的情况下，他们未来的处境可能比原来作为农民时更为窘迫。而对于后者，如果没有相应的理财或者创业的能力，即使在短期内没有生活之忧，长远来看，也终究有不可避免的隐患。

无论是哪一类群体，他们的共同特点就是缺乏职业转向的素质和能力。一方面，随着城市产业结构的不断升级，产业发展对劳动力的素质要求越来越高，他们的文化程度和劳动技能无法与产业发展有效匹配，直接造成其就业难度大。另一方面，由于他们与城市在空间上接近，容易受到繁华城市生活方式的吸引，对劳动条件和报酬的要求较高，就业视野和机会狭窄。已就业的人员其工作的稳定性也较差，收入很难保障。

再者，虽然失地农民在城市氛围的影响下逐渐改变着生活方式和社交方式，但是传统农民的生活习惯还在其身上有重大影响，市民意识还比较淡薄。比如在许多城市新村中，还有不少农民习惯地把街道和小区内道路当作自家晒场和后院，堆杂物、晒东西、泼污水，甚至还把公共的花坛、草地当作自留地，种上了蔬菜、水果等等。[4]这些现象都表明，失地农民要发生行为方式的重大改变并与城市文化有效融合，还有很长的路要走。

总之，失地农民市民化是市民化工程中一个相对比较特殊的部分，既有心理调适和文化重塑的成分，也有职业转向的成分。但有一点毋庸置疑，就是使其掌握一些新的知识和技能，能够在“失地”的新背景下“成功转业”，开始新的市民生活。这也是职业教育应有的作为。

（四）农民工的职业培训、社会融合与职业教育

农民工的职业培训也不可忽视。国务院研究室2006年发布的《中国农民工调研报告》显示，我国农村劳动力中接受过短期职业培训的占20%，接受过初级职业技术培训或教育的占3.4%，接受过中等职业教育的占0.13%，而没有接受过技术培训的高达76.4%。[5]尽管目前这一情况有一定程度的改观，但农民工接受职业技术培训率低仍然是不争的事实。他们往往只能从事一些低技能的简单劳动。从工作的外部条件看，他们往往从事劳动保障制度相对缺乏的职业，受到就业歧视、拖欠工资、劳工合同不规范

等困扰。农民工现有的知识、技能水平，直接影响其接受新技术、应用新工具、创造新方法的能力，直接影响到其生产效率与收入水平。一旦经济结构转型和就业单位有变，他们往往最先受到冲击。农民工返乡潮的发生尽管有待遇低、生活成本高等外部条件因素，深层次的还是职业技能水平与企业岗位需求的不匹配。

农民工的社会融合更是一个大问题，是比户籍问题更为深层次的市民化障碍。不少学者将农民工市民化的首要问题归结为户籍问题，事实上，深入考究可以发现，仅仅关注农民工户籍问题仍然没有触及农民工问题与城镇化之间更为深层的矛盾。即便农民工都取得城市户籍，也无法保证我国城镇化率的有效落实。因为农民工之所以不能有效纳入城市化率指标，既是因为他们处于城乡流动状态中而身份未变，更是因为其思想观念、生活质量、行为方式等没有达到与城市融合的地步。是否具有户籍只是一个外显的标签问题。不少城市人甚至不把已经取得城市户籍的农民工视为真正的市民，新取得户籍的“新城市人”自身也会感到不能与城市很好融合，还是个未被城市真正接纳的“外来者”，这是一个大问题。

农民工职业培训与社会融合教育是其能够真正成为城市人的关键因素，也是我国城镇化应该最先考虑的问题。将农民工有效而稳定地“市民化”，是我国当前城镇化和市民化的最迫切任务。职业教育是整个教育系统中与农民工职业技能和受教育程度契合度最高的教育类型，可以也应该积极发挥其应有的作用。

二、城镇化市民化进程中职业教育必须统筹发展

城镇化市民化进程中职业教育是农村和城市职业教育无法独自完成的任务，必须统筹发展。

（一）农村剩余劳动力转移培训需要城乡统筹

农村剩余劳动力由于受教育程度低，职业技能相对较差，其职业培训具有复杂性。一方面，此类培训需要承担一定的基础文化知识补习；另一方面，农村剩余劳动力接受新知识的能力较低，实施难度大。只有实现职业教

育城乡统筹发展才能更好地解决这一难题。

欲进城务工的"准农民工"既需要接受一定程度和规模的文化补习教育，也需要接受现代产业的职业技能培训。前者农村职业教育基本可以完成，而后者则离不开城市职业教育的帮扶。因此他们的培训需要城乡联动。"农村非农经营者"往往只能向身边人学习非农产业的知识和技能，他们要"做大"与"走远"需要学习现代经营理念与先进专业知识，城市职业教育具有教授这类知识和技能的优势，因此他们的非农经营能力与专业技能培训也需要城乡统筹。掌握先进农业技术、适应规模化经营的"农业工人"是发展现代农业的人力基础，目前农村职业教育水平与能力不足以独自承担这一重要使命，而高水平的农业院校大多在城市，因此他们的培训也需要通过城乡统筹的方式来实现。

（二）失地农民转业培训需要城乡统筹

失地农民转业培训目前是一个城乡皆有责任，但是城乡都不管或者管不好的"真空地带"，这是造成培训项目少、效果差的重要原因，无法很好回应其较为强烈的"转业培训"需求。目前，只有69.1%的失地农民已就业，其中仅10%通过政府、社区介绍就业；60.8%的失地农民就业存在困难。[6]

限于公共资源和经费问题，失地农民来源地往往无力承担失地农民的转业培训，即使开展一些工作，也往往会因为教育观念和办学条件的原因而低效甚至无效。对于城市而言，由于农民工培训已经是一个非常大的任务，失地农民转业培训往往是其难以顾及的。失地农民转业培训的供求矛盾非常突出，如果不进行城乡统筹，无法有效解决这个矛盾。传统的农村职业教育他们不愿意接受，而现代化的城市职业教育又与他们有一定距离。只有城乡职业教育实现资源、内容上的对接，失地农民转业培训才能走入正轨。

（三）农民工职业培训与社会融合需要城乡统筹

农民工来源于农村，他们的成功转移既是很多农村发展正向拉动的重要因素，也可有效解决农村劳动力剩余问题。作为受益方的输出地，具有对农民工进行转移前培训的义务。"准农民工"培训的有效性体现在农村劳动力转移的"有序性"与进城务工的"就业成功率"，这需要城乡在用工信息上的沟通、技能培训上的合作。

输入地更具有对农民工进行职业教育的义务。农民工进城务工变成"真正的农民工"之后，他们的体面就业、技能提升、稳定就业、收入增加、子女就读、医疗保障、安居乐业、社会融合，事关国家"城镇化、市民化"战略的成败，其中农民工的职业培训、城市户籍开放、实现农民工子女"随地就读"、允许"异地高考"等与"市民化"直接相关的政策措施上，更需要城乡统筹。在"用工荒"愈加严重的今天，农民工素质的提高，事关企业转型、技术升级的成功；他们的稳定就业与社会融合，事关输入地经济的持续发展与城区社会的安全稳定。这些都离不开城乡统筹。

另外，由于农民工具有流动性，城乡均具有从农民工职业能力提升中持续获益的潜在可能。从"城"的角度看，农民工在当地就业，用人单位具有对其进行培训的义务。《中华人民共和国职业教育法》第二十条规定："企业应当根据本单位的实际，有计划地对本单位的职工和准备录用的人员实施职业教育。"从"乡"的角度看，小城镇发展是未来城镇化的重要方向，农民工返乡或者就近城镇化必然会成为未来一个显性现象，今天的"乡"将成为未来的"城"。从这个角度讲，农民工教育培训也需要城乡统筹。

总之，从实际承担能力和优势来看，输出地在承担农民工流动前培训任务上具有优势，容易采取符合农民工特点的教育方式，从而为其成功流动奠定前提和基础；农民工的社会融合教育方面，城市职业教育则具有天然的优势，更容易提高培训的针对性和有效性。城乡间的这种优势互补，使农民工在教育培训与社会融合上的城乡统筹，既显必要性，也具可行性。

三、城镇化市民化进程中职业教育统筹发展存在的主要问题

城镇化市民化进程中职业教育统筹发展是一个系统工程，既需要良好的顶层制度设计，也需要坚实的现实基础，需要在具体环节中密切配合与联合攻关。但是，从当前我国职业教育情况看，职业教育城乡统筹发展还面临着许多问题。

（一）体制机制障碍

影响职业教育城乡统筹的体制机制障碍有两个方面，一是宏观管理体制方面的分割，二是实践操作层面的不沟通。

从宏观管理主体来看，在城乡二元体制下，城市职业教育由城市政府管理，农村职业教育由农村管理，二者显然存在权力管辖范围和模式上的不同和冲突，这是城乡统筹发展职业教育的天然缺陷。加之职业教育内部的中高职分属不同教育部门管理，职业教育与职工培训分属教育部门和劳动部门管理，这种管理上的条块分割势必给城乡职业教育统筹带来困难。

在实践层面，为了回应农村剩余劳动力、失地农民、农民工的特别需求，我国多个部门都参与了这种"农民类"职业教育①。从积极的角度看，各部门、各有关单位结合自身部门特点和资源，各自开展富有特色的职业培训，为"农民类"职业教育提供了多样菜单。但是，也出现了政出多门、多头管理、重复培训、证书互不认可等问题，造成了培训资源浪费。[7]要解决"农民类"职业教育中低效率和不沟通问题，必须实现职业教育的城乡统筹发展。

（二）经费投入不足

经费投入不足问题表现在两个方面：一是职业教育长期以来的投入不足造成职业教育整体实力与城乡统筹的要求不相适应，二是城乡投入不均衡造成的城乡差距导致城乡统筹职业教育根基不稳。

与普通教育相比，职业教育需要更多的资金投入，也需要较好的教育教学条件。城镇化市民化背景下有的"农民类"职业教育，更需要经费投入上的有效保障。但是，目前我国职业教育整体办学情况显然与现实需求有一定差距。国家对教育投入长期不足，而职业教育投入更是其中的短板，职业教育投入历史的欠账积重难返。城市职业教育往往并不具备大量开展"农民类"职业教育的现实条件和运作机制；而农村职业教育的短板问题则更为突出，城乡职业教育均无法完全满足这种培训需要。

---

① 为了便于表述，文章后面这种面向农村剩余劳动力、失地农民与农民工的职业教育与培训，统称为"农民类"职业教育。

在总体上发展能力不足的背景下，城乡职业教育之间还存在着巨大差距。当前，我国城乡经济水平的差距直接决定了城乡职业教育在财政投入上的不平等。王欢的研究表明，占人口多达70%的农村只得到18%的中央教育经费支持，这造成了城乡之间的巨大差距。2006年至2008年，中职学校生均校舍建筑面积围绕12.5平方米小幅上下波动，但在2009年陡降至11.7平方米；每百名学生拥有计算机台数在2009年降到了比2006年还低的水平。[8]我国职业教育资源分布不均衡直接导致城市与农村在职业教育水平上的巨大差距，而且这种差距有逐渐加大的趋势，城乡职业教育统筹发展根基很不牢固。农村职业教育无法提供较高水准的职业准备教育和基本素质培养，而城市较高水平的教育教学手段在"农民类"职业教育中又无法得到及时运用和充分发挥。实现城镇化市民化背景下职业教育统筹发展，亟须城乡合作，实现均衡配置。

（三）连接体缺失

城乡职业教育的分割是客观事实，城镇化市民化背景下职业教育要实现统筹发展，必须具有一定的组织依托和专业抓手。管理上的长期分割造成城乡职业教育对"农民类"职业教育均没有给予足够的重视，更没有做好组织机构、承接单位和具体专业上的准备。

首先，尚未形成专门服务于"农民类"职业教育的职业教育机构网络。在城镇化市民化背景下，"农民类"职业教育供求严重失衡。从已有的城乡职业教育机构体系看，虽然有体量不小的职业学校和培训机构，但是真正服务于"农民类"职业教育的机构并不多，更谈不上成体系。城乡职业学校之间的沟通往往也仅限于招生就业方面的交流，也大多在在校学生范围内，对"农民类"职业教育延伸不多。一些区域性职业教育集团从理论上讲可以成为"农民类"职业教育城乡统筹发展的先锋与载体，但并未有实质性作为。

其次，农村职业教育基层体系破坏导致城乡职业教育统筹机构对接不力。目前，由于经费、农村人口不断减少以及思想认识不到位等方面的原因，许多乡镇农校和村组级农村实用技术培训点基本被废弃，农村职业教育体系相当不完整，甚至有许多方面的漏洞与缺失。尽管在国家大力发展面向农村职业教育的背景下乡镇农校发展重新得到了重视，农村职业教育有了一定的恢复与发展，但是建设成效并不理想，对总体格局的改变也不大，无法从根本上扭转目前的农村职业教育体系。[9]城镇化市民化背景下的职业教育城乡统筹发展，难点与重点在农村，农村职业教育任重道远。农村剩余劳动力转移培训、农民工职前培训的需求量非常大，城市职业教育无法取代农村职业教育，从降低农民接受职业教育成本、提升“农民类”职业教育吸引力的角度考虑，加强农村职业教育体系建设是关键。

最后，职业教育专业结构问题导致城乡统筹专业层面连接不力。在市场经济体制下，金融类、计算机类比较热门的专业招生相对容易，专业设置成本较低，因此学校盲目跟风举办，专业设置重复现象比较严重，而一些农业类的急缺专业则受到冷落。而对于“农民类”职业教育而言，热门专业的教育虽然不能说完全无用，但是显然是很不够的。“农民类”职业教育既需要专业的转型转向，还要根据实际需要进行一些针对性强的专业设置和课程开发。不解决这些问题，“农民类”职业教育极容易陷入形式化和虚无化，不但对需要接受教育与培训的农村剩余劳动力、失地农民和农民工没有较强的吸引力，还容易导致职业教育无效性印象的进一步加深，导致人们对职业教育更深的误解与鄙薄。

（四）教育教学问题

由于受教育对象在文化程度、学习习惯、时间等方面存在特殊性，“农民类”职业教育必须有相应的教育教学设计和安排进行对应。当前职业教育并未做好准备。

一是理念问题。目前，城乡职业教育均存在重“学生”轻“农民”的情况，城乡均未对“农民类”职业教育给予足够的关注。无论城还是乡，能够直接服务于“农民类”职业教育的师资也不多。进一步提高认识，做好对城镇化市民化背景下“农民类”职业教育重要性、特殊性的理论研究和理念转型，这是城乡统筹职业教育必须首先解决的问题。

二是教育组织和安排问题。“农民类”职业教育与主要面向学生的职业教育在开设专业、办学灵活性、评价方法等方面都有很大不同。现有职业教育的长学制、求正规、系统化等都与“农民类”职业教育不相适应。“农民类”职业教育在教学场所方面也有一定的特殊要求，相应的组织安排问题也是现有职业教育机构没有深入思考过的问题。

三是教学方法问题。“农民类”职业教育不仅需要面对教育对象文化程度参差不齐的挑战，也需要面对其年龄跨度较大的问题。“农民类”职业教育在方法上与现在面向学生的职业教育有很大不同，即使是相同专业、相同内容的传授与培养也会有较大差别。另外，农民工社会融合教育也是带有一定创新性的课题，与传统的公民教育和文化教育也会有不同。这些都需要认真研究和实践。

四、我国城镇化市民化进程中城乡统筹发展职业教育的成功案例

这里以重庆市（直辖市）、成都市（省会城市）和绍兴县①为案例介绍我国城乡统筹职业教育发展的成功经验，以总结既有实践成果。

（一）重庆经验

在推进城乡统筹方面，重庆市着力建立“以工促农，以城带乡”的发展机制，走出了一条以“三百”促“三化”，以“三化”促“三农”之路。其中，“三百”是指百万农业产业化、百个经济强镇、百万农村剩余劳动力转移，“三化”是指农村工业化、农村城镇化、农业现代化。

王剑华等曾用显性指标和隐性指标对重庆的教育城乡差距进行研究，研究显示城乡差距显著。[10]近年来，重庆通过城乡统筹较为有效地缩小了城乡差距。在职业教育城乡统筹方面，重庆也进行了具有针对性的改革。主要可以概括三个方面：

一是形成了以“六带”为标志的“永川模式”。“六带”即以附中分校模式为标志的“以院带校”、以教育集团模式为标志的“以校带校”、以综合中学模式为代表的“以校带人”、以上挂下派导师制模式为代表的“以人带人”、以社会学院模式为代表的“以人带区”和以城校企三位一体乡村基地建设模式为代表的“以区带区”。“六带”模式使重庆职业教育城乡统筹落到了实处，而且持续富有生机与活力。永川的“城校互动”也被教育部称为全国第四种职

① 浙江省绍兴市下辖县，2013年10月撤县设柯桥区。——编者注

教模式——永川模式。永川模式不仅有效促进了城乡统筹事业的不断发展，反过来也促进了职业教育事业的蓬勃发展。永川职教城现有包括6所省部级和国家重点学校的中高职院校30所，共有10万在校生。永川模式也激活了职业技能培训，目前有职业技能培训机构20个，每年开展相关职业培训的量达1.5万人。职业教育基地共开设90余个专业，形成了以数控机电技术、电子技术、旅游服务等为龙头的示范专业群。

二是扎实开展“送教下乡”活动。近年来，重庆市由职业教育管理部门、职业教育学会和相关职业教育研究机构牵头，积极整合辖区内高校、中职、行业企业等各方面力量，积极开展“送教下乡”活动。有针对性的“送教下乡”活动不仅提升了城市职业院校名优教师参与教育教学的热情，而且有效增加了农村职业学校教师参与研讨和交流的机会，使其在对话活动中提升专业能力。

三是“大课堂”教学改革。所谓“大课堂”是指以“班群”为单位组织教学，同一教学时间有5—8名教师参与活动，在互动与体验教学中领悟人际关系、文明礼貌、仪表风范、职业言语等的内涵。[11]“大课堂”教学改革主要是针对职业教育的基础平台课而进行的大胆尝试，直接回应了农村中等职业学校学生提升综合素质的能力要求，以“实用”与“够用”的目标定位改变传统的教学组织形式和教学方式。这种改革尤其适用于以提升职业素养、礼貌习惯等体验性教学类型。“大课堂”教学既有效提高了学生的参与度，也在其职业信念和专业信仰提升方面获得了良好效果。

因此，重庆职业教育城乡统筹发展上体现出既有良好的顶层设计，又有较好的城乡联结纽带作依托，并扎扎实实地落实到教育教学具体环节上，体现出职业教育城乡统筹的全方位、立体化特点。

（二）成都经验

在实施城乡统筹中，成都大力推进“三个集中”，即工业向集中发展区集中、土地向规模经营集中、农民向集中居住区集中，比较完整地体现了集约发展原则。成都职业教育也积极投身于城乡统筹事业发展中来，一方面积极完善城乡统筹的职业教育体系，一方面认真开展“农民类”职业教育工作，并取得了良好的效果。

成都实施了包括农民工子女义务教育、学前教育、高中阶段教育等在内的大力改革，不断完善城乡统筹的职业教育体系。以城乡统筹为抓手，积极着眼于改善农村学校办学条件、提高农村教师素质、多渠道筹措教育资金等实际方面，不断创新，做实每项工作。目前，成都城乡职业教育办学水平不断提升，农村教师缺乏问题得到很大缓解，农民工随迁子女接受教育问题得到很大程度上的解决，社会融资办学实践取得丰硕成果。通过城乡统筹，成都已基本普及高中阶段教育，为实现教育现代化奠定了坚实基础。

成都积极建立健全就业培训体系、再就业援助体系，大力解决城市扩张带来的农民失地、失业问题。出台了《关于促进城乡充分就业的意见》及其配套文件，将就业培训体系、再就业援助体系的建立与完善城乡一体化的劳动力市场体系、就业扶持政策体系和目标责任考核体系等一系列新举措配合起来，努力形成合力。通过腾岗、买岗和开展劳务输出等形式，为被征地农民创造就业机会，确保农民“失地不失业”，并围绕失地农民的实际教育需求，积极落实培训机构，做好有效安排，取得良好效果。

因此，成都职业教育城乡统筹发展的特点是构筑强有力的城乡统筹职业教育体系，注重与普通教育在类型上的沟通，注重与高等教育、基础教育在层次上的协调。

（三）绍兴经验

在城乡统筹发展上，绍兴积极推动农村乡镇企业、私人企业的蓬勃发展，大力培育专业市场，着力发展效益农业，顺利地实现了从农业社会向工业社会的转型。绍兴农村经济从“一村一品”“一乡一品”的块状经济起家，逐渐形成相对集聚的区域性行业群，并且块状结构向带状延伸，形成规模更大的区域特色经济，从而实现了城乡的协调发展。

职业教育城乡统筹发展方面，绍兴积极发挥县域职业教育统筹“船小好掉头”的优势，不断进行制度和设计上的创新，实现较好地发展。

首先，大力培育示范学校，并对既有职业学校进行特色化改造，实现职业教育的特色发展。通过多年的建设、发展和调整，已涌现了一大批示范学校和特色学校。以园林为主要特色的绍兴县园艺学校、以戏曲为主要特色的绍兴县戏曲艺校、以保安类专业为特色的绍兴县越崎职校都实现了良好发展。

其次，构筑城乡教育统筹网络。这是绍兴县为推进城乡统筹而设立的十大城乡统筹网之一。绍兴大力实施《绍兴市教育现代化建设纲要》，积极开展教育基本现代化乡镇创建活动，进一步优化教育网点，调整优化教育资源；加强农村师资队伍建设，把优秀教师向农村配置，努力提高农村教育质量。以“百万农民培训工程”为抓手，建立健全以成人职业教育中心为主体、乡镇和部门配合的农民培训体系，按照“企业出订单、培训机构出菜单、政府来买单”的办法，每年培训农民 10 万人。[12]

最后，创新职业教育投入机制，实现职业教育创新性发展。1995 年，绍兴县人民政府联合浙江大学、浙江省人事厅、省劳动厅在柯桥纺织技术学校的基础上创办绍兴县职教中心，开了全省集资兴办职业教育的先河，在短期内就筹集了 3 100 多万元用于总投资 5 300 万元的职教中心建设，为城乡统筹职业教育发展奠定了坚实的机构基础。绍兴还探索灵活办学形式，实现投资渠道多元化，形成了以教育部门为主，行业与企业共同参与的办学模式。

因此，绍兴职业教育城乡统筹发展的突出特点是以特色职业学校为引领、以城乡教育统筹网络为依托、以体制机制创新为动力，不断实现城乡统筹职业教育的发展，做到了前进有示范、发展有基础、创新有方法。

五、城镇化市民化进程中城乡统筹发展职业教育的国际经验

从国外城乡统筹发展的经验看，不少国家将关注重点放在扶持农村职业教育发展上，通过多种途径夯实农村职业教育根基，并建立良好的城乡沟通机制，既为城乡统筹打牢基础，又不断注入新的活力，实现城乡统筹持久有效地发展。

（一）韩国的“新村运动”模式与职业教育城乡统筹

韩国注重通过加快农村经济发展、提高农民经济收入、改善农村生活环境等手段提升农村经济发展活力，在增强农村吸引力的情况下增强农村发展活力，为提升农村职业教育的吸引力奠定坚实基础。

韩国通过调整普通高中与职业高中的学生比例、在普通高中开设职业

课程、大力发展专科学校和开放大学、对劳动者进行更广泛的继续培训、开设升学与就业指导课程等措施来发展职业教育,完善职业教育体系。

韩国积极保护农村职业教育,对毕业生提供创业资助。如韩国政府明确提出培养新一代农民的目标,并在1981年开始组织实施农渔民后继者培养工程,通过农业院校或职业中学对他们进行有针对性的培养培训,使之成为合格的农渔民后继者。[13]

城乡职业教育通过统筹建体系、强根基、增活力,为韩国经济社会的协调发展提供了有效保证。

(二)日本的"造町运动"模式与职业教育城乡统筹

日本一方面积极加强农村基础设施建设,努力改变农村地区面貌,使"町"具有与"城"相同的发展潜力,有效增强了农村地区对农村职业学校和涉农专业毕业生的吸引力,并通过保护农村工商业发展等手段,确保农村职业学校和涉农专业毕业生的就业途径。这些都为农村职业教育发展奠定了良好的外部环境,也为城乡统筹职业教育发展奠定了坚实基础。

同时,日本大力发展农村职业教育,重视农村职业技术教育。除职业训练所、经营农场外,还在每一个县开设一所农业高中,并在学校附设农场。同时也开设有许多学习年限为一年左右的农业技术教育学校。[14]这种"内外兼强、标本兼治"的发展策略既实现了职业教育的协调发展,也为城乡统筹的实现提供了保障。

1945年日本战败时城镇化率只有28%,而到1955年就上升到56%,2005年这一数字达到86%。根据有关统计,2011年,日本的城镇化率为91.3%,远远超过东亚地区55.6%的平均水平。[15]

(三)美国的"乡村复兴"模式与职业教育城乡统筹

与韩国和日本相同,美国也比较注重通过加强农村职业教育设施建设和办学条件来保障农村职业教育发展,实现了大部分乡村的教育公共服务与城市基本持平。

美国注重通过良好的法律法规来巩固农村职业教育的发展成果。1917年颁布的《史密斯一休斯法案》就明确要求公立学校必须开展中等农业职业教育。

美国积极统筹城乡职业教育的课程设置，大力发展综合高中和社区学院。如美国的公立高中89%为综合高中，其余11%又分为地方职业学校（半工半读）和全日制职业高中。1998年有91%的高中毕业生取得了不同的职业教育学分。[16]

美国还开展多元化的农民职业技术教育，“工读课程计划”就收到了很好的效果。

（四）城乡统筹职业教育发展的国际经验总结

总体来看，各国城乡统筹发展职业教育的最大共同点就是：通过强化农村职业教育，缩小城乡教育差距，为城乡统筹发展奠定坚实基础；政府承担农村职业教育发展的主体责任，遵循农村职业教育的规律和特征来实施发展策略。[17]这些既是强化农村职业教育根基的基本方法，也是实现城乡统筹持久有效发展的根本之策。

首先，注重农村经济和社会发展，为城乡教育统筹奠定宏观基础和背景。韩国、日本和美国都注重通过加快农村经济发展、提高农民经济收入、改善农村生活环境等手段提升农村经济发展活力，使“城”与“乡”在差异化基础上实现一定程度的均衡发展。

其次，对农村职业教育实行保护政策。韩国积极保护农村职业教育，对毕业生提供创业资助；法国通过“农业社会互助金”等形式为农村居民提供与城市居民大致相等的公共服务和发展机会。这些都为城乡统筹发展，缩小城乡职业教育差距奠定了良好的外部条件。

再次，扎实开展专项项目培训，把城乡统筹落到实处。如韩国政府明确提出培养新一代农民的目标，并在1981年开始组织实施农渔民后继者培养工程。美国开展多元化的农民职业技术教育，“工读课程计划”就收到了很好的效果。

最后，通过强化法律和制度为城乡统筹职业教育发展提供有力保障。

六、城镇化市民化进程中我国城乡统筹发展职业教育的对策建议

要实现城镇化市民化进程中职业教育的城乡统筹发展，必须思考的几个重要问题是：应该构建什么样的体系和网络，建立何种沟通协调机制，经费怎么保障，效果如何评价，等等。要实现职业教育城乡统筹发展，必须在以下方面采取强有力的措施：

（一）加大经费投入，夯实发展基础

进行明显增量的投资。因为"农民类"职业教育涉及人员规模巨大，而且教育难度较大，既需要对现有职业教育资源进行整体扩容，也需要对无法满足实际需要的职业教育资源进行转型性改造，这都需要有明显增量的投入。

建立以政府财政为主、积极吸引民间投资的经费投入体制。"农民类"职业教育关乎城镇化发展大局，也可以说是人口红利逐渐消退背景下我国人力资源扩充与储备的关键一环。政府是统筹城乡职业教育发展的主体，必须充分发挥其作用，应在事业发展经费中单独设立"农民类"职业教育发展经费。当然，由于"农民类"职业教育需要资金庞大，积极引导民间投资进入该领域也十分必要，建议通过税收减免等政策吸引民间投资。

建立以省级财政为主的财政投入体制。城镇化市民化是我国当前一项宏观战略，涉及面广，绝不是城或乡一方所能完成的。以县级财政为主进行投入，往往会使"农民类"职业教育投入大打折扣，只有以省级财政为主的投入体制，才能保持连续性，并有效保证投资规模。

具体投入方式上，宜先进行专项直接投资以增强城乡统筹开展"农民类"职业教育的水平和能力，再逐步转向购买服务的方式。在"农民类"职业教育资源长期欠账的情况下，先进行直接专项投资是必要的，也是有效的。在规模稳定、水平相对有保证的情况下，试行政府购买服务也非常必要。

（二）健全教育培训网络，实现载体有力

城镇化市民化背景下城乡统筹职业教育需要有良好的教育培训网络做

依托，但是，城乡在网络构建中的任务又不尽相同，必须从城和乡两个方面加以设计，实现协同发展。

补齐农村短板，大力加强“农民类”职业教育学校和教学点建设。农村职业教育实现协同发展的主要内容，是在修正方向的基础上大力做好补齐短板的工作。所谓修正方向，就是契合城镇化市民化对农村职业教育的特殊需要，将农村职业教育由盲目跟风、日益城市化、专业设置与农业渐行渐远的总体状态中拉回来，回归到为城镇化市民化服务的轨道上来。当然，提倡其亲农性，并不能狭隘地理解为农业，而是指包括农业在内的、与城镇化背景中的农村产业发展有关的产业和相应的职业。所谓补齐短板就是加强农村职业教育中服务于农民职业教育的教学机构和办学点建设，同时大力提升农村职业教育服务于城镇化市民化的基础办学能力和师资条件等。这里要提升的能力和条件，并不是从一般意义上提升其硬件水平和师资结构，而是要提升切实服务“农民类”职业教育与培训的能力和条件，如果是强化其偏离该方向的能力和水平，对城镇化市民化也没有意义。

充分发挥城市职业培训资源优势，打造学校职业教育与社会培训机构协同攻坚的局面。城乡统筹中的职业培训机构是个特殊的方面，需要进行特别的关注和加强。在城市，由于“农民类”职业教育在效益上可能不如其他类培训，而且培训难度大，很少有社会培训机构投入到这个带有一定公益性的职业培训的板块上来。因此，对于城市职业培训机构和资源，需要通过行政、资金、政策等多渠道进行引导。

建立并逐步拓展“农民类”职业教育的区域性集团。因为农村剩余劳动力、失地农民和农民工往往存在就业方向不太明确、就业变化大、变动性强的特点。区域性职业教育集团有利于发挥其综合协调的优势，有利于在进行职业基础培训和基本素养提升方面更好地作为。具体区域主体选择上，宜以县区和与农村联系密切的城区为主要选择对象，这样更利于集团的建立与成功运作。这种特殊类型的职业教育集团单位既包括区域政府、主要行业、企事业单位、职业院校和培训机构，也应积极吸纳具有农民教育性质的基层单位。应该通过适当机制，让农村剩余劳动力、失地农民和农民工个人代表等参与到职教集团的课程安排、培训方式的确定等工作中，既调动其积极性，也能更大程度上提高相关安排的科学性，更有利于集团的运作与发展。

（三）创新管理体制，保证运转顺畅

当前，我国“农民类”职业教育与培训存在多部门管理的问题，造成了一定程度上的资源浪费和行政成本增加。在当前我国大力推进新型城镇化，实现经济社会转型发展的背景下，建议大力创新管理体制，为“农民类”职业教育统筹推进奠定基础。

成立专门的“农民类”职业教育联席会议，由政府牵头，综合协调教育、劳动人事、财政、民政、农业等部门在“农民类”职业教育中的资源和职能。这样可以在一定程度上减少教育部门无法有效协调其他部门的弊端。在我国“农民类”职业教育资源少、管理不规范的现实背景下，这样的制度设计是非常必要的。

积极做好相关的制度配套建设。在接受职业教育方面，农村剩余劳动力、失地农民、农民工的共同特点是无法接受长学制、求正规的系统教育，而且学习能力普遍较弱。因此，必须针对这样的特点，设计出灵活机动、短时有效、结果导向的职业教育业态，这显然需要相关的教育教学制度设计做配套，涉及招生、就业、经费管理、安全保障等多方面。需要按照有利于确保“农民类”职业教育效果的基本原则进行制度设计和创新。

（四）构建动态协调机制，确保进出有序

由于“农民类”职业教育与培训关系重大、影响深远，应建立良好的动态调整机制和激励机制。

对于专项投资进行合格评估和质量监控。对于专项资金建立的职业学校、实训基地、培训机构，要进行定期的水平评估和常态化的质量监控，确保办学方向正确、资金使用科学、教学质量先进。

通过多种方式对政府购买的职业教育与培训项目进行调控。如通过教育培训经费直拨给农民，让其以“用脚投票”的方式选择职业教育与培训机构和项目。对于教育质量的举报要认真进行查实和处置。

实行能进能出、能上能下的淘汰激励机制，对相关管理机构、教育培训机构和项目进行动态调整，既保持规模的持续扩大，也保证质量的稳步提升，确保“农民类”职业教育与培训扎实有效开展。

如果说我国在城镇化上还有很长的路要走的话，那么，市民化的路则更长。新型城镇化能否避免“先物后人”“有物无人”“物实人虚”的现象，关键在职业教育；而职业教育要在这一进程中充分发挥应有的作用，必须城乡统筹。从根本上看，职业教育不仅应该适应新型城镇化的新需要，而且应该变被动为主动，具有前瞻性，通过城乡统筹，为我国经济社会发展作出更大的贡献。

参考文献：

[1]王卫国．允许农民集资建房　为农民工提供保障房[N]．南方都市报，2012-12-09.

[2]孙勇．新型城镇化不能忽略了公民社会建设[N]．证券时报，2013-02-01.

[3]杨明洁，杨光．城乡统筹视角下职业教育对农村剩余劳动力转移的作用——以重庆为例[J]．现代经济，2008(7)：79-80.

[4]胡静．成人教育与失地农民市民化[J]．资治文摘·管理版，2010(7)：11.

[5]由建勋，陈留彬．农民工培训的现实困境及对策[J]．职业技术教育，2010(22)：60-63.

[6]戴年红，李石新，熊云．我国失地农民面临的困境及应对措施探讨[J]．农村经济与科技，2012(7)：34-36.

[7]唐智彬，石伟平．提高农村劳动力转移水平：职业教育的功能、限度与对策[J]．职教论坛，2011(13)：4-9.

[8]王欢．我国农村职业教育资源配置主要问题探析[J]．教育发展研究，2012(1)：18-23.

[9]唐智彬，石伟平．农村职业教育发展现状及问题分析[J]．职业技术教育，2012(28)：60-65.

[10]王剑华，高岩．从微观视角剖析推进重庆教育城乡统筹的关注点与切入点[J]．西南大学学报(社会科学版)，2009(6)：125-128.

[11]张家琼．重庆职业教育城乡统筹发展背景研究：本体系统的视角[J]．职业技术教育，2010(28)：38-42.

[12]王永昌．绍兴：构筑十大城乡统筹网[J]．政策瞭望，2005(10)：12-15.

[13]《21世纪初我国中部地区农村职业教育发展理论和模式的研究与实验》课

题组．发展农村职业教育的比较研究[J]．中国职业技术教育，2001(3)：42-43.

[14]梁成艾，朱德全．国外职业教育城乡统筹发展比较研究[J]．职业技术教育，2010(28)：59-64.

[15]日本城镇化建设可圈可点[N]．光明日报，2013-01-26.

[16]王文槿．谈美国的农村职业教育[J]．职业技术教育(教科版)，2004(22)：56-59.

[17]唐智彬，石伟平．比较视野中的农村职业教育策略选择[J]．中国职业技术教育，2010(27)：53-57.

第一作者：石伟平，华东师范大学职业教育与成人教育研究所，教授，博士生导师。

原文出处：《西南大学学报》(社会科学版)2013 年第 4 期。

转　　载：《新华文摘》2013 年 22 期全文转载。

论统筹城乡职业教育的多重治理逻辑

朱德全,李　鹏

摘　要:统筹城乡职业教育是国家、地方政府、职业院校等多元主体参与的综合性教育改革。因为当前统筹城乡职业教育治理体系公共理性缺失和多重制度阻隔的信息不对称,国家、地方政府、职业院校等不同治理主体在各自不同治理逻辑的驱动下走向了行动中的自由博弈。又由于传统科层制的痼疾,统筹城乡职业教育的治理出现了以成果为导向的"行为偏向",整个统筹城乡职业教育的治理陷入了一种迭绎循环的低效率困境之中,严重阻碍了城乡职业教育事业的发展。基于组织分析的"多重制度逻辑"建构"多重治理逻辑"分析框架,厘清统筹城乡职业教育综合变革中多重治理逻辑的关系,在公共理性的主导下安排新的制度设计,构建统筹城乡职业教育360°治理模式,改变科层制治理的空间组织形式,驱动统筹城乡职业教育改革,推进城乡职业教育均衡与协调发展。

一、引言

自十六届三中全会提出"五个统筹"以来,统筹城乡职业教育的改革得以全面加速,短短几年间,统筹城乡职业教育可谓"狂飙突进",成绩斐然。然而,"浓缩发展"所带来的问题和压力也是空前的,当前统筹城乡职业教育的治理已经陷入了"没有出路的恶性循环"(losing cycle)。[1]统筹城乡职业教育治理体系包含着多维行动逻辑变量,如利益(interests)、制度(institution)、惯习(structuring mechanism)、策略(strategy)、权能(power)等。在各自不同治理逻辑的驱动下,国家、地方政府、职业院校和社会公众在这个体系中迭绎无序地自由博弈。而公共理性缺失的私利取向和多重制度阻隔下的信息不对称助长了这种博弈局面的恶化。同时，统筹城乡职业教育巨型科层组织显著的“权威效应”和“层层加码”又促成了治理过程中民主缺失的“被迫服从”和成果验收时的“上下共谋”。当下，这种高成本、低效率的治理道路和“没有出路的恶性循环”治理困境已经严重阻碍了统筹城乡职业教育事业的发展，一种科学的、复杂的，能够分析多重过程和机制的理论框架呼之欲出。

伴随着单中心、单向度国家治理模式的消解和多中心、交互性公共治理模式的兴起，国家已不再是社会治理唯一的中心之轴。多元利益主体要求在公域之治中享有更多的知情权、参与权、表达权和监督权，他们不再满足于在“国家剧场”之外排着长队去领取政府分配好的权益、制定完的规则和作出的公共决定。[2]治理模式的转型意味着治理逻辑分析框架必须变革。多重治理逻辑分析框架是基于多重制度逻辑而建构的组织分析工具，它通过制度的“促动性”与“限制性”去形塑治理者与治理对象的注意力，从而影响治理实践。这种分析框架不仅解读了宏观意义上的制度安排和微观意义上的行动路径，而且对不同层级制度间相互作用也可以做出理性的分析，为深度透析不同制度安排下各种治理逻辑所诱发和塑造的行为方式及行为之间的互动机理寻找到了分析的着力点。因此，用多重治理逻辑分析国家、地方政府和职业院校等不同治理主体在新的制度安排和治理逻辑的驱动下的态度、选择与行为，对于统筹城乡职业教育的发展尤为关键。

二、多重治理逻辑分析：统筹城乡职业教育的四种逻辑及其行为

在统筹城乡职业教育的实践中，国家、地方政府和职业院校都是直接参与的治理主体，社会公众作为一股巨大的间接力量，尤其是公众媒体和研究城乡统筹的学者，他们的呼声和理念对统筹城乡职业教育的治理也是意义非凡。因此，国家的逻辑、地方政府的逻辑、职业院校的逻辑和公众与社会的逻辑共同构建了统筹城乡职业教育的四重治理逻辑。

（一）国家的逻辑——以公平为起点的和谐共生

国家是一个具有自主行为能力的组织实体[3]，国家行为反映的就是这种

自主性逻辑。在统筹城乡职业教育的实践中,国家逻辑的行动者为国务院、教育部、财政部等相关部门单位,一方面,这些部门的政策和行为必然为各部门目标和利益服务,但另一方面,其所有的具体行为都必然指向统筹城乡职业教育的最终目标,即通过统筹城乡职业教育以实现教育公平为目标的全局统筹与社会和谐。在理想状态下,这种以公平为起点的和谐共生显示为“帕累托最优”式的城乡职业教育协调发展;事实上,中国语境下的统筹城乡职业教育更多地表现为“卡尔多一希克斯效率”式的发展。

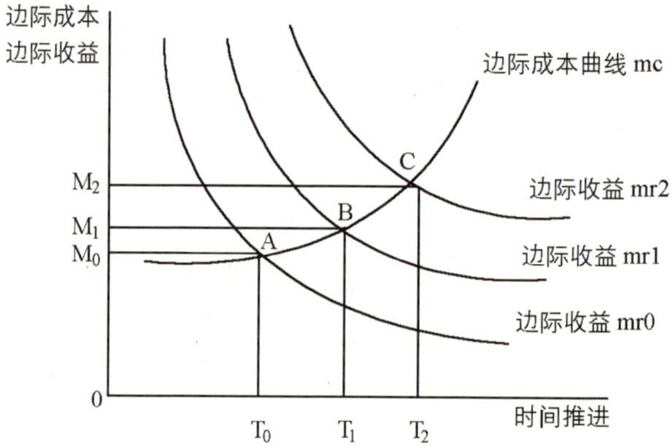

图 1　统筹城乡职业教育国家逻辑的制度经济学分析

按照政治经济学的观点,国家作为一个经济理性的当事人主体,通常会选择那种对其政治净收益(政治收益一政治成本)最大的方案。[4]统筹城乡职业教育不是一蹴而就的短期改革,而是一项长期坚守的持久战。然而,制度经济学早已告诉我们,随着时间推进,统筹城乡职业教育的政治边际成本会逐渐递增,而边际收益则会递减。在漫长的统筹城乡职业教育改革中,国家会面临着收益与成本衡量。如图 1,从 0 到 T_0,到 T_1 再到 T_2,每一个时间点和时间段均是如此。所以,在统筹城乡职业教育中,国家的行为决策总发生在边际成本与边际收益两条曲线相交处(此时此刻的政治收益最大),如图 1 中的 A 点、B 点、C 点。由 A 点、B 点、C 点所勾画的曲线走势,我们可以看出,国家在统筹城乡职业教育的改革过程中所选择的是一种渐进式发展路径。如图 1,国家为尽可能保持统筹城乡职业教育边际收益的持续提高,就只好控制边际成本曲线而使边际收益曲线不断向右、向上移动。在不断向右向上移动的过程中，就会有更多的A点、B点和C点出现，各行为决策点汇集，形成了一条随着时间推进的行为决策线，这条走势平缓的曲线正是国家治理逻辑在自身利益和目标选择上的真实写照。

同时，这条线也反映了国家为整体的教育公平和各种力量和谐共生的努力。在中国，改革面临最大的政治成本来自传统的意识形态以及与此交织在一起的既得利益。[5]所以，即使统筹城乡职业教育改革获得了国家高度的政策支持，“自上而下”的统筹依旧难以一帆风顺。统筹城乡职业教育必须兼顾各方面的既得利益，关照最基本的公平并使各种力量得以和谐共生。如图1，在特殊的中国语境和统筹城乡职业教育多维逻辑行为变量的干扰下，统筹城乡职业教育的边际成本曲线走势愈来愈陡，在$0-T_0$区间，统筹城乡职业教育的边际收益大于边际成本，T_0是第一个均衡点。而再往后，国家就只有通过及时调整发展方式和寻找制度变革的机会空间去找到T_1这个新的均衡点，也就是不断地把边际收益曲线向右、向上移动。按照相同的逻辑，再寻找到T_2。在理想的模型中，国家能够在边际收益曲线向右、向上移动的过程中完成城乡职业教育的最优化统筹，达到“帕累托最优”。然而，在现实中，这种模型所需要的条件不可能得到完全满足，国家在统筹城乡职业教育的实践中，只有不触动或较少触动既有的利益格局，或者通过既有收益的一部分去补偿损失来达到“卡尔多－希克斯效率”，以实现全局统筹下的公平和整个系统的和谐共生。

（二）地方政府的逻辑——以效率为目标的科学发展

我国地方政府是按照科层制组织构建并运作的，其治理逻辑遵循着经典科层制逻辑。在传统的科层制组织中，“权威”是一个核心概念，维护权威和提高权威是各科层成员共同的逻辑使命。一方面，不同层级的地方政府要服从上一级政府的命令，出色地完成各项任务，维护上级政府的权威；另一方面，要争创出色的政绩，通过出色地完成某一项任务获得良好的政绩去谋求个体在整个科层制金字塔中层级的上升，以此来获得更多的“权威”。统筹城乡职业教育的地方政府治理逻辑包括省级政府的治理逻辑，市级政府的治理逻辑和区县级政府的治理逻辑。在统筹城乡职业教育的治理框架内，各级政府围绕着“权威”而努力，以完成上一级政府分派的任务、取得良好政绩为一切行为的逻辑出发点，追求统筹城乡职业教育发展的高效率以实现政策要求中的“科学发展”。

在“政绩观”的驱使下，地方政府在统筹城乡职业教育的过程中会将效率置为第一目标。一方面，只有高效率才能创造出更好的政绩，从而获得更多的科层制中的“权威”。另一方面，与国家不同，地方政府所管辖的行政范围相对较小，在特定的小的行政区域内，相比于全局公平目标的实现，全域效率的提高更能博得政治上的出彩。而且，在高效率的驱动下地方政府才能够做成统筹城乡职业教育的“大蛋糕”，进而通过分解丰硕的“大蛋糕”去弥补小范围内短期的落后，以强补弱，最终也能够实现全域内的公平，甚至是高水平的均衡与公平。再者，某一地方政府所辖范围内统筹城乡职业教育效率提高，必然在最终政绩成果上优于那些效率相对较低的地方政府治理地域，这种区域间政绩的比较优势往往会帮地方政府获得更多的科层组织“权威”。

然而，统筹城乡职业教育还必须落实到“统筹”二字之上，而统筹城乡职业教育最理想的结果就是城乡职业教育的科学发展，或者说就是国家治理逻辑所主导的“帕累托最优”。追求高效率是所有地方政府的第一选择，但是，当所有地方政府都去追求效率之后，通过效率来创造区域间统筹城乡职业教育政绩上的比较优势而获得“权威”就只能是部分地方政府可以采用的手段和途径。由此，在地域、政治等先天条件上优势不足的地方政府就会在效率与公平之间“摇摆”。一旦努力追求政绩而不得，他们就会安于现状，确保在统筹城乡职业教育的过程中“不出错”，以此来维护自己的既有“权威”。或者，高一级的地方政府通常也会严格要求下一级地方政府，通过不断施压和制订高指标以获得理想的政绩。而一旦出现问题，推诿于下级是一种选择；通过上下通融，在政策间摇摆、变通，形成共谋，则是另一种常见的行动方式。这也是效率路径之外的另一种统筹城乡职业教育的“科学发展”之路。

（三）职业院校的逻辑——以利益为核心的差序进步

费孝通“差序格局”的概念凸显了中国社会结构三个以“私”为核心的特征：(1)以己为中心的自我主义；(2)没有明确边界、可伸缩的社会圈子；

(3)差别有序。[6]“差序格局”正是当前我国城乡职业教育的分布格局。二元经济形态和“偏城市”的政策主导下,城乡职业教育的“差序”格外明显:城乡职业院校都有各自的利益中心和不存在边界的资源圈子,以及城乡职业院校间不成名的“差异秩序”。在国家统筹城乡职业教育的实践中,职业院校慑于国家和政府的权威服从统筹城乡职业教育的政令安排是为必然。然而,受传统心理与惯习的影响,以各自利益为核心的职业院校治理逻辑依然不会改变。因此,在统筹城乡职业教育的治理中,职业院校维持既有“差序格局”,坚持自身的利益核心,而期望在国家和政府主导的统筹变革中取得可能的进步也会是他们的另一种逻辑。

统筹城乡职业教育最直接的受益者就是各职业院校,然而,坚持利益核心的职业院校在治理逻辑中却走向了不自觉的“奥尔森困境”[7]。城市职业院校在区位、市场、师资、生源等方面享有先天的优势,同时还比农村职业院校享有更多的政策支持。农村职业院校尽管在学校发展的软件硬件上不及城市职业院校,但是其也有面向农村市场,生源相对固定等优势。在统筹城乡职业教育的改革中,学界和政府都强调城乡职业院校联动互助[8],开放资源,以求得共同发展。然而,城市职业院校却担心农村职业院校盗取自身发展的先进理念,复制其发展模式,进而发展壮大成为强劲的竞争对手;农村职业院校因为怵于城市职业院校进驻其既得的农村市场,怕“引狼入室”而致使自身利益被外来者瓜分。而当面对国家提供的统筹城乡职业教育的各种资源与利益时,各职业院校又会想尽办法为各自学校争取。农村职校会不断地示穷示弱,呼吁政府予以补偿,而城市职业院校则会制订各种新的计划寻求资金或政策支持。各职业院校虽作为理性的个体,但忘记了在统筹城乡职业教育的过程中他们是一个共同利益团队的基本事实,从而也就忽视了双方作为一个团队的更多的利益,为团队的利益行事成了为个体利益行事之后的第二选择。

除了各职业院校之间的利益纠葛外,所有职业院校都不得不在统筹城乡职业教育的过程中与国家和各级政府直接对话。众所周知,职业教育一直以来所得到的关注和支持并不能和普通教育相提并论。而且,多年以来,职业教育的改革也是断断续续而成果成效并不显著。职业院校置身于统筹城乡职业教育的改革实践之中,却又不敢完全相信国家和政府这样的统筹究竟会带给自己多大的具有实质性的发展利益。然而，出于对政府权威的服从，职业院校又不得不对统筹城乡职业教育的政策表现出高度的热忱，并力争在统筹城乡职业教育的改革中有所作为和表现。即使对政府的信任处于"赤贫状态"，对政府权威的服从加上追逐自身利益的治理逻辑，各职业院校也会自愿地深入到统筹城乡职业教育第一线，只不过它们会在维护既有"差序"中不断地观望，同时完成自己的分内之事。最终，抱着服从政令安排的心态和追逐自身利益的奢望，在统筹城乡职业教育的改革中安分守己以保护自己，在差序格局的内外纠葛中为各自职业院校的发展与进步谋取利益。

（四）公众与社会的逻辑——问题得以解决的"善治"理想

伴随着中国社会治理方式的转型，公众正以一种前所未有的姿态涌入公共领域：中国已进入"大众政治"时代。[9]在"大众政治"时代，公民逻辑就是建筑在公众清晰的权利诉求、民主意识和法治观念之上的社会价值取向。尽管当前公民逻辑并不够强大，但它却有着很强的独立性和影响力。在统筹城乡职业教育的改革中，公众与社会作为一股重要的力量参与其中，怀揣着"问题得以解决的'善治'理想"，他们对城乡职业教育发展中的问题极为关注，对统筹城乡职业教育的权力运行和政策执行的监督也充满热情。在这种治理逻辑的驱使下，他们认定中国城乡职业教育的发展是"成为问题"的发展，但又迫切希望通过统筹城乡职业教育去实现城乡职业教育治理的"善治"。

在公众与社会的一般逻辑中，统筹城乡职业教育问题的关键还是在于农村职业教育的问题。事实上，乡村或者说乡村教育成为一种问题早见于近代的乡村运动，晏阳初先生就曾理性地诊断出中国乡村社会"愚、穷、弱、私"的四大疾病，并认为需要发动整个社会的力量对此加以诊治。这种思考乡村和描写乡村的模式影响着中国近代以来民众看待乡村社会的眼光[10]，尤其是统筹城乡职业教育的研究者。不可否认，把中国乡村界定为一种有"问题的乡村"，有先假定了自己的"是"去教育别人的"不是"之嫌，但统筹城乡职业教育的重点和难点都是在农村的职业教育却也是不争的事实。只不过，公众与社会把这个问题主观地予以扩大化和严重化，以至于偏离了"问题究竟如何解决”的道路。呼声颇高的“农村补偿”“城乡均衡”等原则和过分地强调农村之“病弱”和城乡职业教育之间的机械式均衡，值得我们深刻地反思，毕竟西方国家由“平准化”到“反平准化”、由“标准化”到“反标准化”的老路是血的教训。

公众与社会把解决问题的美好愿望寄托在了统筹城乡职业教育的伟大改革上，在这种逻辑的驱动下，越来越多的民间主体正以各种各样的形式介入统筹城乡职业教育之中。尽管它们有着不同理想诉求，但是城乡职业教育问题得以解决的“善治”理想将它们汇集成了一股强劲的公众力量，并成为统筹城乡职业教育的“助推器”。然而，统筹城乡职业教育的主导力量不在民间，而在政府。“政府是必要的恶”，这一点公众和社会都有着清醒而深刻的认识。因此，在公众与社会把美好的“善治”愿望寄托在统筹城乡职业教育改革之时，监督政府的权力运作和政策执行也成了他们自发的逻辑使命。对统筹城乡职业教育中问题的批判、对政治承诺的不完全信任和强烈的“善治”愿望一经公众和社会之口放大就汇成了“意见洪流”，从而，整个统筹城乡职业教育的系统都不得不予以重视。如此，城乡职业教育“问题得以解决的‘善治’理想”就成了统筹城乡职业教育中一面鲜艳的旗子，催动各级政府和各大职业院校把统筹城乡职业教育的工作当成一种伟大的事业去不断地探索。诚如托依布纳所言：公众虽然无法直接进入系统和直接改变系统，但可以通过公共生活的平台，把民众的种种意见和要求予以表达，把生活中的种种不满和愤懑予以发泄，通过震荡和呐喊引起更多人的共鸣和支持，从而刺激系统进行反思和调整。[11]

三、自由博弈的迭绎循环：四种治理逻辑的相互作用关系及结果

在统筹城乡职业教育的实践中，国家、地方政府、职业院校三方构成了“委托—管理—代理”的三方组织关系（如图2）。在这个治理体系中：(1)国家（委托方）拥有统筹城乡职业教育政策制定和设计的最终权威，包括激励设置、绩效评估等权力；(2)地方政府（管理方）作为中间治理人，对上要服从和执行上级政府的各项政策指令，对下又必须承担起监管下级政府和职业院校各方面的统筹工作；(3)职业院校（代理方）作为政策执行的最终端，也

是统筹城乡职业教育利益的最直接受惠者,在这个治理结构中,除了无条件完成上级指标之外,还必须考虑自身的实际情况和发展前景;(4)公众与社会作为整个统筹城乡职业教育的见证者和广义上的监督者,其对统筹城乡职业教育拥有批评建议和发表自己看法的权利与自由。在统筹城乡职业教育的治理体系中,四种逻辑相互作用、自由博弈,影响着统筹城乡职业教育治理的全局。

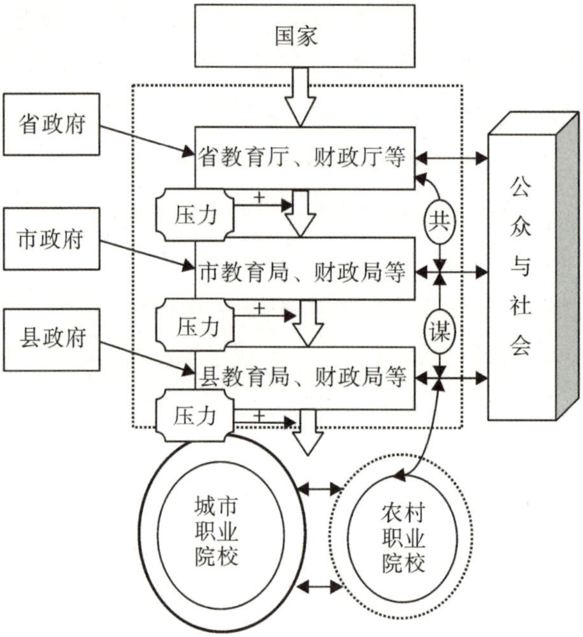

图 2　统筹城乡职业教育的多重治理逻辑分析

(一)向上负责——"行政发包"中的施压与服从

在当前统筹城乡职业教育的治理体系中,实行"向上负责"治理体制,下级政府接受上级部门的指令,并贯彻实行之。[12]如图 2,国家(委托方)从着眼于全局公平和整体和谐共生的治理逻辑出发,通过正式程序设立统筹城乡职业教育的目标,如统筹城乡职业教育布局、统筹城乡职业教育师资、统筹城乡职业教育经费等等。然后,国家将这些统筹目标"发包"给地方政府。[13]同时,为调动地方政府(管理方)的积极性,国家(委托方)也将统筹城乡职业教育的激励权和控制权赋予地方政府(管理方)。至此,国家(委托方)便开始行使检查验收权，定期检查、评估地方政府统筹城乡职业教育的落实情况。为完成上级目标，争创良好的政绩，实现以效率为目标的科学发展，地方政府（管理方）就必须充分地利用好激励权与控制权。通常，地方政府（管理方）会向职业院校（代理方）不断地施加压力，这也就是通常所谓的"层层加码"。与此同时，高一级的地方政府会给下一级政府制订更高的政策目标，通过提高政策执行的成果指标保障统筹城乡职业教育的最终成果，以此去应对验收过程中的各种不确定性，从而确保了任务完成的万无一失。职业院校（代理方）作为治理结构中最底层的一级，在自身利益最大化的前提下，必须无条件地服从各级地方政府的政策安排。同时，城市职业院校和农村职业院校作为被统筹的两类群体，必然会通过各种外在变革和内部的互动来响应上级的各种号召，彰显统筹城乡职业教育取得的直接成果。而公众与社会作为见证者和围观者，会通过各种言论和学术研究表达社会逻辑的"善治"理想，从而对统筹城乡职业教育的各级政府和各类职业院校产生影响。

（二）上下共谋——"成果抽查"中的行为偏差

在当前统筹城乡职业教育的治理体系中，四大治理主体间的相互作用和自由博弈并不是对等的。由于国家治理逻辑和地方政府逻辑的相对强势以及政府本身的权威，在多重制度阻隔下的信息不对称的治理环境中，四种治理逻辑在自由博弈的过程中走上了不自觉的"治理行为偏差"。集中体现在"被迫服从"和为了共同利益而"上下共谋"。国家（委托方）追求统筹城乡职业教育的全局公平与整体和谐共生，相对统筹过程的实际部署，其最关心统筹的最终结果。而且，在复杂的、多层级的统筹城乡职业教育治理体系中，国家（委托方）全面检查并验收成果的成本极高，因此，抽查式"验货"成为其常用的手段，如选择某些县彻底检查其统筹乡职业教育的工作进度、经费管理与使用等等。因为国家（委托方）的检查验收是非常规的，所以，国家（委托方）与职业院校（代理方）的组织关系相对较为松散，只存在传统科层制意义上的服从关系，但是这种服从却成了统筹城乡职业教育的主旋律之一。大量的类似于"热烈欢迎各级领导前来视察"的标语证明了这一主旋律，也反映了检查行为背后地方政府（管理方）和职业院校（代理方）的被动地位和心态。但是，它们并不甘心于被动地等待检查，在统筹城乡职业教育的治理体系中，地方政府（管理方）和职业院校（代理方）有着共同利益关系和命运关联，作为被检查的双方，它们会竭尽全力以确保统筹的结果被国家（委托方）所接受。于是，地方政府（管理方）就会联合职业院校（代理方）以激励权为核心，调动其他资源，采取各种应对策略，上下共谋、掩盖问题。这也是统筹城乡职业教育治理体系底层治理主体无奈的共同选择。

（三）迭绎循环——巨型科层组织的治理困境

事实上，当前统筹城乡职业教育的治理体系就是一个巨型的专门化科层组织，尽管这个体系无比地忠实于统筹城乡职业教育的伟大事业，但也没能摆脱传统科层制的痼疾。由于过多地强调“权威”与“服从”，各大治理主体的民主参与显得不够；又由于制度安排上的多重阻隔，国家（委托方）和职业院校（代理方）之间出现信息不对称的治理障碍；再加上公共理性的缺失，国家（委托方）、地方政府（管理方）和职业院校（代理方）三者在不同治理逻辑的驱使下自由博弈，最终走上了分散治理的循环怪圈，三大治理主体相互之间出现了广阔的不能作为空间和漫长的无法作用距离。整个统筹城乡职业教育的治理体系职责同构、绩效不高，治理成本高昂而效率低下，且缺乏公平竞争和责任追究的相应机制，严重困扰着统筹城乡职业教育事业的发展。

四、理性的选择：统筹城乡职业教育 360° 治理模式

国家管理转向公共治理意味着其治理逻辑要从公众对国家主张的单向度接受和被动服从转向基于参与、因为理解、出于认同，所以自愿遵从。因此，理想的统筹城乡职业教育治理模式应该是这样一种治理模式，它不再是仅仅依靠权力的统治，而是一种围绕着公共理性之轴展开的民主参与和深度认同，也克服了当前统筹城乡职业教育治理体系过分强调“权威”与“服从”、制度安排上多重阻隔以及公共理性缺失的诸多弊端。

（一）统筹城乡职业教育360°治理模式的内涵与表征

1. 基本治理要素安排

建构足以胜任理性分析使命的统筹城乡职业教育治理模式，需要对最基本的治理要素作出合理安排。首先，统筹城乡职业教育360°治理模式设计必须以公共理性为轴向，围绕公共理性之轴安排治理制度、实施行为选择。其次，关注治理主体和治理区域的差异性要求，要因人而异和因地制宜地作出相应的制度和要素安排以完成角色塑造和特色打造。第三，设计好制约与激励机制。依靠对偏离公共理性之轴的行为的惩罚以及对与之契合的行为的奖励加以引导。[14]

(1)治理的主体。美国著名教育社会学家科尔曼曾言，家长、教师、学校管理人员，以及更大范围的社区共同体，对学校教育的连续性和儿童学业的成功至关重要。[15]因此，统筹城乡职业教育的利益相关者，如国家、地方政府、职业院校以及作为监督者、观察者的社会公众都必须被吸纳进来，并广泛参与。

(2)治理的事项。统筹城乡职业教育中的各种治理问题和相关事宜，具体包括：统筹城乡职业院校的布局、办学、资金、师资等宏观事项，以及人才培养观、培养方式和培养体系、评价体系等微观事宜。

(3)治理的规则。“没有规矩，不成方圆。”在统筹城乡职业教育360°治理模式中，《中华人民共和国教育法》《中华人民共和国职业教育法》《国家中长期教育规划与发展纲要(2010—2020年)》等各种政策法规均是务必遵守的治理规则。

(4)裁判、监督和纠错。没有裁判的比赛就没有结果，没有监督的权力必将走向腐败。为更好地发挥激励机制，也为更好地防范或者矫正治理主体的权力或者权力滥用，统筹城乡职业教育360°治理模式中四大治理主体可以相互裁判，也可相互监督，监督权力的运行。

2. 360°治理模式构建

如图3，以统筹城乡职业教育的核心诉求为圆心(图中点O)，公共理性为半径(图中射线OM，根据公共理性的强度大小，OM的长度不断变化)。基于国家、地方政府、职业院校和社会公众的广泛参与，OM绕着圆心O完成 360°顺时针旋转,勾画了统筹城乡职业教育 360°治理模式的完整框架。与传统的直角坐标系不同,图 3 中的 OA、OB、OC、OD 分别代表国家、地方政府、职业院校和公众社会围绕着统筹城乡职业教育治理的努力程度和方向,但所有射线并没有具体的数值标度,也不能像普通向量一样做数学运算(事实上,在统筹城乡职业教育的治理体系中,四大治理主体之间的治理关系也都不能进行简单的数值运算)。相应形成的四个区间为不同的常态治理区,即区间Ⅰ到区间Ⅳ,依次为国家一地方政府治理区、地方政府一职业院校治理区、职业院校一社会公众治理区和国家一社会公众治理区。当然,这四个治理区并不能代表全部的治理区域,在 360°治理模式中,根据参与主体的不同和参与程度的差异,会出现无限多的任意治理主体组合的不同治理区域,如图 3 中,扇形 MOB、扇形 MON 和扇形 MOC 均为不同性质的治理区域。整个统筹城乡职业教育治理在这个模型中前后相续地完成,显现出逻辑上的先后顺序,而在真实的具体实践中却呈现为不同治理区域的治理行为同步发生。

3. 360° 治理模式的“四性”表征

(1)公共理性。传统科层制的“被迫服从”和“上下共谋”是对公共理性的背离,而 360°治理模式却始终围绕着统筹城乡职业教育治理的核心诉求,以公共理性为半径去构建不同的治理区域。公共理性直接决定了最终的治理效用,设若公共理性没有得到应有的尊重而不能发挥作用,那么整个 360°治理模式将不复存在。所以说,公共理性是 360°治理模式的第一表征。

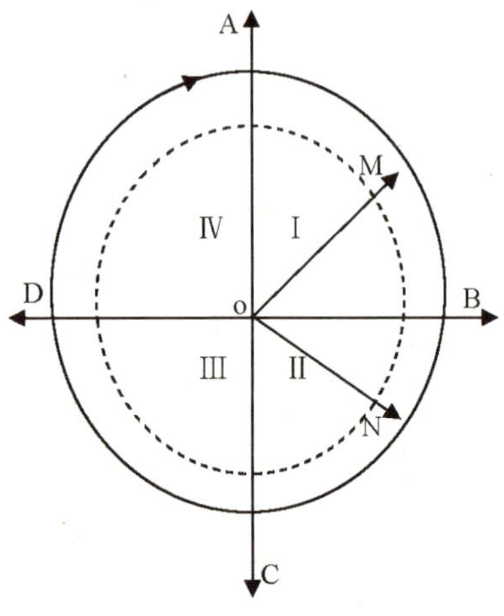

图 3　统筹城乡职业教育的 360 °治理模式

(2)开放性。360°治理模式除却了传统治理模型的多重制度阻隔,基于四大治理主体的广泛参与而建构起来,广泛听取各方意见,治理决定的过程与决策的结果对外公开,开放、平等、民主的话语空间为解决统筹城乡职业教育过程中的信息不对称提供了有效的制度保障。

(3)系统性。360°治理模式以国家治理为主导,以地方政府治理为重点,以职业院校治理为基础,公众与社会的治理为舆论监督,四大治理主体随机组合建构出不同的治理区域,凸显出更为强大的横向整体统筹能力,在新的制度安排和公共理性的指导下,所有的治理主体和治理要素共同构成一个完整的开放系统,催生统筹城乡职业教育的最终成就。

(4)实践性。360°治理模式是在修正与规避传统治理体系的缺点的基础上建构而成,具有深刻的实践基础。而建构此模型的最终目标是改良传统的统筹城乡职业教育治理模式,推动职业教育发展。事实上,在所有的教育类型中,职业教育的发展是最可能促进城乡社会统筹发展的。[16] 所以,360°治理模式的最终指向也是具有实践性的。

(二)统筹城乡职业教育 360° 治理模式的制度设计

在图 3 中,直接决定统筹城乡职业教育 360°治理模式最终绩效的因素有二:一是治理区域角度的大小,这涉及治理主体参与的广度;二是公共理性的半径,它决定着治理范围的大小,涉及治理范围与治理能力、治理强度等系列变量因子。为充分发挥 360°治理模式的治理效能,需要把影响治理指数的行为变量作好相应的制度设计。

1. 治理的广度——参与

治理的广度主要是指统筹城乡职业教育某一具体治理场域中治理问题和治理事宜的多寡,它标志着整个治理模型的开放度和参与度。本模型可设置为完全开放、半开放、以开放为例外、以开放为原则等多个等级。开放领域可以包括统筹城乡职业教育的办学、资金投入、管理、师资等宏观层面的统筹,涉及国家、地方政府、职业院校和社会公众四大治理主体的各个治理区域。

2. 治理的宽度——理解

治理的宽度通常是指有资格进入统筹城乡职业教育治理体系的主体的众与寡,它所衡量的是治理主体对统筹城乡职业教育治理模式的理解程度。基于理解程度的差异,本模型可以设定为零理解、公众型理解、利益相关者理解、当事人式理解、专家型理解等。宽度和广度是息息相关的两个维度,要通过一种全景开放式参与,吸纳观察者、评论者等多种身份的治理人通过论坛、网络等各种途径理解统筹城乡职业教育。

3. 治理的深度——认同

治理的深度一般用来衡量统筹城乡职业教育的治理认同及其理由的深浅，显示出治理模式的社会穿透力和辐射力的强弱。认同度自上而下可以分为多个层次：合乎法性、合乎法律、合乎比例（比例分配原则）、合乎理性、合乎道德、合乎自由。通过治理深度的有效控制，可以为统筹城乡职业教育制度安排和实践获取更多的民意支持和行动基础。

4. 治理的强度——遵从

治理的强度就是统筹城乡职业教育治理主体对公共决定影响力的意愿表示，这是在参与、理解和认同的基础上外在行为的表现。按照由弱到强的顺序可以依次设定为以下级别：不予遵从、选择性遵从、基本遵从、主要遵从、唯一遵从等。听从政令与执行决策是最为常见的治理强度呈现方式。然而，最大的治理强度并不一定会有最好的治理效果，最为典型的就是那些排他性遵从会使得一项决策百分百地被执行而其他决策完全落空。

（三）统筹城乡职业教育360°治理模式的运行机理

在整个360°治理模式中，统筹城乡职业教育的核心诉求是动力原点，公共理性是灵魂，制度设计是基础，“基于参与、因为理解、出于认同、自愿遵从”则是其规则。如图4，在信息畅通、开放自由、理性民主的360°治理模式中，国家、地方城府、职业院校和社会公众在公共理性的指导下，以统筹城乡职业教育的当前核心诉求为出发点，在新的制度安排中受到各自治理逻辑的驱导，广泛参与统筹城乡职业教育的各区域治理，通过理解（这种理解包括在问题认识、决策和措施上的分歧）而深度认同，认同之后再自愿遵从，最终共同完成统筹城乡职业教育的伟大实践。

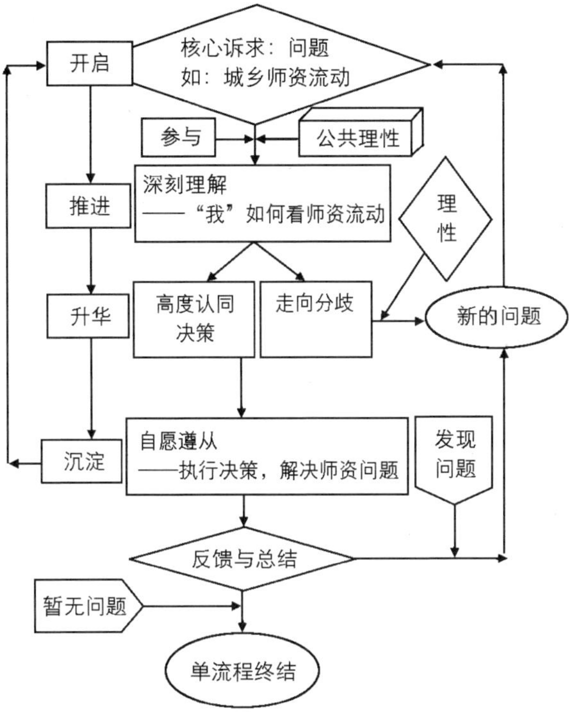

图 4　统筹城乡职业教育 360°治理模式的运行机理①

1. 开启：响应诉求而广泛参与

360°治理模式是基于问题和面向实践的统筹城乡职业教育治理模式。开启本模型运转的钥匙只能是统筹城乡职业教育实践中的核心诉求，即统筹城乡职业教育的一个个具体的问题。以统筹城乡职业教育中城乡师资流动为例，因为历史和现实的种种原因，城乡职业教育在师资上严重失衡，农村职教师资严重缺乏，这是阻碍农村职业教育发展的重要因素之一，而城市职业教育的师资却因为相对的结构性盈余而造成了师资利用的低效率和人才浪费。为改变农村职教师资严重匮乏和城市职教师资结构性盈余的现状，通过城乡职业教育教师的良性流动促成城乡职业教育师资利用的高效率，以此解决统筹城乡职业教育的师资困厄，这是统筹城乡职业教育实践中的一种核心诉求。基于这一问题现状和统筹治理的理性需要，国家、地方政

① 说明：为使论证更为具体透彻，本文以城乡职业教育教师流动为例展开分析。

府、职业院校和社会公众都会在自主意识和公共理性的唤起下关注城乡职业教育师资流动问题，并积极参与其中。

2. 推进：制度之下的深刻理解

各大治理主体因为公共理性而对公共利益和公民品德表现出高度的尊重，在响应统筹城乡职业教育核心诉求的呼吁中进入了统筹治理体系。同时，在不同治理逻辑的驱使下，各大治理主体会在360°治理模式中基于自我的视角，把城乡职业教育师资流动的问题"在此领悟"。在这种没有多重制度藩篱的时空环境中，组织压力、信息不对称都将不复存在，统筹城乡职业教育的治理者自由、民主地追问和反思当前大的时空背景下城乡职业教育教师流动的合法性、原动力、可能的类型和实然的表征等系列治理事宜，把统筹城乡职业教育师资流动的治理问题纳入国家、地方政府和职业院校共同的办事日程，民主协商、共同抉择。当各种各样的关于统筹城乡职业教育师资流动的思想和意识汇聚在一起，相互碰撞，就形成了自主意义上的"头脑风暴"。如此一来，"在此领悟"和自主式的"头脑风暴"就为实现统筹城乡职业教育的"善治"提供了基础。

3. 升华：高度认同或走向分歧

当然，深刻的理解之后除了达成高度的共识之外，完全有走向分歧的可能。譬如，城乡职业教育师资的流动有"法令规则机制"（如重庆市巴南区刚出台的《巴南区学校干部教师互派顶岗支教实施办法》）、"自由选择机制"（如民间自发的支教行动）和"公民责任机制"（如城市教师出于内心的热爱和责任意识到乡村职业院校），究竟哪一种或哪几种机制更能满足当前统筹城乡职业教育治理的需要，或者说当前的治理环境下城乡职业教育教师的流动该走哪一条道路等问题，都会成为可能的分歧。但是，不管是高度的认同还是走向分歧，两者共同表明了问题解决的难度系数和可能性系数，如若在当前的治理范围和治理能力下问题能够解决，那么走向共同治理和自愿遵从是治理流程的必然；反之，则共同的分歧将成为一个新的问题再次回到治理的开启点，进入新一轮治理。

4. 沉淀：自愿遵从与问题解决

基于以上三个环节，在参与、理解认同之后，对于城乡职业教育教师流动的治理的问题决策、路径选择等已经实现了最优化或者最合理化，各治理主体的职责和分工也在充分的协商中得以明确和科学安排，遵从和执行是对个体职责的履行。鉴于共同决策的权威性和透明性，也因为公共理性和最初的制度设计，遵从之下的政策执行将不再是“层层加码”和“被迫服从”，更不会是单向度成果验收下的“上下共谋”。自觉且民主的共同治理足以唤醒公民的志愿和政府的责任履行，城乡职业教育师资流动的政府机制设计与公民志愿选择将共同推进城乡职业教育师资利用的效率，从而让问题得以解决。然而，任何问题的治理都不可能一劳永逸，不断发展变化的时空环境与制度规则需要治理决策和措施与时俱进，所以单个治理流程实施完结之后的反馈与总结至关重要。事实上，自愿遵从和问题解决并不是360°治理模式发挥作用的最后一道或最重要的一道流程。我们一方面总结经验，另一方面发现问题，开启新的治理流程，更重要的是要通过新一轮的“开启—推进—升华—沉淀”实现治理的第二次飞跃。

参考文献：

[1]Barry Naughton. The Chinese Economy: Transitions and Growth[J]. Economy,1990(6):1228-1254.

[2]罗豪才，宋功德．行政法的治理逻辑[J]. 中国法学，2011(2):5-26.

[3]张静．法团主义——及其与多元主义的主要分歧[M]. 北京：中国社会科学出版社，1998:93.

[4]A Downs. An Economic Theory of Democracy[M]. New York: Harper & Row, 1957:196.

[5]蔡昉．中国农村改革三十年——制度经济学的分析[J]. 中国社会科学，2008(6):99-110.

[6]费孝通．乡土中国　生育制度[M]. 北京：北京大学出版社，1998:25-34.

[7]奥尔森．国家的兴衰：经济增长、滞胀和社会僵化[M]. 上海：上海人民出版社，2007:18.

[8]朱德全，杨鸿．职业教育城乡均衡发展问题表征与统筹保障——以重庆市为例[J]. 教育研究，2012(3):57-65.

[9]周汝江，陈家刚．大众政治的兴起与现代国家的型构[J]. 湖北社会科学，

2009(11):19-22.

[10]赵旭东．乡村成为问题与成为问题的中国乡村研究——围绕“晏阳初模式”的知识社会学反思[J]．中国社会科学,2008(3):110-117.

[11]托依布纳．法律:一个自创生系统[M]．张骐,译．北京:北京大学出版社,2004:256.

[12]周雪光．“逆向软预算约束”:一个政府行为的组织分析[J]．中国社会科学,2005(2):132-143.

[13]周雪光,练宏．中国政府的治理模式:一个“控制权”理论[J]．社会学研究,2012(5):69-93.

[14]张维迎．博弈论与信息经济学[M]．上海:上海三联书店、上海人民出版社,1996:11.

[15]Molnar Alex. School Reform Proposals: The Research Evidence[M]. Connecticut: Information Age Publishing, 2002:139.

[16]李涛,邬志辉,邓泽军．中国统筹城乡教育综合改革:统筹什么？改革什么？——《国家中长期教育改革和发展规划纲要(2010－2020年)》视阈下的“城乡治理论”建构[J]．西南大学学报:社会科学版,2011(3):122-130.

第一作者：朱德全,西南大学教育学部,教授,博士生导师;西南大学统筹城乡教育发展研究中心,研究员。

原文出处：《西南大学学报》(社会科学版)2013年第4期。

转　　载：《新华文摘》2013年22期全文转载。

现代职业教育质量保障体系研究：现状与展望

赵志群

摘　要："建立教育质量保障体系"是《国家中长期教育改革和发展规划纲要2010—2020年》确立的重要发展目标。职业教育质量保障体系是根植于教育实践的实际操作活动系统，在内部要对专业建设进行监控评价，在外部要对教育成果进行监测。建议开展以下研究：建立质量观察和分析框架，描绘质量保障体系建设工作的现状与问题，进行相关"典型试验"和质量监测体系建设实践。需要取得进展的关键领域是：质量标准开发标准的"元研究"，质量监控与评估体系建设的实践研究，大规模职业能力测评研究。

进入新世纪，我国职业教育空前发展，但是很多深层次问题始终没有得到有效解决，其中最突出的就是教育质量不高，主要表现在：毕业生职业能力和职业素养不能满足社会和经济发展的需要；职教管理部门缺乏工作整体思路，"头痛医头、脚痛医脚"式的被动管理依然是主要方式；很多职业院校基础较为薄弱，办学条件还不完善，职教管理人员和职教师资队伍的能力和结构存在较大问题；等等。

《国家中长期教育改革和发展规划纲要（2010—2020年）》（下文简称《规划纲要》）确立了"建立以提高教育质量为导向的管理制度和工作机制"以及"建立教育质量保障体系"的工作目标。各级政府制定了很多提高职业教育质量的政策，职业院校也进行了丰富的质量保障体系建设实践。开展职业教育质量保障体系研究，对职业教育行政管理部门开展系统化的顶层设计和科学化管理，以及对职业院校提高教育教学质量，具有重要的理论和现实意义。

一、职业教育质量保障体系研究现状

（一）职业教育的质量与质量保障体系

教育质量是“教育水平高低和效果优劣的程度”（《教育大辞典》，2007），对职业教育质量的认识随着对职业教育本质认识的深入而不断发展。自《规划纲要》明确现代职业教育体系建设目标以来，我国教育界逐渐意识到建立职业教育大质量观的重要意义，即把职业教育置于教育、产业和社会发展的全局中统筹规划，全面考虑职业教育内外部的适应性和协调性特征。目前学术界对职业教育质量的认识可归纳为四点。(1)适应性的质量：职业教育服务满足受教育者个人以及所培养人才满足国家、社会和用人单位需要的程度，所培养人才对社会的适应程度，职业院校对市场的应变能力是质量的重要标志；[1](2)产品性的质量：教育服务是一种产品，职业教育在符合教育规律前提下，其教育产品应满足规定或符合消费者（受教育者、国家、社会和用人单位）需要的特征总和；[2](3)发展性的质量：社会需要的大量技能型人才需要通过发展职业教育事业培养，职业教育只能通过发展解决质量问题，质量是一个发展变化的概念；[3](4)多元化和“特色”的质量：不同院校有不同办学、专业和地方特色以及社会环境，无法用统一标准来评价，在保障人才培养基本标准前提下，应以多种方式促进学生成长，从而构成院校、专业和毕业生的特色。[4]这说明，对教育质量的理解是一个规范性（normative）问题，对此人们难以取得完全共识，这从对质量指标内涵的复杂定义的讨论中也可以看出。[5]对教育质量的理解，是职业教育所有参与者的共同建构过程。

教育质量保障是“确保教育质量得到保持和提高的所有政策和过程”[6]，职业教育质量保障是以保持和提高职业教育质量为目的的，由职业教育机构按照一定政策、标准和程序实施的活动，它涉及教育规划管理、办学、教育教学过程和教师等影响教育质量的多个方面。我国一般把职业教育质量保障体系分为外部和内部质量保障两个子系统，这与国际通行的“内部监控”和“外部评估”的“质量监控与评估体系”（Monitoring and Evaluation System，简称 M&ES)的表述基本一致，但理解上有所差别。M&ES 是能够向管理人员连续反馈一个体系或机构运行状况的信息、识别获得成功的潜能，以及尽早发现问题以保证及时调整的工具。[7]建立职业教育质量保障体系，不但需要由政府、社会和院校共同组成多元合作质量保障主体，而且需要建立专业化的监控和评估机制[8]，这是一个“确定做得怎样”“发现错在哪里”和“知道怎样修正”的过程，需要科学的方法和操作性强的工具。职业教育质量保障体系至少有三个层面：(1)促进区域、行业或企业人力资源开发的宏观职业教育质量保障体系；(2)促进职业院校发展的院校质量保障体系；(3)促进学生发展和教师提高教学水平的教学质量保障体系。[9]目前我国职业教育质量保障体系的研究和实践还很薄弱，特别是现代职业教育体系的系统性和开放性要求还没有被完全贯彻到保障体系建设工作中。[10]事实上，职业教育质量保障活动的实践，就是建构整个质量保障体系的过程。

（二）职业教育运行机制与投入保障

职业教育运行机制是职业教育各子系统或要素之间相互作用形成的运行过程和方式。目前职业教育运行机制研究主要是探讨运行机制的特点，界定职业教育利益主体的分工和职权等，[11]主要在逻辑推理基础上进行分析。由于缺乏足够的实证数据，其结论的信度很难保证。目前唯一见到的相关量化研究，是采用“授权评价”(Enpowerment Evaluation)理念和 Bertelsmann 访谈提纲对北京顺义和石景山两区职教运行机制进行的对比研究(如图 1 所示)。[12]尽管这些都是很基础性的研究，却是此领域量化实证研究迈出的重要一步。

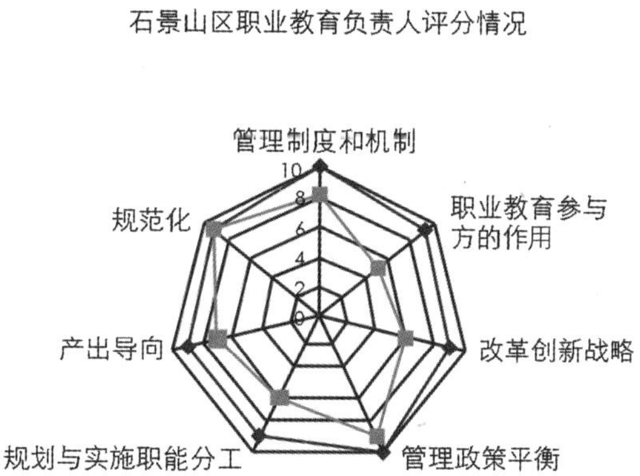

图 1　北京市石景山区管理人员对区域职业教育运行机制的评价

教育投入包括资金投入，以及政策、情感和行为等广义的投入。目前普遍认为职业教育投入机制在体制、政策、经费、模式和观念等方面均有较大缺陷，如职教经费占教育总经费比重低、结构不合理（如人员经费与公用经费比例）、投资比例失衡（如区域间和院校内部）等。[13]国际上通常用财政性教育经费、生均预算内事业费指标等反映政府对职业教育的支持程度。如何建立以政府财政投入为主与社会投入并重的职业教育投入机制[14]、解决投资比例失衡等问题，还需相关研究和试验的支持。

（三）职业教育质量标准的制定

国际通行的质量保障方法分四类，即评估、认证、审计和基准。《规划纲要》提出建立教育质量保障体系的基础性工作是“质量标准制定”和“质量评估”。近年来，教育部陆续启动了多种标准的建设工作，如职业院校建设标准、中等职业学校专业教学标准等，并正式颁布了《中等职业学校教师专业标准（试行）》（教师〔2013〕12 号）等标准，标准制定工作进入了一个新的阶段。但是这些标准多是通过行政工作推进的，相关研究基础极为薄弱，而且缺乏必要的实证基础。事实上，职业教育质量标准的内容极为丰富，宏观标准如占用社会资源的合理性标准，区域性平衡标准，区域和行业经济适应性标准等，微观标准如教育基础设施标准，专业设置、课程教材建设和教学标准，学生质量标准。[15]如何通过目标明确地分类推进，实现标准制定的科学化和规范化，以确保所开发标准的高质量和可实施性，我们还有很长的路要探索。

职业教育标准有预设性、过程性和结果性标准等类型，其中最重要的是职业资格标准、课程（教学）标准和学业评价标准等与教育教学直接相关的标准，明确职业资格要求是职业教育的基础性工作。1999 年我国《职业分类大典》问世后，其作为职业标准制定工作基础资格研究的重要性凸显。资格研究是一个方法要求很高的综合性研究领域，对此我们还缺乏基本的经验。近年来，随着“职业学”（vocational discipline）研究的建立和发展[16]，国际上发展起来很多资格研究的专门方法，包括量化研究和质性研究方法，前者如技能点评估，后者如实践专家访谈会（EXWOWO）和剧情描述（szenario）等[17]。这些方法可以归纳为两大类：一是由政府机构组织进行的“权威性”

资格研究程序，二是由职业院校自主进行的职业（工作）分析的方法。21 世纪初，教育部“职业院校建设行业技能型紧缺人才培养培训工程”最早开始试验在主管部门指导下的课程开发程序，一些地方也探索建立了地方性的课程开发流程；人社部 2012 年颁布的《一体化课程规范开发技术规程（试行）》采用了以发展性任务（developmental task）理论[18]和当代专家智能研究（expertise research）成果[19]为基础的整体化职业分析方法，这标志着资格研究实践进入了科学化的发展阶段。但是要想在全部职业资格研究中做到这一步还需要长时间的努力，其原因是相关人员缺乏对科学的研究方法的敏感性。

（四）职业院校教学评估

科学合理的教育评估制度是职业教育质量保障体系的重要组成部分。从 2003 年至 2008 年，我国高职院校开展了两轮教学评估。教学评估在促进教育质量提高的同时也遇到很多困扰，这主要体现在以下缺陷上。(1)系统性设计：目前的评估制度没有做到在兼顾政府、院校和学生多方需求下对院校评估、专业认证、教学状态数据常态监测等手段进行整体化的构建；(2)针对性：评估方案缺乏对职业院校的分层分类设计，引导和激励作用不够；(3)组织实施：在评估对象确定、评估专家管理、评估工作程序、评估结论认定和使用等方面存在问题。鉴于此，完善评估制度和方案，首先应当通过建立不同的指标体系（如合格评估和审核评估）分类促进不同院校的合理定位和分类发展；其次，应引入新的评估理念、机制和方法，使学校成为评估主体，并加大社会的参与度。[20]在此，亟须在当前评估实践进行调查的基础上开展“典型试验”①，以尽早形成适应我国国情的现代职业教育评估制度。

（五）职业教育质量评价的技术手段

科学的标准制定与评估实践需要扎实可靠的评估机制和相关技术手段，如吸引社会组织参与质量评价需要建立可行的动力机制，而可信的职业资格鉴定需要科学的测试方法，在此我们面临着顶层设计和技术工具的双重不足。

---

① 德语 Modellversuch，起源于德国的职业教育创新研究方法。

职业教育质量保障工作实践受企业质量管理理论的影响很大，如全面质量管理（TQM）思想和ISO 9000质量管理体系等。许多职业院校开展了ISO 9000质量认证，建立了以ISO标准为基础的过程监控、信息管理与反馈的持续改进机制。但是，ISO是通用的质量保障体系框架、标准与流程，它在多大程度上能准确反映职业教育机构作为“非营利性机构”的质量管理特点[21]，还有待于深入研究。

当前，我国在技能型人才，特别是高技能人才评价技术上存在很大问题。如在职业分析中普遍采用的行为事件访谈法（BEI）和公务员考试采用的“行政职业能力测评”等均属于“去情境化”（情境无涉）方法。现代工业心理学研究发现，人类只能在具体情境或工作行动中对职业能力进行间接的评价[22]；去情境评价所评价的独立于工作过程之外的抽象能力，不但不会对企业实际工作产生显著影响，而且对员工解决复杂问题的职业认知能力的发展贡献也很小。[23]即便是在我国职教界影响日益扩大的职业技能大赛中，其试题的效度也存在很大问题。一些专家认为其并没有反映企业的新要求，无法完成引领职业教育未来发展方向的重任。[24]

近年来兴起的职业能力测评研究，是质量保障体系建设的一个重要技术手段。按照教育学理论，能力是一种不能直接观察的“内在财富”，因此，科学的职业能力评价非常困难。传统的职业能力测评无法反映职业认知能力的发展，也没有建立对测评结果与能力发展对应关系的解释模型。起源于德国的COMET职业能力测评（其内涵相当于职业教育的PISA）采用了先进的职业教育理论和严谨的心理测评技术，在国际职业教育界得到了广泛认同。[25]从2009年开始，北京、广东和四川等地多个研究项目引入了COMET职业能力测评。实践证明，COMET职业能力测评不但能了解不同地区不同类型职业院校学生职业能力的发展水平，也为职业教育课程和教学改革提供了有价值的实证参考数据。[26]但是要想对职业能力进行符合科学标准（客观性、可靠性和有效性）的测评，还需要开展特别针对个体的职业能力诊断研究。

（六）建立内部质量监控体系

建立职业教育机构的内部质量监控体系，涉及教学内容、教学过程、教师和教学设施设备等影响教育质量的多个方面，需要相关的技术工具支持。我国这方面的研究至今仍相当薄弱，仅有极少数机构进行过一些尝试。如北京教科院利用 ERC 法（Evaluation of Regional Cooperation）对校企合作情况进行内部评估。这是按照组织学习理论和过程管理理念，在教师和企业相关人员层面进行的系统化的内部质量控制手段，其目标不是形成针对校企合作质量的统一看法，而是使每个参与者都能发现合作中存在的问题，通过交流和反思找到“最佳”的解决方案。[27]广州交运中专采用“学习任务自我评价法”对课程运行质量进行内部控制。教育部中德唐山农村职业教育项目采用“质量指标控制法”对职业学校办学质量进行自我控制，其理念都与此类似。[28]尽管这些方法都不是新创造的，但是在我国职业教育实践中系统化开展目标明确的内部质量控制体系建设的实践，目前还仅仅是些个案。

二、对当前研究的评述与展望

综上所述，尽管有所进展，但是现代职业教育质量保障体系研究还存在明显不足，主要表现在：(1)缺乏有深度的研究和实践探索，理论建构薄弱，且重复性工作多、创新少；(2)多数研究针对职业教育质量保障体系的某一特定方面进行探讨，孤立性研究多，缺乏整体性思考和系统化设计；(3)研究多以文献分析为主，主要依靠研究者的主观判断，极少数严谨的量化研究如能力测评等刚刚起步，由于样本容量有限和管理者不习惯等原因，其成果还没有对政策制定产生足够的影响。

职业教育质量保障体系不是纯粹的理论构建和制度安排，而是根植于教育实践的实际操作活动系统，在内部需要对职业院校的专业建设、课程开发、教学过程和资源管理等进行监控和评价，在外部需要对职业教育的结果（如毕业生的职业能力发展状况）进行监测，这些活动只能在具体的教育实践中进行，需要满足经济社会发展、个人需要、质量标准和职业资格等多方面的要求。鉴于此，笔者认为，职业教育质量保障体系研究应当从以下几个方面深入开展：

(1)对职业教育质量保障体系建设理论进行梳理和归纳，形成相对完整的分析框架，提出职业教育质量保障体系的基本内容，制订相应的行动清单，并为相关政策研究奠定基础。同时对研究方法进行梳理和评估。

(2)对职业教育质量保障体系建设的现状进行调查分析，描绘出我国相关工作实践的现实图景并找出问题症结。

(3)进行职业教育质量保障体系建设的“典型试验”，并开展相关的质量监控实践和测量研究，如毕业生职业能力测评等。

(4)在以上研究基础上进行综合研究，借鉴国内外成功经验，提出建立和完善职业教育质量保障体制的政策建议，提供开展质量保障活动的技术方案和工具。应重点验证体制机制建议的可行性以及技术方案的科学性和有效性，探讨现阶段怎样的“体制机制与工具组合”最有利于促进职业教育质量的系统化提高。

三、职业教育质量保障体系研究应解决的问题

现代职业教育质量保障体系是以满足学生个人和经济社会发展需求为目标，按照职业教育规律，运用系统的概念和方法，依靠一定的组织或机构，把职业教育相关部门和环节的质量管理活动组织起来的任务明确、职责与权限协调促进的管理体系。目前，职业教育质量保障体系研究应首先解决以下问题：

（一）现代职业教育质量保障体系建设的政策目标

政策目标研究是职业教育质量保障工作的方向，其目标是落实《规划纲要》关于把提高质量作为教育改革发展的核心任务的要求，指导各级教育部门建立以提高教育质量为导向的管理制度和工作机制。具体包括：(1)促进质量保障体系建设的政策性研究；(2)标准制定的政策性研究；(3)质量评估的政策性研究；(4)职业教育督导研究。重点是通过个案分析，总结不同质量保障体系建设模式对职业教育发展的影响程度，探索在国家、省域和院校层面建立完善职业教育质量保障体系的方式方法。

（二）国内外职业教育质量保障体系建设的现状

对国内外职业教育质量保障体系建设的现状和成功经验进行调查研究，理清我国职业教育质量保障体系建设的发展脉络、现状和特点，并找到值得借鉴的“标杆”，为整个研究提供现实基础和依据。

（三）现代职业教育质量保障体系建设的基本理论

建立和发展有关职业教育质量保障的科学理论是开展相关研究的基础，因此需要：(1)通过现代职业教育的质量观研究，准确定位职业教育的人才培养规格和水平；(2)通过对现代职业教育质量保障体系内涵和特点的研究，确定质量保障体系对教育政策、劳动市场政策和经济技术政策的功能和意义；(3)通过对现代职业教育质量保障体系建设的研究和实践，建立科学的监测、评估、成本和效益评估的技术体系，在此可参考 TQM、ISO 9000 等的经验。

（四）建立现代职业教育质量标准的技术基础

标准的研究和制定是质量保障体系建设的基础性工作，建立现代职业教育质量标准需要对有关理念、建设原则、方法和模式、建设过程及质量标准的逻辑构成等进行全面探讨。不同学校类型、区域发展状况和专业的质量标准有所不同，因此应开展相应的基础性研究，尤其是有关开发标准的技术标准研究，即标准的“元研究”，特别是开发和建立专业目录编制的技术规程、教学（课程）标准的开发技术规程，以帮助职业院校在职业标准基础上找到现代职业工作的标准特征，对此做出恰当描述并进行科学的教学设计，从而系统而有效地提高教育教学质量。

（五）现代职业教育运行机制和投入保障

现代职业教育体系是由办学者、出资者、教育提供者、受教育者、规制者（主要是政府）以及其他重大利益相关者（如企业）形成的具有稳定结构关系的体系。这个体系要想良性有效率地运转，需解决运行机制和各部分的衔接问题，明确参与方的角色、权利和义务，这涉及职业教育领域内人员、机构、资源、组织和制度等多方面因素。目前需重点研究:(1)办学体制与财政体制问题,特别是构建科学有效的职业教育财政体制和投入体制,从而促进职业教育的均衡投入;(2)校企合作的体制、机制与模式研究,以建立既能保障企业利益,又能调动其参与人才培养积极性的机制;(3)分析引入各种质量保障工具(如 ISO 9000)后的效果,从而建立有效的职业院校质量保障模式;(4)从利益相关者角度分析政策设计、执行和评估中存在的问题,以及政策工具在职业教育系统中的运行模式,从而确定职业教育体系规制工具与政策的有效性;(5)地方性职业教育运行机制的研究,以省或地市为单位分析区域性职业教育运行子系统,从而有效解决国家层面的职业教育运行机制问题。

(六)职业院校教育教学过程质量控制

职业院校内部质量保障体系是否有效,取决于其质量生成、质量监督与评估、信息管理、反馈调控等系统的运作方式,建立可持续发展的校企合作以及课程和教学质量保障体系具有重要的意义。在此应当重点研究:(1)校企合作内部质量保障体系的建立与实践,根据授权评价理念,引入 ERC 等质量测量、保证、改进和监控工具[29],从而实现持续、系统的质量保障和改进过程,并不断完善指标;(2)建立院校建设以及专业和课程建设的质量保障体系,通过"典型试验",为职业院校根据技术、经济和社会发展需求以及学校实际及时修订专业课程标准,对课程实施进行持续和批判性的科学监测提供技术解决方案。

(七)职业院校学生的职业能力测评

经济合作与发展组织(OECD)的 PISA(国际学生评价项目)研究对职业教育质量保障体系建设具有重要的参考价值。开展职业院校学生职业能力测评,可以获得职业教育质量的准确信息和重要参数,从而提高职业教育体系设计和教育质量控制水平,在职业教育领域建立"能够迅速提醒决策者及时纠正任何不利趋势"的质量评估机制奠定方法论和技术基础。职业能力测评是一项要求很高的系统化实证研究,目的是科学地诊断不同职业院校以及各阶段学生职业能力、职业承诺和职业认同感的发展水平,对不同地区、不同院校间的课程与教学质量进行比较，并为各级政府制定政策提供依据。研究重点是对职业能力测评模型、测评实施方案以及测评结果的分析。

要想取得以上方面研究的突破性进展，需要完成三项关键性任务：(1)现代职业教育质量标准开发技术的“元研究”；(2)现代职业教育质量监控与评估体系的建设与实践研究；(3)职业能力的大规模测评研究。这三项任务都是技术性要求很高的研究项目，需要在现代职业教育理论、管理理论和心理测评技术基础上解决问题，这也给职业教育研究提出了巨大的挑战。

参考文献：

[1]肖化移，姚海娟．职业学校教育质量的理论探析[J]．职教通讯（江苏技术师范学院学报），2008(5)：21-24.

[2]刘晓欢．基于产品观的职业院校教育质量特征[J]．武汉职业技术学院学报，2007(4)：8-11.

[3]宿金勇．论高等职业教育的质量观[J]．河南商业高等专科学校学报，2005(3)：117-119.

[4]卢佳．大众化高等职业教育质量观的转变研究[J]．成人教育，2012(3)：74-75.

[5]马君，崔向娜．职业教育质量指标的内涵解构[J]．职教论坛，2014(34)：4-7.

[6] Lim D. Quality Assurance in Higher Education：A Study of Developing Countries[M]. Aldershot：Ashgate Publishing Company，2001：13.

[7]瓦格纳．调查与评估教育机构的现代化方法和手段[J]．中国职业技术教育，2002(4)：19-22.

[8]周文清．高等职业教育质量保障体系比较研究[D]．长沙：湖南师范大学，2009.

[9]赵志群．职业教育与培训学习新概念[M]．北京：科学出版社，2003.

[10]郭扬．“外圆内方”：职业教育质量监控与评价体系的结构特征[J]．职教论坛，2004(02S)：13-16.

[11]祝士明，杨爽．职业教育运行机制的发展趋势[J]．职业技术教育，2008(1)：18-20.

[12]杨炳彦．顺义区与石景山区职业教育运行机制对比研究[D]．北京：北京师

范大学,2013.

[13]刘晓,石伟平. 当前我国职业教育投入现状的分析与思考[J]. 职教论坛,2011(4):4-8.

[14]李晓刚. 高等职业教育投入机制研究述评[J]. 中国建设教育,2009(3):8-9,13.

[15]邢天才. 试论高等职业教育质量评价体系和标准的构建[J]. 评价与管理,2006(4):41-46.

[16]Pahl J P, Volkmar H. (Eds.). Handbuch Berufliche Fachrichtungen[M]. Bielerfeld: Bertelsmann, 2010.

[17]Rauner F, Maclean R. (Eds.). Handbook of Technical and Vocational Education and Training Research [M]. Dordrecht: Springer, 2008.

[18]Havighurst R J. Developmental Task and Education[M]. New York: Longmans & Green, 1972.

[19]Dreyfus H L, Dreyfus S E. Mind over Machine: the Power of Human Intuition and Expertise in the Era of the Computer[M]. Oxford: Blackwell, 1986.

[20]李志宏,等. 高职高专院校人才培养工作水平评估绩效分析研究[J]. 教育研究,2011(8):24-29.

[21]施托克曼. 非营利机构的评估与质量改进:效果导向质量管理之基础[M]. 唐以志,等,译. 北京:中国社会科学出版社,2008.

[22]Röben P. Arbeitsprozesswissen und Expertise. In: Petersen, W. et. al. (Eds.). IT-gestützte Facharbeit[M]. Baden-Baden: Nomos, 2001: 43-57.

[23]Haasler B, Erpenbeck J. Assessing Vocational Competences. In: Rauner F. & Maclean R. eds. Handbook of TVET Research[M]. Dordrecht: Springer, 2008: 766-774.

[24]李焦明. 当前职业院校学生技能大赛的现状与思考[J]. 成人教育,2010(11):41-42.

[25]Rauner, F. u. a. Messen Beruflicher Kompetenzen: Band II[M]. Münster: LIT, 2009.

[26]庄榕霞,赵志群,等. 职业院校学生职业能力测评的实证研究[M]. 北京:清华大学出版社,2012.

[27]北京职业与成人教育研究所. 北京市职业院校建筑类专业教师培训基地

ERC评价会总结报告[R]. 北京:北京市职业与成人教育研究所,2008.

[28]中德唐山农村职业教育项目．职业教育质量监控与评估[M]. 石家庄:河北人民出版社,2004.

[29]Burchert J, Deitmer L. The Quality Development Handbook: Tools and Theories for School Development by Quality Management[M]. Bremen: ITB, 2009.

作者简介：赵志群,哲学博士,北京师范大学教育学部职业与成人教育研究所,教授,博士生导师。

原文出处：《西南大学学报》(社会科学版)2014年第4期。

转　　载：人大复印报刊资料《职业技术教育》2014年11期全文转载。

“分割”与“统筹”

——城乡义务教育失衡的制度与政策根源及其重构

彭泽平，姚　琳

摘　要：从义务教育师资、经费、设备等办学条件进行考察，我国城乡义务教育呈现出明显的断裂与失衡，而城乡义务教育的分割、分离与分治及其带来的“重城轻乡”的政策取向则是我国城乡义务教育长期非均衡发展的制度与政策根源。要实现城乡义务教育均衡、公平与优质发展，必须打破义务教育城乡分割、分离、分治的制度瓶颈，建立以“共生”理念为基点的城乡一体化的义务教育体制，为城乡义务教育均衡发展提供制度保障与支持。

义务教育是我国当前教育改革与发展的重中之重，而均衡发展又是义务教育的重中之重。改革开放以来，我国义务教育实现了历史性的跨越，从根本上解决了适龄儿童青少年“有学上”的问题，为国民素质的整体提升做出了重要的贡献，但区域、城乡与学校之间办学水平和教育质量还存在明显差距，人民群众不断增长的高质量教育需求与供给不足的矛盾依然突出。《国家中长期教育改革和发展规划纲要(2010—2020年)》提出，要“形成惠及全民的公平教育，建成覆盖城乡的基本公共教育服务体系”，强调“均衡发展是义务教育的战略性任务”，要求“加快缩小城乡差距，建立城乡一体化义务教育发展机制”。要推动城乡义务教育均衡发展，促进城乡教育公平，必须找寻并破除城乡义务教育均衡发展制度与政策的阻碍，通过制度重建推动城乡义务教育协调、共生发展。

一、当前我国城乡义务教育发展的断裂与失衡

义务教育是国家统一实施的所有适龄儿童、少年必须接受的教育，是国

家必须予以保障的公益性事业。它具有公益性、统一性和义务性。作为国家基本公共服务的重要范畴，城乡义务教育均衡发展不仅是义务教育的本质要求和题中之义，而且是促进教育公平乃至社会公平的重要举措，对于解决长期以来我国义务教育的深层次矛盾、推动教育事业科学发展，进一步提升国民素质、建设人力资源强国具有重大的战略意义。然而，长期以来由于各种原因，我国城乡义务教育发展无论是在办学条件还是办学质量与水平上均有很大的差距，城乡义务教育发展极不平衡。城乡义务教育的发展失衡不仅与党中央"办好人民满意的教育"的目标追求有相当的差距，而且会给我国实现全面建成小康社会的战略目标带来隐患。下面仅以教育资源配置的差距为例，对城乡义务教育发展失衡的现状进行分析。

（一）城乡义务教育的办学条件差距

从城乡义务教育阶段学校物化办学条件来看，我国城乡义务教育在办学条件上存在巨大差距。以2010年城乡中小学办学条件达标情况为例，当年全国小学体育运动场（馆）面积、体育器械配备、音乐器械配备、美术器械配备、数学自然实验仪器达标学校的比例分别为55.48%、52.19%、48.55%、47.64%和54.62%。全国普通初中体育运动场（馆）面积、体育器械配备、音乐器械配备、美术器械配备、理科实验仪器达标学校的比例分别为69.53%、68.00%、62.40%、61.67%和74.55%。[1]当年城镇（城市和县镇合并统计）小学体育运动场（馆）面积、体育器械配备、音乐器械配备、美术器械配备、数学自然实验仪器配备达标学校与建立校园网学校数比例分别为67.21%、72.02%、69.47%、67.94%、73.58%、46.07%；农村小学体育运动场（馆）面积、体育器械配备、音乐器械配备、美术器械配备、数学自然实验仪器配备达标学校与建立校园网学校数比例分别为52.88%、47.81%、43.93%、43.16%、50.43%、9.28%。农村小学办学条件达标情况不仅低于全国平均水平，与城镇小学的差距也很大，分别比城镇小学低14.33、24.21、25.54、24.78、23.15、36.79个百分点。在普通初中方面，农村初中体育运动场（馆）面积、体育器械配备、音乐器械配备、美术器械配备、理科实验仪器配备达标学校与建立校园网学校数比例同样低于全国平均水平，分别比城镇初中低7.41、11.83、13.49、13.51、9.75、20.89个百分点。在生均拥有教学用计算机、生均图书藏量(册)、生均电子图书藏量(GB)、生均固定资产总值(万元)方面,城乡义务教育阶段也有较大差距。同样以2010年小学为例,当年农村小学生均拥有教学用计算机0.0294台、生均图书藏量14.47册、生均电子图书藏量0.1624GB、生均固定资产总值0.4381万元,低于全国平均水平。与城镇小学的差距更大,城镇小学生均拥有教学用计算机、生均图书藏量、生均电子图书藏量、生均固定资产总值分别是农村小学的1.87、1.10、1.27、1.29倍。[2]526-573 城乡义务教育阶段学校在物化办学条件上的巨大差距,导致城乡义务教育办学质量极不平衡。

表1 2010年城乡中小学办学条件达标校情况(%)

		体育运动场(馆)面积达标校比例	体育器械配备达标校比例	音乐器械配备达标校比例	美术器械配备达标校比例	数学、自然实验仪器配备达标校比例(初中为理科实验仪器)	建立校园网校数比例
城镇	小学	67.21	72.02	69.47	67.94	73.58	46.07
	初中	73.40	74.18	69.45	68.73	79.64	57.34
农村	小学	52.88	47.81	43.93	43.16	50.43	9.28
	初中	65.99	62.35	55.96	55.22	69.89	36.45
农村比城镇低	小学	14.33	24.21	25.54	24.78	23.15	36.79
	初中	7.41	11.83	13.49	13.51	9.75	20.89

数据来源:笔者根据《中国教育统计年鉴:2010》(人民教育出版社2011年版,第127、148、154、170页)相关数据计算整理。

(二)城乡义务教育的经费投入差距

从城乡义务教育的经费投入情况来看,城乡义务教育的差距十分明显。根据《全国教育经费执行情况统计公告》数据显示,与2001年比较,2007年全国普通小学生均预算内事业费支出、全国普通初中生均预算内事业费支出、全国普通小学生均预算内公用经费支出、全国普通初中生均预算内公用经费支出均有较大增长,分别是2001年的3.42、3.27、9.40、7.36倍。但城乡仍不平衡,差距没有缩小。在2001—2007年期间,这一时期城镇和农村中小学生均教育经费、预算内教育经费虽得到稳步增长,但农村小学生均教育经费占城镇比例仅为53.39%~59.66%,两者差距幅度一直在40%以上;农村小学生均预算内教育经费占城镇的比例仅为52.95%～68.65%，与城镇相差幅度达31.35%～47.05%。[3]同样，农村普通初中生均教育经费、预算内教育经费也远低于城镇普通初中：农村普通初中生均教育经费仅为城镇的49.71%～57.02%，两者差距幅度也一直在42%以上；农村普通初中生均预算内教育经费仅为城镇的56.29%～67.49%，与城镇相差幅度达32%以上。城乡义务教育经费投入的差距，直接导致城乡义务教育办学物质条件的差距，最终导致城乡义务教育办学质量的失衡。

（三）城乡义务教育的师资配置差距

从城乡义务教育师资配置看，当前我国城乡义务教育阶段师资的质量差距巨大。(1)从城乡中小学专任教师中代课教师的比例来看，2010年我国小学教职工中代课教师数占当年全国小学专任教师总数的3.63%。在城市小学中，代课教师数占当年城市小学专任教师总数的3.01%，县镇小学中代课教师数占当年县镇小学专任教师总数的1.93%。而农村小学中代课教师数占当年农村小学专任教师总数的比例达到4.59%，农村小学中代课教师占专任教师的比例比全国平均数高近1个百分点，比城市和县镇高1.58和2.66个百分点。[2]538-545(2)从城乡中小学专任教师的学历情况来看，2010年我国农村中小学专任教师中具有研究生和本科学历的比例不仅远低于城镇中小学，也低于全国平均水平。当年我国城镇小学专任教师队伍中，研究生、本科、专科、高中、高中以下各级学历所占比例分别为0.224%、34.64%、52.8%、12.18%、0.16%，农村小学专任教师队伍中研究生、本科、专科、高中、高中以下的比例分别为0.0299%、15.19%、55.93%、28.12%、0.724%，城镇小学专任教师中具有研究生和本科学历的比例分别为农村小学的7.49倍和2.28倍。而农村小学专任教师中高中及高中以下学历的比例则大大高于城镇小学。在普通初中专任教师方面，农村初中专任教师中研究生、本科学历所占的比例分别为0.199%、54.62%，而城镇初中则为0.894%、68.37%，城镇初中具有研究生和本科学历的比例分别是农村初中的4.49倍与1.25倍。农村初中专任教师中高中及高中以下学历的比例则高于城镇初中。(3)从城乡中小学专任教师职称情况来看，2010年全国城市小学专任教师中中学高级、小学高级职称的比例分别占小学专任教师总数的2.05%和55.96%，农村小学仅为0.75%、49.4%，城市小学的比例分别是农村小学的2.73倍与1.13倍，比农村小学分别多1.3和6.56个百分点。城市普通初中专任教师中中学高级职称所占比例为21.96%，农村初中专任教师中中学高级职称所占比例为8.92%，城市初中的比例比农村初中高13.04个百分点，是农村初中的2.46倍。城乡义务教育学校师资力量存在的差距，极大地阻碍了我国城乡义务教育的均衡发展。

表2　2010年城乡中小学专任教师学历构成比较(%)

各级学历所占比例		研究生	本科	专科	高中	高中以下
全国	小学	0.114	23.59	54.57	21.23	0.48
	初中	0.64	63.41	34.60	1.32	0.027
城镇	小学	0.224	34.64	52.80	12.18	0.16
	初中	0.894	68.37	29.73	0.99	0.020
农村	小学	0.0299	15.19	55.93	28.12	0.724
	初中	0.199	54.62	43.23	1.91	0.0395

数据来源：笔者根据《中国教育统计年鉴：2010》(人民教育出版社2011年版，第470-477、550-557页)相关数据计算整理。

二、城乡义务教育发展失衡的制度与政策根源

城乡义务教育发展严重失衡的制度与政策根源，从根本上说源自城乡教育分割形成的二元结构。在城乡教育分割、分离、分治的二元结构之下，义务教育领域一系列的制度及其政策安排，导致我国城乡义务教育发展的分化和严重失衡。

(一)城乡义务教育发展失衡的制度成因

1. 基础教育“地方负责、分级管理”制度的影响

城乡义务教育的不均衡发展，与基础教育“地方负责、分级管理”制度有一定程度的关联。1985年，《中共中央关于教育体制改革的决定》(以下简称《决定》)颁布之后，我国开始确立“地方负责、分级管理”的基础教育管理体制，《决定》指出，“基础教育管理权属于地方。除大政方针和宏观规划由中央决定外，具体政策、制度、计划的制定和实施，以及对学校的领导、管理和

检查,责任和权力都交给地方”,强调这是“发展我国教育事业、改革我国教育体制的基础一环”。从基础教育“地方负责、分级管理”制度的设计初衷看,该制度的目的在于调动地方投身基础教育的积极性,但它强化了地方各级政府对基础教育的办理责任和义务,在义务教育领域“将本应主要由国家负担的义务教育经费投入的责任转嫁给了农村和农民,其结局是不仅加重了农村和农民的负担,而且造成了农村教育的滞后和城乡教育差距的延续与扩大”[4]。

基础教育“地方负责、分级管理”制度确立之后,地方开始担当起基础教育经费投入的主体责任,城乡义务教育由此被一步步分割。《决定》指出:“为了保证地方发展教育事业,除了国家拨款以外,地方机动财力中应有适当比例用于教育,乡财政收入应主要用于教育。地方可以征收教育费附加,此项收入首先用于改善基础教育的教学设施,不得挪作他用。”1992 年 3 月 14 日国家教委颁发的《义务教育法实施细则》进一步规定:“地方各级人民政府设置的实施义务教育学校的事业费和基本建设投资,由地方各级人民政府负责筹措。……中央和地方财政视具体情况,对经济困难地区和少数民族聚居地区实施义务教育给予适当补助。”“实施义务教育的学校新建、改建、扩建所需资金,在城镇由当地人民政府负责列入基本建设投资计划,或者通过其他渠道筹措;在农村由乡、村负责筹措,县级人民政府对有困难的乡、村可酌情予以补助。”[5]3291 义务教育的经费投入重任主要下移到县、乡(镇)人民政府和广大百姓,加重了农村与农民的教育负担。正如有学者指出的那样,这些举措看似可广泛调动社会各界投资义务教育积极性,实则为政府责任转嫁提供了制度基础。[6]2001 年颁发的《国务院关于基础教育改革与发展的决定》之后,我国确立了“在国务院领导下,由地方政府负责、分级管理、以县为主”的管理体制,规定县级政府对本地农村基础教育负有主要责任。2006 年修订的新的义务教育法明确规定:“义务教育实行国务院领导,省、自治区、直辖市人民政府统筹规划实施,县级人民政府为主管理的体制。”这种体制一定程度上有助于缩小城乡义务教育差距,但乡(镇)人民政府仍然要承担相应的农村义务教育的办学责任,它忽视了义务教育的纯公益性特征,固化了“谁办学谁掏钱”的原则,并不可避免地将城乡经济发展程度差异与财力差异带入到基础教育的发展中[7],未能从根本上改变资源配置重城市轻农村的政策导向，农村义务教育仍然难以获得有效、及时的资助。

2. 义务教育师资人事管理、配置制度的“城乡失公”

在义务教育师资人事管理、配置制度方面，城乡义务教育师资配置及政策的“城乡失公”亦非常明显。① 在基础教育师资资源配给上，首先考虑满足城市需求，城市中小学编制较多，农村中小学教师编制较少，城乡义务教育阶段实施的是不同的师资配备标准，如 2001 年国务院办公厅转发的中央编办、教育部、财政部的《关于制定中小学教职工编制标准意见》规定中小学教职工编制标准（教职工与学生比）：初中阶段，农村为 1∶18.0，县镇为 1∶16.0，城市为 1∶13.5；小学阶段，农村为 1∶23.0，县镇为 1∶21.0，城市为 1∶19.0。[8] 在教师人事制度上，更多地向城市中小学倾斜，农村中小学教师职称晋升较为困难，工资待遇低，生活条件、医疗卫生、住房条件较差，获得高层次继续教育和培训的机会远低于城市中小学教师。以城乡中小学教师在住房上的待遇标准为例，城乡中小学教师亦有相当的落差和不同。如我国教师法第二十八条规定：“地方各级人民政府和国务院有关部门，对城市教师住房的建设、租赁、出售实行优先、优惠。县、乡两级人民政府应当为农村中小学教师解决住房提供方便。”城市教师的住房由国家规定标准并通过政府拨款予以资助或提供，而农村教师的住房一方面缺乏明确的标准，另一方面也是通过乡镇统筹由农民自己所负担。[9] 在城乡义务教育师资管理、配置的“城乡失公”之下，城乡教师队伍在编制水平、福利待遇、能力素质、专业发展等方面差距越来越大，优秀的中小学校长与学科教师等优质教师资源主要分配、集中在城市中小学尤其是重点中小学，农村中小学不仅优质教师欠缺，其英语、艺术类等课程的专业教师也严重短缺，农村中小学不仅缺乏吸引优秀教师加入的能力，相反还出现农村中小学优秀教师单向的“趋城性流动”，教师流失严重。

3. 义务教育财政投入制度的“城乡失衡”

在义务教育财政投入制度方面，我国最初是由中央财政统一负责，列入国家预算，由中央统一下拨。到了 1980 年，开始实行“划分收支，分级包干”

---

① 城乡失公的教育政策安排在教育事业费附加征收上也有体现。在教育事业费附加征收上城市和农村亦有不同。农村教育事业费附加由农民直接负担，城市教育费附加按增值税、营业税和消费税征收，不需要城市居民个人直接负担，农村人口的教育压力明显更重。

的新体制，过渡到以乡村为主的分级办学经费投入体制。1994 年我国实施分税制改革后，我国义务教育财政投入开始进入到县级政府为主、乡镇级政府为辅的投入体制。[10]从 20 世纪 80 年代中期直到 90 年代，我国义务教育财政体制具有高度分权化的特点，义务教育经费主要来源于县、乡、村以及家庭缴纳的学杂费。这种体制下“义务教育经费的多少以及经费的分配差异主要依赖于学校所在地区政府的财政能力和家庭的富裕程度”[11]，城乡义务教育的投入差距不断拉大。

从 2001 年开始，针对农村税费改革造成的乡和村级财力的削弱，我国义务教育财政开始确立起以县级政府为主的投入体制。义务教育的财政投入重心从县、乡级政府以及村提升到县级政府。在这一体制之下，“各县级政府成为了农村义务教育的投入主体，乡镇政府不再担当农村义务教育的经费投入主体，而只是具有‘办学’的管理职能”。[10]从形式上来看，这一体制无疑比以乡镇为投入主体进步，但即便是“以县为主”，农村基础教育财政投入主体和责任仍然是过分下移：中央和省级政府掌握了主要财力，但基本摆脱了负担义务教育经费的责任；县级政府财力薄弱，却承担了绝大部分义务教育经费。这种政府间财权与义务教育事权责任的不对称安排，造成我国义务教育特别是农村义务教育经费的短缺。由于各地经济发展存在差距，加上财政转移支付体制不健全，城乡和地区间义务教育投入的差距依然存在，尤其是不少县由于县级财政薄弱，难以支撑庞大的义务教育经费，仍然诉求于乡镇。如根据 2005 年国务院发展研究中心某课题组的调查结果显示，当时我国农村义务教育的投入实际上主要还是由农民自己负担。在全部投入中，乡镇一级的负担高达 78%左右，县财政负担约 9%，省地负担约 11%，中央财政只负担了 2%。税费改革取消了农村教育附加费和各种集资，农村义务教育经费大幅减少，而中央和省级财政教育经费的转移支付额度又远远不能满足地方农村义务教育经费的需求，使原本就短缺的农村义务教育经费更加陷入困境。[12]2006 年国务院规定逐步将农村义务教育全面纳入公共财政保障范围之后，我国开始建立中央与地方分项目、按比例分担的农村义务教育经费保障新机制，但由于城乡义务教育原有差距过大以及原有政策的巨大惯性一时难以逆转，导致目前城乡义务教育的投入差距仍然十分巨大，农村中小学办学经费依旧短缺，成为农村中小学教育质量提高的短板。

（二）城乡义务教育发展失衡的政策因素

1. “精英化”义务教育政策取向

城乡义务教育发展的巨大失衡，与我国义务教育领域“精英化”的政策取向有关，其核心体现便是从小学至大学的重点学校政策的实施。

早在中华人民共和国成立初期，毛主席就指示要办重点中学。1959 年，总理周恩来在《政府工作报告》中指出：“在各级全日制的正规学校中，应该把提高教学质量作为一个经常的基本任务，而且应当首先集中较大力量办好一批重点学校，以便为国家培养更高质量的专门人才，迅速促进我国科学文化水平的提高。”[13]895 1962 年 12 月 21 日教育部颁发《关于有重点地办好一批全日制中、小学校的通知》，“通知”明文规定，要求集中力量尽快办好这批学校。遵照党中央的指示，在“文革”之前，各地办理了一批重点中小学。“文革”结束之后，面对人才匮乏的现状，为了加速人才培养和带动整个教育水平的提高，邓小平从战略发展的高度提出，“办教育要两条腿走路，既注意普及，又注意提高。要办重点小学、重点中学、重点大学。要经过严格考试，把最优秀的人集中在重点中学和大学”，以期早出人才、多出人才、快出人才、出好人才。[14]1573 在此背景之下，1978 年 1 月 11 日，教育部颁发了《关于办好一批重点中小学的试行方案的通知》，对办好重点中小学的目的意义、任务要求、统筹规划、领导管理与招生办法都做了一些规定，并在经费投入、办学条件、师资队伍、学生来源等方面向重点学校倾斜，由此形成了我国重点学校的体系和格局。1980 年 10 月 14 日，《教育部关于分期分批办好重点中学的决定》提出：“重点中学是中学教育的骨干。办好重点中学是迅速提高中学教育质量的一项战略措施。这对于更快更好地培养人才，总结、积累经验，起示范作用，带动一般学校前进，以适应社会主义现代化的迫切需要，具有重要意义。”[14]1860 至此，重点学校政策在实践上完全定型。20 世纪 90 年代以来，虽然鲜有重点学校的提法，但又涌现了系同一办学思路下的所谓“示范校”，1995 年 7 月，国家教委下达了《关于评估验收 1 000 所左右示范性普通高级中学的通知》，决定在 2000 年以前分期分批建设并评估验收 1 000 所左右示范性高中，重点学校实际上“名亡实存”。正如有学者所指出的，示范学校政策“是精英教育政策的另一种表达，它同样是制造和加剧城乡教育差距的政策契机”[9]。

重点学校与示范性学校政策的提出与实施，尽管有着特定的、可理解的背景，并在特定时期发挥过一定的作用，但是，它的实施导致国家将既定的教育资源大量投入到重点中小学（而重点中小学从地域上说又基本上集中于城市），加剧了重点中小学与一般中小学的办学条件失衡、城市与农村中小学的办学条件失衡，扩大了城乡义务教育的办学条件和办学质量差距。

2. “重城轻乡”义务教育政策取向

长期以来，在城乡二元体制下，包括教育在内的我国的公共政策形成了以城市社会和居民为出发点的“城市中心”价值取向，在这种公共政策整体存在“重城轻乡”的背景之下，义务教育同样存在“重城轻乡”的政策偏差，造成城乡义务教育的发展失衡。

早在中华人民共和国成立之初，党和中央政府就确立了教育发展重心在城市的政策定位，1953 年 11 月，政务院首次政务会议通过《政务院关于整顿和改进小学教育的指示》，“指示”指出：“由于国家逐步工业化，城市人口增加较快，而过去几年内城市小学增加的比例一般地较乡村为小，因此，在工矿区、城市特别是大城市，公立小学应作适当发展，……在农村，为适当解决农民子女入学的问题，应根据需要与自愿的原则，提倡民办小学（包括完全小学），……对乡村公立小学，除在学校较少的少数民族地区和老革命根据地应作适当发展外，其他地区均应以整顿提高为主，一般不作发展。”[13]263 强调要发展城市小学，乡村重在整顿。1978 年 4 月，时任教育部部长刘西尧在全国教育工作会议上作会议总结时，就此进一步阐述：“怎样才能尽快地把教育搞上去呢？一个重要的战略措施，就是办好大中小重点学校……办什么事情都要从实际出发。‘四人帮’对教育战线的破坏十分严重，百废待举，但目前不可能百废俱兴，总是有所失才能有所得，平均使用力量往往会造成少慢差费。”[14]1620 1980 年 5 月，在中央书记处两次讨论教育工作方面问题时，当时的相关领导也表达了这一思想：“因为教育的发展是受经济水平制约的，在一定时期内，要下决心承认不平衡，条件好的地区要把教育搞好，落后地区就不能要求很高。大城市和小城市不同；城市和农村不同；沿海地区和内地不同；先进地区和落后地区不同。要把重点抓好。教育经费的投资和师资要集中，把先进地区先搞上去。平均要求，什么都搞不上去。今后增加的钱究竟加在哪里，很值得研究。我的意见是，哪个地区基础好，出人材快，就加到哪个地区"[14]1813。1992 年 5 月，国家教委办公厅印发《关于搞好城市教育综合改革试点工作的意见》，明确城市基础教育要优于农村，"意见"指出："城市是国家和地方政治、经济与科学文化的中心，集中了现代化物质生产、技术和智力的优势，在国家的社会主义现代化建设中占有十分重要的地位……改善城市教育的整体结构，首先必须保证实施九年义务教育，使城市基础教育不仅要在普及程度上高于农村，而且在全面贯彻教育方针，克服片面追求升学率的倾向、提高教育质量等方面在全国起到示范作用。"[5]3331-3332 在这种政策偏向之下，国家对义务教育的投入主要用于城市地区，教育部门在办学条件、教育经费、资源配置上实行城乡不同标准，导致城乡义务教育差距越来越大。

三、走向"共生"：城乡义务教育均衡发展的制度重构

推动城乡义务教育均衡发展，必须重构城乡一体化共生的义务教育制度与政策。就制度、体制方面而言，必须彻底打破城乡义务教育分割、分离、分治的制度瓶颈，建立以"共生"理念为基点、促进城乡义务教育双向有机联动的一体化办学管理体制、教育投入配置体制与教师人事管理体制，为城乡义务教育均衡发展提供制度支持。

（一）办学与管理体制：多元并行、统筹管理

在义务教育办学体制方面，应当建立、健全政府主导、社会参与、办学主体多元、办学形式多样、充满生机活力的办学体制，塑造以政府办学为主体、全社会积极参与、公办教育和民办教育共同发展的良性格局，不断激发各类主体的办学积极性，积极鼓励行业、企业等社会力量参与公办学校办学，引导企业、个人与民间组织等社会力量参与、投身义务教育，鼓励社会捐赠，推动与扩大义务教育办学主体的多元化。在办学形式和体制上，构建灵活、多元的办学形式和体制，打破城乡中小学的壁垒，建立多方主体融合、城乡中小学双向联动的办学体制；通过公办学校联合办学、委托管理、建立学校联盟、集团化办学等多种形式促使城乡中小学双向沟通，良性互动，相互支持，

互动互惠，共强共荣，提高城乡义务教育学校的办学水平。与此同时，大力提高中小学对博物馆、科技馆、文化馆、图书馆、展览馆、青少年校外活动场所、综合实践基地等社会资源的利用水平，尤其是大力推动这些资源向农村中小学开放，实现城乡中小学对公共资源的共享。

在义务教育管理体制方面，针对现行“地方政府负责，分级管理，以县为主”管理体制存在的弊端，必须要统筹管理城乡义务教育，终止城乡教育分治，实施一体化规划。一是要明确中央、省、市、县、乡各级政府在义务教育上的权力与责任，切实履行统筹规划、政策引导、监督管理和提升公共教育服务的职责。二是要提升管理主体的层次与级别，在教育投入、师资建设以及教育教学管理方面加强中央与省、市级政府统筹，进一步加大省级政府对区域内各级各类教育尤其是义务教育的统筹，依法落实发展义务教育的财政责任，同时完善省对省以下财政转移支付体制，加大对经济欠发达地区的支持力度。三是根据国家标准，结合本地实际，合理确定义务教育阶段学校办学条件、教师编制等实施标准，建立城乡中小学统一的办学条件标准，明确规定中小学的教师、设备、经费、校舍、图书、器材配备要求，使城乡中小学按照法定的办学条件标准实行规范性办学，实现城乡中小学办学条件的基本均衡。[15]四是要制定城乡义务教育学校统一的教育质量合格标准，并建立与完善城乡中小学均衡发展的检测与督导评估制度。尤其是省级政府要建立推动有力、检查到位、考核严格、奖惩分明、公开问责的义务教育均衡发展推进责任机制，加强对县域城乡义务教育的督导评估。对县域城乡义务教育的督导评估既要对中小学教师、设备、图书、校舍等资源配置状况与差距进行重点评估，同时也要对地方政府在入学机会保障、投入保障、教师队伍保障以及缓解热点难点问题等方面进行综合评估，为城乡义务教育均衡发展建立必要的外在催发机制。

（二）投入配置体制：加大投入、统筹安排

一是要真正将义务教育全面纳入财政保障范围，健全国务院和地方各级人民政府根据职责共同负担，省、自治区、直辖市人民政府负责统筹落实的投入体制，不断完善中央财政和地方财政分项目、按比例分担的农村义务教育经费保障机制。明确中央、省、市、县、乡各级政府的财政投入责任，尤

其是根据义务教育财政责任承担主体上移的国际经验，强化中央和省级政府对义务教育的经费投入责任，建立以中央、省级政府为主的投入机制，促使中央和省级政府切实承担与履行对义务教育尤其是农村义务教育投入的责任和义务，彻底解决义务教育投入主体重心过低、中央与省级财政在义务教育经费投入中的比例倒置、财政投入主渠道作用弱化的问题。二是要建立义务教育多元融资投入制度，打造政府、企业、个人等社会力量多向、多元投入的教育经费投入体系，弥补义务教育经费的整体不足与结构性短缺，在经费上进一步加大农村、边远贫困地区、民族地区教育投入；省级政府要加强统筹，加大对农村地区、贫困地区以及薄弱环节和重点领域的支持力度，中央财政亦需要通过加大转移支付力度，支持农村地区和民族地区教育事业发展。三是合理配置教育经费，确保教育经费投入在城乡间均衡配置，教育经费要向农村、贫困地区倾斜，加大对农村薄弱学校的投入，消除城乡在经费投入上的巨大差距，补齐农村教育发展的短板。四是省、市、县各级政府要严格实施城乡中小学统一的办学条件标准，注意为农村中小学配齐图书、教学实验仪器设备、音体美等器材，大力改善农村义务教育学校学生宿舍、食堂等生活设施，切实配备好农村寄宿制学校的管理服务人员，并通过农村中小学薄弱学校改造解决办学条件匮乏问题。五是要建立经费使用绩效评价制度和逐级问责制度，[16]通过相应的资金投入制度、使用管理逐级问责制度，保障城乡义务教育均衡发展。

（三）教师人事体制：优待农村、统筹共享

针对城乡中小学师资队伍质量存在的巨大差距，义务教育阶段教师人事体制应实行“优待农村、统筹共享”的教师人事制度。一是要在工资待遇制度上实现城乡中小学教师的一体化，缩小农村中小学与城市中小学教师的工资薪酬差距，解决农村中小学优秀教师不愿来、来了留不住的问题，遏制农村中小学教师单向的“趋城性流动”，维护农村中小学教师队伍稳定。对长期在农村中小学工作的教师，在工资、职称晋升等方面还应超常规地实行倾斜政策，在核准岗位结构比例时中小学的“高级教师”岗位应优先向农村中小学倾斜，吸引优秀教师、优秀人才到农村中小学任教。二是要在中小学教师编制标准上实现城乡统一化，并对农村中小学予以适当倾斜，合理配

置各学科教师，尤其是要为农村中小学配齐体育、音乐、美术等课程教师。通过农村义务教育学校教师“特岗”计划的实施和高师院校“顶岗实习”制度的完善缓解农村中小学教师结构性缺编问题，鼓励高校毕业生到农村中小学任教，通过完善医疗、养老等社会保障制度等切实维护农村教师社会保障权益，改善农村中小学教师资源的初次配置。三是要建立和完善城乡义务教育阶段中小学师资互助和双向流动的机制，建立城乡中小学的“互动链”。通过省级政府层面的引导、协调、政策支持与利益激励实现城乡中小学校长、教师双向流动的经常化、规范化和制度化，尤其是县域层面可通过校长互派、教师互聘、教改互动、资源互享，打破师资人员的城乡分割与校际壁垒，“传递和盘活中心城市优质师资资源，放大优质师资资源的辐射效应”[17]，实现教育理念、资源、方法、成果与利益共享，打破农村中小学具有封闭性的内卷化运作。四是要一体化统筹城乡中小学师资的培训，增加农村中小学教师的培训投入和机会，实现农村义务教育阶段学校教师周期式、全员性轮训，不断提升农村中小学师资队伍的专业化水平，改变农村中小学教师在专业化方面的弱势地位，让农村中小学的学生能够获得和城市学生相近乃至相同的优质教育教学服务。

参考文献：

[1]教育部发展规划司．中国教育统计年鉴：2010[M]．北京：人民教育出版社，2011：1.

[2]教育部发展规划司．中国教育统计年鉴：2010[M]．北京：人民教育出版社，2011.

[3]庞笑萌．我国城乡基础教育供给的不均等及制度创新[C]//首届农林院校教育管理类研究生学术论坛论文集．2009：194-200.

[4]张玉林．分级办学制度下的教育资源分配与城乡教育差距——关于教育机会均等问题的政治经济学探讨[J]．中国农村观察，2003(1)：10-22.

[5]何东昌．中华人民共和国重要教育文献：1991～1997[M]．海口：海南出版社，1998.

[6]李森．城乡二元结构下的基础教育公平：体制性障碍及改革路径探索[J]．教

育与经济,2012(4):7-11.

[7]马焕灵. 城乡基础教育一体化之制度障碍及其克服[J]. 当代教育科学,2010(10):3-6.

[8]何东昌. 中华人民共和国重要教育文献:1998～2002[M]. 海口:海南出版社,2003:1012.

[9]鲍传友. 中国城乡义务教育差距的政策审视[J]. 北京师范大学学报(社会科学版),2005(3):16-24.

[10]陈江涛. 从经费视野看城乡义务教育均衡发展[J]. 教育与教学研究,2009(12):35-39.

[11]孙志军,杜育红. 中国义务教育财政制度改革:进展、问题与建议[J]. 华中师范大学学报(人文社会科学版),2010(1):113-119.

[12]瞿瑛. 本世纪初我国城乡义务教育资源均衡发展的现状与对策——对城乡义务教育经费差距的思考[J]. 现代教育论丛,2008(4):36-40.

[13]何东昌. 中华人民共和国重要教育文献:1949～1975[M]. 海口:海南出版社,1998.

[14]何东昌. 中华人民共和国重要教育文献:1976～1990[M]. 海口:海南出版社,1998.

[15]张旺. 城乡教育一体化:教育公平的时代诉求[J]. 教育研究,2012(8):13-18.

[16]朱德全,杨鸿. 职业教育城乡均衡发展问题表征与统筹保障——以重庆市为例[J]. 教育研究,2012(3):57-65.

[17]彭寿清. 统筹城乡教育　促进教育公平——创建城乡师资多元互动的合作机制[J]. 长江师范学院学报,2010(3):1-5.

第一作者: 彭泽平,教育学博士,西南大学统筹城乡教育发展研究中心,研究员;教育学部,教授。

原文出处:《西南大学学报》(社会科学版)2014 年第 3 期。

转　　载:《中国社会科学文摘》2014 年 9 期论点摘要。

新型城镇化进程中我国乡村教育可持续发展的现实困境与战略选择

李　森

摘　要：新型城镇化进程中我国乡村教育可持续发展是指立足新型城镇化的时代背景，乡村教育与新型城镇化建设、乡村教育与城市教育以及乡村教育系统自身的动态平衡与协同共进，从而充分发挥乡村教育的乡村重建和文化传承功能，促进乡村儿童的健康成长。当前，我国乡村教育面临着现实困境和挑战，遭遇着边缘化、断裂化、现代化与离土化等复杂问题。为此，推进新型城镇化进程中我国乡村教育可持续发展，需要实施理性定位战略、有效决策战略、主体联动战略与合理调控战略。

党的十八大报告中指出："坚持走中国特色新型工业化、信息化、城镇化、农业现代化道路，推动信息化和工业化深度融合、工业化和城镇化良性互动、城镇化和农业现代化相互协调，促进工业化、信息化、城镇化、农业现代化同步发展。"[1] 由此可见，大力推进新型城镇化建设是我国推进社会结构转型，落实城乡统筹发展，促进经济持续增长，提高人民生活水平，全面建成小康社会的重要路径。乡村教育是乡村社会的有机组成部分，对乡村儿童健康发展、乡村文化传承与创新以及乡土社会建设发挥着举足轻重的作用。然而，在新型城镇化进程中，我国乡村教育遭遇着许多现实困境，诸如由于村民纷纷变成"市民"，原来一村一校的格局逐渐改变，撤点并校，形成几村一校或一乡一校的新格局，留下大量闲置的村落校舍，严重制约着城乡教育的一体化发展和新型城镇化的内涵式推进。因此，全面把握新型城镇化进程中我国乡村教育可持续发展的内涵表征，厘清我国乡村教育面临的现实困境，探讨新型城镇化进程中我国乡村教育可持续发展战略，有助于推进城乡教育均衡协调发展,实现教育公平,为乡村人民提供足够的优质教育,努力办好人民满意的教育。

一、本真追寻:新型城镇化进程中我国乡村教育可持续发展的内涵表征

中国特色新型城镇化的核心是人口结构的调整、人的素质的提升以及高度发达的现代文明。新型城镇化建设并非外延式扩展的"土木工程",而是基于人的素质不断提升的内涵式发展。我国乡村教育的可持续发展是实现新型城镇化建设目标的战略举措。通过对人口素质的整体提升,为新型城镇化建设提供丰富的人力资源和智力支持,有助于推进新型城镇化的内涵式发展,也有助于推动乡村教育的公平与均衡发展,更好地保障乡村人民的受教育权利。

(一)新型城镇化进程中我国乡村教育可持续发展的内涵解读

可持续发展概念于20世纪60年代末期被提出,80年代在政府有关文件中出现,到1992年《21世纪议程》的出台,可持续发展概念被广泛接受,并在经济、社会、环境与生态等领域被大量使用。[2]目前,学界普遍认同和使用的定义是由世界环境与发展委员会(WCED)于1987年在《我们共同的未来》的报告中提出的概念,即认为可持续发展是指既满足当代人的需求,又不对后代人满足其自身需求的能力构成危害的发展。[3]可持续发展概念内涵丰富,蕴含着人与自然、人与社会、人与人的和谐共处与协同发展之意,旨在"探寻人类活动的理性规则,人与自然的协同进化,发展轨迹的时空耦合,人类需求的自控能力,社会约束的自律程度,以及人类活动的整体效益准则和普遍认同的道德规范",通过平衡、自制、优化与协调,最终达到人与自然之间的平衡、人与社会之间的协同以及人与人之间的公正。[4]基于此,新型城镇化进程中我国乡村教育可持续发展是指立足于新型城镇化的时代背景,乡村教育与新型城镇化建设、乡村教育与城市教育以及乡村教育系统自身的动态平衡与协同共进,从而充分发挥乡村教育的乡村重建和乡土文化传承功能,促进乡村儿童的健康成长。具体而言,新型城镇化进程中我国乡村教育可持续发展具有如下三层意蕴。

第一，特定的时代背景。新型城镇化建设是国家的大政方针和战略举措，它既为我国乡村教育的可持续发展创造了机遇，同时也带来了诸多挑战。全面评估新型城镇化建设对我国乡村教育可持续发展的影响，深度分析我国乡村教育对新型城镇化建设的价值，是促进我国乡村教育可持续发展的关键。新型城镇化建设与乡村教育发展的动态平衡，乃是我国乡村教育走出边缘境地的前提以及乡村教育可持续发展的重要保障。

第二，多重关系之间的协调统一。新型城镇化进程中我国乡村教育可持续发展蕴含三种关系：一是时间维度上乡村教育的历史、现状与未来的关系；二是空间维度上乡村教育与全球化发展、新型城镇化建设的关系，乡村教育与乡村社会之间的关系，乡村教育与城市教育的关系以及乡村教育系统内部的关系；三是价值维度上乡村教育的传统与现代、后现代之间的关系。在新型城镇化进程中我国乡村教育可持续发展蕴含着错综复杂的关系，各种关系之间的和谐与统一是修复乡村教育系统与其他系统断裂问题、实现乡村教育整体性与开放性发展的关键，也是我国乡村教育可持续发展的核心内容。

第三，任重而道远的责任。在新型城镇化进程中，我国乡村教育可持续发展意味着任重而道远的责任担当。一方面是乡村教育的本体责任，即乡村教育通过改革和完善，提升教育质量，从而有效地培养健康向上的乡村儿童，使其更好地融入现代文明，成为和谐社会的建设者和享受美好生活的幸福人。另一方面是乡村教育的延伸责任，作为乡村社会的有机组成部分，乡村教育必然承担着乡村社会建设的责任，即通过自身的文化优势，为乡村社会发展提供智力支持。作为文化的重要传播方式之一，乡村教育势必肩负着乡村文化的传承与创新责任，即乡村教育不仅要善于整理、保存和传播历史悠久的乡村文化，赋予其新的时代意义，而且还要通过对乡村文化的开发、乡土教材的编撰等，不断创新乡村文化，并通过学校教育、社区教育的形式使乡村文化得以传承和创新。乡村教育担负着缔造健康的乡村风俗与构建积极的乡村文明的责任，即通过社会主义核心价值观与优秀文化的宣传、社区文艺活动的举办、传统文化节日的回归等方式，塑造积极向上、幸福和谐的乡村文明，从而促进乡村社会的长治久安与国家的和谐稳定。因此，多重责任的自觉担当是我国乡村教育回归乡土本质、张扬乡土意蕴与融入现代文明的重要举措,也是我国乡村教育可持续发展的应有之义。

(二)新型城镇化进程中我国乡村教育可持续发展的现实表征

事物的表征是事物基本性质的体现,是一事物区别于其他事物的关键特质。通过对事物表征的甄别与剖析,有助于全面掌握事物的现实样态与深入理解事物的深刻本质。新型城镇化进程中我国乡村教育可持续发展并非线性的、机械式的与分割式的发展,而是一种具有整体性、关系性与协同性的系统化提升。具体而言,新型城镇化进程中我国乡村教育可持续发展具有整体性、开放性、自组织性和公平性四重表征。

第一,整体性。贝塔郎菲(Bertalanffy)认为,系统即整体,是由密切相关的各部分有机构成的统一体。[5]钱学森指出,系统是"由相互作用和相互依赖的若干组成部分合成的具有特定功能的有机整体,而且这个'系统'本身又是它所从属的一个更大系统的组成部分"[6]。由此可见,整体性是系统的基本表征,系统是各要素有机构成的整体,具有特定的功能,系统的整体功能大于部分功能,因而整体性是系统各个部分有机构成、良性运转与功能发挥的保证。新型城镇化进程中我国乡村教育可持续发展是一种整体性的发展,主要表现在三个方面。一是突破空间间隔,即立足全球化的时代背景、新型城镇化建设的当下情境与城乡教育一体化发展的趋势,我国乡村教育跳出乡村社会的空间局限,高瞻远瞩,谋求全局性和整体性的长远发展。二是注重时代定位,通过梳理与剖析乡村教育发展的历史经验、检视与反思当下乡村教育面临的现实问题、想象与展望乡村教育发展的未来愿景,从而把握我国乡村教育发展的时代定位,实现历史、现实与未来的整体性统一。三是统整乡村教育系统内部各要素,通过结构的优化重组,实现乡村教育功能的最大化。

第二,开放性。开放性是系统实现动态平衡的前提,是系统与外部环境实现物质、能量与信息自由顺畅地输入和输出的基本属性。开放性是系统打破封闭格局、实现系统与环境双向互动的关键,是系统运转动力得以源源不断地输入和系统自我更新的保证。新型城镇化进程中我国乡村教育可持续发展体现出开放性的特征,主要表现在输入和输出两个方面:前者是指乡村教育随着全球格局的变动与社会政治、经济、文化的革新而不断汲取最新信息，调整战略，重组结构，从而积极应对和适应环境的变化；后者是指基于对外部环境和时代发展的科学研判，乡村教育通过文化创新、人才培养、社会服务等促进乡村社会的建设和新型城镇化的内涵式发展。通过物质、能量和信息的输入和输出，推进乡村教育与外部环境的动态平衡与和谐发展，是乡村教育开放性的必然状态，也是新型城镇化进程中我国乡村教育可持续发展的应然诉求。

第三，自组织性。自组织是系统的基本功能，是系统维持运行活力，确保系统自身与外界环境保持动态平衡的前提。在系统与外界进行物质、能量和信息的交换过程中，由于二者之间的不对称性和差异性，致使系统与外界之间的平衡态被打破，使得系统偏离生态位，阻碍系统的良性运行。然而，系统能够合理地发挥自组织功能，通过物质、能量和信息的调控，促进系统与外部环境建立新的平衡态，从而维持系统的生机与活力。新型城镇化进程中我国乡村教育可持续发展具有自组织性的特征，这不仅是外部环境的现实要求，更是我国乡村教育可持续发展的内在本性。譬如，随着新型城镇化建设和城乡一体化发展，国家在广大农村地区实施了"撤点并校"政策，以期通过乡村学校的结构调整，促进教育资源的优化配置，从而提升教育质量。但考虑到儿童的适应能力、家校距离、成本分担等因素，部分乡村学校并未实施简单的学校撤并，而是因地制宜和因时而行。新型城镇化进程中我国乡村教育可持续发展的自组织性主要体现为乡村教育能够根据外部环境的变化，因地适时地调整策略，保持与外部环境的动态平衡。

第四，公平性。公平性是可持续发展的内在属性，可持续发展意指既满足当代人的需求，又不对后代人满足其自身需求的能力构成危害，强调同代之间和代际实现资源共享和合理分配。处于同一地球空间的人们，公平地获得自我发展和参与社会事务的机会，平等地享有各项基本权利。新型城镇化进程中我国乡村教育可持续发展是一种具有公平性的发展，主要体现在三个方面。一是在政策上，国家制定和实施城乡教育公平发展的政策，并适当向乡村教育倾斜。二是在资源配置上，重视和加强乡村教育基础设施建设，建设标准化学校，提供足够的经费支持，同时引进优秀的教师资源，提高师资水平。三是在发展机会上，乡村教育与城市教育均等地享有各种发展机会，如学校信息化建设、教改实验、教师培训等。

二、现实困境：新型城镇化进程中我国乡村教育面临的突出问题

新型城镇化进程中我国乡村教育的发展面临着现实困境和挑战，遭遇着边缘化、断裂化、现代化与离土化等复杂问题。

（一）乡村教育的“边缘化”问题

陶行知曾说：“乡村学校做改造乡村生活的中心，乡村教师做改造乡村生活的灵魂。”[7]在传统社会中，乡村教育是乡村社会的有机构成部分，是乡村社会的文化中心，更是乡村人民的殷切希望。乡村教育扎根于乡土社会，与乡民生活融为一体，与乡土社会共治共荣。随着社会进程的推进，受城乡二元结构的制约，相对于城市而言，乡村已经成了“落后”的代名词，乡村教育正经历着多重边缘化，处于乡土社会中的边缘境地。

首先，由于受地理位置的制约，乡村教育正经历着地理的边缘化。乡土社会远离城市中心，与城市相距甚远，相对于城市教育而言，乡村教育正处于地理的边缘位置，导致乡村教育难以获得应有的发展机会，成为现代文明的“离弃者”。其次，由于受现代城市思维的影响，乡村社会意味着“落后”“愚昧”“贫穷”，乡村教育的灵魂，即身处乡村社会的乡村教师难以得到合理的身份认同，导致乡村教师身份的边缘化，这是乡村教育边缘化的现实表现。一方面由于地理或者人际交往的原因，乡村教师与城市教师联系较少；另一方面由于乡村社会的发展，尤其是现代文明在乡村的渗透，导致乡村教师很难涉足乡村事务。在一定程度上说，乡村教师处于城市与乡村的双重边缘位置，无论在名义上还是现实中，乡村教师都不属于城市，这无疑加剧了乡村教育的边缘化。再次，尽管国家大力呼吁关注乡村教育，如在乡村教师方面，开展寻找“最美乡村教师”活动、实施乡村教师生活补贴政策等，但这些只能是杯水车薪。从某种角度上讲，道德刺激或者道德绑架是对乡村教师最大的不公平。乡村教师首先是作为个体的人而存在，然后才是作为培养乡村儿童、建设乡村社会的教师，乡村教师不仅需要崇高的师德，同时也有基本的生活、健康与精神需求。最后，在国家颁布的相关政策中，关于乡村教育的条款少之又少，乡村教育处于制度的边缘是一个毋庸置疑的事

实。在《国家中长期教育改革和发展规划纲要(2010—2020年)》等政策文件中,“乡村教育”的字眼已被“教育”二字遮蔽,或者也仅仅是由寥寥数语,如“重点发展农村学前教育”覆盖,这种普遍化的规定实则是对乡村教育的遗忘。

(二)乡村教育的“断裂化”问题

在传统社会中,乡村教育与乡村社会、乡土文化融为一体,不仅参与着乡村社会的建设,而且还发挥着乡土文化的守护和传承功能,乡村教育以自身的文化优势引领着乡村文化的发展。然而,伴随着现代文明的发展、社会流动的加剧、新兴文化的渗透以及乡村教育结构的改变,乡村教育逐渐远离乡土社会,乡村教育与乡村社会、乡土文化之间的天然纽带正被现代文明逐渐吞噬,乡村教育面临着结构上的“断裂化”问题。

首先,在乡村教育与乡村社会的结构上,乡村教育正疏离于乡村社会。一方面,由于现代文明的渗透,尤其是电视、计算机等媒介进入乡村社会,乡村人民可以较为便捷地了解国家大事和最新信息。随着社会流动的加速,许多村民通过进城务工、创业等,不仅给乡村社会带来了新的信息,而且部分致富能手成为乡村人民的榜样,这在一定程度上消解了乡村教育的影响力以及乡村教师的文化权威,导致乡村教师被动地远离乡村社会、疏离村民,加剧了乡村教育与乡村社会的割裂和分离。另一方面,由于乡村社会的文化变迁,乡村人民对乡村学校、乡村教师的无意识疏离,致使乡村教师主动地远离乡村社会,成为乡土社会的“异乡人”和“寄居者”,乡村教师的活动范围逐渐地缩小至学校之内,这进一步切割着乡村教育与乡村社会的天然纽带。其次,在乡村教育与乡土文化的结构上,乡村教育逐渐远离乡土文化,沦为了乡土文化的“他者”和“陌路人”。乡土文化是乡村人民世代生活的历史积淀,是乡村社会的精神之根,濡化着一代代乡村人民。在传统社会中,乡村教育的主体——乡村教师凭借着自身的文化优势,往往参与着乡村的各类文化事宜,如和乡村社会中德高望重的老者一同整理乡土文化典籍,参与主持各种乡村活动仪式。然而,随着乡村教师与乡村社会的疏离以及现代文明的冲击,极具情境性、差异性与特色性的乡土文化呈现出衰落之势,乡村教育与乡土文化之间呈现出“断裂化”趋势。

（三）乡村教育的“现代化”问题

随着城乡一体化进程的推进，乡村教育是为城市教育所“俘虏”，还是坚持走自己的路？是作为城市教育的翻版，还是保持自身的特色？是秉持自身的“优良传统”，还是彻底无根地“现代化”？这些问题时刻“拷问”着乡村教育。乡村教育是否该“现代化”？如何实现“现代化”？这是乡村教育遭遇并亟须解决的问题。

在全球化进程中，现代文明是时代发展的必然趋势。乡村教育如何处理好“现代化”问题是乡村教育时代定位的关键。乡村教育需要处理好传统与现代、后现代之间的关系问题。在乡村教育发展中，乡村教师的现代化问题尤为突出。由于乡村教师，尤其是年龄较大的乡村教师谙熟并受益于传统文化，因此对传统文化保持着天然的敬畏感，是传统文化的坚定拥护者。然而，现代文明的发展以及新型城镇化进程的推进，势必要求乡村教师不断学习新型的文化，掌握新式的教育教学手段。但是，由于乡村教师长期身处乡村社会，相对于城市教师而言，对现代文明的接触较少，对现代技术的掌握较为欠缺，尤其不擅于现代多媒体技术的应用，从而导致乡村教师形成对现代技术的抵触思维，部分年龄较大的教师甚至对现代技术持拒绝心态。此外，尤为值得关注的是，随着后现代文化的渗入，后现代思维方式深刻地影响着教师的教育教学。在日常教学中，如何处理好教师的引导与学生的建构、学生自主性的发挥等问题往往困惑着乡村教师。因此，如何传承优良的传统文化，积极地汲取现代文明，实现思维方式的现代转换是新型城镇化进程中我国乡村教育发展面临的关键问题。

（四）乡村教育的“离土化”问题

在传统社会中，乡村教育与乡村社会、乡土文化融为一体，维持着天然的纽带关系。乡村教育是乡村社会的有机组成，肩负着乡村文化的传播与创生，作为实施乡村教育的主体，乡村教师也积极地融入乡村生活，许多乡村教师在乡村结婚生子，成为地地道道的“乡里人”。然而，在现代社会，乡村教师不再以成为“乡里人”而感到自豪，他们纷纷逃离乡土，打破了传统乡村教师的“世代坚守”。在新型城镇化进程中，乡村教育的“离土化”问题更加明显。

随着新型城镇化进程的推进，在城市文明的强烈冲击下，乡村文明逐渐式微。乡村教育的“离土化”早已成为不争的事实。“当下的乡村教育设计，扩而言之，我们的整体教育设计，实际上更多地就是一种‘逃离乡土’式的教育设计，乡村只是作为城市文明的参照、补充，作为被城市所‘观看’、俯视的对象，乡村作为前现代的‘他者’被排斥在为教育所展开的现代性想象的边缘”。[8]其中，表现尤为突出的则是乡村教师的“离土化”。身处乡土社会的乡村教师把自己定义为“城市人”或者“城镇人”，而不是传统意义上的乡土文化的代言人。首先，在思想上，乡村教师倾向于把自己定位为“城市人”，从而区别于乡村人民。在行为表现中，乡村教师谈论着城市人的生活话题，喜欢流行时尚，标新立异，彰显城市人的生活气质。其次，大多数乡村教师仅仅是乡村社会的“暂居者”，而且仅仅局限于学校场域中。他们通常周一至周五在学校工作，周末便返回城镇，开始城市人的生活方式。更有甚者工作时在学校，放学便回到城镇，乡村学校仅仅是工作的场所，他们是彻彻底底的乡村社会的“陌路人”。再次，由于某些乡村教师虽成长于乡村，但在城市接受教育，不管是思想观念还是日常生活方式，均受到现代城市文明的影响。当他们返回乡村学校，一些教师极其容易迷失方向，难以找回在乡土社会的存在价值和生命之根。同时，由于部分乡村教师是被迫或者出于无奈才在乡村学校从事教育工作，自打踏入乡村社会，他们就在心里盘算着如何离开乡土社会。他们一边应付着日常教学工作，一边积极准备着公务员考试或者城市的教师公招考试，只要一有机会，他们便会毫不留恋地离开乡村而挤往城市，这在大部分年轻乡村教师的身上体现得尤为明显。此外，乡村教育培养目标的精致化取向、乡村教育内容的城市中心化等无不体现出乡村教育的“离土化”问题。

三、战略选择：新型城镇化进程中我国乡村教育可持续发展的基本路向

战略是指具有整体性、全局性、远见性和实效性的行动纲领和策略体系。它基于对历史背景和现实情境的全面细致分析，从而高屋建瓴地预测未来发展趋势；它既是对事物发展的宏观把握，也是缩小事物发展的现实状

态和目标状态之间差距的行动路径。新型城镇化进程中我国乡村教育可持续发展战略是指在充分汲取乡村教育发展历史经验,立足于新型城镇化现实背景的基础上,对当前及未来乡村教育可持续发展的整体性预测和多维路向行动。具体而言,新型城镇化进程中我国乡村教育可持续发展战略包括理性定位战略、有效决策战略、主体联动战略与合理调控战略。

(一)理性定位战略

《中庸》有言:"喜怒哀乐之未发,谓之中;发而皆中节,谓之和。中也者,天下之大本也;和也者,天下之达道也。致中和,天地位焉,万物育焉。"[9]"中和"之道使事物各安其位,从而孕育万物。《中庸》提出的"中和"之道、"位育"之道,表明万物的动态平衡与生机勃兴在于"中和"的境界和合理的定位。合理定位是事物维持平衡态的关键,新型城镇化进程中我国乡村教育可持续发展的前提就在于合理的定位。

第一,角色定位。只有正确的角色定位才能形成合理的角色认同。乡村教育是国民教育的重要组成部分,是我国教育体系的有机构成,包括村落教育和乡镇教育。乡村教育与城市教育承担着共同的责任,享有平等的权利,这是乡村教育消除内外部边缘化的基础。第二,时代定位。当前,我国乡村教育可持续发展以全球化为时代背景,以新型城镇化建设为现实场景。在此基础上,我国乡村教育可持续发展需要抓住全球化和新型城镇化建设的时代契机,以西方发达国家新型城镇化建设和乡村教育发展的经验为借鉴,充分利用现代信息技术,推进乡村教育的现代化发展。第三,价值定位。在明确乡村教育角色定位的基础上,充分认识我国乡村教育的战略价值,尤其是对构建和谐社会、推进新型城镇化建设以及实现国家现代化发展等方面发挥的积极作用。我国乡村教育可持续发展有助于推进教育治理体系和治理能力的现代化,从而构建现代化的国民教育体系。第四,目标定位。新型城镇化进程中我国乡村教育可持续发展肩负着多重责任,其目标在于:一是构建和完善乡村教育治理体系,提升乡村教育质量,促进乡村儿童健康发展;二是通过乡村教育与城市教育的交流、互动和资源共享,推进城乡教育均衡与公平发展;三是通过乡村文化进学校、进课堂等形式,传承、传播和创生乡村文化;四是疏通乡村学校与乡村社会的有机联系,通过二者的有效互动，促进文明、和谐乡村社会和新型城镇化的建设。

在对新型城镇化进程中我国乡村教育可持续发展进行合理定位的基础上，需要构建符合乡村教育可持续发展的科学道路，在国家教育发展规划中彰显乡村教育的战略意义，提高乡村教育在国家教育发展布局中的战略地位，使之上升为国家发展战略，从而在政策上为我国乡村教育可持续发展提供有力保障。同时，在制定教育整体发展战略中，消除乡村教育的边缘化状况，秉承城乡教育一体化发展理念，推进乡村教育的信息化发展，提升乡村教育的现代化水平。[10]

（二）有效决策战略

决策是指人们在改造客观世界和主观世界的过程中，以对事物发展规律及主客观条件的认识为依据，寻求并决定某种最优化目标和行动方案，它是人们在基于对过去和现在实践的认识并对未来做出科学预测的基础上见之于客观行动之前的主观活动，是决策者制定、选择和实施行动方案的一种系统的、完整的与动态的过程。[11]新型城镇化进程中我国乡村教育可持续发展的决策战略包括信息收集和研判、决策方案形成和决策方案实施三方面内容。信息收集和研判是指通过对历史经验的借鉴、现实背景的分析和未来趋势的评估，从而判断事物的发展路向并做出合理的选择。决策方案的形成是指决策主体在对决策信息进行全面深入分析的基础上，通过讨论、辩证、表决等方式制定决策方案的过程。决策方案的实施是指通过上传下达、内外衔接，协力推进方案落实的过程。新型城镇化进程中我国乡村教育可持续发展必须充分发挥有效决策战略的积极作用，才能够制定科学的发展政策和实施方案。首先，需要发挥各级力量，深入乡村社会，走进乡村学校，深度调研乡村教育的发展现状，合理借鉴乡村教育发展的历史经验，全面分析乡村教育与全球化发展、新型城镇化建设以及城市教育的内在关系，为我国乡村教育可持续发展奠定扎实的决策信息。其次，多方决策主体（教育行政官员、城乡学校领导、教师代表、社会人士代表、家长代表）围绕我国乡村教育可持续发展的问题展开充分的讨论、辩证和批判，通过民主表决的方式形成决策方案。最后，将决策方案以政府政策、学校发展规划纲要的形式颁布，通过逐级下达、部门衔接与相互监督等方式，推进决策方案的实施。

（三）主体联动战略

联动即联合行动之意，是指相关主体通过协商、审议、合作等方式协同应对和处理问题的过程。新型城镇化进程中我国乡村教育可持续发展需要多方主体的协同联动，才能形成正向的合力，推动乡村教育充满活力地、持续地和健康地发展。具体而言，新型城镇化进程中我国乡村教育可持续发展的主体联动战略包括横向联动战略和纵向联动战略。横向联动战略包括乡村教育与社会政治、经济、文化的联动以及乡村教育与城市教育的联动。在乡村教育与社会政治、经济、文化的联动方面，由于乡村教育以基础教育为主体，因而主要是通过奠定乡村儿童的知识基础与能力基础，提升乡村儿童的综合素养，为高一级学校输送人才，从而间接为社会发展培养合格人才。同时，由于一部分人接受基础教育后将进入社会，参与社会建设，因而乡村教育尤其是高中教育需要考虑社会的需求，合理设置课程与调整教学方式，促进乡村教育与社会的有机衔接。在乡村教育与城市教育的联动方面，由于乡村教育处于弱势地位，需要建立乡村教育与城市教育之间的平等关系，从而实现互促互进。一方面，通过构建城乡教育交流机制，如校长轮岗制、教师轮岗制、责任考核制和奖励推进制等，推动城乡校长、教师之间的交流，促进优秀管理资源和教师资源的公平共享；另一方面，通过合理和优化配置城乡教育资源，充分发挥城市学校的示范帮扶作用，引领乡村学校的发展。纵向联动战略主要是指中央教育行政部门、地方教育行政部门、学校、社区等的有机联动。纵向联动战略是确保政策方案顺利实施的保障，是各级部门实现信息互通共享、提高政策执行效率的关键。新型城镇化进程中我国乡村教育可持续发展的纵向联动表现在平等的审议协商制度、自上而下的政策下达制度和自下而上的反馈制度。平等的协商审议制度是指乡村教育发展的相关责任主体就乡村教育的问题进行集中研讨和审议；自上而下的政策下达制度是指在政策制定和纲要规划的基础上，通过逐级下达，各级部门有效地执行相关政策；自下而上的反馈制度是指在政策执行过程中，基层部门对政策实施后的效果和存在的问题及时上报，从而进一步修改和完善政策。因此，新型城镇化进程中我国乡村教育可持续发展需要各级部门互通信息、上传下达，科学制定发展政策，并促进政策的有效执行。

（四）合理调控战略

调控即调节控制之意，指主体运用各种手段对对象进行调节和控制，使其符合事物发展规律的过程。新型城镇化进程中我国乡村教育可持续发展的调控战略即是相关主体充分利用政策、经济、行政、法律等手段，对影响和制约乡村教育可持续发展的相关因素进行调节和控制，从而协调和处理乡村教育发展面临的各种复杂关系，使乡村教育系统内部和外部形成和谐关系，并保持动态平衡。新型城镇化进程中我国乡村教育可持续发展的关键在于如何处理好乡村教育与新型城镇化建设、乡村教育与城市教育以及乡村教育系统内部各要素之间的复杂关系。这些关系错综交织，任何因素发生变化都可能打破系统的动态平衡，影响乡村教育的可持续发展。为了在整体上全面处理好这些关系，就需要充分发挥调控战略的积极作用。调控战略包括两种基本方式，即人为调控战略和环境调控战略。[12]前者是相关教育主体在全面调研的基础上，遵循教育规律，对乡村教育系统及其各种复杂关系进行有目的、有计划的调节和控制；后者是乡村教育的外部环境，如乡村社会、新型城镇化、产业结构等根据乡村教育是否满足其需求水平，来决定对乡村教育产生的影响进而实现的调控，即社会政治、经济、文化与科技等对乡村教育的作用。人为调控是一种自觉的调控，具有目的性、主动性、计划性与全面性等特点，而环境调控则是一种自发的调控，遵循市场规律和产业结构平衡规律，在一定程度上，具有盲目性、片面性与随意性等特征。新型城镇化进程中我国乡村教育可持续发展需要综合利用人为调控战略和环境调控战略，才能推动乡村教育持续健康地发展。在人为调控方面，教育行政部门需要充分运用政策、法律、经济等手段，如颁布政策、实施规划、调配资源等方式调控乡村教育可持续发展所要面临的各种错综复杂的关系。在环境调控方面，相关主体需要充分关注与研究乡村教育外部环境的特点、需求以及趋势，发挥环境调控的积极作用，从而构建乡村教育内外部环境之间的和谐关系。由于人为调控和环境调控并非截然分开的关系，因而促进二者的有机结合和高效运用，才能实现调控效果的最大化，促进乡村教育的良性发展，进而推进乡村社会和谐与人类幸福。[13]

参考文献：

[1]胡锦涛．坚定不移沿着中国特色社会主义道路前进　为全面建成小康社会而奋斗[M]．北京：人民出版社，2012.

[2]康德山．区域教育可持续发展论纲[J]．教育研究，2000(6)：29-34.

[3]石友蓉．企业承担社会责任成本与可持续发展战略[J]．武汉大学学报(社会科学版)，2002(5)：549-554.

[4]《面向21世纪中国可持续发展战略研究》编委会．面向21世纪中国可持续发展战略研究[M]．北京：清华大学出版社，2001：21.

[5]王雨田．控制论、信息论、系统科学与哲学(第二版)[M]．北京：中国人民大学出版社，1988：422-438.

[6]钱学森，等．论系统工程(增订本)[M]．长沙：湖南科学技术出版社，1982：10.

[7]徐莹晖，徐志辉．陶行知论乡村教育[M]．成都：四川教育出版社，2010：47.

[8]刘铁芳．乡土的逃离与回归：乡村教育的人文重建[M]．福州：福建教育出版社，2008：7.

[9]古敏．中国古代经典集粹(大学·中庸)[M]．北京：北京燕山出版社，2001：40.

[10]闫守轩．乡村教育"悬浮态势"的困境与出路[J]．教育科学，2013(2)：34-38.

[11]宋德云，李森．教师的教学决策：内涵、构成及意义[J]．课程·教材·教法，2008(12)：21-26.

[12]罗明东，陈瑶．区域教育可持续发展系统论[C]//2005中国可持续发展论坛——中国可持续发展研究会2005年学术年会论文集(下册)，2005：432-439.

[13]李森，崔友兴．论教师教育治理体系现代化[J]．西南大学学报(社会科学版)，2014(5)：65-72，128.

作者简介：李森，教育学博士，西南大学教育学部，教授，博士生导师。

原文出处：《西南大学学报》(社会科学版)2015年第4期。

转　　载：《新华文摘》2015年21期全文转载。

教育体制综合改革：理论、路径与评价

李　玲，黄　宸，韩玉梅

摘　要：教育体制综合改革包括教育行政管理体制改革、教育实施机构改革和教育制度规范改革，具有综合性与系统性，内生性与交互性，长期性与渐进性，宏观性与纵深性等基本特征。为此，教育体制综合改革需要选择政府主导与全民参与、专项改革与综合改革相结合，与经济、政治、文化、社会和生态文明建设协调配套的改革路径。同时，建立一套由科学评估、实时跟踪调查、深入分析问题、定位风险因素、实时汇报、调整反馈等步骤组成的督导评估机制是确保教育体制综合改革顺利推进的重要保障。

一、引言

教育体制改革一直都是我国党和政府关注的焦点，也是教育不断发展的强大推动力。1985 年出台的《中共中央关于教育体制改革的决定》成为改革开放以来教育体制全面改革的里程碑。1993 年颁布的《中国教育改革和发展纲要》及 1999 年颁布的《中共中央国务院关于深化教育改革，全面推进素质教育的决定》标志着我国教育改革进入了新阶段，形成了新格局。21 世纪以来，《国家中长期教育改革和发展规划纲要（2010－2020 年）》、《国务院办公厅关于开展国家教育体制改革试点的通知》（以下简称“48 号文件”）、党的十八届三中全会做出的《中共中央关于全面深化改革若干重大问题的决定》（以下简称《决定》）一再强调要深化教育体制综合改革。

当前，国内外学者对教育体制改革的研究取得了诸多成果。对教育体制(educational system/institution)的界定在国内外文献中可以找到多种主张,但学者们基本达成一致的主导观点是,教育体制是由教育机构和教育规范(或制度、规则)组成的一个相互联系的整体[1][2]。我国学者孙绵涛等对具有中国特色的教育体制的内涵、关系和本质进行了深刻的探讨[3][4],也有一些学者对中国教育体制所应包含的制度组合范畴等进行了探索[5][6]。

关于教育体制改革的研究,一些学者对某一重大教育体制改革的历史背景与动因[7][8]、内容和战略[9][10]、价值取向与伦理[11][12]、影响与效果[13]、问题与路径[14][15]及经验与模式[16][17]等进行了探索。

也有学者就某一学段或类型的某一或多项教育体制改革进行研究,如:学前教育的成本分担制度[18]、办学制度[19]、管理体制[20]等;基础教育的课程教学与人才培养制度[21][22]、质量监测与评价制度[23]、人事制度[24]、经费投入制度[25]、信息化保障制度[26]、管理体制[27]等;高等教育的经费与资助制度[28]、考试与质量保证制度[29]、办学自主权与分权化[30]、法律保障制度[31]等。

还有一些学者针对当前形势提出教育体制改革的具体策略和方向,如要重视经济改革与教育体制改革的相互关系[32][33],要把社区发展与教育体制改革相结合[34],不能忽略教育资源和教育机会的公平分配[35],坚持公立学校的公共性质和办学的自主性质等伦理问题[36],通过计划调节与市场调节相融合的体制实现教育资源的合理配置[37],以及在教育体制改革中要建构和采用科学的可操作的指标体系来对其进程与效果进行监控与评价[38],等等。

从以上概况来看,国内外学者对各教育阶段的不同教育体制改革已经进行了大量的探索,为该研究奠定了重要基础。然而,能够澄清与破解中国当前教育体制综合改革面临的若干重大基本理论问题的创建并不多见。

基于此,本文旨在系统剖析教育体制综合改革的原理、内涵、特征等基本理论问题,探索符合我国国情的教育体制综合改革的科学路径,尝试构建用于监测和评价教育体制综合改革成效与进度的指标体系、模型、发展指数和测算方法,为教育体制综合改革提供科学依据。

二、教育体制综合改革的主要理论基础

教育体制综合改革以政策为导向，以实践为检验标准，但同时也需要以科学理论为指导和依据来确保改革方向的正确性以及路径的合理性与科学性。公共选择理论、新公共管理理论、系统论和多重制度逻辑理论从不同视角为我国新时期教育体制综合改革奠定了理论基础，为改革的原则与方向提供了科学的指引。

（一）公共选择理论和新公共管理理论

公共选择理论和新公共管理理论是世界诸多国家自20世纪90年代以来教育改革中普遍采用的两大主要理论依据。前者从市场经济的视角来审视教育体制中政府和不同层级教育主体间的关系及利益诉求，认为教育具有公共产品的属性，教育决策代表了政府及不同参与主体争取教育主权的各自利益和立场，为了追求市场竞争的自由性和公平性，主张将教育产品看作是一种公共选择，建立教育公共服务的自由市场，削弱政府垄断，强化问责机制。[39]后者试图将私营企业管理的思想和实践策略移植到教育体制中，通过工具理性和技术理性将教育产业化、教师职业化，强调层级间的管控，注重结果、效率、成效而不是过程，以业绩来评定和问责校长等行政管理领导者。[40]虽然这两大理论的取向及实践效果受到了一定的质疑，但却指导了西方教育体制改革的实践，提高了政策执行的效率。面对我国教育体制改革的诸多问题，两大理论也应该能够为我国教育体制综合改革提供一定的理论启示和实践指导。如何调整教育层级的分权和问责，如何提高行政管理的效率，如何处理教育体制中政府、公众、教育机构、市场等关系与利益诉求等一系列实际问题都可以从中寻找解决的方法和依据。

（二）系统论

区别于将教育体制看作线性层级结构的公共选择理论和新公共管理理论，系统论跳出了自上而下官僚层级的管控和束缚，强调教育体制的多种元

素及结构间多维关系的丰富性和系统性。一些学者用松耦合系统理论和复杂适应系统理论来解释教育体制改革的本质和原理。

松耦合系统论主张，教育体制应根据地区需求差异而建立多样化的政策选择。[41]不同地区、不同层级的教育部门和机构应该具有充分的自主权，根据自身特殊性来调整中央下达的政策指令。复杂适应系统论认为体制是由大量紧密相连的机构构成的网络体系。[42]该网络系统呈现出高度的有序性或无序性。复杂系统中的秩序源于强有力的自组织微结构化过程。这种秩序并不受制于层级管控，而是分散于基层结构中，在基层中运行，给宏观层面的体制带来稳定性或不稳定性。

这两大系统论都反对将教育体制视为线性的层级行政管理结构，都强调教育体制的多元性、综合性、复杂性、整体性，强调其内部多要素（如不同地区、机构、学校、教师、校长等）的不同作用及其相互关联，主张教育体制改革的成败在于能否根据特殊性和差异性来统筹协调其内部各个要素的职能及相互关系。这些理论对处理好我国教育体制综合改革诸多环节（如政策制定、执行、参与）和要素之间错综复杂的关系具有一定的启示意义。

（三）多重制度逻辑理论

制度逻辑是指某一领域长期稳定的制度安排和与之相适应的行动机制。特定的制度逻辑是在与其他制度逻辑互动过程中发挥作用的。实施和推进体制改革，需要识别和定位其中所包含的多重制度要素及其相互间错综复杂的关系。通过调查分析特定领域的表象和行为方式来推测其背后的制度逻辑及其运行机制，揭示其对体制改革的作用，提出合理可行的顶层设计。[43]

教育体制综合改革是一项系统工程，包含了多重教育制度的改革和变迁。中央政府、基层教育部门、学校和课堂等各包含了不同的制度逻辑。教育的经费投入、人事安排、人才培养等方面也分别具有不同的制度逻辑。在稳定存在的多重教育制度安排和运行机制的作用下，要进行教育体制综合改革，必然要求对其所涉及的多重制度逻辑及其机制进行全面的分析和把握。通过对微观教育现象和行为的调查研究来推测更为宏观的多重制度逻辑及其变迁路径和轨迹。此外，该理论也指导我们对教育体制在不同区域、不同制度领域所具有的内生性特征和差异性演变轨迹予以关注和重视。

以上理论从不同的视角出发，对教育体制综合改革给予了认识论层面的阐释和实践层面的指导与启示，为深刻理解教育体制综合改革的根源、本质、特征、路径、方向等奠定了坚实的基础，也为进一步的研究与实践提供了有益的指导和参考。

三、教育体制综合改革的内涵、外延和特征

（一）教育体制综合改革的内涵

在回应“教育体制综合改革改什么？怎么改？”等问题之前，对教育体制综合改革内涵的检视理应成为研究教育体制综合改革的逻辑起点。基于国内外已有研究，教育体制综合改革可以被视为为了适应教育内部诉求与社会外部需要，发现和解决现有教育体制中固有的问题，提高教育质量而进行的一场综合全面的、系统深刻的大规模教育改革。教育体制综合改革既涉及教育系统内部资源和权利关系的重新配置与调整，又涉及各学段方方面面的体制结构要素及其关系的改进，将会影响和促进整个教育组织体系的结构调整、制度重组、标准更新及政策改善。教育体制综合改革是一项包含了全面立体的问题诊断、目标设定、路径选择、深入执行、实时监测、效果验证等环节的长期动态的系统工程。

此外，从教育体制综合改革和外部改革环境的关系来看，教育体制综合改革还隐含着更为丰富的内涵，即教育体制内部系统与教育外部其他体制系统间，根据各自的关联、发展阶段、需求、工作机制特征等而相互不断冲突、协商、合作，协力促成教育体制综合系统与外部其他体制系统和谐一体，共同促进社会进一步发展的长期动态的系统工程。

（二）教育体制综合改革的外延

结合我国党和政府各项重要方针政策，考虑到中国特色的教育体制现

状,可以将教育体制综合改革划分为三大方面的改革:(1)教育行政管理体制的改革,包括从中央到地方各级政府教育部门与非教育部门就教育结构进行的调整与治理,权力与问责机制的进一步明确和转变,政府与社会力量、市场、学校等关系的调整和职能转变与分工,等等;(2)教育实施机构的改革,主要包括各级各类学校教育体制的改革,以及可能涉及的社会第三方教育机构与教育部门合作关系的改革;(3)教育制度规范的改革,主要包括办学体制、人事调配体制、经费投入体制、人才培养与质量评价体制、入学招生制度等专项体制改革,具体体现在这些专项领域内标准、政策、法律法规的建立、调整与完善。这三个方面的改革都涉及我国学前教育、义务教育、高中阶段教育、职业教育、高等教育、特殊教育、民族教育、成人教育等各级各类教育。在实际的教育体制综合改革过程中,这三个方面构成了一个复杂的系统。它们之间既紧密联系,又层层嵌套。

(三)教育体制综合改革的特征

较之以往的教育体制改革,我们认为当前《决定》中强调的教育体制综合改革具有以下基本特征。第一,综合性与系统性。从十一届三中全会以来党和政府关于教育体制改革的历次重大部署中不难看到,以往改革所涉及的主题多是某一特定教育阶段、某个专门教育领域。教育体制综合改革与以往改革的最大不同之处在于,其涉及体制内部各个层级、各个要素之间综合、复杂的关系。同时教育体制综合改革也必须顾及教育与经济、政治、文化、社会改革及生态文明建设等外部要素的协调一致性。第二,内生性与交互性。教育体制综合改革强调教育体制内外部结构、因素间的相互关联、相互影响、相互渗透的关系特征。特定体制因素的变动可能会触发其他若干因素的波动。第三,长期性与渐进性。教育体制改革不是一蹴而就的,而是一个循序渐进、动态发展的长期过程。不同阶段的教育体制改革具有与时代背景和社会经济发展要求相适应的独特特征与侧重点,但长期性和渐进性是每个阶段的教育体制改革所具有的普遍特征。教育体制综合改革必然是循序渐进的,改革中多元参与主体的观念转换及行为适应是一个长期的过程。[44]此外,由于教育自身具有的长效性和滞后性,教育体制综合改革的成效也并非立竿见影，而需要长期实践的检验，具有难以预测的长效性和滞后性特征。第四，宏观性与纵深性。教育体制综合改革体现了宏观层面的政府主导、整体布局、全面统筹、顶层设计以及中央与地方协调一致，同时也应该注重向基层放权、注重全民参与，以及学校地位、地区差异等纵深层面的问题。

四、教育体制综合改革的目标、路径与阶段划分

（一）教育体制综合改革的目标

教育体制改革的目标是改革行动的价值导向，也是改革路径、策略和规划的依据与指南。“48 号文件”明确规定：“把办好人民满意的教育作为推进教育改革的出发点，把能否促进人的全面发展、适应经济社会需要作为检验教育改革的根本标准”，“立足基本国情，遵循教育规律，以促进公平为重点，以提高质量为核心，解放思想，勇于实践，大胆突破，激发活力，努力形成有利于教育事业科学发展的体制机制”。由此可见，教育体制改革的总体目标很明晰，即提高教育质量，促进教育事业发展，从而促进社会经济的全面发展。

然而，优质的教育代表着丰富且复杂的含义，包括优质教育资源的充裕和均衡配置、教育机会的公平、受教育者和教育工作者权利的平等、教育工作者的优质表现和工作满意度、学校文化环境的舒适与先进、教育信息技术的发达和全面覆盖、学生的知识能力的养成和人格的全面发展、学校教育的社会服务功能的充分发挥等等。教育体制改革要实现提高教育质量的目标，即要实现其隐含的诸多具体分解目标。教育体制系统中所蕴含的多重制度分别承载着这些目标，它们之间相互关联、相互制约，以共同的合力来实现教育质量的全面提高。此外，优质教育的外在检验标准是是否适应社会经济的发展需求。因此，在实现优质教育目标的同时要确保其与社会经济、政治、文化等外部体制和环境的契合。换言之，教育体制改革有着向内和向外的双重目标。

（二）教育体制综合改革的路径选择

选择什么样的路径来推进教育体制综合改革是决定教育体制综合改革成败的关键。西方学者提出的路径依赖理论可以解释过去改革的失败原因，并为探索新的改革路径提供启示。受到路径依赖规则的影响，教育体制改革无疑会倾向于在减少成本、保障既得利益的前提下，沿用改良而非彻底革新的路径来推进所谓的"教育改革"。这往往难以取得显著的成效。当体制长期沿用的利益机制本身和价值导向已经暴露出明显缺陷时，路径依赖下的表层改革就无法改变深层的体制问题。反之，要取得改革的成功，就要抓住关键的历史机遇，摆脱路径依赖，形成新的教育体制路径。通过成本转换和新生利益反馈机制推动改革成效的不断自我强化，从而巩固发展为一套新的教育体制机制。

当前和今后一段时期是深化教育领域综合改革的重要战略机遇期，我们应努力抓住这个契机尽快形成深化教育领域综合改革的新机制。[45]根据党的十八届三中全会的重要指示，结合我国国情和现实需要，本研究认为我国教育体制综合改革应摒弃路径依赖，选择一条新型改革路径。

第一，政府主导与全民参与，集体与个体之间利益平衡的双赢路径。[46]教育体制综合改革要强化政府统筹全局、宏观调控、主导引领、监督保障的作用，还要注重发挥地方政府、学校、教师、学生在改革中的主观能动性，确保其教育权利。通过以人为本、"自上而下"与"自下而上"相结合的改革构建政府与地方、学校及全体人民等教育利益相关者共同参与、有效合作的机制和新型关系，实现国家、社会的集体利益与受教育者个体利益的双赢。

第二，专项教育体制改革与教育体制综合改革相结合的路径。教育改革主要分为专项改革（programmatic reform）和综合改革（systemic reform）两种类型。[47]教育体制错综复杂，改革不但要找准突破口，集中攻坚一些重点难点的体制机制问题，而且还要根据不同体制要素间的内在关联全局把控和系统布局。在改革中要深入实地调查，准确把握各地的教育发展现状和体制问题，采取差异化推进策略，走一条因地制宜，立足问题，各个击破，渐行渐进，专项和综合改革相互渗透的改革道路。

第三，宏观与微观相结合，国家—地方—学校层层推进的路径。以往改革失败的教训之一是在政策上传下达的过程中出现偏差，造成结果与目标的背离。教育体制综合改革要避免这一问题的出现就需要确保由宏观到微观、由管理层向实施层、由政策制定层向学校的推进过程环环相扣。建立专门的督导小组，监督引导从制定到实施改革政策的各个环节，深入到学校、教师和学生中了解实际情况，收集反馈意见。

第四，与经济、政治、文化、社会和生态文明建设协调配套的改革路径。党的十八届三中全会报告中提出的“五位一体”总体布局，即经济建设、政治建设、文化建设、社会建设、生态文明建设五位一体。教育肩负着培养高水平建设人才和创造高精尖知识与科技生产力的使命，与社会、经济、政治、文化和生态文明体制的发展密切相关。教育体制综合改革要充分地认识与把握教育与非教育部门间的相互制衡关系，要加强教育部门与非教育部门之间的联系与合作。

（三）教育体制综合改革的阶段划分

教育体制综合改革是一个动态的长期的过程，根据改革的目标和路径，可将其划分为如下几个阶段。

第一，问题探测阶段。问题是改革的立足点。此阶段为教育体制综合改革的基础起始阶段，也是整个改革过程最为根本和重要的基础阶段。在这一阶段中，要对全国及不同地区的教育发展情况和体制改革现状进行全面准确的实地调查和分析，抓准体制机制问题和障碍，对问题的属性、根源、地区差异性及相关联的其他问题进行探索，从而为后续制定问题解决方案和改革规划奠定基础。问题探测阶段是整个改革的基础和根本，但在改革进程中新的问题及问题与解决方案之间的矛盾可能会不断产生，因而问题探测与诊断也是贯穿于整个体制改革全过程的重要环节。

第二，总体规划阶段。在对问题的宏观与微观把握的基础上，对整个教育体制综合改革系统进行一个全面的总体规划和布局是推进改革全过程的指南针和蓝图。在这一阶段，需要依据上一阶段所得出的基本结论来对地方及全国范围的改革目标和任务部署绘制一份详细的“作战图”，联合地方力量，经过不断论证，对地方区域性及全国范围的专项和综合改革任务进行厘定，对改革方案、改革时段、组织机构，及相互之间的协调机制、与外部部门之间的协调机制、定期汇报机制等都做出详细的规划和预案。

第三，局部试验阶段。在总体布局规划的基础上，首先挑选教育体制问题典型和改革方案成熟的地区进行改革试验，为其他地区的改革先行先试。局部试验阶段一方面采用一部分地区先改起来，再带动其他地方教育改革的思想，发挥局部地区的领头作用，积累改革经验与教训，另一方面可以通过局部地区的试验，收集数据与试验地区进行比对，即试验组与控制组的比对，来对改革成效进行检验，从而对改革功效得出一定的推论和预测，并依据结论对改革方案做出相应的调整。

第四，全面推广阶段。局部试验改革所取得的经验和教训将作为依据推进改革的进一步发展。效果显著，且具有一定推广性的改革模式可以作为普适性改革方案向全国其他地方全面推广。在推广的过程中，给予地方自主权，允许推广地区依据自身地区的教育发展特点与需求进行相应的调适。全面推广阶段是教育体制综合改革取得全面进展的关键阶段，决定着最终改革成效的实现程度。因而在推广过程中要避免简单复制所造成的副作用，确保对地方差异性的诊断和调整方案的修订，对反对改革或遭遇困难的地区给予特别关照与耐心，对不同地区的改革成本给予不同程度的合理补偿，确保改革过程中的参与者的利益均衡。

第五，效果深化阶段。如前文所述，教育体制改革存在自我强制机制的路径依赖特征。当改革取得了一定基础成效时，要继续以积极的成效利益来巩固地区教育对新体制改革的适应，持续强化改革的深化，使其逐渐步入教育发展的正常轨道。在这一阶段，对改革成效的全方位监测和评价要进一步加强，一方面对改革前后重要教育发展指标的大规模数据进行分析，一方面广泛对教育改革参与者的主观感受和反馈进行采集，以确保成效的深度和广度，及时对调查数据呈现出的表面现象下的问题进行预警和修正。

第六，持续发展阶段。教育体制综合改革是一个长期动态的发展过程。各个专项改革和综合改革的任务由于性质、难度以及地区差异性等原因，不可能在特定时期内同步完成。而即使一项改革在短期内实现了一定的成效，也有可能在一定时间后凸显出新的问题。因此，教育体制综合改革是一个持续发展的系统工程，要经历一个长期的、历经考验的持续发展阶段。在这一阶段中，改革继续深化，成效继续巩固，不断呈现的新问题将得到进一步的跟进和解决。社会经济和政治等体制与环境的发展也会对教育做出新的要求，届时具有新特征的新一轮教育体制改革又将展开，打上新时代的烙印，承担新时代的使命，周而复始，持续不断。

五、教育体制综合改革的评价

评价是保障教育质量、提升教育决策科学化的制度性举措，也是监测教育体制改革进程与效果的关键环节。[48]《决定》等党中央文件和领导人讲话一再强调要加强对教育体制综合改革实施进度和效果的评估督查。由此可见，建立一套由科学评估、实时跟踪调查、深入分析问题、定位风险因素、实时汇报、调整反馈等步骤组成的督导评估机制是确保教育体制综合改革朝着正确方向和目标推进的重要保障。而构建一套兼顾科学性与操作性、整体结构合理、指标领域全面、指标项目明确的评价指标体系是做好评价工作的重中之重。

（一）教育体制综合改革评价指标体系

本研究以前文教育体制综合改革的理论为基础，以教育体制综合改革相关的党政方针政策为依据，充分借鉴联合国普遍采用并在国际上具有一定影响的人类发展指数和社会进步指数综合评价方法的思想，基于美国学者丹尼尔·斯塔弗尔比姆(Daniel L. Stufflebeam)[49]提出的CIPP(Context-Input-Process-Product)评估模型（又称投入产出评估模型），以义务教育阶段为例，依据导向性、前瞻性、开放性、可操作性的原则，邀请多位专家学者、行政领导参与，通过德尔菲法和层次分析法构建了一套义务教育阶段教育体制综合改革评价指标体系（见表1）。

表 1　义务教育体制综合改革 CIPP 模型评价指标体系

一级指标	二级指标	三级指标
背景 Context		A1 人均财政收入 A2 人均财政支出 A3 人均 GDP(元) A4 每万人口 6～14 岁人数
投入 Input	师资水平	B1 生均专任教师 B2 生均高职称教师 B3 生均高学历教师
	经费投入	C1 生均事业经费 C2 生均公用经费
	办学条件	D1 生均占地面积 D2 生均校舍建筑面积 D3 生均教学仪器设备值(万元) D4 生均计算机台数 D5 生均图书册数
过程 Process	人才培养	E1 通识/素质课程比例 E2 生均课业量(小时/天) E3 综合素质考核比重
产出 Product		F1 升学率 F2 入学率 F3 语文成绩 F4 数学成绩

由表 1 可见，该指标体系由四大指标领域构成，即教育背景系统(context)、教育投入系统(input)、教育过程系统(process)和教育产出系统(product)。教育背景系统共有 4 个指标，代表了影响和制约教育体制综合改革的人口、经济因素。教育投入系统共有 10 个指标，涵盖了师资水平、经费投入、办学条件改革三方面内容。教育过程系统共有 3 个指标，包含人才培养体制改革的三个要素。教育产出系统由教育质量评价的 4 个指标构成。其中教育背景要素系统是教育改革外部要素系统，其他三大系统是教育改革内部要素系统。四大系统间联系紧密。整个教育体制综合改革与四大系统间也具有复杂的互动关系和相互作用机理。该指标体系用于呈现教育体制综合改革的系统结构及其要素，为深入探究教育体制综合改革与其内、外部要素

系统间关系及相互影响作用提供分析框架，为教育体制综合改革进度和成效的测算提供量化工具，为诊断教育体制综合改革进程中出现的问题提供依据，为建立教育体制综合改革的评价和督查机制以及相应的动态监测数据库提供可操作的模板与框架。

由于篇幅有限，本研究仅以义务教育为例，其他各级各类教育均可依据各自的特征在此指标框架的基础上对具体指标项目进行增减和调整。

（二）教育体制综合改革评价指数

教育体制综合改革评价指标代表影响教育体制综合改革内、外部系统的关键因素。这些指标因子相互联系、相互作用又彼此独立。我们将这一系列指标因子以改革前某年为基期，以改革实施后某年为阶段报告期，采用加权平均法进行有序集成即可形成各因子相互作用后产生的综合评价指数，我们称之为教育体制综合改革评价指数（以 2010—2013 年为例，如下公式所示）。

$$Index=\frac{1}{m}\sum_{i=1}^{m}\frac{1}{n}\sum_{j=1}^{n}(\frac{X_{ij2013}}{X_{ij2010}})-1$$

公式中 n 为三级指标个数，m 为二级指标个数，X_{ij} 表示第 ij 项指标的观测值，X_{ij2013} 即为 2013 年第 ij 项指标的观测值，X_{ij2010} 即为 2010 年第 ij 项指标的观测值 。换言之，此公式表达了特定地区在特定教育阶段的各项指标因子在 2010－2013 年改革前后差异值的综合集成，即该地区该教育阶段综合体制改革的成效与发展程度。该指数的区间为[$-\infty$，$+\infty$]，指标值为正且越大，表明指标在改革前后差异值的综合评价值越高，即该地区该教育阶段的体制综合改革成效与发展程度越高；指标值为正且越小，则表明指标在改革前后差异值的综合评价值越低，即该地区该教育阶段的体制综合改革成效与发展程度越低；指标值为负则表明改革产生了负向作用。总之，该指数可用于监测和评价特定地区和特定教育阶段的教育体制综合改革的整体性成效与发展程度，也可以用于各地区在综合改革进程中的差异性比较与分析。

（三）测算实例

为检验教育体制综合改革评价指标体系和指数在实践中的适切性，本研究采用2010年和2013年我国东部、中部、西部8个教育体制综合改革试点县义务教育阶段的调研数据样本进行实例测算，结果如表2所示。

表2　我国东、中、西部8县义务教育体制综合改革评价指标因子与综合指数分布

地区	县	学段	A	B	C	D	E	F	教育体制综合改革评价指数
东部	S省X县	小学	0.14	0.09	0.45	0.11	0.05	0.17	0.17
		初中	0.14	0.14	0.21	0.12	0.03	0.13	0.13
	S省L县	小学	0.14	0.02	0.45	0.13	−0.04	0.08	0.14
		初中	0.14	0.09	0.22	0.10	−0.02	0.06	0.11
中部	C省Y县	小学	0.21	0.13	0.44	0.17	0.02	0.06	0.19
		初中	0.21	0.31	0.21	0.29	−0.01	0.09	0.20
	C省C县	小学	0.20	0.14	0.44	0.52	0	0.12	0.26
		初中	0.20	0.25	0.21	0.23	0.17	0.15	0.21
	C省B县	小学	0.17	0.05	0.44	0.13	0	0.22	0.16
		初中	0.17	0.14	0.21	0.11	0.08	0.20	0.14
西部	H省K县	小学	0.19	0.05	0.45	0.27	0.02	0.21	0.20
		初中	0.19	0.05	0.20	0.32	−0.09	0.20	0.14
	H省D县	小学	0.11	0.25	0.45	0.76	−0.07	0.18	0.30
		初中	0.11	0.64	0.21	1.25	0.25	0.17	0.49
	H省G县	小学	0.14	0.13	0.43	0.37	−0.03	0.13	0.21
		初中	0.14	0.12	0.23	0.43	0.06	0.16	0.20

表2呈现了我国东、中、西部8个样本县义务教育体制综合改革评价指标因子与综合指数的测算结果。首先，从整体上可以发现，8个县的综合指数均为正值，表明2010年至2013年改革期间中、东、西部试点地区义务教育发展水平都有一定程度的提高。其次，以上分项指标中某些省份某些县某学段的指标在E类所代表的人才培养体制改革领域呈现为负值，这表明我国东、中、西某些县在推进素质教育、减轻中小学生课业负担方面尚存在问题，截至2013年此领域的改革未取得预期成效。最后，依据指数值，改革期间中部、西部改革效果总体而言较东部更为明显，可见我国前期教育体制改革中对中、西部的政策倾斜取得了一定成效，而东部地区发展较为平稳。显然，该指标体系和综合指数可以为我们了解全国、各改革试点地区教育体制

综合改革整体发展状况提供依据和监测信号，同时通过对各分项指数的掌控也能实现对具体体制机制问题的识别与诊断，并为该体制机制的优化调整提供参考。

本研究系统探讨了我国当前深入推进的教育体制综合改革的理论基础、内涵、外延、特征、目标、路径选择、阶段划分和评价方法，建构了教育体制综合改革评价指标体系、评价模型与指数，并通过改革试点数据样本进行了验证与示例。这些为建立覆盖全国范围的系统、综合、动态、可持续发展的教育体制综合改革与发展数据库提供了理论模型和分析框架；为深入剖析影响我国教育体制综合改革与发展的内部和外部深层次因素，破除教育体制改革与发展障碍提供了科学依据；也为决策部门评价各地各项教育体制改革与发展的成效及制定政策提供了理论依据与科学参考。

参考文献：

[1]Cummings W K. The Institutions of Education：Compare，Compare，Compare！[J]. Comparative Education Review，1999，43(4)：413-414.

[2]孙绵涛，康翠萍．教育体制改革与教育机制创新关系探析[J]. 教育研究，2010(7)：69-72.

[3]孙绵涛．教育体制理论的新诠释[J]. 教育研究，2004(12)：17-22.

[4]孙绵涛，康翠萍．教育机制理论的新诠释[J]. 教育研究，2006(12)：22-28.

[5]谈松华．制度创新：深化教育体制改革的重点[J]. 中国教育学刊，2009(6)：卷首语．

[6]褚宏启．教育制度改革与城乡教育一体化——打破城乡教育二元结构的制度瓶颈[J]. 教育研究，2010(11)：3-11.

[7]叶澜．21 世纪社会发展与中国基础教育改革[J]. 中国教育学刊，2005(1)：2-7，11.

[8]郝克明，杨银付．改革开放以来我国教育改革发展的若干启示[J]. 教育研究，2010(3)：3-14.

[9]丁钢．关于我国教育目标和体制改革之探讨[J]. 社会科学，1987(12)：41-44.

[10]石中英．知识性质的转变与教育改革[J]. 清华大学教育研究，2001(2)：

29-36.

[11]檀传宝. 制度缺失与制度伦理——兼议教育制度建设[J]. 中国教育学刊,2005(10):10-11,35.

[12]廖其发. 论我国教育改革与研究的价值取向[J]. 西南大学学报(社会科学版),2011(1):107-114.

[13]王寰安. 我国高等教育体制改革为何成效不足[J]. 高等教育研究,2011(4):30-36.

[14]靳希斌. 教育产权与教育体制创新——从制度经济学角度分析教育体制改革问题[J]. 广东社会科学,2003(2):74-80.

[15]刘复兴. 改革开放以来我国基础教育体制改革的问题与路向[J]. 理论视野,2008(9):20-22.

[16]杜育红,梁文艳. 教育体制改革 30 年的辉煌与展望[J]. 人民教育,2008(19):2-5.

[17]杨小微. 介入式合作互动:学校变革的策略创新及其方法论转换[J]. 上海教育科研,2011(2):4-8.

[18]赵景辉,刘云艳. 政府分担学前教育成本的合理性及其运行机制[J]. 学前教育研究,2012(2):15-19.

[19]朱家雄. 建立公平的竞争机制,积极鼓励和大力支持民办学前教育事业的发展[J]. 学前教育研究,2003(Z1):67-68.

[20]庞丽娟,范明丽. 当前我国学前教育管理体制面临的主要问题与挑战[J]. 教育发展研究,2012(4):39-43.

[21]吕达,张廷凯. 试论我国基础教育课程改革的趋势[J]. 课程·教材·教法,2000(2):1-5.

[22]裴娣娜. 论我国课堂教学质量评价观的重要转换[J]. 教育研究,2008(1):17-22,29.

[23]董奇. 构建具有中国特色的基础教育质量监测体系[J]. 人民教育,2007(Z2):2-3.

[24]陈向明. 教师资格制度的反思与重构[J]. 教育发展研究,2008(Z4):42-45.

[25]范先佐. 教育投资体制改革的理论与实践问题研究[M]. 武汉:华中师范大学出版社,2003.

[26]宋乃庆,杨欣,李玲. 以教育信息化保障城乡教育一体化[J]. 电化教育研

究,2013(2):32-35,41.

[27]熊川武．中小学需要战略管理[J]. 中小学管理,1997(6):8-9.

[28]丁小浩,李锋亮,孙毓泽．我国高等教育投资体制改革30年——成就与经验、挑战与完善[J]. 中国高教研究,2008(6):1-5.

[29]陈运超．高等教育质量的判识维度[J]. 西南大学学报(社会科学版),2011(2):128-134.

[30]朱清时．培养创新人才根本在于“去行政化”[J]. 理论参考,2010(5):50.

[31]劳凯声．教育体制改革中的高等学校法律地位变迁[J]. 北京师范大学学报(社会科学版),2007(2):5-16.

[32]国家教委教育体制专题调研组．社会主义市场经济与教育体制改革[J]. 教育研究,1994(1):3-12.

[33]王善迈．社会主义市场经济下的中国教育体制改革[J]. 北京师范大学学报(社会科学版),1994(6):42-47.

[34]厉以贤．社区教育、社区发展、教育体制改革[J]. 教育研究,1994(1):13-16.

[35]劳凯声．公共教育体制改革中的伦理问题[J]. 教育研究,2005(2):3-11.

[36]劳凯声．教育体制改革与改革伦理问题[J]. 首都师范大学学报(社会科学版),2011(4):1-16.

[37]范先佐．论教育资源的合理配置与教育体制改革的关系[J]. 教育与经济,1997(3):7-15.

[38]李玲,等．城乡教育一体化:理论、指标与测算[J]. 教育研究,2012(2):41-48.

[39]Udehn L. The Limits of Public Choice: A Sociological Critique of the Economic Theory of Politics[M]. London: Routledge,1996.

[40]Fitzsimons P. Managerialism and Education 2004[EB/OL]. [2005-04-13]. http://www.vusst.hr/ENCYCLOPAEDIA/Managerialism.htm.

[41]Chris Goldspink. Rethinking Educational Reform: A loosely Coupled and Complex Systems Perspective[J]. Educational Management Administration & leadership,2007,35(1):27-50.

[42]Ralph Stacey. Complex Responsive Processes in Organizations: Learning and Knowledge Creation[M]. London: Routledge,2001:31-69.

[43]周雪光,艾云. 多重逻辑下的制度变迁:一个分析框架[J]. 中国社会科学,2010(4):132-150,223.

[44]潘新民,石雷. 基础教育课程“渐进”改革的理论构建与实践探索[J]. 教育发展研究,2012(2):13-17.

[45]宋德民. 尽快形成深化教育领域综合改革新机制[N]. 中国教育报,2013-12-19.

[46]Timar & Kirp. Educational Reform and Institutional Competence[J]. Harvard Educational Review,1987,57(3):308-330.

[47]John Martin Rich. Rationales of Educational Reform[J]. Urban Education,1991,26(2):149-159.

[48]袁振国. 教育评价的十大问题[J]. 上海教育科研,1986(3):66-68.

[49]Stufflebeam Daniel L, Madaus George F, Kellaghan Thomas. Evaluation Models: Viewpoints on Educational and Human Services Evaluation[M]. Hingham: Kluwer Academic Publishers,2000.

第一作者:李玲,哲学博士,西南大学教育学部教育政策研究所、统筹城乡教育发展研究中心,教授,博士生导师。

原文出处:《西南大学学报》(社会科学版)2015 年第 6 期。

转　　载:《高等学校文科学术文摘》2016 年 1 期全文转载。

论凯洛夫教育学中国化的经验及其启示

和学新，田尊道

摘　要：凯洛夫教育学对中国现代教育发展有着巨大影响，其中国化走过了半个多世纪的发展历程，经历了兴起、批判和深入发展三个阶段。凯洛夫教育学之所以能够在中国迅速确立地位并产生持续的长期影响，是多种因素作用的结果。凯洛夫教育学本身的科学性、时代性、操作性等是内在因素，政治因素起了关键的决定作用，文化因素在深层次上产生了重要影响，苏联教育专家、中国教育学家和中国广大教育实践工作者则是其中国化的重要推动力量。凯洛夫教育学中国化的经验启示我们，学习借鉴国外教育理论思想，要杜绝运动式学习，要对引入理论进行系统化深入研究，要把握引入理论与中国文化的契合性。

在中国近百年教育发展历程中，对中国教育理论和实践产生巨大影响的外国教育理论除了杜威教育理论外，就数凯洛夫教育学①了。凯洛夫教育学至今仍对中国教育（尤其是基础教育）有着重大影响。[1]研究国外教育理论的中国化，凯洛夫教育学的中国化无疑是一个重要案例，它对学习借鉴国外教育理论，促进国外教育理论的中国化具有重要价值。

一、凯洛夫教育学中国化的历程

凯洛夫教育学的中国化自20世纪中叶起步，经历了兴起、批判和深入发展三个阶段。

① 凯洛夫教育学是指苏联教育家伊万·安德烈耶维奇·凯洛夫主编的书名为《教育学》的教育学教材。凯洛夫主编的《教育学》总共有三个版本，分别是1939年版、1948年版和1956年版。其中，1939年版没译成中文；1956年版的中文版出版后即遭质疑，不久被批判，对中国教育的影响有限。这里的凯洛夫教育学主要指1948年版本。

（一）凯洛夫教育学中国化的兴起（1949—1956）

1949年至1950年上半年，《人民日报》《人民教育》等报刊不断刊发凯洛夫教育学1948年版的节译，并对其大力推崇。1950年12月和1951年5月，人民教育出版社分别出版了1948年版中译本初版上册和下册，其后，在做出修订的情况下，又分别出版了第二版上下册和第三版上下册及第三版的合订本。1957年，人民教育出版社出版了1956年版中译本初版，后又再版。据统计，凯洛夫教育学1948年版本（也称老本）共印10次，印数为291 516册；1956年版本（也称新本）共印8次，印数为193 897册。老本、新本总计印数近50万册，城市中小学教师几乎人手一册。[2]凯洛夫教育学的出版和普及为其中国化提供了文本支持。

凯洛夫教育学出版后，教育部把它规定为机关干部每周业务理论学习用书，组织各级干部、教师对其进行学习。[3]国内教育学家则联系中国实际，为广大教育工作者提供学习支持。[4]63-64 不少老一辈教育学者对此经历都有回忆和记载。[5]教育学家的讲解报告或被连载发表或被结集出版，产生很大影响。如曹孚为上海市小学教育工作者做讲座，其讲稿不仅被《文汇报》全文刊载，还被做成广播稿要求教师按时收听，而后又由人民教育出版社结集出版，前后两版刊印发行6次，累计发行80余万册。[6]

在这一阶段，聘请苏联教育专家（其中包括凯洛夫本人）来华和派遣留苏学生、访苏团，是学习苏联教育经验的重要渠道。当时聘请来华的苏联教育专家集中在教育部和高校，主要从事顾问、讲学和做报告等活动。由于受意识形态的影响，1930—1950年代的苏联教育学体系表现出很强的一致性。苏联教育专家在华活动有意无意间极大地促进了凯洛夫教育学的传播。例如，在北京师范大学讲学的波波夫、普希金和崔可夫，在华东师范大学讲学的杰普莉茨卡娅等人，“主讲教育学各有自己的讲义或提纲，就其主要的结构或基本内容来说，大致雷同或类似凯洛夫主编的《教育学》”[7]。崔可夫的讲义不仅先由《光明日报》连载，而且后又由人民教育出版社结集出版，影响极大。而在讲义中，对于一些易产生歧义的教育学概念，崔可夫基本以凯洛夫教育学为准绳，像“教养”和“教学”两个主要概念均直接引自凯洛夫《教育学》1953年中文版第15页。[8]1956年，凯洛夫应邀来华，在北京、上海等地做了大量报告，会见了许多教育界人士，进一步激发了人们对凯洛夫教育学的学习热情。当时，中国政府不仅聘请苏联教育专家来华讲学和做报告，而且派遣留学生和访问团到苏联学习。留学生在留苏期间所用教育学教材并不是凯洛夫教育学，但所学教育学内容、体系与凯洛夫教育学大同小异。[4]133-134 我国政府还派遣由一线教育工作者组成的教育代表团到苏联实地考察、学习，近距离感受苏联的教育现实。这些都为凯洛夫教育学成功走向中国教育实践提供了便利条件。

凯洛夫教育学是在总结苏联1930年代教学经验的基础上形成的，提出了课堂教学的一整套模式和规范。这套模式和规范成为当时中国教学改革的模板。全国各级各类学校的教师和校领导积极主动地按照凯洛夫教育学的要求，规范自己的教育教学行为。据当时的任课教师回忆，当时中国学校全面学习苏联教育经验，不仅全国普遍采用凯洛夫教育学的通用教学模式，而且对教师教案格式、学生评分及课堂提问等具体教学行为都有着严格要求。[9] 广大教育工作者在积极实践的同时，还在报刊上推介自己的经验。报刊发表了大量一线教育工作者实践、应用凯洛夫教育学的文章。例如，《人民教育》分别刊文介绍长沙五中校领导、沈阳二中教师和山西洪洞一中教师学习凯洛夫教育学的实践经验。

在苏联教育理论的影响下，中国教育学人自编了多部教育学教材，例如，张凌光等编的《教育学》（师范学校课本，人民教育出版社）、北京师范大学教育系教育学教研组编的《教育学讲义》（北京出版社）等。这些自编教育学教材均是学习苏联教育理论的产物。张凌光等编的《教育学》"出版者的话"中指出，"编写本书的目的是在学习苏联先进的教育理论和经验的基础上，试用马克思列宁主义的观点通俗地论述教育科学问题"。[10] 中国教育学人把凯洛夫教育学的结构概括为总论、教学论、教育论、学校管理论四板块，并以此作为编写教育学教材的统一模式。① 除在结构上效法外，中国教育学人自编教育学教材在基本概念和对教育基本问题的确定、主张方面也与凯洛夫教育学保持一致。

---

① 关于"四大板块"的说法曾有过歧义，学者们通常认为凯洛夫教育学由总论、教学论、教育论、学校管理论四大板块构成，而陈桂生教授认为凯洛夫教育学并不是明确由四大板块构成，"四大板块"的说法只是人们与凯洛夫教育学影子作战所形成的普遍性错误。我们考察凯洛夫教育学的两个版本确实并没有体现出所谓的"四大板块"，但凯洛夫教育学在"教育学总纲"那一编下的"教育学的结构"小标题下明确指出教育学分为一般部分、教学、教育、学校管理四个部分。在这里，我们可以认为，"四大板块"的说法是凯洛夫教育学中国化的成果。

（二）凯洛夫教育学中国化的批判（1957—1978）

1956 年，毛泽东在《论十大关系》等文中指出，学习苏联必须有分析有批判，不能盲目搬运。1958 年，毛泽东进一步指出："教育方面搬得也相当厉害，……不考虑解放区的教育经验。"[8]有了毛泽东的引导，中国教育界迅速把凯洛夫教育学搬下了"神坛"，并指出了移植苏联教育模式所产生的一些严重问题：大量必须参加生产劳动的中小学毕业生，缺乏相应的劳动能力和态度；知识分子和青年学生普遍地只注重知识而忽视政治和生产劳动；等等。但人们起初并没有对凯洛夫教育学完全否定。1958 年 4 月，中央召开教育工作会议，认为凯洛夫教育学是一部社会主义教育学，但存在着空想主义、在具体政策上不强调党对教育的领导等问题。

1958 年人民公社化和"大跃进"开始以后，教育大革命也"应运而生"。在教育大革命中，人们的教育思想倾向风驰电掣般地往前飞进，把一切已存教育思想"甩"在后面。凯洛夫教育学这时早已权威不再，并且已经落后，被批判乃是情理之中的事。1964 年，《人民教育》连发数文，对凯洛夫教育学进行不点名批判。1964 年 10 月，教育部印发中共中央宣传部加了批语的《城市半工半读学校情况汇编》，明确指出以前把苏联凯洛夫的教育思想认为是社会主义的，而实际上它是资本主义的。[8]凯洛夫教育学的性质已然发生了变化。

"文化大革命"十年，中国被激情"烧"得几近癫狂。当人们可以无所顾忌地打砸旧事物时，对凯洛夫教育学进行大肆挞伐，并不值得惊奇。只是这时的凯洛夫教育学批判有着"借台唱戏"的功效，其目的在于批、反国内的修正主义。在众多批判凯洛夫教育学的文章中，上海市革命大批判写作小组在《红旗》1970 年第 2 期上发表的文章《谁改造谁？——评凯洛夫的〈教育学〉》影响较大，最具代表性。主标题"谁改造谁？"意指社会主义和资本主义都要按照自己的世界观改造世界，它们之间还没决出胜负；还有一个"谁改造谁"的问题，无产阶级必须用毛泽东思想分析批判凯洛夫教育学，来使教育革命得以深入开展。

在理论上批判凯洛夫教育学的同时，人们在教育实践中也抛弃了它的主张。在教育大革命中，原有的教学大纲、教学计划被旁置，学校正常的教育教学秩序被打乱。学生把大部分时间用在生产劳动与社会政治活动上面，上课时间被严重压缩。而在“文化大革命”期间，教育大革命的趋势得到了延续，并走向极致。其时，学生忙于造反、串联、批斗、互斗和上山下乡，教师则被劳改、下放。学校日常生活便是闹革命、劳动和参与各种社会活动，凯洛夫教育学所主张的严格、规范的知识教学几乎无人理会。

在批判凯洛夫教育学的过程中，凯洛夫本人的形象也发生迅速变化。1957 年凯洛夫来华时，中国教育界对他的溢美之词言犹在耳，五年时间不到，凯洛夫居然成了“苏联现代修正主义教育理论的祖师爷”“苏修叛徒集团所豢养的一个御用学者”“国际上臭名远扬的修正主义反动权威”，等等。

（三）凯洛夫教育学中国化的深入发展（1979 至今）

在这一阶段，凯洛夫教育学中国化经历了恢复性发展和突破性发展两个不同的时期。两个时期的凯洛夫教育学中国化在旨趣、表现和人们对凯洛夫教育学的态度等方面都有着很大区别。

1.20 世纪 80 年代的恢复性发展

“文革”结束后，中国教育教学秩序得到恢复。中华人民共和国成立初期，中国教育是在学习以凯洛夫教育学为代表的苏联教育经验基础上建构起来的，而新时期教育教学秩序恢复后，就很有必要从理论上重新评价凯洛夫教育学。20 世纪 70 年代末中国教育理论界很多学者在学术刊物上发表了重新认识凯洛夫《教育学》的文章并曾举行大型研讨会。[11]此时的重新评价显然是针对教育大革命至“文革”时期对凯洛夫教育学的批判和否定，为其“正名平反”。但重新评价中获得“正名”的凯洛夫教育学却不再有 20 世纪 50 年代的权威性。人们对它有了较为全面的认识，既肯定它的合理部分，也指出它所存在的缺陷。

20 世纪 80 年代初，中国教育界掀起研讨赞科夫教学思想的热潮。[12]在热潮中，人们把赞科夫发展性教学思想与凯洛夫教育学进行比较，不仅发表大量相关研究文章，还在上海举办了“关于凯洛夫和赞科夫教学思想的异同和评价”小型专题学术讨论会。在比较研究中，人们虽然观点不同，但研究旨趣却一致地集中在探讨赞科夫如何实现对凯洛夫教育学的超越和创新。可以说，这和当时我国教育领域力图突破凯洛夫教育学束缚的意图是一致的，只是这种意图所引导的努力并没取得有效成果。

改革开放后，中国教育所恢复的是凯洛夫教育学所主张的教学模式和规范。由于凯洛夫教育学本身固有的缺陷，中国教育教学秩序恢复不久即在发展中出现诸多问题，促使人们推行教育教学变革。然而，在 20 世纪 80 年代以前，凯洛夫教育学所主张的教育教学模式和规范是中国教育运行的基本依据，几乎没有变革能对其构成有效冲击。与此同时，中国教育学的发展也有着同样的无奈。面对教育学教材极度紧缺，人们把“文革”前刘佛年主编的《教育学》讨论稿重印以为应急。之后不久，大量的自编教育学教材涌现。据统计，20 世纪 80 年代中国正式出版了多达 100 多种教育学教材。[13]然而，当时出版的教育学教材却都以凯洛夫教育学为蓝本，体系结构一致遵循“四大板块”。

2. 20 世纪 90 年代之后的突破性发展

20 世纪 90 年代以后，中国教育学人突破凯洛夫教育学束缚的努力取得了成效。在教育学科不断分化和不断综合的过程中，传统的无所不包的大教育学分化成了教育基本理论、教学论、课程论、德育原理等学科。为适应学科教学和发展的需要，教育学的理论建构势必也要随之变化。在这种情况下，教育学教材逐渐多样化起来，不仅出现“教育原理”“教育概论”“教育学原理”“教育学”“普通教育学”等多个名称，内容结构也是新旧并陈、丰富多样。然而，20 世纪 90 年代以后的自编教育学教材仍然受凯洛夫教育学的影响。暂且不说 20 世纪 80 年代的教育学教材或其修订版依然在 90 年代以后有着强劲的生命力和广泛的使用率，即使是那些具有创新的教育学教材，和凯洛夫教育学也有着密切关系。通过考察发现，这些教材虽然突破了凯洛夫教育学的体系，修正了它的缺陷，但是其思考教育的基本理路以及关于教育的基本观念却和凯洛夫教育学保持一致。从这个角度而言，凯洛夫教育学俨然成了中华人民共和国教育理论的传统。

中国教育改革在 20 世纪 90 年代以后也加强了力度。在从理论上探讨师生关系、学生主体性等问题的同时，在实践中也进行了相应的变革。进入 21 世纪后，中国教育开启了系统的新课程改革，大力推行素质教育。可以说，通过变革，中国教育突破、超越了凯洛夫教育学的模式和规范。然而，这种超越却是有局限的。这种局限表现在，中国学校教育仍以知识教学为主，而知识教学的整体面貌改变不大。除了像教材这样的硬性资源不断翻新之外,21 世纪中国(尤其是广大农村)教师教的路数、学生学的路数并不比 20 世纪 80 年代高明多少。可以说,教学的深层行为模式依然如故。同时,教改实验大多是"淮南之橘",所提出的教学模式在实验学校均获得成功,却不能推广。中国教育改革与其说是在不断革除凯洛夫教育学的影响,不如说是在对它进行发展和完善。

"文革"结束以后,凯洛夫教育学没再被重印过,似乎真的走入了历史。然而,凯洛夫教育学并没有退出中国教育领域,它的影响依然存在。对凯洛夫教育学的地位的认识,中国教育学界呈现出两种明显对立的态度:反对、批判和接受、拥护,而且争鸣不断。20 世纪 80 年代后期,燕国材在《教育研究》发文认为凯洛夫教育学属于传统教育理论范畴,继而引发了一场辩论。[14]21 世纪初,新课程改革中影响较大的王钟论辩,其辩论的焦点之一依然是对凯洛夫教育学的地位和作用的认识。在辩论中,拥护凯洛夫教育学的王策三教授认为凯洛夫教育学握住了整个现代教育和现代学校教育的核心部分,虽有缺陷,但具有基本的合理性,在我国的教育发展中功不可没。[15]而对凯洛夫教育学持批判态度的钟启泉教授则认为凯洛夫教育学缺少人文性,其教育教学主张只见教师不见学生,属于斯大林专制主义的产物。[16]两相对立观点的持续争鸣,表明了凯洛夫教育学对中国的影响是多么深刻,同时也表明,中国教育理论和实践的发展不可能简单粗暴地抹去凯洛夫教育学的存在和影响。

二、凯洛夫教育学中国化的影响因素

(一)理论因素

1. 科学性

知识是人类经验的符号表征。人类延续除了需要生理遗传之外,还需要把人类所积累的经验传递给新生代。在一定意义上说,教育便是通过让学生掌握知识以使其内化人类经验的存在。学校作为专门的教育机构,通过教学让学生掌握系统知识则成其基本职责和工作重心。就目前而言,教师主导和讲授法则是保证知识传授有效、快捷的必要途径。

凯洛夫教育学集中关注学校教育，认为学校教育在学生发展中起主导作用，并把学科知识的学习作为学校教育的中心。它认为学校应以传授系统知识为目标，在教学中强调书本、课堂和教师主导等因素。可以说，对知识教学的统一和规范形成了凯洛夫教育学的主要旨趣。也正因为如此，凯洛夫教育学尽管具有意识形态色彩浓重、关注学生不够等缺陷，但在某种程度上的确反映了现代教育的要求，体现了现代教育的规律。

另外，凯洛夫教育学是一本力图运用马克思主义基本原理探讨教育问题的教育学著作。虽然它对马克思主义的运用存在着严重的教条主义乃至某些谬误，但它的确也取得了一定的成绩。马克思主义教育观从历史唯物主义的角度对教育问题进行论述，为人们提供了考察教育的新视角，有利于人们在社会发展的大背景下认识和发展教育。凯洛夫教育学延续和发展了马克思主义教育观，为马克思主义教育研究作出了贡献。

2. 时代性

20 世纪 20 年代以后，斯大林对苏联各个领域加强了意识形态控制，施行政治统领一切，在苏联全境推行高度集中统一的斯大林模式。而作为该书主编的凯洛夫不仅是教育学教授，还是一位官员①，有着对政治的高度敏感性。可以说，凯洛夫有能力把握苏联当时的政治形势，推出适合当时政治需要的教育学教材。从凯洛夫教育学 1948 年版对阶级斗争和意识形态的强调与贯彻、对斯大林的推崇来看，凯洛夫也显然这样做了。他把自己主编的教育学打造成“标准”的社会主义教育学，使得凯洛夫教育学 1948 年版出版不久便成为当时苏联教育学教材的代表，被当作苏联编写教育学教材的基础。

凯洛夫教育学在苏联教育的成功为它在中国的巨大影响打下了基础。中华人民共和国成立初期，中国人民对共产党、社会主义和共产主义有着无

---

① 凯洛夫 1942 年至 1950 年任《苏联教育学》杂志的主编，1946 年至 1966 年连续 21 年任俄联邦教育科学院主席，1949 年至 1956 年任 8 年俄联邦教育部部长。另外，凯洛夫还曾是苏共中央候补委员、中央监察委员会委员、苏联议会副主席、苏联最高苏维埃苏联法国组主席和苏联与外国友好协会教育处处长等。参见：何国华，陈漪．凯洛夫生平和教育著作[J]. 外国教育动态，1989(1)：42-43. 杨大伟．凯洛夫《教育学》：斯大林意识形态的教育代表作[J]. 全球教育展望．2007(8)：13-19. 吴式颖主编．外国教育史教程[M]. 北京：人民教育出版社，1999：725-728. 等。

比的热爱和崇信。政治和意识形态获取了主导人们思想和行为的巨大力量。在党和政府倡导的学苏运动中，教育界向苏联学习的自然便是社会主义教育理论和经验。可以说，社会主义特点是人们选择学习对象的第一位标准。凯洛夫教育学在苏联教育的成功及它醒目的社会主义标识，不仅对中国人形成强烈的吸引力，还为它迅速成为中国教育领域的"权威"奠定了基础。

3. 操作性

凯洛夫教育学严格说并不是一本探讨教育的科学著作，它更接近于指导学校教育行为的规范性理论。凯洛夫教育学 1948 年版共有教育学总论、教学理论、教育原理三编，以智育、综合技术教育、德育、体育和美育等构成教育的五个部分作为论述学校教育的基础，重点论述了知识教学和德育两个方面。在这两个方面，凯洛夫教育学阐释的并不是知识教学和德育的内在原理，而是对教育工作者在这两个方面的学校教育行为做出系统规范。通览凯洛夫教育学，它更多地采用的是"应该怎样"的规范论调，而不是"是怎样"的科学语气。如此一来，凯洛夫教育学的科学理论水平难免要遭受质疑，但它也由此形成操作性强的优势。

同时，凯洛夫教育学的许多章节与其说是教育理论阐述，毋宁说是对苏联教育经验的介绍。这对于它作为一种从国外引进的教育学教材来说，反而更增强了可操作性。虽然以精练语言表达的抽象理论有利于扩展人们的认识视域，可以引发人们深邃的思考，但对于理论基础薄弱和经验积累欠缺的中国教育工作者(尤其是一线教师和教育行政人员)而言，凯洛夫教育学这种低抽象水平的作品反而比深奥的理论更易为人们接受和应用。

(二)政治因素

政治因素对凯洛夫教育学中国化的影响是至关重要的，可以说，若无政治的作用也许便不会有凯洛夫教育学中国化的命运。在凯洛夫教育学传入中国之后，其发展始终和政治缠绕在一起。

政治因素在凯洛夫教育学中国化早期起了极大的作用。积极的方面体现在，在政治的影响下，凯洛夫教育学不仅为中国教育理论树立了典范，而且使中国教育建立起完整统一的规范体系，为其以后的有序发展奠定了基础。消极的方面则体现在，政治的影响使凯洛夫教育学中国化在一开始就发生了歧化。凯洛夫教育学中国化早期，由于政治的主导，中国实际上形成了一种“一边倒”的局面。这种局面所营造出的特殊氛围使得凯洛夫教育学在悄然之间变成了类似于封建社会《论语》《孟子》之类的“经书”。而权威地位的确立使得凯洛夫教育学中国化表面上看起来一片繁荣景象，实则荒芜异常。换句话说，中国教育在学习凯洛夫教育学的基础上，似乎建立了自己的教育教学体系，发展了自己的教育理论，实则中国教育理论并没有多少自己的东西。对吃东西而言，越是囫囵个儿地生吞，越难于消化和反刍，学习也同样如此。中国化讲究的是中国对外来理论与经验的转化、吸收，而不是生硬、粗糙、革命式地自我改变。从某种意义上说，在政治的影响下，凯洛夫教育学中国化在早期更像是凯洛夫教育学化中国。

凯洛夫教育学后来被批判可以说也是缘于政治。由上文可知，凯洛夫教育学给中国教育带来了一些严重问题，但鉴于凯洛夫教育学的权威地位，中国教育工作者开始并没有公开对其提出质疑。只是由于最高领导人的讲话，它才有了被批判的命运。也就是说，对于广大的中国教育工作者来说，不是通过自己的实践经验或者理性思考意识到凯洛夫教育学的中国化存在着问题，而是政治上需要批判修正主义和苏联，这才殃及凯洛夫教育学。在当时，政治是全国一切活动的龙头，政治的需要给凯洛夫教育学定了性。首先确定了要批判它，至于为什么要批判、批判什么及怎么批判，那都是后话。凯洛夫教育学从被追捧到被批判的转变，透出一种“成也政治，败也政治”的意味。

“文革”后，中国教育学人便抛弃了作为教材的凯洛夫教育学，然而，为什么在无形当中还受其控制呢？这里除了中国教育发展的问题外，也有政治的影响。很多时候，人的精神的康复要比身体的康复来得更慢，更何况大多的教育学人并不一定对政治有那么高的敏感性。改革开放之后的十多年间，中国教育学者在编写教育学教材时，为了不至于犯政治错误仍有意识地凸显社会主义特征，编写社会主义教育学。而什么样的教育学才是社会主义教育学呢？凯洛夫教育学显然已经指出了一条较为保险的道路。借此，中国教育学人在不自觉间或者无奈地又走入凯洛夫教育学的窠臼之中。后来越来越宽松的环境向中国教育学者明示政治气候确然已经发生变化，于是，人们这才为突破凯洛夫教育学的束缚做出各种努力。尽管如此，马克思主义教育观在中国教育学界仍然是不容置疑的，而在中国表现马克思主义教育观的各种理论和著作中，凯洛夫教育学无疑是影响最大的。所以，也就不难理解为什么中国许多教育学教材思考教育的基本理路和凯洛夫教育学如出一辙。

（三）文化因素

这里，我们认为文化是一定社会以价值系统为核心的精神存在，是一个统一的整体，具有特殊性、发展性和继承性等。文化的特殊性意味着人类文化作为一个整体虽然有着基本的一致性，但不同社会的文化之间存在着本质差异；文化的发展性和继承性是相统一的。文化总是处在不断变化之中，不同历史时期的文化存在明显区别，但一定社会的文化在发展中会保持相对的稳定性和前后一致性，长期延续其独特传统。文化处处时时存在，决定并表现在人们的生活中。文化对于凯洛夫教育学便像土壤对于稼禾一样，影响着其中国化命运。

凯洛夫教育学中国化其实质是两种不同文化之间的交流，故而，凯洛夫教育学中国化的发展状况很大程度上取决于凯洛夫教育学和中国文化的契合程度。也正缘于此，凯洛夫教育学和中国传统文化的诸多契合为其在中国牢固确立及持续发展提供了基础。中国文化有很多传统，如集权主义、师道尊严、注重书本知识、官本位等等，都与凯洛夫教育学的相应层面有着一致的精神。这使得凯洛夫教育学很容易被中国文化所接纳。

文化的发展是一个综合外来文化，整合时代价值，进而创造新文化体系的过程，但文化的发展必须以传统文化为基点。从一定意义上讲，文化的发展过程就是一个对传统文化不断扬弃、改造和创新的过程。如此而言，凯洛夫教育学中国化的命运就会随着中国文化发展中传统文化存在状况的变化而改变。在中华人民共和国成立初期，政治统御着社会不断前行，新民主主义文化和社会主义文化先后被称为中国最先进的文化，超越了一切已存文化。然而，当时这两种文化的内涵却相当模糊，也未能给人们的行为赋予新的意义。在这种情况下，虽然整个社会都陷入激进状态，但实质性地支配着人们思想和行为的仍然是传统文化。凯洛夫教育学也因此十分顺利地在中国教育领域确立起来，甚至扎下了根。改革开放后，中国文化转变进程加快，转变力度加大，相应地，人们对凯洛夫教育学的批判也变得越来越强烈，要求改革受其影响之教育模式的呼声也不断升高。然而，在另一个方面，传统文化在中国文化发展中拥有强大的惯性，依然对中国文化各方面有着巨大影响。相应地，中国教育领域所进行的针对凯洛夫教育学主导之教育模式的改革也是举步维艰，凯洛夫教育学的影响持续存在，深层的文化因素是必须考虑的。对此，学者已有深入的研究和分析。[17]

（四）主体因素

1. 苏联教育专家

中华人民共和国成立初期，苏联曾经派遣大量教育专家到中国帮助建设新教育体系。这些来华教育专家都表现出了高度的国际主义精神和奉献精神。他们忘我工作、尽职尽责，在中华人民共和国教育建设中发挥了很大作用。如上文所述，由于苏联特殊的时代背景，苏联教育专家和凯洛夫教育学有着基本一致的教育主张。所以，无论苏联教育专家本人是否明确推介凯洛夫教育学，他们的在华活动客观上都促进了凯洛夫教育学在中国的传播和普及。

1956 年，凯洛夫本人来华也在一定程度上加强了凯洛夫教育学在中国的影响，但整体而言，凯洛夫来华对凯洛夫教育学中国化的影响有限。凯洛夫来华时，凯洛夫教育学早已在中国得到了传播和普及，学习凯洛夫教育学的热潮也快接近尾声。凯洛夫走后不久，凯洛夫教育学即受到质疑和批判。若不论他对凯洛夫教育学产生的意义，凯洛夫本人对凯洛夫教育学中国化的影响，还远不如其他来华苏联教育专家。

2. 中国教育学家

中华人民共和国成立初期，政府通过改造、培养和派遣留学等方式，拥有了一大批认同和拥护社会主义的教育学家。这些教育学家在凯洛夫教育学推广和普及过程中发挥了重要作用。他们以专业的学术水准，认真钻研凯洛夫教育学，并使其与中国教育实际相联系，然后再把自己的研究所得以通俗的形式呈献给广大一线教育工作者，为其学习凯洛夫教育学提供便利。这无疑有力地促进了凯洛夫教育学在中国的传播和普及。

改革开放以来,凯洛夫教育学中国化在人们的支持和批判中不断取得发展。支持凯洛夫教育学的学者在坚持其基本主张的基础上,努力弥补它的缺陷,对其作出发展和完善,使其和时代保持同步。这部分中国教育学家在凯洛夫教育学中国化过程中所起的作用自不待言。而批判和反对凯洛夫教育学的学者也间接地促进了凯洛夫教育学中国化的发展。批评者的批评构成了凯洛夫教育学不断发展的重要动因,而批评者所指出的缺陷则是凯洛夫教育学发展的重要起点。

3. 广大教育实践工作者

在凯洛夫教育学中国化早期,学习凯洛夫教育学是一场全国性的运动。在这场运动中,广大教育工作者(主要指教育行政人员和基础教育一线教师)不仅响应号召,积极对凯洛夫教育学进行学习,还学以致用,主动用凯洛夫教育学指导自己的学校工作实践。可以说,正是广大教育工作者积极主动地学习和应用才使得凯洛夫教育学在中国教育领域迅速得到确立和普及。

教育改革要由广大教育工作者落实、执行。而广大教育工作者面对变革时对惯熟行为方式的维护却成为抗拒教育改革的习惯力量。这种习惯力量在一定程度上维护了凯洛夫教育学所主张的教育模式的持续存在。随着广大教育工作者埋论水平与反思能力的不断提高,他们对自己教育教学实践的改进又在一定程度上推动了凯洛夫教育学中国化的发展和完善。上文论及,改革开放后中国教育的历次改革均演变成了对凯洛夫教育学所主张的教育模式的发展和完善。由此不难看出,广大教育工作者在其中所发挥的重要作用。

三、凯洛夫教育学中国化的经验启示

(一)杜绝运动式学习

全国性学习运动使凯洛夫教育学迅速在中国教育领域确立起权威地位,为其在中国教育理论和实践发展中产生长期影响打下了基础。应该说,运动式学习对凯洛夫教育学的中国化是有益的。它使得凯洛夫教育学这一苏联的教育学教材成功地走入中国教育者(乃至被教育者)的生活,对中国人的教育行为、教育思维及关于教育的话语体系产生了巨大的影响。面对中华人民共和国成立初期传统教育、国统区教育、教会教育、解放区教育等多种性质教育并存的状况,这种运动式学习对于迅速在全国范围内确立起规范、统一的教育教学体系是有积极意义的。

然而,这种方式把学习一种国外教育理论所应进行的"费事"步骤一概略去,把其他一切教育思想(包括中国的和外国的)全都打倒,迅速确立起凯洛夫教育学在中国教育界的垄断地位。这不仅限制了中国教育学人的视野,还割断了凯洛夫教育学与中国以前教育思想的联系,十分不利于中国教育学人对凯洛夫教育学进行理智地、有选择地吸收和转化。这种方式还造成中国教育界过于注重凯洛夫教育学的内容和形式,且以此作为规范长期约束自己,形成累加式的教条主义,①造成中国教育理论的思维空间极其狭小:既无力思考教育实践,又不敢思考基础理论,同时还缺乏思考横断的联系。可以说,运动式学习是政治作用的结果,它用人们的政治热情烧掉了人们的理智,使得人们对凯洛夫教育学的学习具有很大的盲目性,不能在深层次上对凯洛夫教育学进行批判性消化、吸收。

广而言之,运动式学习对于国外教育理论的中国化更多的是消极意义。这种学习方式追求简单、直接、迅速实现目标,它只是在一个较浅的层次上把握学习对象。它期望接受者专注于接受、应用某一国外教育理论,而不作其他念想,这不仅无法应对国外教育理论所具有的文化特殊性问题,也缺少对国外教育理论本身的合理评判,无法获得对外国教育理论的全面认识。因此,外国教育理论的中国化应杜绝运动式学习。

运动式学习的出现与中国社会的官本位思想有着密切的关系。政治,某种意义上说是对全社会的控制,具有一定的强制性和权威性。中国官本位思想在深层次上认同着政治的思维逻辑。政治的权威性和强制性特征直接影响着人的思维倾向。权威就是使别人相信、服从的力量,思维的权威性倾向表现为希图自己的言论、决策能够得到更多人的附和及更少人的反对。

---

① 凯洛夫教育学对马克思主义犯了教条主义的错误,而我们又对凯洛夫教育学犯了教条主义的错误。

直接性是相对于间接性而言的，思维的直接性倾向表现为喜欢把简单、直线式的关联思维作为行为策略的优先选择。在权威性思维倾向的影响下，即使是专门从事学术研究的人员，也喜欢被别人附和，并且附和者越多越好，讨厌被挑战、被反驳、被否定。在直接性思维倾向的影响下，人们总是喜欢刚性前进，而缺乏主动地开放式细作。运动式学习的显著特点就是以权威呼唤众人的盲目应和，以简单、直接的行为方式趋达目的。显然，运动式学习对于教育理论的中国化而言难以达成持久的效果。

（二）对引入理论进行系统化深入研究

在凯洛夫教育学中国化过程中，缺少对凯洛夫教育学的研究，不仅使得人们对凯洛夫教育学具有很大的盲目性（无论是执迷还是批判均是如此），还造成许多研究凯洛夫教育学的学者不了解它的真面目，却和凯洛夫教育学的影子纠缠。[18]一般而言，一种有价值的教育理论都是作者从独特的视角对教育和社会进行思考的结果，它虽然不能全面反映教育的内在机制，却能在某些方面形成深刻的洞见，部分揭示教育的特性。所以，一个完整的教育学体系不仅包含着作者独特的人生观、价值观和方法论，还包含作者对教育具体问题的分析和理论思维的具体展开。并且，教育理论除了具有普遍性之外，还具有文化特殊性。故而，学习一种国外教育理论不能不对其本身进行深入、透彻和全面的研究。要尽可能做到历史、现实、理论与价值的统一。[19]

加强对引入理论的研究，除了加强对引入理论本身的研究外，还要加强对引入理论与中国教育经验的比对性研究，使借鉴国外教育理论是真正地立足于契合点基础上的学习，而不致演变成粗暴的移植。在中华人民共和国初期学习苏联教育经验的过程中，人们看到中苏同属社会主义国家、同样面对西方文明压力等一致性的同时，却忽视了它们之间很多的不同。于是，中国忽略了自己需要继承的教育传统，加上没有自己积累的教育现代化经验，要在一片空白的基础上建立社会主义教育，这就不可避免地出现一种现象：把苏联的当成自己的，把苏联当时的模样想象成自己的未来模样。在这种情况下，凯洛夫教育学的中国化就是把凯洛夫教育学所主张的内容复印到中国的教育理论和教育实践当中去，使之成为中国教育发展的规范和标准。这不仅损害了中国教育理论和实践发展的自主性，更造成中国教育文化传统和教育经验在现行教育中的虚无存在，严重制约了中国教育长期健康持续发展。这一教训提醒我们，学习国外教育理论，有必要关注本国的教育经验，在两者相互比较中确立有效联系，并以此联系作为展开学习的基点。

加强对引入理论的研究，还要特别关注引入理论的实践性问题。凯洛夫教育学不仅在中华人民共和国初期主导我国教育发展，而且“屡批不倒”，至今仍有重要影响。凯洛夫教育学之所以在我国有如此大的影响力，并不是因为其本身有特殊魅力。凯洛夫教育学自从 1956 年遭到质疑起，就不断地受到批判，其本身在“文革”后也一直没再被出版过。凯洛夫教育学巨大的影响力主要来自它与中国教育实践的密切关系。它在中华人民共和国初期是中国教育教学改革的标准，在其中国化起步阶段就深入到中国教育教学的实践之中，扎下了根。更进一步说，凯洛夫教育学之所以能和中国教育实践建立起密切关系，虽然原因很多，但最根本的却是它自身所具有的实践性。由此启示我们，一种国外教育理论中国化的持续发展，首要的便是与中国教育实践建立密切联系，而要成功与中国教育实践建立密切联系，最根本的就是这种国外教育理论本身的实践性要强。当前，我国新课改遇到很多问题，一个重要的原因就是新课改的指导理念实践性不强。这些新理念基本上是国外教育哲学思想的综合演绎，在教学组织形式、课程和评价等方面显得过于模糊和粗糙，提出的实践策略过于繁琐又太理想化。这些无疑给它成功走向教育实践造成了很大障碍。

（三）把握引入理论与中国文化的契合性

由上文可知，凯洛夫教育学之所以能够在中国确立地位并产生长期影响，很大程度上得益于它和中国传统文化的契合。凯洛夫教育学与中国传统文化的契合一定程度上可以说是其和中国文化过去的发展水平存在着一致性。当然，这种一致性只存在短暂的若干年。时代变了，文化发展了，原来的理论就不会再起主要作用了。

实际上，引入理论与引入时代的文化契合性决定了引入理论能否产生影响或能否持久产生影响。20 世纪初，在中国先进知识分子积极提倡学习西方文化的背景下，杜威教育理论“合乎时宜”地传入中国，迅速被人们当做改变中国教育落后面貌的指导理论。然而，当时中国教育近代化发展刚起步，传统文化仍在社会各方面占据主导地位。在美国工业文明及其教育发展基础上产生的杜威教育理论与当时中国文化水平并不相契合，以其作为变革中国教育的依据则显得过于激进。同样地，我国新世纪课程改革的主导理念也存在着过于超前的嫌疑。这些主导理念多采自当前最流行的后现代主义、建构主义，强调儿童的个性化自主发展。[20]当今中国虽然经济发展取得了巨大成就，但整体水平并不乐观，文化等各方面都处在一种滞后状态，像科学、民主和自由这些现代思想尚未很好地确立起来。在这种情况下，在中国教育领域推行后现代思想无疑显得过于超前。事实也证明，不仅杜威教育理论对中国教育实践发展的影响有限，以后现代理论为基础的新课改的实施也出现了诸多问题。因此，引入理论无论滞后于中国文化水平还是过分超前于中国文化水平都不利于中国教育的发展。在借鉴吸收国外先进教育教学理念的同时，必须结合当前国情进行切实的创新，即本土化再造。没有本土创新的移植只会使借鉴变得机械而缺乏生命力。[21]

文化作为人活动的产物，其发展虽然存在着规律，但不是一个纯粹的自然、客观过程。一定民族的文化发展需由该民族的成员努力完成。具体到学习国外教育理论而言，把握引入理论与中国文化的契合性则为自觉推进中国文化和教育发展所必需，把握引入理论与中国文化的契合性的关键则是把握引入某种国外教育理论的文化依据。

参考文献：

[1]叶澜．“新基础教育”论——关于当代中国学校变革的探究与认识[M]．北京：教育科学出版社，2006：245-246.

[2]毛礼锐，沈灌群．中国教育通史：第六卷[M]．济南：山东教育出版社，1989：96.

[3]刘英杰．中国教育大事典 1949—1990（上）[M]．杭州：浙江教育出版社，1993：13.

[4]郑玉飞．新中国借鉴苏联教育经验建设正规基础教育教学体系的探索

(1949－1958)[D]. 北京:北京师范大学,2010.

[5]李秉德. 教学原则——兰州市中等学校教师业务学习报告[G]//田慧生. 李秉德教育文集. 南京:凤凰出版传媒集团、江苏教育出版社,2011:59-70.

[6]郑金洲,瞿葆奎. 中国教育学百年[M]. 北京:教育科学出版社,2002:108-109.

[7]瞿葆奎. 建国以来教育学教材事略[J]. 华东师范大学学报(教育科学版),1991(3):67-76.

[8]周谷平,徐立清. 凯洛夫《教育学》传入始末考[J]. 浙江大学学报(人文社会科学版),2002(6):115-122.

[9]黄书光,等. 文化差异与价值整合——百年中国基础教育改革进程中的思想激荡[M]. 北京:教育科学出版社,2011:273-282.

[10]黄书光. 凯洛夫《教育学》在中国的理论辐射与实践影响[J]. 复旦教育论坛,2010(3):42-47.

[11]杨大伟. 凯洛夫《教育学》在中国和苏联的命运之研究[D]. 上海:华东师范大学,2008:112.

[12]霍力岩,等. 影响新中国教育的外国教育家[M]. 天津:天津教育出版社,2009:64.

[13]陈元晖. 中国教育学七十年[J]. 北京师范大学学报(社会科学),1991(5):52-94.

[14]燕国材. 再论凯洛夫《教育学》属于传统教育思想范畴——与陈炳文、肖云瑞二同志商榷[J]. 上海师范大学学报,1989(3):68-73.

[15]王策三."新课程理念""概念重建运动"与学习凯洛夫教育学[J]. 课程·教材·教法,2008(7):3-21.

[16]钟启泉. 凯洛夫教育学批判——兼评"凯洛夫教育学情结"[J]. 全球教育展望,2009(1):3-17.

[17]陈志刚,张紫屏. 课程改革的难题:凯洛夫教学模式的遗留[J]. 全球教育展望,2013(6):29-38,47.

[18]陈桂生. 重评凯洛夫《教育学》[J]. 河北师范大学学报:教育科学版,1998(1):42-48. 78.

[19]廖其发. 论教育研究中的"史论结合"[J]. 西南大学学报(社会科学版),2014(2):85-93,182.

[20]钟启泉．中国课程改革:挑战与反思[J]．比较教育研究,2005(12):18-23.

[21]李森,杜尚荣．清末民初时期基础教育改革的基本经验与现代启示[J]．西南大学学报(社会科学版),2013(2):57-64.

第一作者: 和学新,天津师范大学教育科学学院,教授,博士生导师。

原文出处:《西南大学学报》(社会科学版)2015 年第 6 期。

转　　载: 人大复印报刊资料《教育学》2016 年 5 期全文转载。

高等学校创新创业教育的文化基础研究

秦　虹，张武升

摘　要：创新创业教育以文化为基础，这是大量实践和研究成果所反复证明的。从美国、犹太民族到硅谷、MIT典型范例，都以独特有利的文化为创新创业教育的沃土和源泉。有利于创新创业教育的文化元素主要有创业精神、质疑权威、容忍失败、国际化多元文化、“动手做”等。我国高等学校进行创新创业教育必须勇于破除旧的消极的文化元素，坚持新的积极的文化元素，走文化立校、文化育人之路，建立健全创新创业教育的体系。

党中央、国务院非常重视创新创业教育，把创新创业教育作为国家实施创新驱动战略、促进经济转型升级、推进高等教育综合改革、促进高校毕业生更高质量创业就业的重要举措。高等学校纷纷出台各种规划、计划和措施办法，深化创新创业教育改革，新成果新经验不断涌现。但是，综观高等学校创新创业教育的实践与研究，有一个至关重要的问题较多地被忽视，即创新创业教育的文化研究与建设，这影响了创新创业教育的可持续性深入发展。本文试对这一问题进行探讨，以期起到抛砖引玉之效。

一、文化是创新创业教育的基础

英国学者泰勒（Taylor，E. B.）指出，文化或文明是一个复杂的整体，它包括知识、信仰、艺术、道德、法律、风俗以及作为社会成员的人所具有的其他一切能力和习惯。[1]5-26 这一文化认识的内涵及外延比较广泛。从创新创业教育的视角，我们提出，文化是指一切有助于创新创业教育的观念、理念、精神、行为规则、制度及其与之共生共存的各种物质因素的总和。

文化是创新创业教育的基础，这是被大量实践和研究成果所反复证明的科学结论。以国家而言，美国被公认是创新创业教育最成功的国家，这从发达的教育、领先的科技和丰硕的创新创业成果得到充分证明。就作为创新的最高水平体现的诺贝尔奖来说，从1901年到2001年的100年里，全世界共有27个国家475人、478次获诺贝尔奖，其中美国获奖人次达206，占43%。而在1985年到2000年的15年里，全世界共有33名科学家获诺贝尔化学奖，20人是美国人。为什么美国能获得如此多的奖呢？研究得出，这根源于美国创新创业教育的文化，即开放、自由的文化。[2]以民族而言，犹太民族被公认是创新创业教育最成功的民族。以诺贝尔奖为例，自该奖设立以来，犹太人在全世界的获奖者中所占比例高达20%，比犹太人占世界总人口的比例高出百倍。在数学、哲学、艺术、科学和技术领域的世界奖项中，犹太人获奖比例也大大领先于其他民族。而究其原因，不在于犹太人的大脑有什么特别，而在于其具有多样性的文化。犹太人自古以迁徙、流散为主要的生存、生活方式，人口遍布世界各地，可以深度接触、吸收各地的文化，形成犹太文化多样、优化的生态，为其创新创业提供源泉。[2]另一项研究表明，以色列是世界上公认的创业的国度，其发展成就令老牌的国家吃惊。究其原因在于“以色列拥有罕见的、或许独一无二的文化和制度基础，能产生创新和企业家精神；它所缺乏的是能够进一步扩大，并将这种资产在以色列整个社会进行延展的政策基础。庆幸的是，改变政策要比改变文化容易得多，这在如新加坡这样的国家已经得到验证。《纽约时报》的托马斯·弗里德曼(Thomas Friedman)说：我宁可面对以色列的问题——主要是财政、管理以及基础设施方面的——而不要面对新加坡的问题，因为新加坡的问题就是文化束缚。[3]笔者认为，这一结论完全符合我国创新创业教育的现实问题，关键不仅仅在于支持鼓励的政策，更在于形成一种创新创业的文化。

以一个国家、民族而言，表明了文化对于创新创业教育的重要，那么一所学校呢？天津南开中学是一所典型的创新型的学校，在历史发展中，培养了2位总理，1位副总理，9位全国人大常委会副委员长和全国政协副主席，40余位省部级领导干部，50多位中外著名科学家、艺术家、教育家，等等。原因就在于其以创新为特色的文化，“允公允能、日新月异”的校训和面向全国、世界招生而汇聚来的多样性文化，构成了创新人才成长的良好生态。[1]44 再如美国加州理工学院，是我国著名科学家钱学森的母校，其创新创业的成就彪炳美国历史，“从世界上最大的光学天文望远镜，到连接原子之间的作用力；从地震学到分子生物学；从夸克理论到太空探索，加州理工学院的科学家所起的作用都是很难被他人取代的”[4]。那么，加州理工学院为什么在创新教育上取得如此卓越的成就呢？钱学森将其归于创新的文化。他说：“创新的学风弥漫在整个校园，可以说，整个学校的一个精神就是创新。”[5]

二、创新创业教育文化的构成元素

关于创新创业教育文化的构成元素，不同的研究者可能有不同的看法。但是，从有关的典型成功案例和经验来看，公认的元素主要有：创业精神、质疑权威、容忍失败、国际化多元文化、“动手做”等。

（一）创业精神

创新创业教育首先应该突出创业精神。创新与创业二者紧密相连，但又不同。创新是基础，创业是创新的应用和延伸，使创新变为产业，进入市场，转化为生产力。创业精神就是指创业的意识、志向和追求的综合。大学生应该有创业的精神，上大学不仅仅是为了找到好的工作，更主要是为了创造新的就业机会、岗位，甚至产业，不仅解决自己的问题，而且还能与别人一起创业，解决更多人的就业、创业。这种创业精神长期被推崇和培养，经过实践和典型案例的积累，形成一种文化，融入学生的精神世界中。

创业精神文化建设最成功的范例之一是硅谷的引领者斯坦福大学。这是一所典型的创业型大学。这一点在其创办者老斯坦福那里就得到强调，在首次开学典礼上，他说：请记住，生活归根到底是实际的，你们到此应该是为了给自己谋求一个有用的职业，但也明白，这必须包含着创新、进取的愿望、良好的设计和最终使之实现的努力。[6]148 这一番话推动斯坦福大学成为创新创业型大学，使斯坦福学人成为创新创业之人。在斯坦福大学，所强调的是要培养创新创业的学生，教师必须首先成为创新创业的人。于是斯坦福大学的教授们在教书育人中，高度重视科研创新，并善于把创新的成果用于创业，于是产生了大量教授企业家。例如，电气工程学教授林维尔(John Linvill)，他本人在好几个公司兼职。1971 年他与别人共同创办了遥感系统公司，专门制造视觉—触觉转换器，被广泛用于盲人电子式阅读。总之，创业已经成为斯坦福大学的一种重要文化。[6]148-149

另一所典型的创业型大学是美国麻省理工学院(MIT)，支撑其成功的基础也是创新创业教育的文化。MIT 打通科研创新与创业之间的通道，构建了完善的创新创业生态体系，形成了高校主导的"政产学研"模式，走出了问题导向的创新创业教育非线性之路：解决问题—基础研究—应用研究—发明创造。[7]37-38 这些经验成果凝结成麻省理工学院的典型文化，培养了一代代创业家，产生了大量影响世界的著名企业。据 2009 年的一项调查报告显示，目前，全世界以 MIT 技术为依托的公司共有 25 800 家，并且，每年以数百家的速度在增加。2009 年，MIT 校友公司共创造了超过 2 万亿美元的年产值，如果这些公司组成一个独立的经济实体，则可在世界上位列第 11 位。[7]12-13 MIT 之所以在创新创业教育上取得如此辉煌的成就，主要得益于其独特的创新创业精神文化，这种创业精神文化是 MIT 的特征，并且是通向未来的钥匙。MIT 强烈的创造力、激情、热情和活力激励着创业理念、创新精神和探索的动力。[7]137

（二）质疑权威

创新创业是从对现实存在的质疑开始的，因为有质疑，才会设法努力解疑，用新的更好更完美的东西代替现存的东西。质疑权威包括三个方面：一是对现存物的质疑，二是对现存人，特别是现存物的创造者的质疑，三是对诸多不可能、不可行的质疑。三个方面的质疑，在一代一代学生中生根、发芽、结果，逐渐凝成一种文化，这种文化就成为创新创业教育的基础。

美国的硅谷既是创新创业的典型样板，又是创新创业教育的良好"学校"和"教材"。硅谷的研究者得出，硅谷模式可以用三句口号来概括：质疑权威、不同凡响、改变世界。从一定意义上说，硅谷的历史"在很大程度上是一部年轻人的文化史"，因为在硅谷发展史上两个最大的科技浪潮(个人电脑和互联网)和金融泡沫(网络公司热)都是年轻人创造的。[8]450-451 而年轻人的创新创业正是从"质疑权威"开始的。

这一点被麻省理工学院的事实所进一步证明。在MIT,学生质疑、挑战权威是一种风尚,不满足于找到的一般职业,越来越多的毕业生将创业作为自己职业生涯的开始。据MIT创业中心调查显示:20世纪80年代,MIT校友创办了2 900家公司;90年代创办了9 950家,其中有5 900家仍活跃在商界;2000—2006年,创办了5 800家。而且,这些创业者越来越年轻化,20世纪50年代平均为40岁;70年代之前,年龄小于30岁的首次创业者占24%;80年代后,小于30岁的首次创业者占比超过30%,年龄在40岁以下的首次创业者占比超过了70%;90年代平均为30岁。联合创业成为发展趋势。在过去60年中,2/3的MIT校友公司是联合创办的,创始团队的人数由平均2.3人增长到3.3人。[7]24 这进一步表明,年轻的大学生是创业的生力军,而关键在于质疑权威,向现实挑战,敢于创新创业。

(三)容忍失败

创新创业是一项高级创造力劳动,向未知、新的领域开拓、探索,常常经历一次、多次,甚至无数次失败,才能取得成功。支撑创新创业最终走向成功的力量源泉是容忍失败的文化。容忍失败,就是要不以成败论英雄,就是要包容、关怀失败者,帮助其总结经验教训,支持其继续开拓、探索。这些观念、理念和做法凝结成一种文化,融入创新创业教育中,成为一种影响力巨大的正能量。

容忍失败的文化,在美国硅谷得到充分的展现。研究者们得出:硅谷能成功,是因为它鼓励明智的失败。其一个基本的理念是:"失败是常事","失败可以创造机会和更好地创新"。世界上几乎没有像硅谷那样宽容失败的文化,那里的信条就是经历失败并从中学习的人,才能成为优秀的企业家和管理者。[8]19 这种容忍失败的文化应该成为创新创业教育中的重要文化元素。在这一点上MIT又给我们提供了范例。研究者在总结MIT创新创业教育的文化时,突出地指出了这一点:对创业失败的宽容是MIT创业文化中的重要因素,失败被认为是对成功的一种尝试与经验积累。MIT在创新创业方面亦有许多失败的案例。这些失败并不算什么事,只会激励着失败者投入新的创业中。失败是一种宝贵的财富,能使后来者节约大量的成本,获取创业的灵感,如不包容失败,真正的创新也不可能再有。[7]138 正是有了这一文化元素,MIT 的创新创业教育才取得了巨大成功。

与失败相关联的是“缺失”或者“错失”,就是错失了一个机遇、一次成功,对此必须像宽容失败那样对其给予正确认识。研究硅谷发展史的专家提出了一个进化论观点:作为领军企业的缺失,对于促成创新十分重要。苹果公司完全错失了互联网的问世,谷歌完全错过了社交网的到来,Facebook 很快也要完全错过“下一个大产品”。每一个这样的失误都有助于产生一个新的巨人和一个全新的产业。如果苹果在 2000 年推出一个探索引擎,谷歌也许永不会存在;如果谷歌在 2004 年就推出了一个社交网平台,也许根本就不会有 Facebook 公司的产生。[8]452-453 正是承认“缺失”“错失”的进化性存在价值,才并不囿于原本的“缺失”“错失”,转而关注这种“缺失”“错失”所产生的更大的“他生”价值。这种进化论观点进一步确立了失败的“正面”性和“积极”意义。因此,在创新创业教育中必须提倡和融入容忍失败的文化元素,为教育者和学习者解放思想、大胆创新创业提供支持。

(四)国际化多元文化

在经济全球化时代,产业转型升级必然突破国际界限,使世界经济成为一个整体。在这种背景下,创新创业参照的标杆必然是世界共同的。由此,创新创业教育也必然突破一所学校、一个区域、一个国家的界限,成为一种世界性的教育。而世界性的创新创业教育赖以成功的基础是不同国家的多元文化,这种多元文化是创新创业的源泉。

一般认为美国人是世界上最富有创新创业精神的群体。但实际上,美国人的创造性来源于国际移民带来的多元文化。美国人的发明创造,很多不是来自出生在美国的美国人,而是来自移民。远到 19 世纪发明电话的亚历山大·贝尔,近到互联网时代的杨致远和布林,都是第一代移民。创新创业的风险投资机构非常愿意把资金投给第一代移民,因为这群人最富有冒险精神并且有最强烈的通过努力提升自己社会地位的意愿。所以,要创新创业,需要发展和发挥本国人的创造力外,更需要将世界上其他国家或地区富有创造性的年轻人吸引来。[8]3 研究表明,硅谷熟练的科学与工程工作者中有 1/3 是国外出生的,其中印度人和华人占多数,约占 25%。1998 年,中国与印度移民经营着硅谷 1/4 的高科技企业,提供了 58 000 多个就业机会。[8]18 研究还表明，技术移民的进入直接导致创新的增加。每增加10%的外国研究生会增加4.5%的专利申请数，增加6.8%的大学专利授权数，增加5%的非大学专利授权数。美国1990年颁布《移民归化法案》，把高技能移民的数量增加了2倍多，从每年54 000人增加到每年140 000人。[8]18 移民带来的多元文化激发了更多的创新和创业，成就了硅谷，也成就了美国。

这一规律对创新创业教育是完全适用和有效的。美国的高校非常重视扩大国外留学生招生规模，他们通过各种路径在世界各国网罗高水平的生源，给予各种资助，吸引其去留学。据研究显示，美国的知名高校外国留学生的比例有的达到40%，一般的也达到20%多。[2] 外国留学生的增加，给学校带来了世界性多元文化，多元文化的交流、碰撞和融合，催生了创新与创业。

MIT在这方面给我们提供了启示。MIT吸引着世界各地的优秀学生，这些学生不但成绩优异，善于创新，在创业方面也表现出了非凡的能力。20世纪40年代，MIT已经有非美籍校友开始创业，90年代非美籍校友创业的比例增长到12%，到21世纪已经达到17%。MIT创新创业的示范效应，吸引着全世界的优秀人才不断集聚，为MIT注入了新的动力与活力。[7]28 MIT创新创业教育培养的人才，不仅大大促进了美国的创新创业，而且对世界各国有重要贡献。研究显示，MIT校友在欧洲创办的企业有800多家，主要分布在英国、德国、法国等，在拉丁美洲有500多家，主要分布在墨西哥、巴西、委内瑞拉等，亚洲有342家，主要分布在中国、日本和印度。[7]29 在中国，最著名的是张朝阳创办了互联网公司搜狐、中国台湾英德慈创办了供应链服务商新聚思公司(Synnex Corporation)。[7]13

（五）“动手做”的文化

创新创业是高水平的脑力劳动，但仅有脑力劳动，只能产生具有创造性的观念、设想、设计等，还不能变为现实，产生实际的作品、产品、产业等。要实现后者，就必须做到“动手做”，既要动脑想，又要动手做，手脑并用、知行结合。从创新创业教育来说，动脑想固然重要，但更重要的是动手做。这在美国创新创业教育的成功范例中得到充分证明。“想”是为了“做”而“想”，“做”是把“想”进行到底，是对“想”的完成。这种理念经过一代一代人的传承，形成了一种文化，扎根于教师与学生的心中。由此，我们认为，进行创新创业教育，必须创造一种“动手做”的文化。我们再把研究的目光聚焦到硅谷这个创新创业的典范上。研究者得出：传统的观点总是强调硅谷发展得益于来自大学的技术转移，特别是经由初创公司实现了商业化进程。这当然起了重要作用，但技术发烧友们（不管他们是不是来自大学）也起到了同样重要的作用。发烧友们代表着一种对新奇技术的小玩意儿和自己动手的激情。这是美国精神的一部分。[8]4 由此可以看出，硅谷的成功除了有先于他人的创新性“想”，更有创新性的“动手做”，把研究成果和技术转化为做出来的产品，形成一种产业，发展成一个大企业。这种“动手做”在硅谷百年历史发展中成为一种取得成功的必不可少的文化。

“动手做”的文化在 MIT 中也体现得非常突出。在 MIT，“心和手”是座右铭。[6]139 这一座右铭要求教师、学生把创造性思考、思想与动手操作紧密结合，把新的观念、创意、设想、设计，通过动手操作变为现实，转化为创业的机会、岗位或产业。于是，教师与学生把自己的研究与工业、产业紧密结合。最初，MIT 主要通过企业咨询、专利技术转让、直接参与创办企业等方式与实业界紧密结合。为了促进这种“结合”，MIT 建立了专门的“产业联盟部门”，来促进教学科研与产业界的联系与合作。后来，MIT 开始向企业提供发明专利，以专利为资本直接参与到企业发展之中。再后来，MIT 的教师与学生们开始以各种形式直接创办企业，开创自己的创业生涯，并由此形成了 MIT 特有的创业文化。这种文化意味着，作为 MIT 的一员，你做出许多创新成果是理所当然的，当你通过创业实现这些成果的价值时，大家才会真正佩服你。[7]42-43

三、形成有利于创新创业教育的文化

创新创业教育以有利的文化为基础，这是毋庸置疑的规律。我国高等学校要真正扎实有效地进行创新创业教育改革，就必须从形成有利于创新创业教育的文化抓起。

（一）破除旧的消极的文化元素

高等学校创新创业教育改革遇到的旧的消极的文化元素主要有四个方面。一是重视“劳心者”，轻视“劳力者”，认为前者高人一等，后者低人一等，因此，大学生本人及其家长总是希望学生毕业后找到一份“劳心”的工作，不愿选择具有创新创业性的“劳力”的工作，于是出现“考公务员热”“考研热”，主要目的在于“找到好工作”，而不是创造“好工作”。二是官本位，“学而优则仕”是传统文化关于读书上学目的的典型表达，好好学习，目的在于“做官”，而不是创业。这一“目的观”在传统的封建社会有一定的存在理由，但在经济全球化、社会现代化的今天，这一“目的观”显然落伍了。现在是多元并举，既是“学而优则仕”，更是“学而优则创（业）”。三是适应现实，不敢冒险，不敢担风险，总是回避风险，于是，对创新创业将信将疑，犹犹豫豫。这种文化元素甚至在某些创业成功人士那里也经常听到，如“休学创业要谨慎，不可大力提倡”，“创业一定要有周密的计划和科学的论证才可行”，等等。假如都持谨慎态度，等事情完全成熟、可行再干，那还叫创业吗？创业就是从没有中创造出新机会、新岗位、新产业，如果一切都已既定，那就不是创业了。对创业进行周密计划是必要的，但也不能把它看得过重，因为创一个“新业”，总有预想不到的、看不清的事情或环节，如果都等弄明白了，也就不是创业了。科学论证也有必要，但也不应拘泥于它，因为许多论证常常给出的是否定的结论，而不是具有建设性的结论，对于创业起不到促进作用，参加论证的“专家”一般都不与创业者同智同心，不可能想到一块。四是对失败的惧怕。害怕创业失败，缺乏顽强的意志力，这是常见的消极文化心理元素。在我国高校教师、学生中这种文化心理元素普遍存在，缺少不怕失败、坚持多次创业直到成功的意志力。这一点 MIT 就不同。在 MIT 的校友中多次创业和连续创业是比较普遍的现象。随着时代的推移，MIT 多次创业校友的比例从 20 世纪 30 年代的 33％增长到 70 年代的 52％，MIT 创新创业的基因在他们身上得以深化和发扬。[7]31-32 以上四种旧的消极的文化元素必须破除，创新创业教育才有坚实有利的基础。

（二）走文化立校、文化育人之路

文化是立校之本，是学校赖以存在及发展的根源，没有文化，学校就失去了根源。古今中外，成功的高等学校都以独特深厚的文化为根基、为特色。文化的代表人就是大师，各学科门类的大师云集，学问至高，人品至高，他们是创新创业教育的主力军、引导者；此外，高素养的学生也是文化的代言人，他们热爱学习，立志创新创业，有思想、有理想、有志向。因此，学校抓立校之本的文化，主要抓教师和学生，这两个方面抓好了，学校文化立起来了，学校就有了根基。而对于许多高校来说，这两点正是被忽视的。学校领导将主要精力用于搞物质建设，追求"高大上"的物质环境，而对于教师、学生队伍建设则重视不够，甚至忽视，出现了"有大楼"，"缺文化"的现象。这是在创新创业教育改革中必须认真解决的。

文化育人就是坚持用有利于创新创业教育的文化元素武装学生，陶冶其情操，浸润其心灵，落实到其言行之中。要鼓励和支持学生以创业家、企业家为榜样，为人生的偶像，培养其坚强有力的创业精神；要鼓励和支持学生敢于质疑权威，坚持师生平等、教学相长的师生关系，引导学生善于从现实存在的权威、具有合理性的权威中发现问题，勇于质疑，发起挑战，进行大胆的创新、创业；要鼓励和支持学生树立正确的"失败观"，不怕失败，善于利用失败、转化失败，使失败生成成功，同时，营造容忍、宽容失败的环境氛围，对创新创业失败者与成功者一样给予尊重，并且进一步帮助失败者总结经验教训，为其创造条件；要鼓励和支持学生通过各种途径接触国际化的多元文化，与外国学生共同学习，切磋学问，互勉创业，使学生能以全球化胸怀、国际化视野进行多元化、多样性的文化交流，来打造创新创业的文化基础；要鼓励和支持学生学会"动手做"，既大胆思考，思想解放，创意泉涌，又善于动手做，把创意、观念、设计转化成产品、作品和产业，把创新与创业有机结合起来。

（三）建立健全创新创业教育的体系

创新创业教育是一项系统工程，有其内在联系的完整体系，涉及创新创业教育的目标设立、观念理念更新、体制机制创新、课程与教学设计、人才培养模式革新、评价标准指标配套、政策保障等，必须综合考量，顶层设计，实践检验，才能奏效。因此，对创新创业教育不能只抓一点、一个方面或一个环节，必须建立起完整的体系，任何环节都不能忽视，更不能缺乏，只有这样，创新创业教育才能开展得起来，见得到成效。

参考文献：

[1]张武升．学校文化创新与学生创造力开发研究[M]．天津：天津人民出版社，2012.

[2]张武升，肖庆顺．论文化与创造力培养[J]．教育研究，2015(5)：13-19.

[3]塞诺，辛格．创业的国度：以色列经济奇迹的启示[M]．王跃红，韩君宜，译．北京：中信出版社，2010：222.

[4]舸昕．从哈佛到斯坦福：美国著名大学今昔纵横谈[M]．北京：东方出版社，1999：359.

[5]毕卓然．世界名校如何培养精英：下一代创造力[M]．杭州：浙江人民出版社，2013：107.

[6]郝平，程建芳．创新与挑战——世界名校鉴[M]．北京：北京大学出版社，2001.

[7]黄亚生，张世伟，余典范，王丹．MIT 创新课——麻省理工模式对中国创新创业的启迪[M]．北京：中信出版社，2015.

[8]拉奥，斯加鲁菲．硅谷百年史：伟大的科技创新与创业历程(1900－2013)[M]．闫景立，侯爱华，译．北京：人民邮电出版社，2014.

第一作者：秦虹，天津市教育科学研究院，研究员。

原文出处：《西南大学学报》(社会科学版)2016 年第 1 期。

转　　载：《高等学校文科学术文摘》2016 年 3 期全文转载。

我国学前教育发展不均衡问题的成因和解决路径

冯文全，徐松妮，高　静

摘　要：改革开放以来，我国学前教育事业得到了长足的发展，但是由于各种复杂的原因，我国各地区间学前教育的发展水平出现了极其不平衡的状况。其中主要的原因包括：省际经济发展的不平衡，各地在教育问题上的传统习惯和认识不同，地方政府对学前教育的政策规划的具体性和前瞻性差异，各省区市地理、气候等生态环境条件的影响，等等。学前教育发展不均衡的问题会衍生出各地学童受教育机会不均等的社会公平问题，必须引起各级政府的高度重视，并采取行之有效的措施加以解决。政府和社会要高度重视全国各地学前教育事业的全面协调发展，国家要统一制定在全国范围内统一执行的学前教育规范标准，在东部沿海地区的落后区县试点免费学前教育，逐步免除全国各大师范院校教育类专业学费，加大政府财政投入以支持我国中、西部地区的学前教育发展等不失为可行的路径选择。

构建社会主义和谐社会，必须高举公平正义的旗帜，并将其内化为中国共产党的执政理念和诉求。[1]其中，学前教育公平作为社会公平的重要基础正受到越来越多的重视，《国家中长期教育改革和发展规划纲要（2010—2020年）》（后文简称《教育规划纲要》）在论述学前教育的章节中明确提出基本普及学前教育、明确政府职责和重点发展农村学前教育三点要求。而我国目前学前教育发展的客观情况是：不仅东、西部差距十分巨大，而且城乡差距也非常大。这种学前教育发展不均衡的现状直接影响着教育公平与社会公平，不利于社会的和谐发展和全面建成小康社会。正视我国学前教育发展存在的现实问题，努力缩小东、西部地区的省际学前教育差距是摆在我们学前教育理论工作者和实践工作者面前的艰巨而紧迫的任务，必须认真研究并加以解决。

一、我国学前教育发展水平的省际差距分析

历史的经验告诉我们，社会的经济发展水平在相当程度上决定了社会和政府对学前教育的重视程度以及对学前教育的资金投入。自 20 世纪 90 年代以来，人民群众对教育公平问题的关注度日益提高。从 1994 年至 2004 年，围绕教育公平问题，相关领域的学者在我国的期刊杂志上总共发表了四百多篇论文，一大批有关教育公平的专著也在这一时期出版发行。据统计，从 2005 到 2007 年短短三年间，各大高校的学者和研究生围绕着教育公平的主题公开发表的论文就超过了 950 篇。[2]但是这些文章关注点主要集中在中小学教育和高等教育领域，而对学前教育的关注并不多。2008 年以后有关学前教育各省区市发展不均衡问题的研究开始逐渐增多，有研究者开始对我国各省区市学前教育发展程度的相关资料进行梳理。刘占兰等对我国除西藏自治区和港澳台地区以外的三十个省区市的学前教育综合发展水平进行了排名比较[3]。该排名通过分析教育机会、教育条件、教育质量和教育公平四项指标计算得出学前教育综合发展指数，从高到低依次排列如表 1 所示：

表 1　各省区市学前教育综合发展水平排名情况

排名	省份	排名	省份	排名	省份
1	上海	11	山西	21	宁夏
2	北京	12	广东	22	四川
3	天津	13	内蒙古	23	广西
4	江苏	14	吉林	24	江西
5	浙江	15	陕西	25	安徽
6	新疆	16	重庆	26	青海
7	河北	17	黑龙江	27	贵州
8	辽宁	18	河南	28	甘肃
9	福建	19	湖北	29	海南
10	山东	20	湖南	30	云南

以上调查由于缺乏西藏自治区和港澳台地区的数据，所以没有将其列入比较范围。本文根据以上排名，为研究地区学前教育发展水平与当地经济发展水平、社会发展程度与居民可支配收入的关系，从国家统计局和联合国开发计划署网站查阅到了 2014 年我国各省区市人均 GDP 的排名情况、2010 年我国各省区市人类发展指数排名情况以及 2014 年我国各省区市城镇居民人均可支配收入的排名情况（不包含西藏自治区和港澳台地区），见表 2—表 4：

表 2　2014 年我国各省区市人均 GDP 排名情况[4]

排名	省份	排名	省份	排名	省份
1	天津	11	吉林	21	海南
2	北京	12	重庆	22	四川
3	上海	13	湖北	23	山西
4	江苏	14	陕西	24	江西
5	浙江	15	宁夏	25	安徽
6	内蒙古	16	新疆	26	广西
7	辽宁	17	湖南	27	河南
8	广东	18	河北	28	云南
9	福建	19	青海	29	甘肃
10	山东	20	黑龙江	30	贵州

表 3　2010 年我国各省区市人类发展指数排名情况[5]

排名	省份	排名	省份	排名	省份
1	北京	11	福建	21	宁夏
2	上海	12	黑龙江	22	新疆
3	天津	13	湖北	23	四川
4	江苏	14	陕西	24	江西
5	浙江	15	山西	25	安徽
6	辽宁	16	河北	26	广西
7	广东	17	重庆	27	青海
8	内蒙古	18	湖南	28	甘肃
9	山东	19	海南	29	云南
10	吉林	20	河南	30	贵州

表4　2014年我国各省区市城镇居民人均可支配收入排名情况[4]

排名	省份	排名	省份	排名	省份
1	上海	11	湖南	21	云南
2	北京	12	重庆	22	河北
3	浙江	13	湖北	23	山西
4	江苏	14	安徽	24	宁夏
5	广东	15	广西	25	吉林
6	天津	16	海南	26	黑龙江
7	福建	17	河南	27	贵州
8	山东	18	四川	28	青海
9	辽宁	19	陕西	29	新疆
10	内蒙古	20	江西	30	甘肃

对表1和表2进行对比分析可以发现两个排名有一定程度的类似。在全国学前教育综合发展水平最高的京津沪三直辖市，其人均GDP也名列前茅；相对应的，学前教育综合发展水平较低的云贵等省，其人均GDP也在低位徘徊。这说明各地区学前教育综合发展水平与区域经济实力存在着内在的关系。运用SPSS进行logistic回归分析，结果如下：

省份	幼教综合指数(%)	人均GDP(元)
上海	85.0	97 343
北京	75.8	99 995
天津	75.2	105 202
江苏	73.6	81 874
浙江	68.0	72 967
河北	66.7	39 984
辽宁	65.8	65 198
福建	65.2	63 472
山东	63.7	60 879
广东	62.0	63 452
海南	45.7	38 924
山西	63.3	35 064

续表

省份	幼教综合指数(%)	人均 GDP(元)
吉林	59.5	50 162
黑龙江	54.6	39 118
河南	53.2	34 808
湖北	53.2	47 124
湖南	52.5	40 287
江西	49.9	34 660
安徽	49.4	34 425
新疆	66.8	40 607
内蒙古	60.2	71 044
陕西	57.9	46 928
重庆	57.2	47 859
宁夏	51.7	41 834
四川	51.4	35 128
广西	50.2	33 090
青海	49.1	39 633
贵州	47.1	26 393
甘肃	46.8	26 427
云南	44.7	27 264

回归统计	
Multiple R	0.868 90009
R Square	0.754 98736
Adjusted R Square	0.746 23691
标准误差	11154 0.5011
观测值	30

	方差分析				
	df	SS	MS	F	Significance F
回归分析	1	1.0735E+10	1.07E+10	86.27982	4.78154E-10
残差	28	3483841024	1.24E+08		
总计	29	1.4219E+10			

	Coefficients	标准误差	t Stat	P-value
Intercept	−59269.126	12084.1654	−4.90469	3.6E-05
X Variable 1	1880.15112	202.41288	9.288693	4.78E-10
Lower 95%	Upper 95%	下限 95.0%	上限 95.0%	
−84022.4	−34515.836	−84022.416	−34515.8	
1465.527	2294.7751	1465.52714	2294.775	

可以看到，地区人均 GDP 对学前教育综合发展指数的回归系数为 0.8689（大于 0.8 为高度相关），表明幼教综合指数与地区人均 GDP 之间高度正相关（在 0.05 的显著性水平下，对回归系数 b=1880.1511 的显著性检验，$t=9.2887$，$p=4.78\times10-10$），这说明经济的发展有助于促进学前教育发展水平的提高。从对表 1 和表 3 以及表 1 和表 4 的比较可以发现各省份学前教育发展水平与人类发展指数和人均可支配收入也存在密切关系。对二者分别做回归分析，结果如下：

省份	幼教综合指数(%)	人类发展指数(%)
上海	85.0	81.4
北京	75.8	82.1
天津	75.2	79.5
江苏	73.6	74.8
浙江	68.0	74.4
河北	66.7	69.1
辽宁	65.8	74.0
福建	65.2	71.4
山东	63.7	72.1
广东	62.0	73.0
海南	45.7	68.0

续表

省份	幼教综合指数(%)	人类发展指数(%)
山西	63.3	69.3
吉林	59.5	71.5
黑龙江	54.6	70.4
河南	53.2	67.7
湖北	53.2	69.6
湖南	52.5	68.1
江西	49.9	66.2
安徽	49.4	66.0
新疆	66.8	66.7
内蒙古	60.2	72.2
陕西	57.9	69.5
重庆	57.2	68.9
宁夏	51.7	67.4
四川	51.4	66.2
广西	50.2	65.8
青海	49.1	63.8
贵州	47.1	59.8
甘肃	46.8	63.0
云南	44.7	60.9

回归统计	
Multiple R	0.886756
R Square	0.786336
Adjusted R Square	0.778705
标准误差	2.495647
观测值	30

	方差分析				
	df	SS	MS	F	Significance F
回归分析	1	641.8009	641.8009	103.0467	6.9E-11
残差	28	174.3911	6.228253		
总计	29	816.192			

	Coefficients	标准误差	t Stat	P-value
Intercept	42.70734	2.703645	15.79621	1.78E-15
X Variable 1	0.459714	0.045287	10.15119	6.9E-11
Lower 95%	Upper 95%	下限 95.0%	上限 95.0%	
37.16917	48.2455	37.16917	48.2455	
0.366949	0.55248	0.366949	0.55248	

省份	幼教综合指数(%)	人均可支配收入(元)
上海	85.0	47 710
北京	75.8	43 910
天津	75.2	31 506
江苏	73.6	34 346
浙江	68.0	40 393
河北	66.7	24 220
辽宁	65.8	29 082
福建	65.2	30 722
山东	63.7	29 222
广东	62.0	32 148
海南	45.7	24 487
山西	63.3	24 069
吉林	59.5	23 218
黑龙江	54.6	22 609
河南	53.2	24 391
湖北	53.2	24 852
湖南	52.5	26 570
江西	49.9	24 309

续表

省份	幼教综合指数(%)	人均可支配收入(元)
安徽	49.4	24 839
新疆	66.8	22 160
内蒙古	60.2	28 350
陕西	57.9	24 366
重庆	57.2	25 133
宁夏	51.7	23 285
四川	51.4	24 381
广西	50.2	24 669
青海	49.1	22 307
贵州	47.1	22 548
甘肃	46.8	20 804
云南	44.7	24 299

回归统计	
Multiple R	0.78982
R Square	0.623815
Adjusted R Square	0.61038
标准误差	40810.202
观测值	30

	方差分析				
	df	SS	MS	F	Significance F
回归分析	1	7.73E+08	7.73E+08	46.43148	2.11E-07
残差	28	4.66E+08	16656207		
总计	29	1.24E+09			

	Coefficients	标准误差	t Stat	P-value
Intercept	－2199.59	4421.347	－0.49749	0.622725
X Variable 1	504.6408	74.0587	6.814065	2.11E-07
Lower 95％	Upper 95％	下限 95.0％	上限 95.0％	
－11256.3	6857.125	－11256.3	6857.125	
352.9384	656.3431	352.9384	656.3431	

由以上分析可知，人类发展指数对学前教育综合发展指数的回归系数为0.8868，表明幼教综合指数与人类发展指数高度正相关（在0.05的显著性水平下，对回归系数b＝0.4597的显著性检验：t＝10.1512，p＝6.9×10－11）。人均可支配收入对学前教育综合发展指数的回归系数为0.7898，表明幼教综合指数与人均可支配收入之间中度正相关（介于0.5－0.8为中度相关，在0.05的显著性水平下，对回归系数b＝504.6408的显著性检验：t＝6.8141，p＝2.11×10－7），这说明在社会发展水平较高的地区和经济相对富庶的地区，对发展学前教育更加重视，同时家长也更愿意支付更高的费用为子女提供学前教育，使得该地的学前教育得到良性发展。而我国各省区市经济发展水平参差不齐，社会发展水平高低互见以及居民可支配收入水平不一的情况正是学前教育发展水平不均衡问题的主要原因。

二、我国出现学前教育发展水平省际差距的主要原因

造成我国不同地区学前教育发展水平高低互见的原因有若干。有些原因是长期存在的，也有些原因是新出现的，它们是教育科学文化与社会自然等很多因素相互作用的结果。将其拆开来分析，可以把主要原因分为以下几类：

（一）省际经济发展的不平衡，造成地方政府财政收入水平参差不齐，以致各地对学前教育的财政投入高低互见，是造成我国学前教育发展水平省际差距的经济根源

经济是人类社会生存和发展的基础，经济发展为发展教育提供了人力、

物力和财力三方面的支持。经济发展引发的经济结构变革，如产业结构、行业结构、消费结构的变化等，深刻地影响着教育结构的变化。一定程度的经济发展水平为教育发展提供了经济上的条件，也对教育发展提出了更高的要求。从前文人均 GDP 对学前教育综合发展指数所作的回归分析可以发现，在发展程度相对落后、经济实力较差的省份，由于对学前教育的财政投入较为薄弱，使得学前教育的发展受到了较严重的制约。区域经济发达程度对当地学前教育的影响是多方面的，其中有两个主要影响。首先，各地区经济发展的水平直接决定了当地政府的财政收入。当地方财政收入不足时，主要财力都必须投入到对当地居民生活影响最为重要的衣食住行等方面，这使得该地支持学前教育发展的财政投入捉襟见肘，而财政投入不足对该地学前教育发展的制约是不证自明的。其次，经济发展较为落后的省份工资水平与物价水平较低，该地区居民可支配收入和学前教育的从业人员工资水平也较低，而支付能力更进一步影响该地居民为子女寻求优质学前教育的意愿，较低的工资水平无法吸引优秀人才加入当地学前教育行业，进而严重制约了当地学前教育的发展。

（二）各地在教育问题上的传统习惯和认识不同，是造成我国各地区学前教育水平差距的历史原因

社会的传统习惯和观念在很大程度上会影响其各方面的发展水平及路径，其中便包括了学前教育的发展。人类发展指数是衡量社会文化发展程度的重要指标。前文对人类发展指数和学前教育发展的比较研究显示：除个别省份之外，社会文化发展水平较高的省区市，其学前教育发展水平也处于全国前列。通常受教育程度较高、知识水平较高的人更能认识到学前教育作为孩子一生教育的起跑线对于个人发展的重要意义，而对学前教育的需求程度会影响该地区的学前教育数量和质量两方面的供给水平，进而影响学前教育的发展水平。

我国幅员辽阔，南北文化存在一定的差异，汉族和少数民族地区也存在不同的风俗习惯及不同的社会文化，各地的社会发展水平一定程度上影响了学前教育的均衡发展。我国经济较为发达的省份通常有较浓厚的尊师重

教的传统，加之其具有较好的经济条件，使得其学前教育发展水平长期高于全国平均水平。相对应的，许多偏远地区和少数民族地区的父母由于经济条件制约和缺少可就近入学的幼儿园，会倾向于在家抚养学龄前儿童。而且人类发展指数对学前教育综合发展指数的回归系数甚至略高于人均 GDP 对学前教育综合发展指数的回归系数，清楚地显示出社会文化发展程度与传统观念对学前教育发展的影响不亚于经济因素。

（三）各地方政府对学前教育的政策规划的具体性和前瞻性差异，是造成我国各地区学前教育水平差距的又一原因

根据《国务院关于基础教育改革与发展的决定》（国发〔2001〕21 号）提出的建立“在国务院领导下，由地方政府负责、分级管理、以县为主”的管理思路，即县级党委及政府是地方学前教育发展的责任主体，学前教育的政策规划主要是由当地县级党政机关和教育部门参照党中央国务院就发展学前教育相关文件的精神来具体规划实施的。因此，学前教育政策规划的水平和对学前教育政策的执行同当地党政领导对学前教育的重视程度、对当地政情民情社情的了解以及该领导团队是否具有政策规划和执行能力密切相关。简而言之，除了各地经济发展水平、历史文化传统、社会文化氛围之外，推动学前教育的发展同当地党政机关干部队伍素质有直接联系。而经济与教育发达地区的干部素质往往较高，其提出的政策往往更加合理且符合当地实际情况，合理的政策对当地学前教育的发展是有很大益处的。此外，由于人才多流向发达地区，使得欠发达地区人才严重缺乏，这极大地制约了当地学前教育的发展。如果缺乏全国通盘的规划，那么我国各地区学前教育水平的差距很有可能会进一步拉大，教育公平的问题也会愈发严重。

（四）各省区市地理、气候等生态环境条件的差距，是造成我国不同地区间学前教育发展水平差距的客观因素

生态环境对人类社会产生广泛的影响，比如影响人类的迁徙、人口的分布等，而人口的流动和分布会对社会的方方面面产生影响，其中自然包括对学前教育发展的影响。我国学前教育发展水平相对落后的省份自然条件相

对而言较为恶劣:有些是平原少、山区多以致交通不便;有些是降雨不足、区内河流湖泊不多以致水源缺乏;有些地方多沙漠荒原,缺乏人类居住的基本条件。举例来讲,甘肃全省分布着大量的戈壁和沙漠,人口集中分布在黄河、渭河等主要河流两岸以及可以依靠祁连山雪水发展农业的河西走廊地区。该省其他大部分地区由于干旱少雨,农业不发达,人口较少,经济发展水平较落后,学前教育发展水平也相对滞后,发展学前教育的难度也很大。有些省份是农业大省,农村人口多,城市化进程缓慢导致人口分布不集中。比如我国新疆维吾尔自治区,农村人口比例为55.6%[6],高于全国平均水平。另外,由于新疆面积约为全国的六分之一,辖区面积辽阔,人口分布分散,这给幼儿园设点带来了极大的挑战。因需求直接影响供给,没有足够的适龄儿童就很难有幼儿园设点,因而要在这些省份全覆盖地发展学前教育,需要面对很大的挑战。

三、缩小省际学前教育发展水平差距的路径选择

前面的几类统计排名表显示:经济发展水平和学前教育的发展有着非常紧密的联系。我国学前教育的省际差异其实是我国经济发展不均衡的一个缩影。发达地区的适龄儿童受教育权基本可以得到保障,而欠发达地区的适龄儿童就缺乏足够的接受教育的机会。而曾经的教育产业化的问题使欠发达地区的资源进一步流失[7],从而使得这些地区本已落后的学前教育雪上加霜。同时,由于学前教育发展的不平衡,欠发达地区的学童首先便输在教育的起跑线上,这会影响其后的发展和竞争力,从而进一步制约欠发达地区的发展,进而会加剧区域发展不协调而衍生出诸多的社会公平问题。为解决学前教育的公平问题,中央和地方的有关部门需要从构建和谐社会和人才强国的战略高度出发,把大力发展学前教育作为贯彻落实《教育规划纲要》的重要突破口,制定出切实可行的方案并认真执行。中央和地方各级财政部门要尽快制定切实可行的计划,加大对学前教育财政投入力度,为适龄儿童提供就近的、可负担的以及多层次多形式的学前教育,同时,要以个体

协同、教育协同、制度协同为基本向度，为经济欠发达地区儿童提供强有力的发展基础、动力和保障[8]，以促进我国各地区学前教育全面协调发展。具体来说，缩小学前教育发展省际差距要秉持以下思路：

（一）将全国各地学前教育事业的全面协调发展作为推动全面建成小康社会和我国经济社会文化全面协调可持续发展的重要一环

推进区域间经济社会协调发展，缩小区域发展差距和贫富差异是党和政府的重要施政目标。1993年2月，中共中央、国务院印发《中国教育改革和发展纲要》，正式提出"逐步提高国家财政性教育经费支出占国民生产总值的比例，本世纪末达到百分之四"。自此，"4%"成为人们心目中教育投入红线的具体数字。而从1993年到2012年，政府对教育的财政投入逐渐增加，经过了二十年光阴才逐步实现。而教育财政支出超过GDP的4%后再没有显著增加。2014年国家财政性教育经费占国内生产总值比例为4.15%，比上年的4.16%降低了0.01个百分点。[9]教育作为促进经济发展和社会进步的重要原动力，需要得到思想的重视和资金的投入。如果说教育公平是社会公平的基础，是一切公平的起点的话，那么，学前教育公平则是基础的基础，起点的起点。保证适龄儿童接受学前教育机会的相对公平，对维护社会公平与稳定具有重要意义。而促进我国各地区学前教育全面协调发展，可以为我国从幼儿到青年的系统教育的全面协调发展乃至我国经济社会的全面协调发展打下牢固基础。

然而我国政府对学前教育发展的财政支持现状仍不尽如人意。这可以从多方面的数据来加以说明，比如，财政对学前教育的投入比例只占整体教育投入的1.3%[10]。而2010年，OECD（世界经合组织）国家平均对学前教育的公共财政投入占包括公共投入和家庭投入在内的总投入的比值达到81%。这些国家对学前教育的投入可以说是不遗余力。而对比之下我国2010年财政投入只占公共加私人的总投入的34%，只占到家庭投入的一半左右，这个负担对欠发达省份的家庭而言更加沉重。由于发达省区市有较为充足的财政收入可以投入到学前教育上，为控制乃至缩小各省区市学前发展水平的差距，中央财政应按照拟改建的闲置校舍面积、新增入园幼儿数并分地区按一定比例予以补助。越是经济发展困难的地区,中央财政补助比例应该越高。政府应该从充分利用现有资源以及因地制宜的角度出发,资助农村小学增设附属幼儿园。中央财政必须向欠发达地区的学前教育建设倾斜。政府应该鼓励发达地区对学前教育的社会参与,出台减免税收优惠等切实可行的政策,以催生更多的民办幼儿园。而在中、西部欠发达省份,尤其是其农村地区,就要充分发挥政府主导的作用,多办公办幼儿园。要充分利用已有资源,将农村闲置校舍改建成幼儿园。农村已设有小学的地点是人口较为密集、适龄儿童较多的地方,在这些地方设点可以省去为新设幼儿园考察征用地点的成本,提高办学效率。但是,在农村小学增设附属幼儿园要特别注意防止幼儿园教育小学化。此外,地方政府要加强宣传力度,扭转一些农村家长的观念,遵循儿童身心发展特点和教育规律,让入读儿童在幼儿园得到适合其发育阶段的学前教育。

(二)由国家统一制定在全国范围内统一执行的学前教育规范标准

在现行体制下,我国学前教育管理权责在县一级地方政府,而不是由中央统一负责统筹规划。虽然该制度使各地区可以因地制宜,政策可以贴近本地情况同时具有灵活性,但由于缺乏全国性的统一规划,各地方所拥有的资源不可同日而语,也造成了地区间学前教育水平差距不断拉大的后果。为使得各省区市学前发展水平的差距不再扩大,需要对现行制度尽快做出全面检讨。为了扬长避短,在保证地区自主保持地方特色的基础之上加强中央统一部署,对全国学前教育的发展加以通盘研究并制定全国统一的标准,这不失为一种值得尝试的方法。举例来说,其中一种可行的方式就是明确中央政府与地方政府各自的责任及制定学前教育发展的国家学前教育机构保教质量评价标准体系。国家学前教育机构保教质量评价标准体系可由全国人大和地方各级人大制定法律,并结合国务院和各级地方政府制定的相关法规,对中央和地方财政对学前教育经费投入的比例、学前保教师资团队建设标准、学前教育课程标准和保育标准细则做出统一规定,各地严格按照相关法律法规制定符合当地情况的学前教育发展战略。同时进一步强化教育部和地方教育部门的相关职权，加强其对各类幼儿园实际运作情况的指导。此外，为了便于评估监测，还应建立全国联网的信息化学前教育资讯管理系统。要成立专门机构对有关信息进行实时的更新，确保信息是可信的、实时的，以便为教育部门对学前教育政策在实施过程中进行微调提供参考。各级财政、教育部门要互相建立沟通渠道，对投入到学前教育发展的专项资金加强监管，并充分发挥学生家长和社会舆论的监督作用。教育部要建立巡视制度，连同中纪委、监察部、财政部和审计署不定期向全国派驻巡视组，重点考核中央和地方财政推进学前教育发展专项资金的使用情况，对资金使用出现问题的地区，当地主管学前教育的主要官员应该作为责任人要受到相应处分。近年来，教育部就在全国范围内发展学前教育制定了一系列标准，接下来中央及各地方有关部门领导应督导对相关标准的执行情况，要保证全国不同地区统一标准，严格管理，保证标准在实践中不走形、不变样。

（三）在东部沿海省份的落后区县试点免费学前教育

中国在三十多年的改革开放进程中积累了很多的宝贵经验，在这一进程中，沿海省市在中央的领导下在许多重大问题上敢闯敢试，始终引领着改革开放的前进方向。然而在免费学前教育问题上先行的却是处于西北内陆地区的甘肃省，2016 年 3 月，甘肃省已率先在全省范围内实施免费学前教育。沿海省市的经济发展基础和财政收入状况都明显优于甘肃省，且素有在改革上冲锋在前的优良传统，在教育改革问题上更不应该滞后，而要加快推进免费学前教育。

免费学前教育试点地区的选择应该遵循以下几点原则。第一，试点的行政级别以区县一级为主。第二，试点地区有一定的人口规模，学前教育适龄儿童有一定规模且分布相对集中。第三，该地区所属省份经济相对发达但该地区在省内经济发展却相对滞后。

坚持以上原则的原因有以下几点。第一，区县一级政府是现行体制下推进学前教育发展的一线单位，对相关工作较为熟悉。第二，一定规模且分布相对集中的学前教育适龄儿童的存在使得较高效益的幼儿园分布设点成为可能。第三,经济发达地区的学生家长相对更能负担学前教育的费用并且愿意为子女谋求高质量的学前教育,相较之下经济相对落后地区学前教育适龄儿童失学问题更为突出,更需要中央和地方政府在经济上施以援手。第四,经济较发达的省份具有一定的财政实力,可以减轻推行免费学前教育试点对中央财政的压力。

推行免费学前教育试点有以下几点好处。第一,试点地区的学前教育适龄儿童失学问题可以基本解决。第二,适龄儿童在得到专业的教育的同时,他们的家长可以有更多的时间和精力投入工作,从而促进当地经济的发展。第三,政府财政投入落后地区学前教育,可以获得长远的经济及社会效益。当前中国经济面临一系列难题,迫切需要进行产业转型升级。产业转型升级需要时间及相应的人才准备,非一朝一夕可以完成,而学前教育对于早出人才和快出人才的重要性不言而喻。学前教育的发展也直接关系到国家整体教育水平的提升。缩小学前教育落后地区和先进地区的差距,也有利于缩小地区间经济发展水平的差距,有助于社会的和谐与稳定。

(四)推行高校学费减免政策

要保证全国各地区学前教育的协调发展,幼师队伍的建设至关重要。而为了吸引更多的优秀高中毕业生进入高校的学前教育专业学习,需要国家政策以及财政的支持。我国免费教育师范生制度自 2007 年开始实行,已经有一届又一届的免费教育师范毕业生走上全国各地的教师工作岗位,为我国的教育事业发展尤其是西部地区的教育事业发展做出了很大贡献。为了提高我国幼师队伍的整体规模与水平,现阶段在教育部直属院校等少数院校推行的免费师范生制度应该逐步推向其他各省属重点师范院校,免除包括学前教育专业学生在内的所有教育类专业学生的学费,并提供生活补助,这样可以吸引到一批家庭经济条件较差的优秀高中毕业生报考幼师专业。同时,为了避免“孔雀东南飞”的现象,保证贫困地区的学前教育有数量足够、质量上乘的师资队伍,应与免费学前教育专业学生签订协议,让其在毕业后回到生源所在地从事幼儿教育，鼓励他们在学成之后回到故乡，建设家园。同时要保证毕业生的工资处在一个较有吸引力的水平，减少毕业生在工作数年之后转工转行的现象。此外，教育部还应该适度扩大全国高校学前教育专业招生规模，并在学前教育发展较为薄弱但适龄儿童较为集中的地区增加幼儿园教育点，为学前教育专业毕业生提供充分的就业机会。

（五）采取差别对待政策以加大扶持中、西部省份发展学前教育的力度

自西部大开发和中部崛起战略实施以来，中、西部地区的经济发展得到进一步提速。在国家相关政策支持下，大多数中、西部省份 GDP 增速常年高于全国平均水平，同时也高于东部发达省份。但目前来看，东部沿海地区和中、西部地区的发展出现差距有着深层次原因，东、西部在教育科学文化等领域的差距还依然存在，并将可能长期存在，由此可能带来一系列严重后果。中央和地方政府必须充分认识到东、西差距问题的严峻性，并采取切实有效的措施，创新机制，提出能够真正解决该问题的对策。教育部应该加强全国幼儿师范学校的建设，以期为国家输送足够的学前儿童保教人才。财政部可以成立专项基金，在全国范围内集中在中、西部地区和农村地区组织铺开学前教育支教点。各地应根据本地适龄儿童的数量和分布情况向教育部申报支教点，并从幼儿师范毕业生中以较高的工资招聘支教教师。依托已有的乡镇幼儿园等现有资源，对学前教育入学难的地区提供充分的学前教育就学机会。由中央财政出资对巡回支教志愿者在岗期间的工作生活以及参加社会保险等费用给予补助。教育部和财政部应加大力度提升从事学前教育保教的师资质量，将资金向中、西部地区和农村地区倾斜，制定全国统一的幼儿教师培训计划，以中央财政为主地方财政为辅对该计划加以认真贯彻落实。要鼓励地方根据自身情况，提出具有前瞻性又结合实际的学前教育发展规划。应该放开对部分非政府组织的管制，对从事志愿教育的国内外义工组织进行有效的管理，鼓励其在中、西部地区开展工作，促进当地学前教育发展。

现阶段，我国中央和各地方政府已经采取一些专门性的措施来帮助学

前教育基础较为薄弱的地区发展学前教育，但是，由于历史发展欠债原因，中、西部地区和农村边远地区底子差，经济发展相对落后以至于不能留住本地人才也不能吸引外地人才。这使得这些地区需要国家有关部门重点关注和扶持，需要中央政府在财政上积极投入，需要地方政府的重视与努力和社会贤达的帮助。各地要加强对学前教育发展重要性的宣传工作，投入足够的媒体资源，通过电视、广播、报刊等传统媒体以及互联网新媒体，采取灵活多样的形式，向全国尤其是相对落后的地区宣传发展学前教育的重要性和紧迫性。要弘扬中华民族尊师重教的优良传统，提升包括幼师在内的各级教师的社会地位。中央政府、地方政府和社会各界要统一思想认识，上下一心，努力提高学前教育发展较为薄弱地区的学前教育水平，缩小东、西差距和城乡差距，以促进社会和谐发展。

参考文献：

[1]梁妙荣．论公平正义是社会主义和谐社会的核心价值观[J]．当代世界与社会主义，2013(5)：179-181.

[2]肖小华．不可忽视教育公平的起点[J]．新观察，2009(9)：13.

[3]刘占兰，高丙成．中国学前教育综合发展水平研究[J]．教育研究，2013(4)：30－37.

[4]国家统计局，中国统计年鉴[EB/OL]. 2014：3-9 http://www. stats. gov. cn/tjsj/ndsj/2015/indexch. htm.

[5]联合国开发计划署．2013 中国人类发展报告[EB/OL]. http://www. cn. undp. org/content/dam/china/docs/Publications/UNDP-CH _ 2013% 20NHDR _ CN. pdf.

[6]康马尔丁·尼杂木丁．农业优势与农民增收为何不对称——针对新疆维吾尔自治区情况分析[J]．人民论坛，2014(10)：216-218.

[7]夏茂林，冯文全．教育产业化批判[J]．西南师范大学学报(人文社会科学版)，2006(2)：123-126.

[8]刘云艳，程绍仁．公共治理逻辑：弱势儿童教育发展的社会协同机制建构

[J]. 西南大学学报(社会科学版),2015(3):82-88.

[9]教育部. 2014年全国教育经费执行情况统计公告[EB/OL]. http://www.moe.gov.cn/srcsite/A05/s3040/201510/t20151013_213129.html.

[10]李涛,邬志辉,邓泽军. 中国统筹城乡教育综合改革:统筹什么?改革什么?——《国家中长期教育改革和发展规划纲要(2010—2020年)》视阈下的"城乡治理论"建构[J]. 西南大学学报(社会科学版),2011(3):122-130.

第一作者:冯文全,西华师范大学教育学院,教授;西南大学教育学部,博士生导师。

原文出处:《西南大学学报》(社会科学版)2016年第6期。

转　　载:《新华文摘》2017年9期论点摘要。

下编

教育专题问题研究

类比：比较教育研究及其创新的思维本质

孙杰远

摘　要：从比较教育的对象、方法、内容、过程和结果等方面对比较教育研究的思维本质进行探讨，作者认为，类比是比较教育研究及其创新的思维本质，比较教育研究应在类比思维的支撑下检验研究的条件与结论，从而提升比较教育研究的创建性、有效性和预见性。

比较教育研究的进步根本上取决于研究者的主观能动性和研究方法论的发展。对于研究者的主观能动性而言，其核心应是深邃而富有创建性的思维能力；而对于研究的方法论而言，其哲学实质为如何合理、有效地揭示比较教育背景下思维与存在的关系。由此可见，比较教育研究与研究者的思维方式存在密切的联系，应对其内在的思维本质与机制予以澄清，并以此为基点使检验研究有所突破。审视比较教育研究的对象、方法、内容、过程和结果等方面，笔者认为比较教育研究及其创新的思维本质是类比，类比思维在某种程度上制约着比较教育研究的有效性和可能性。

一、类比思维的模式和作用

类比是逻辑中的三种主要推理方法之一，是人类重要的思维方式，在科学研究中被广泛采用。正如著名数学家 Polya 所指出的那样，类比存在于我们的思维和交流，从简单推论到艺术表达以至最高的科学成就，无不充满类比。[1]

中国古代的哲学家早就对类比思维进行了精辟的概括。《墨子·小取篇》开篇中说道："夫辩者，将以明是非之分，审治乱之纪，明同异之处，察名实之理，处利害，决嫌疑焉。摹略万物之然，论求群言之比。以名举实，以辞抒意，以说出故。以类取，以类予。"这里指出了论辩的要义在于摹拟概括万物之情状，论列讲求群言的层次，采用"以名举实""以辞抒意""以说出故"的论辩形式，而它们的共同特点就是"以类取，以类予"。所谓"取"，就是在已知者中取理；所谓"予"，就是由此推论未知者，而这两者都是以类而行的。

韦伯新世界词典（*Webster's New World Dictionary*）给出类比的两个基本特征如下：

(1)类似事物之间在一些方面相似，另一方面相异；(2)一些确定的相似性推论暗示出进一步可能的相似。

卢明森在《思维奥秘探索——思维学导引》一书中也给类比下了一个定义："所谓类比，就是对于两类不同的事物，在比较的基础上，找到、抓住它们之间的相似之处，以此为根据，将关于一类事物的知识，迁移、推广到另一类事物上去的思维活动。"[2]

综上所述，类比思维强调通过对相似事物的比较，将一类事物的属性迁移到另一类事物上，其典型的思维模式如下：

A：具有属性 a、b、c，且有 d

B：具有属性 a′、b′、c′

所以，B 可能具有属性 d′

其中，a、b、c 与 a′、b′、c′为相似的属性，d′为推出的属性。

由上述见，类比思维具有异于归纳、演绎等思维方式突出的特征与作用：

(1)类比的对象是同一层次上的两类不同的事物。所谓的"不同事物"在于不同类的事物，而且这两种不同类事物必须在同一层次上，才能保证类比的可行性。另一方面，这两种不同类事物之间具有相似性。两个事物之间的相似性是类比能够进行过渡的环节或逻辑中介，没有相似性就无法进行类比；相似不是相同，如果相同就根本没有必要类比了；完全不同也无法进行类比。类比的最大价值就是在两类不同事物之间建立起由已知到未知的桥梁。

(2)相似体是已知的。用类比方法展开对目标体的新特性进行研究，首先要选取一个相似体。相似体还必须有一些目标体尚未认识的新特性，这是选取相似体的目的之所在。因而，相似体作为参照对象，必须保证它是相对已知的。

(3)对相似的两类事物进行对比。对比是类比思维过程中的基本内容。对比的目的在于找到两类事物之间的相似之处和不同之处，为类比提供纬度和对应关联的程度。但是，对比并不是类比，类比是在对比的基础上，由已知推出未知的思维活动；类比可以推出新事物或新属性，而对比的结果并不能推出新事物或新属性。

(4)类比思维是一种创造性思维。它是提出假设、发现结论、发现方法的重要途径。它可以帮助我们由已知推出未知，启发人们发现用以处理某种事件的新方式，是一种重要的创造性思维形式。在科学研究中，人们利用因果类比、数学类比、概念——模型类比，使其充分显示了强大的发现、创造功能。例如，在近代科学史上，开普勒受几何图形类似的启发，提出行星运动三定律；他曾说：我特别喜欢类比——我最可靠的老师，因为它们给我们揭开了自然界的各种秘密；麦克斯韦也曾得益于类比，建立了麦克斯韦电磁理论；同样，仿生学从生物的结构功能原理中得到启发，模拟生物的一些奇特功能，把各不相干的技术科学和生命科学密切联系起来，从而获得新的产品或方法。

二、比较教育研究及其创新的思维本质

比较教育研究是关注不同文化、不同区域的教育理论和教育实践问题，揭示影响它们发展的最主要的条件、因素及其差异，探索教育规律和未来教育发展趋势，并提出解决问题策略的过程。从比较教育研究的对象、方法、内容、过程和结果等环节的分析来看，比较教育研究及其创新的思维本质是与类比思维完全吻合的。

（一）比较教育研究的对象

联合国教科文组织于1990年出版的由霍尔斯(Halls)主编的《比较教育：当代的问题和趋势》(*Comparative Education: Contemporary Issues and Trends*)一书中指出[3]：根据全世界各地区的研究报告，比较教育学科已分化为比较研究、外国教育、国际教育和发展教育四个领域，比较研究和外国教育属于传统的比较教育领域，国际教育和发展教育是新发展的研究领域。这四个领域就是对研究对象在总体上的分类，本质上是对比较教育研究范畴“同层”“同类”的概括，针对其中某一领域的具体研究即为更具体的“类”的分化。由于比较教育研究的跨文化性，它在认可不同国家文化差异的前提下，对存在于差异性文化中的共同教育问题进行剖析。例如，学习中文在中国是个教学问题，在日本却不是，但如何学习母语和外语在各国都是一个教学问题。事实上，类似的问题在教育的每个层面都存在，我们可以从对不同国家特殊问题的审视中提炼出普遍问题，通过对普遍问题的比较分析而达到理解特殊问题的目的。这是“特殊——一般—特殊”的过程，即从一个特殊问题到另一个特殊问题的推理过程，在这样的推理过程中，研究对象从一种“类”转化到另一种“类”，这也正体现了类比中“特殊—特殊”的推理形式。

（二）比较教育研究的方法和内容

英国的埃德蒙·金（Edmund King）在《别国的学校和我们的学校——今日比较教育》[4]一书中对比较教育的内容和方法提出了新的见解。他认为，比较教育的研究内容和方法取决于研究的目的。他把比较教育的研究分为三级，每一级的研究内容和研究方法各有不同。第一级是比较教育的初学者，主要目的在于对各国教育有大概的了解，这一级应采取区域研究的方法，对各国教育的背景和制度作介绍；第二级是对比较教育稍有根底的人，对教育工作上反复出现的专业问题进行跨文化的分析研究；第三级是比较教育的研究工作者，应着重对教育改革的实际问题进行研究，对教育决策做出贡献，这一级应采取有哲学家、经济学家、社会学家和政治学家参加的多学科协作的研究方法。但无论研究者选择什么样的研究内容和方法，都必须围绕研究中所确定的相似体和目标体尽可能地收集研究信息，掌握全面真实的资料。大量的资料分类与化归显现出相似体和目标体对应的属性，从而为类比推理的展开准备了条件。在推理过程中，类比对象之间相同和相似的属性愈多，类比对象之间共有属性和推理属性的联系就愈密切，类比的结果就越准确。从这个角度上讲，研究方法的优化服从于类比思维的需要。

（三）比较教育的研究过程

众多学者曾对比较教育的研究过程进行了论述。按照贝雷迪（G. Z. F. Bereday）在《教育中的比较方法》（*Comparative Method in Education*）一书中所提出的见解，他将比较教育的系统研究分为区域研究和比较研究，并将比较教育研究工作分为四个阶段：描述—解释—并列—比较。[5]区域研究包括描述和解释两个阶段，而比较研究包括并列和比较两个阶段。他指出，区域研究并不是比较研究，它主要针对一个国家或地区，是比较研究的基础和前提，而比较研究则同时面向许多国家或地区，只有将两者结合，才能形成系统的比较教育研究。不难看出，系统的比较教育研究要求研究者对描述阶段的事实做出分析和解释，将资料系统化，再对资料分类并置，最后进行比较，以此实现比较教育的最终目的——探索教育规律和确定解决问题的策略。实际上，这一过程体现了类比思维的系统推理过程。

（四）比较教育研究的结果

探索教育规律、寻找解决本国或本地区教育问题的策略始终是比较教育研究最主要的目的和结果，其实质在于探求一种理论或实践的根基和条件，证明这种理论或实践是否足以类推到其他情境中，由此得出一个新的判断，这也充分体现了类比思维的创造性。

三、类比思维支撑下的比较教育研究及其创新的条件和结论

以上对类比思维的解剖及对比较教育研究各要素的比对阐释也充分说明类比思维对比较教育研究的支撑和作用原理，另一方面，现实的比较教育研究应在类比思维机理的要求下，认真准备和分析研究的条件，并检验其结论的创建性、有效性和预见性。

（一）比较教育研究的条件分析

1. 研究主体的知识与能力结构

比较教育研究要实现类比思维的活动过程，首要的条件是研究者合理的知识与能力结构。对于比较教育的研究者而言：一是要有敏锐的洞察力，要透过教育的表面现象，挖掘其实质和属性；二是要有系统分析的能力，要善于掌握研究对象间的相似点和不同处，能建立起研究对象间的相互联系，整体驾驭系统的类比推理；三是要有多学科的知识和研究方法的积累，能从多个角度和途径洞察和分析教育现象。此外，具有类比思维经验的研究者，其类比的思维能力比较强，获得成功类比的可能性大，而成功的类比经验又进一步丰富了研究者的知识与能力。

2. 研究信息的可靠性

类比思维的客观基础即事物及属性间的相互联系，类比对象间具有共同的属性愈多，其结论的合理性愈高。然而，要发现事物的相互联系必须有可靠的信息资源，而获取信息的途径会影响信息的可靠程度。贝雷迪认为，比较教育研究获取资料的途径一般包括两种方式：一是不断收集各种文献资料；二是进行实地访问。在收集资料的同时，还存在如何对资料进行组织和分类的问题，要从质和量两个方面对研究的资料信息的客观存在状态进行考证。所谓信息的质是指信息的本质，即信息区别于其他存在的规定性；信息的量是指信息的分布和数量，往往组成信息的局部以及各要素及其关系。对比较教育研究资料进行质的概括和表述，这需要在一定的量的积累的基础上充分把握教育现象的性质、结构、组成因素及其因素间的关系。

3. 研究方法的适应与选择

比较教育研究方法的选择是以最有效地揭示教育现象的本质和实现借鉴为标准的，实质上就是通过对方法的调整、选择来保障比较的两个或多个对象间相似性和差异性的充分挖掘以适应类比推理的需要。一般认为，比较教育研究方法主要有两种范式。一是实证主义的研究范式，其特点是实证的、经验的、实验的。一般采用数据统计、数学模型或理论以及实验法等定量的分析方法。二是理解的研究范式，其特点是建构的、解释的、自然的。一般采用具体的、直接的、主观的体验研究和分析，如田野法、人种志法等质性研究方法。量化研究多从宏观层面、采大样本对社会现象进行统计调查，研究工具和资料搜集方法标准化，数据和研究结果有代表性，易于推广，这些是质性研究方法所欠缺的。量化研究方法缺乏长时间动态的近距离研究和对复杂现象意义的深入探讨，而这正是质性研究方法的优点。比较教育研究方法的多样化为比较教育研究者提供了多元化的选择空间，但研究方法的多样化与互补根本上是为了提高类比的有效程度。从这个角度理解，我国比较教育研究仍然面临着挑战，许多工作在方法学上仍显得薄弱，包含太多对外国教育状况的描述，缺乏基于类比的系统比较分析。

（二）比较教育研究的结论分析

类比思维支撑下的比较教育研究的结论是否具有可靠性，取决于三种可能性：其一，研究者是否按照类比思维进行推理；其二，是否在类比推理过程中出现了错误；其三，是否由类比结论的或然性导致的。这就需要研究者对研究的结论进行充分的论证或实际验证。然而在实际研究中严格遵守这样的研究步骤往往被忽视。比较教育常被等同于外国教育研究或者被等同于使用多国资料的研究。常见的陈述如：在甲国，中学课程是这样的，在乙国却是那样的，而在丙国和丁国是其他什么的。或者用定量术语表述为：A 国的教育经费占国民生产总值的比例较高（5%—6%），B 国是中等（3%），C 国则很低（1%—1.5%）。[6]这类研究只不过是对事实的陈述，尽管它是比较研究不可或缺的前提，但远非全部。类比推理所得到的结论，具有超出前提已经认定的范围的性质，因而具有或然性，但也正因为这个不同于演绎推理的特点，类比推理的结论就显著地具有了一种突破常规的创新性和开拓性。应该着力强调的是，这种创新和开拓，是以严密的类比思维为底蕴的。以类比为其核心思维本质，比较教育研究结论的合理性依赖于类比思维的严密性，类比思维的严密性为比较教育研究提供了理性依据。从另一方面而言，也正是类比的或然性导致了结论的不可靠性，它仅是一种“似真”的结果，其结论必须经过论证推理或实际验证之后才能确认其正确性，这是由类比的本质决定的。此外，机械类比是类比思维中易犯的逻辑错误。在进行类比推理时，如果把关注的焦点放在事物之间非区别性特征的相似方面，或者，在注意到不同事物的一些共同特征时，忽略了它们之间另一些更为重要的区别性差异，那么，就会犯机械类比的错误，根据对事物的这种观察去进行类比推理，得出的结论就不正确。例如，我国的高等教育产业化无法取得有效的成果，这是因为高等教育产业化兴起于发达国家，是其特定社会、经济发展水平和制度下的产物，比较研究应对此做出合理、可靠的结论，照搬照抄西方发达国家的模式和经验，必然导致我国高等教育发展的不确定性。

综上所述，我们从思维的层面分析了比较教育研究及其创新的本质属性，这一问题的论证对研究主体的思维方式、思维材料、思维结果提出了参照和准备条件的依据，尽管类比思维并不能像归纳、演绎一样按严密的程序进行逻辑推理，但如同直觉思维对自然科学创造的贡献一样，类比思维对有着社会学本质的比较教育研究同样的重要，至少，我们知道该如何去思考了。

参考文献：

[1] Polya, G. How to Solve It [M]. Princeton: Princeton University Press, 1945.

[2]卢明森．思维奥秘探索——思维学导引[M]．北京：北京农业大学出版社，1994:350-351.

[3]Halls, W. D. (ed) Comparative Education: Contemporary Issues and Trends [M]. UNESCO., 1990.

[4]埃德蒙·金．别国的学校和我们的学校——今日比较教育[M]．王承绪，等，译．北京：人民教育出版社，1989.

[5]G. Z. F. Bereday. Comparative Method in Education[M]. Holt, Rinehart and Winston, Inc., 1964.

[6]吴钢．迈向21世纪的比较教育研究[J]．外国教育资料，1996，(1).

作者简介：孙杰远(1966—)，男，甘肃民勤人，广西师范大学教育科学学院，教授，西南大学教育学院，博士研究生，主要研究教育基本原理和比较教育。

原文出处：《西南师范大学学报》(人文社会科学版)2005年第5期。

转　　载：《教育学文摘卡》2006年1期全文转载。

课堂教学中关注学生学习风格差异探析

王　庆，张　鸿

摘　要：本着"关注学生学习风格差异"的课堂教学理念，探究学习风格概念、类型以及学习风格差异的特点，从观念上肃清关注学生学习风格差异的两个问题，即教师必须正确看待学生的学习风格差异，同时以"和谐发展"观念为指导思想来看待对学生学习风格差异的关注，做到"关注个别和关注全体"，关注"优势方面与劣势方面"即二者的统一。在此基础上，从匹配和失配教学的角度，从课堂教学设计、实施和评价等方面就课堂教学中关注学生学习风格差异的行为在理论上和实践中都还大有文章可做。

"学生个体差异"一直是教育和心理领域研究者关注的重点问题，自新课程提出"关注个体差异"的理念之后更是成为研究的热点。学习风格差异是学生个体差异的一种，自 1954 年美国学者西伦(H. Thelen)首次提出"学习风格"这一概念后[1]，学习风格及其相关研究成为近 30 年来西方教学心理学、学习理论和教学论等学科共同关注和探讨的重要课题，被誉为"现代教学的真正基础"。已有研究成果对学生学习风格类型及表现方式探讨得较多，这种探讨有助于我们深入认识学习风格差异本身，但笔者认为，紧随这些已有研究，更重要的在于探索课堂教学中如何实现对学生学习风格差异的关注，这就必须扎根于课堂教学并做出思考。

一、学习风格对于学生差异性的诠释

(一)概念辨析

学习风格译自 learning style。style 一词本有六种译法之多，而当它翻译成“风格”时，一是指气度、作风，二是指一个时代、一个民族、一个流派或一个人的文艺作品所表现的主要思想或艺术特点；在心理学领域指个体在认知、学习、个性等侧面一贯性的外在表现[2]。尽管众多学者对学习风格概念的理解有差异，但笔者认为，学习风格必然体现于学生的学习活动中。若将学生的学习活动看作是一种认知过程，根据认知心理学的研究，这一过程涉及感知、记忆、思维等活动。学习风格就是学生在感知、记忆、思维等一系列活动中表现出来的持续一贯的、带有个性的学习特征。

（二）类型梳理

根据以上对学习风格的理解，学生在感知、记忆、思维等一系列学习活动中会表现出各自的偏好。这种偏好表现在感知学习阶段，主要体现在不同学生的优势感知通道上，即视觉、听觉、动觉通道；表现在思维阶段，主要体现在学生对已感知过的信息进一步组织加工时的特点，是偏好对信息进行整体加工，还是注重信息的细节，偏好对信息进行序列性加工。在巩固记忆学习阶段，主要体现为学生对感知、组织过的信息进行记忆储存时的特点，这种特点主要在于对信息储存时的不同编码方式上，根据认知心理学的研究[3]，短时记忆信息编码方式主要有两种：一是感觉代码（包括听觉代码和视觉代码），一是语义代码；视觉代码主要体现为图像方式，听觉代码主要体现为声音方式，语义代码则主要体现为语词方式。这些过程反映出的偏好和特点就体现为不同学生在学习活动中的差异性。根据梳理将学习风格的构成和类型表现为：

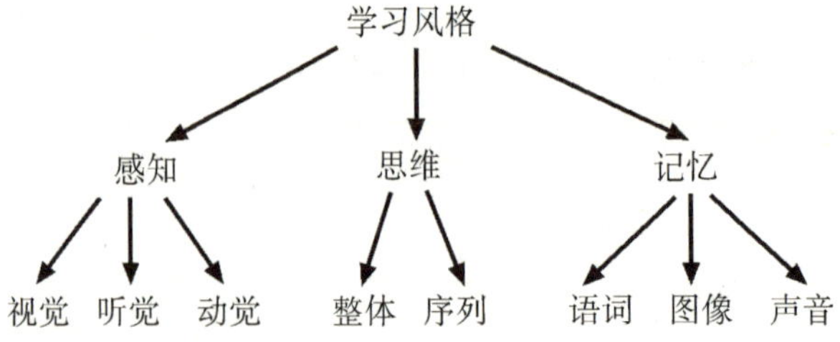

（三）特点描述

学生学习风格差异属于学生个体差异的一种，其特点表现在四个方面。

首先，它具有独特性。学习风格是在学习者个体神经组织结构及其机能基础上，受特定的家庭、教育和社会文化的影响，通过个体自身长期的学习活动而形成，具有鲜明的个性特征[4]。其次，它是稳定性和可塑性的统一。学习风格一经形成，即具有持久稳定性；但学习风格在形成过程中又具有一定程度的可塑性，对于学习习惯和方式都在进一步养成中的中小学生来说，关注其学习风格差异尤其具有特殊意义。再次，学习风格具有多维性。学习风格不反映水平的高低，而只反映方式的不同[4]10，这是它和智力、能力等个体差异最明显的区别。最后，它直接参与学生的学习活动[4]6。学习风格与其他个体差异的不同点在于它对学习活动的直接参与，而智力、能力等个体差异对学习的影响都是间接的，它们都要通过学习风格这一中介才能对学习过程发生作用。

正是学习风格的以上特点决定了在课堂教学中研究这一问题的重要意义。其一，它有助于提高教师课堂教学效果。学习风格直接参与并调控学习活动，而其他个体差异都要通过学习风格来对学习活动产生影响，因此，它成为影响课堂教学效果的重要因素。其二，它源于实现一种只要每个智力正常的学生都能按照自己喜欢的方式去学习就能够学好的理念。布鲁姆(S. Bloom，也译作布卢姆)认为，如果在早先与现在都提供了“适当的学习条件”[5]的话，儿乎所有孩子都能学好。因为学习风格具有多维性，它仅仅是个体在学习活动中体现出来的一种相对比较稳定的学习特征，无所谓好坏之分，只要给予适当的学习条件，无论哪种学习风格类型的智力正常的学习者都能在学习中取得成功。而其他个体差异却有优劣之分，关注这些个体差异在一定程度上并不能够有效地实现这种理念。

二、关注学习风格差异的课堂教学理念

任何正确有效的行为都必须要有相应的正确有效的观念作指导。因此，探讨在课堂教学中关注学生学习风格差异，了解并正确看待学生学习风格差异，树立正确的关注学生学习风格差异的观念就是最基本的一步。

（一）如何看待学生的学习风格差异

学习风格直接参与学生的学习活动，在课堂知识的传授和讲解中，教师必须充分重视学生的学习风格特点，并能够正确预见学习风格对于学生学习活动的影响。个体的学习风格都具有独特性，教师要树立差异教学的观念，尽量给学生提供能够按照其自身学习风格特点的优势方面进行学习的机会，让他们学得更轻松，体会到更多成功的快乐和喜悦，从而增强学习动机和学习热情。学习风格具有多维性，教师要辩证地看待学生学习风格与教师自身教学风格的关系，树立公平公正的教学观念，不能歧视和冷落与教师自身教学风格不匹配的学生，也不能偏爱与教师自身教学风格匹配的学生，对每一类学习风格类型的学生都要平等对待。学习风格是一定程度的稳定性与可塑性的统一，教师在课堂教学中要有发展的教学观念，既要发挥学生已有学习风格的长处，又要弥补学生已有学习风格的短处，使学生学习的个性特点更突出的同时，也更加全面地发展。

（二）如何看待对学生学习风格差异的关注

在课堂教学中，教学的最终目的在于培养全面发展的合格人才，促进每一个学生的和谐发展。因此，关注学生的学习风格差异也要秉承“和谐发展”的观念，在课堂教学中，这种“和谐发展”应该包括两个层面的意义。一方面对学生群体而言，要求教师在课堂教学中对学习风格差异的关注，既要“关注个别”，也要“关注全体”，既对不同学习风格学生的学习特点都要有所“考虑和照顾”，又注重班级学生整体学习风格特点的塑造。另一方面对学生个体而言，关注的实质在于做到关注个体学习风格的“优势方面”和“劣势方面”的结合，即不仅仅给学生提供按其学习风格的优势方面进行学习的机会，让学生成为一个全面的、策略化的学习者，而且还应该特别注意学生在课堂教学中不按照其优势学习风格进行学习的时候，引导学生学习，弥补其学习风格中的劣势方面。对待学生的学习风格差异，既要“扬长”，又要“补短”。所谓“扬长”，指提供与学生学习风格优势方面相一致的教学匹配策略，这一方面可以促进学生学习进步，提高学习效率，另一方面也能使其偏爱的学习方式得到施展和锻炼，有利于其特长的发挥。但是由于学习情境、学习内容千变万化，未来社会生活不可预测，任何人都不可能仅凭自己所偏爱的方式就能学好或完成所有的学习任务，有些问题恰恰需要学习者运用其所不喜欢的学习方式才能予以解决，这就不得不对弥补学生学习风格中的短处提出要求，即采用有意识的失配策略对学生施加影响。学生越是不擅长某种方式，越是应加强其在薄弱方面的训练。这种“强人所难”的教学，对学生来说也许是个痛苦的过程，而且在开始时往往在一定程度上会影响知识的掌握，但是从长远来看，它可以弥补学习方式或机能上的欠缺和不足，使学生心理机能和素质的各个方面均得到发展，最终促进学生学习能力的增强，使学生能更有效地应对来自未来社会的无法预测的各种学习任务。

三、关注学习风格差异的课堂教学行为

课堂教学中关注学生学习风格差异，就是要在课堂教学中根据学生的学习风格特点实施匹配和失配教学。具体又分为同时匹（失）配教学和继时匹配（失配）教学。前者指在相同的教学时间内对不同风格类型的学生实施匹配或失配策略；后者指在一个教学单元或一堂课的不同时间内分别匹配（失配）不同类型的学习者。

（一）关注学生学习风格差异的教学设计

首先，根据学生的学习风格特点，坚持统一性与差异性相结合的原则，既确立针对全体学生的统一目标，又确立针对不同学习风格学生的具体目标。以这些教学目标为导向，可以设计关注学生学习风格差异的课堂教学基本程序：先进行大班教学，按统一目标向全体同学讲授最基本的知识；接着进行分类教学，让各类学生以其风格中的偏爱方式进行学习，教师在各组间巡视指导，并辅之以相应的教学手段；待各组基本完成学习任务后，各组介绍、交流自己的学习方法并从中相互启发，教师对各类学生的学习进行归纳小结；然后再进行分组教学，令各组用其非偏爱方式学习新任务；最后集中全班，教师对教学内容及各种教学方式进行总结概括。当然，以上教学程序会受到教学内容、教学条件等因素的影响，因此在具体应用过程中应灵活处理。

其次，根据匹配和失配策略对教材进行相应处理。比如，对于书本上静态呈现的知识，可以通过让学生角色扮演、动手操作的方式使其动态化。另外，必须有针对不同学习风格学生的课堂教学的具体设想。如课堂上给哪些学生提供直观材料，给哪些学生提供辅助提纲，要求哪些同学做示范等都要有事先的安排。例如，有老师在教授同分母分数的加法法则时，既介绍同分母分数加法的算理又用相关图形来说明，让习惯于逻辑思考的同学说算理，让习惯于动手操作的同学在黑板上画相应的阴影线表示，让善于借助图形进行视觉观察的同学判断阴影线表示是否正确，等等，这样给每类学习风格的学生都提供了按照其偏好方式进行学习的机会。

再次，要根据不同学习风格的学生选择不同的教学形式，采用适当的教学媒体和多样灵活的教学方法，并注意不同教学形式、教学媒体、教学方法之间的有机结合。

（二）关注学生学习风格差异的教学实施

教师在各个教学实施环节都应关注不同学习风格学生学习的需要。在本文中，笔者将课堂教学环节分成呈现信息、讲解信息以及巩固信息三个方面。各个教学环节的匹配、失配教学方式见表 1。

表 1　不同教学环节的匹配、失配策略

		匹配策略	失配策略
呈现教学信息	视觉型	运用图表、幻灯片和动画卡片等方式	运用教师讲授或写、演示、实验等方式
	听觉型	运用电影、电视放映，教师讲授等方式	运用图表、幻灯片或写、演示、实验等方式
	动觉型	运用游戏、写、演示、实验等方式	运用图表、幻灯片或运用讲授、电影等方式
组织教学信息	整体型	同时加工教学信息，把新知识与先前的经验联系在一起描述	逐步加工教学信息，按顺序学习材料的不同方面
	序列型	逐步加工教学信息，按顺序学习材料的不同方面	同时加工教学信息，把新知识与先前的经验联系在一起描述

续表

		匹配策略	失配策略
	语词型	联系已有语词信息，对讲解的知识进行语言分析加工	联系已有信息，运用图画、图表或语音方式对讲解的知识进行分析加工
记忆巩固教学信息	图像型	联系已有图像信息，运用图画或图表方式对讲解的知识进行分析加工	联系已有相关信息，运用语词、语音对讲解的知识进行分析加工
	声音型	联系已有声音信息，对讲解的知识以语音形式进行分析加工	联系已有相关信息，运用图画、语词方式对讲解的知识进行分析加工

在知识呈现环节，教师可以先用契合学生学习风格的方式呈现新知识，然后再尝试用其他不同的方式呈现新知识。在组织讲解知识环节，教师尽可能地采用多种思路、多种角度分析问题，根据同时或者继时匹配教学策略，还可以辅以学生自学讨论、小组合作学习等形式，让不同学习风格的学生在一起学习时能够探讨交流、取长补短，既培养学生独立思考的能力，又让学生多学习借鉴教师和其他同学的思路。在复习巩固教学环节，教师也要尽可能采用多种记忆巩固方式，言语分析、图像描述、声音刺激，要多方面激发新知识与学生认知结构中已有知识的内在联系，形成学生认知结构中相应的优势表征知识的网络体系。

值得强调的是，这种在课堂教学各环节中的"关注"并不占用多少课堂时间，譬如教师演示时，考虑到一些学生偏好非视觉型方式感知信息，则可以通过教师的眼神、手势、话语等提示他们，并在演示时在他们面前多停留会儿，就可以更多地引起他们的注意，加深他们对于演示的印象，让他们主动适应不匹配的教学。另外，还可以充分发挥学生的力量，利用学习风格互补学生的相互帮助、相互提示也可以更好地完成教学。尤其是在一些课堂教学的关键环节，如果学生顺利跟上了教学进程，学习的效果也就有了基本保证。譬如，教师让学生操作小棒来认识 11、12、13、14、15，先引导学生将 10 根小棒捆在一起，形成新的计数单位"十位"，在这基础上加一根小棒形成 11，加 2 根得到 12……当全班大部分同学都已将 10 根小棒捆在一起，随着老师的进度，来认识 11、12……时，班上有几个学生（很可能其学习风格属于非动觉型）课桌上的小棒还是散着的，他们正需要帮助。这时教师只要让同桌的同学帮助他，问题就解决了[6]135。

（三）关注学生学习风格差异的教学评价

首先，由于学习风格在教育中的应用不局限于知识的增长，所以课堂教学评价应该着眼于学生各种学习机能和素质的全面提高。比如，教学中的补短策略，因与学生长期形成的对教学方法的偏爱不相一致，所以在开始的短时间内可能会阻碍学习知识的速度。但从长远看，短处得到弥补对知识的增长和认知机能的发展都是有利的，但认知机能的发展一般不像掌握知识那样快，因而其价值体现必然会有一个长期的过程。由于这些特点的存在，决定了针对学习风格的课堂教学评价方式应以立足学生未来，以促进每一个学生均得到全面发展的素质教育作为指导思想，既引导学生发挥其学习风格的长处，又让学生明确其短处并找到弥补的方法。在测评的内容上不仅检测学生对知识的记忆背诵，还应侧重考察学生的思考能力、动手能力；在测评的方式上不仅应以笔试进行，还可以考虑采取面试、动手操作、作品评价等多种能够全面检测学生身心发展的方式评价学生的发展状况。

其次，教师还要通过课堂教学评价对处于匹配和失配学习状态中的学生给予不同的引导，尤其要注意给那些处于失配学习状态中的学生多一些鼓励，对他们在课堂学习中的不适应多一些帮助和理解，对他们的学习惰性多一些宽容，激发他们主动弥补自己学习风格中劣势一面的积极性。因为不同的学生往往对教学方法的适应程度是不一样的，所以课堂教学评价方式应该有所区别。有调查表明：仅有30％的学生记得其在课堂上所听到的东西的75％；40％的人记得3/4他们读到或看到的东西。[6]136 根据笔者的了解和观察，动觉型学习者是在传统课堂里失败的主要学习者。他们需要动、感觉、触摸，需要做，如果教学方法不允许这样做，他们就会感到被排挤、被遗忘从而感到乏味无趣。

为保证课堂教学对学生学习风格差异的关注，我们还应更新学校教学理念，改革评价制度，适当缩小班级规模，改善教学设施和条件，为关注学生学习风格差异营造良好的外部环境。总之，在我国主要以大班教学的今天，无论从教师素质，还是教学条件、教学管理等方面来说，均还不可能完全达到实现针对学生学习风格差异的课堂教学的条件。重要的是，教师知道并能正确看待学生学习风格这一差异，并具备在课堂教学中关注学习风格差异的正确观念，有了这一观念，在课堂教学设计或教学过程中，就会尽其动机、意志、能力所及。随着对学习风格研究的深入，学校教学条件的改善以及教师素质的提高，相信“关注学生学习风格差异”将由口号式的呼喊变成生动的教学实践，从而让每个学生各方面潜能均得到充分发挥的理想成为现实。

参考文献：

[1]张天宝，姚辉．当代西方学习风格研究概观——兼谈学习风格的研究价值[J]．江西教育科研，1996(4)：22-25.

[2]李浩然，刘海燕．认知风格结构模型的发展[J]．心理学动态，2000(3)：43-49.

[3]王甦，汪安圣．认知心理学[M]．北京：北京大学出版社，1992：153-154.

[4]谭顶良，学习风格论[M]．南京：江苏教育出版社，1995.

[5]布卢姆．对学习者的新看法——在教学和课程中的意义[G]//瞿葆奎．教育学文集·教学(上)．北京：人民教育出版社，1988：647.

[6]华国栋．差异教学论[M]．北京：教育科学出版社，2001.

第一作者：王庆(1962—)，女，四川成都人，四川师范大学教师教育学院，副教授，四川大学历史文化学院，博士研究生，主要研究教育心理、教育科学研究方法。

原文出处：《西南师范大学学报》(人文社会科学版)2006年第3期。

转　　载：人大复印报刊资料《教育学》2006年8期全文转载。

教学论三十年：进展、问题与展望

靳玉乐，董小平

摘　要：我国的教学论研究在过去30年已经取得一定的进展，主要表现在：学科对象的拓展、研究问题的深化、学科性质的明晰、研究风格的分化以及理论体系的完善。但过去的教学论研究也涌现出一些问题，主要包括：观点生成与科学研究的问题，分割研究与总体研究的问题，理论移植与理论适应的问题，学术自由与学术规范的问题，理论创新与符号通约的问题，开放体系与学科划界的问题，教学理论与教学实践的问题，继承传统与现代创新的问题。因此，未来的教学论研究需要在六个方面做出努力，即注重研究的系统性、凸显研究的本土性、加强研究的规范性、提升研究的科学性、强调研究的现代性和提倡研究的原创性。

在教学论研究的过去30年中，中国特色的教学论体系正不断地形成与发展，其已取得的成就有目共睹，而面临的挑战也值得教育工作者重视。因此，回顾与总结过去30年教学论发展的概况，为教学论的学科发展开拓新的道路，就成为目前教学论研究的重要问题。

一、教学论研究的进展

在过去30年中，我国的研究者已对教学论的一些重要理论问题进行了深入探讨，其主要涉及以下五个方面：

（一）学科对象的拓展

学科对象是教学论学科化发展的重要内容。正如学者沙姆韦和梅瑟—

达维多(David R. Shumway & Ellen Messer-Davidow)所言：称一个研究范围为一门“学科”，即是说它并非只是依赖教条而立，其权威性并非源自一人或一派，而是基于普遍接受的方法和真理；学科是历史的产物，并以一定的措辞建构起来。[1]同样如此，学科对象的发展不是仅仅取决于某人或某派的某种界说，其还取决于研究者共同研究的问题或范畴，或更直接地说，是取决于这门学科领域的研究措辞。因此，可以通过两种方式来考察过去30年的教学论对象：

第一种方式：从研究者的界说来考察研究对象。关于教学论对象的界说主要有三种。一是“规律说”。此类观点认为教学论应“研究客观存在的而不带任何主观随意性的规律”[2]，或探讨“教学的本质”和“教学的较高层次的一般规律”[3]。二是“活动说”或“现象说”。此类观点普遍认为，教学论的对象是教与学的活动或现象。三是“问题说”。此类观点普遍认为教学论的对象应该是教学问题。此外，也有一些观点游离于上述三种观点之间，即对以上观点的整合。

第二种方式：从研究措辞来考察教学论的对象。在过去30年中，我国的研究者已从不同的视角出发，对教学论的诸多问题或范畴进行了探讨与协商，既有从哲学层次对教学存在进行的本体追问，也有从社会学、生态学、文化学、心理学、系统科学、伦理学等跨学科视角对教学的属性进行的分析，这些研究的丰富措辞已描绘出一种活生生的、内涵丰富的教学存在，这种教学存在是诸多研究者不断探究的具体对象。

通过考察后发现，教学论对象的发展主要有四种趋势。一是从逻辑演绎走向研究反思，即最初主要从哲学或教学论的上位学科来演绎研究对象，后来便借助教学理论的元研究来建构研究对象。二是从抽象认识走向具体认识，即对教学论研究对象的认识从“规律”到“活动”或“现象”，再到“问题”“范畴”或“领域”。三是从客观性与价值无涉走向主观性与价值有涉，即从借助自然科学的研究范式发展到重视人文科学研究的自身特点。四是从预设性走向建构性，即从预设的、先在的对象观，逐渐发展到创生的、建构的对象观。

（二）研究问题的深化

研究问题是教学论学科化发展的核心内容。卡尔·波普尔（Karl Popper）认为："科学以问题开始，以实践问题或者理论问题开始"；知识就是以从旧问题进入新问题的方式增长。[4]教学论研究也不能例外，它也从问题开始，其知识的增长也以问题变迁的形式进行。因此，对研究问题的考察有助于理解教学论知识的发展。教学论的研究问题主要源于两类认识矛盾：一是教学存在与主体观念之间的矛盾；二是教学概念、命题或理论之间的矛盾。前者产生的是"经验问题"，即研究者在认识和改造教学存在时发现的问题，它是主观见之于客观的认识问题；后者产生的是"概念问题"，即研究者在进行教学理论的元研究时发现的问题，它是主观见之于主观的认识问题。在过去30年的前期阶段，教学论研究以"概念问题"为主。从20世纪80年代开始，我国开始全面反思苏联的教学理论，同时也全面引入欧美国家的教学理论。然而，这些在不同社会背景、哲学理论、心理学理论或社会学理论下对教学进行的研究，在概念与概念、命题与命题或理论与理论之间产生了某些认识上的冲突和矛盾，我国在引进这些理论的同时，其大量的研究工作也就主要围绕着这些冲突和矛盾展开，主要是对引进的理论进行批判与质疑，对多元理论体系进行分析与综合，以及对引进的理论进行本土化改造。它们属于对认识进行再认识的"概念问题"。

在过去30年的后期阶段，教学论研究以"经验问题"为主。随着教学理论研究的进行，我国研究者也开始直面我国的教学生活，探讨我国教学实践所面临的实际问题，从而进行教学论的原创性研究。其研究问题主要是研究者从我国的教学传统与现实出发，借助其他学科的理论成果，对教学本质、主客体关系、教学目标、教学内容、教学手段等进行追问，并形成了诸多的本土化教学理论。其中，诸多问题都直接源于素质教育与教学改革实践，主要反映了理论研究对实践的关照。近年来，诸多研究者开始注重从我国的传统文化出发来引出研究问题，其研究志趣也主要偏向于"经验问题"。

（三）学科性质的明晰

学科性质关系到教学论学科化发展的基本走向。尽管不同研究者具有不同的认识或选择了不同的道路，但概括起来主要有两种。一是主张教学论应该坚持理论科学的性质，强调教学论的理论化取向。其主要受到“教学论是一门科学”的观念以及苏联教学论的影响。二是主张教学论应该坚持应用学科的性质，强调理论向实践技术的转化。其主要受西方早期教学论研究者的观点影响。从20世纪80年代以来，尽管我国的教学论研究主要坚持理论化取向，但要求教学论研究技术化的呼声一直存在。同时，有些研究者在坚持理论性研究的同时，也开始努力地结合教学实际，注重理论向技术的转化环节。

从20世纪90年代开始，研究者开始重点讨论教学理论与实践的“两张皮”现象。有学者认为，这次讨论“说明教育理论确实有脱离教育实践的倾向，而且成了大家的共识；教育实践也因长期过分注重经验而轻视理论指导，在实际问题的挑战面前又呼唤科学教育理论的指导”[5]。通过这次讨论，教学理论与实践相结合的问题成为共同关注的焦点。进入21世纪，对教学论性质的探讨仍在继续，相关的旧问题重新受到研究者的关注。但是，从整个教学论领域的研究状态来看，对学科性质问题直接讨论已被“悬置”，研究者开始通过自己的实际研究表明自己的倾向。迄今为止，教学论已初显形而上、形而中和形而下的研究分流态势。

（四）研究风格的分化

在过去30年中，我国的教学论研究已初步形成了四种研究风格：以“方法移植”为主的科学主义研究风格和人文主义研究风格；以“思想借鉴”为主的逻辑思辨研究风格和概念置换研究风格。

我国以“方法移植”为主的教学论研究主要采用了自然科学或其他人文社会科学的研究方法，并分别发展成了科学主义研究风格和人文主义研究风格，也有学者把它们称为教学论研究的两种基本范式。科学主义研究风格把教学存在看作是单一的、有形的、可分裂的；认为教学论研究者与研究对象之间是彼此独立的；强调超越教学发生的实际背景来概括相似点或普遍规律；主张教学论研究是价值无涉的，需要采用定量的方法；注重实验的、实证的、统计学和经验主义的方法和术语；强调研究中的变量、效度、信度、操作、假设等因素。人文主义研究风格则把教学存在看作是多元的、无形的、整体的;认为教学论研究者与研究对象是相互联系的;强调在教学发生的实际背景中来理解其差异性和特殊性;主张教学论研究是价值有涉的,需要采用定性的方法;注重人种学的、现象学的、生活史的、符号学的、史学的方法和术语;强调研究对意义、过程、情境等因素的诠释和描述。

我国以"思想借鉴"为主的教学论研究主要采用了跨学科的研究方法,并在研究过程中形成了逻辑思辨研究风格和概念置换研究风格,也可以把它们看作是我国教学论研究的两种范式。逻辑思辨研究风格主要采用了哲学的本质主义思维方式,认为教学现象背后必然存在着某种本质,主张研究者运用严格的方法逐步地摒弃偶然的时空状态和随机的形态特征,强调追问"是什么"或"什么是"的问题。[6]这种研究所获得的教学论知识具有较严的逻辑性、较高的概括性和较强的思辨性。如对教学本质问题的探讨,对主客体关系的探讨以及对其他一些教学原理的探讨。概念置换研究风格通常在一些教学论的跨学科研究中出现,教学论研究者往往借鉴社会学、生态学、文化学、心理学、系统科学、伦理学等学科的话语体系,从这些学科的视角对研究对象进行预设,并运用这些学科的术语或诠释术语的方式对教学论进行概念重构,并丰富教学论的知识。

(五)理论体系的完善

在过去30年中,我国的教学论研究通过学术争鸣、专题会议、教学改革与实验等基本形式,使教学论体系不断地趋于完善。这主要表现在三个方面。一是教学理论从"量"的增长向学科自觉发展。理论增长一直是我国教学论发展的主体,无论是"方法借鉴"还是"思想移植",都为教学理论的增长起到了至关重要的作用。教学理论的"量"的增加为教学论的学科化发展起到了推动作用,我国的研究者开始反思具有中国特色的教学论体系问题、教学理论的本土化问题和教学理论的独创性问题等。二是教学理论从封闭一元向开放多元发展。在过去30年中,我国的教学论基础逐步突破传统的学科范畴以及这些学科的传统理论,广泛地吸纳了有利于解决教学问题、诠释教学现象、揭示教学规律的新兴学科或新兴理论的思想,教学理论的标准也开始从唯一走向多元，教学论的范畴也不断获得了拓展。三是教学理论从纵向延伸向纵横交错铺开。我国的教学论研究早期通过一些理论争鸣的形式对一些具体问题进行了系统而深刻的探讨，这对提高我国教学论的理论化程度起到了推动作用。随着教学论理论化程度的提高，研究者与实践者越来越关注理论向实践的转化问题，关注研究中的“空白”领域。因此，教学论的传统研究领域在深度上获得推进的同时，新的研究领域在广度上也在激烈地拓展。

二、教学论研究存在的问题

我国的教学论研究在取得一定进展的同时也呈现出一些问题，笔者认为这些问题主要包括以下八个方面。

（一）观点生成与科学研究的问题

“观点生成”注重针对教学论中的特殊理论或实践问题提出自己的看法；而“科学研究”则是一种规范化研究，它强调研究的系统性、整体性、客观性和理性等。在过去30年中，我国的教学论研究主要注重观点的生成，教学论沦为一个庞杂的公共话语体系，缺乏科学研究的基本规范，主要表现为琐碎化、随机化、极端主观化和非逻辑化。“琐碎化”指对研究的问题缺乏系统思考，问题之间缺乏内在关联，有些观点也难以经受理性的推敲；“随机化”指研究者在研究选题上缺乏对学科体系的关照，凭主观志趣进行的研究居多；“极端主观化”指研究者在选择问题、确定论点、研究论证时具有个人偏执；“非逻辑性”指个体前后的观点缺乏一致性或逻辑严密性。笔者认为，尽管教学论不可能像自然科学那样严密，但至少可以达到广义科学上的严密，即使其成为一个系统，并按一定原则而组成知识的整体[7]。但就现状而论，教学论要想实现这种状态还有较长的路程。

（二）分割研究与总体研究的问题

“分割研究”把教学论的对象进行无限“切割”“分离”或“箱格化”，它是专业化发展的基本形式；而“总体研究”则对教学论的总体对象或在关照总体对象的前提下进行研究，其总体对象“分而不离”。我国过去的教学论研究主要属于“分割研究”，这种研究的局限性正如埃德加·莫兰(E. Morin)所言：它阻止看到(被它分割为碎片的)总体东西和(被它消解的)根本的东西。它甚至阻止正确地处理只能在其背景中被提出和思考的特殊的问题。但是根本的问题从来不是片段的，而总体问题愈来愈带有根本性。[8]其实，“分割研究”产生了抽象而非具体的教学理论，这种理论是研究者从教学论的总体对象中片面地抽取自己的对象，经由一般研究程序而获得，它在追求教学论的理论性或实践性时呈现出“虚假的合理性”，即对非常狭小的对象而言是合理的，而对总体对象而言却不合理，对教学实践也缺乏指导性。因此，我国的教学论研究必须要在分割研究与总体研究之间寻求“平衡点”。

(三)理论移植与理论适应的问题

国外教学理论的引入及其在我国实践中的运用遭遇了理论移植与理论适应的困境。在过去30年中，国外的教学理论促进了我国教学论体系的建立，但在引入过程中却重结论而轻方法、过程与背景，致使理论不能有效地指导或适应我国的教学实践。该问题的根源在于对以下三点的忽视：一是方法与内容的整合性，即特定的理论体系往往是特定研究方法的结果，正如卡尔·皮尔逊(Karl Pearson)所指出的，“科学方法的特质在于，一旦它变成心智习惯，心智就能把所有的无论什么事实转化为科学……整个科学的统一仅在于它的方法，不在于它的材料”[9]；二是逻辑演绎的条件性和归纳推理的不完全性，即通过演绎或归纳方式建构的教学理论，其理论本身的真实性是相对的、有条件的，前者的真实性取决于推理的前提或假设的合理性，后者的正确性取决于占有材料的充分性以及材料的真实性；三是理论生成的文化性，即建构任何教学理论都会受到文化传统、时代背景和研究者志趣等因素的影响。

(四)学术自由与学术规范的问题

我国的教学论研究在尊重学术自由的同时也产生了一些值得重视的问

题，主要表现在四个方面：一是问题解决允许见仁见智，它导致了理论观点的“无政府”状态；二是研究之间相互“攻讦”，它导致了理论体系的庞杂和教学实践的不知所措；三是知识体系实行开放建构，它使教学论陷入可能失去自己的视角、自己的问题和自己的思维方式的危险境地；四是研究者的平等对话，研究者对话有利于获得客观的结论，但停留在表面而不知自反的观点批驳却阻碍了良性理论的建构。其实，学术自由是学术发展的必要条件，我国的教学论研究在追求学术自由的同时之所以出现如上问题，其主要根源在于缺乏基本的学术规范。学术规范的核心是思维规范，它产生于特定领域的研究者所共同接受的心智训练，即共同遵守的、确保理性实现的思维逻辑，它也是学科专业化的重要标志。良性的教学论学术自由需要依赖于一定的学术规范，而怎样建立以及建立怎样的学术规范也是值得学者思考的问题。

（五）理论创新与符号通约的问题

教学理论的创新形式主要有两种，即批判性的创新与原创性的创新，前者是在批判已有理论的基础上对某种理论的深化，后者是某种理论从无到有地产生。教学理论的创新面临着“不可通约性”的问题。“不可通约性”是库恩在探讨自然科学研究范式时提出的重要问题，意指三个方面：一是问题清单和问题解决标准不同；二是所使用概念的意义或内涵不同；三是在各自理论指导下注视相同对象看到的现象不同。[10]“不可通约性”问题已成为我国教学理论融合的主要障碍：一方面，就批判性的创新而言，相同问题的解题标准不一致，相同术语的内涵不具有同一性；另一方面，就原创性的创新而言，不仅面对相同对象所设计的问题、解题标准以及术语内涵等与其他理论不同，而且不同研究的观察视角也有差异。尽管完全实现教学理论的可通约性难以达到，但确保基本的可通约性不但可能而且必要，这就是语言符号的可通约性。无论使用“言语”符号还是“文字”符号，都是为了表达研究者的“心灵”或“心境”[11]，实现符号可通约的实质是为了实现心灵与心境的可传达性和可理解性，因而它是教学论研究在理论创新时需要努力追求的境界。

（六）开放体系与学科划界的问题

教学论在拓展研究边界和追求真理的过程中，已经发展成为一个开放体系，但同时也导致了学科边界模糊的问题。主要表现为三点：一是教学论学科结构无约束地扩张；二是跨学科研究的广泛进行；三是理论与意见、体会和想象相互混淆。学科开放体系所导致的边界模糊阻碍了教学论知识生产的专业化及其研究的认知排他性，消解了教学论研究的专业标准，从而成为教学论学科化发展的消极因素，因而明确教学论的学科边界也就成为重要问题。卡尔·波普尔称这种行为为学科“划界（或分界）”，即“在经验科学的陈述或陈述系统与一切其他陈述（不论是宗教性的，形而上学性的或干脆是伪科学的）之间划一条线的问题”[12]，为教学论“划界”是教学论研究专业化的必要举措，随着教学论学科开放体系的形成，通过“划界”来消解边界模糊，以确保教学论研究领域的独特性是教学论“安身立命”之本，它实际上就是要求研究者重新思考教学论的学科构成、一般教学论与学科教学论的关系、跨学科的研究方法、教学理论的评审机制或标准等问题。

（七）教学理论与教学实践的问题

教学理论与教学实践的“两张皮”现象一直是教学领域的难题，也由此产生了教学论应增强其理论性还是应发展其技术性的问题。笔者认为这种发问方式（或思维方式）本身就存在问题，因为绝不是提高教学论的理论性就不能有效地指导实践，也绝不是发展教学论的技术性就能有效地指导实践，问题的关键在于教学理论与实践的品性。英国著名科学家卡尔·皮尔逊在谈到好科学的本质时就指出：那种“只列举研究结果、只传达有用知识的通俗科学形式是坏科学，或根本不是科学”，好科学必然诉诸读者的理性，使读者的心智承认其逻辑关联或理性定律[9]13。倘若如此，如果教学理论能够诉诸教学实践者的理性，能够使教学实践者的心智承认其逻辑关联或理性规律，那么它就能够有效地指导实践。再者，教学实践也必须成为一种理性实践。只有教学实践者发挥其理性，才会考虑运用理论来指导自己的教学实践。所以，教学理论与教学实践的关系面临着如何改良二者的品性问题。

（八）继承传统与现代创新的问题

教学理论的现代创新缺乏对我国前人的教学智慧的关照，因而也影响了理论创新的质量。导致该问题的主要原因包括两个方面。第一个方面是我国传统教学思想自身的特征。它多为琐碎的观点、主张或心得，尽管蕴藏着智慧，但缺乏系统的、理性的、令人信服的论证，而这正是现代教学论研究所不能容忍的；其"文以载道"的风格决定了它与封建礼教的结合，因而也遭到现代学者的遗弃。第二个方面是我国现代教学论的研究定位。现代自然科学研究成为人文科学发展的榜样，教学论研究要提高学科地位，也期待像自然科学那样通过实证主义的研究方法或思维方式来建构自己的理论，而这正是我国前人的教学智慧所缺乏的；再者，我国现代教学论体系主要移植或借鉴于西方，西方教学理论的思维方式也就成为我国研究者创新教学理论的模型。然而，我国作为一个历史悠久、文化底蕴深厚的国家，要建构本土化的、有中国特色的教学理论或学科体系，其理论创新就不能僭越我国前人的教学智慧，它必须基于我国前人的教学智慧。

三、教学论研究的展望

基于对我国教学论研究的进展和问题分析，笔者认为，未来的教学论研究需要关注如下六个方面。

（一）注重教学论研究的系统性

未来的教学论研究需要整合教学论研究的力量，在局部问题上专项突破，在整体问题上统筹规划。尽管以往的教学论研究已经取得一些成就，但研究的整体功能并不突出，其问题在于研究力量涣散；研究者或机构之间缺乏深入的对话和交流；多元话语体系缺乏整合与内在联系。为此，教学论研究需要在追求个性、多元性、主观性的基础上，注重研究的共识、共性、整体性和客观性，其中，加强研究者或研究机构之间的"对话"是实现这个理想的必要途径。戴维·伯姆（David Bohm）认为，真正的对话"仿佛是一种流淌于人们之间的意义溪流，它使所有对话者都能够参与和分享这一意义之溪，并因此能够在群体中萌生新的理解和共识”[13]，这里强调“对话”还在于它有利于发现研究者之间可能存在的误解，揭示研究者的“思维假定”；协调个体研究思维与集体研究思维的关系，使研究者或机构之间形成一种内聚力，逐步走向共同思维。共同思维的价值主要有三点：一是使个体的研究在集体的研究中展开；二是使局部研究自然地整合到总体研究中；三是增强个体研究的目的性、系统性和整体性。未来的教学论研究就是要通过研究群体的共同思维来确立教学论的基本范畴，在学科对象、研究问题、研究目的、研究方法、学科结构等方面达成一致，从而在共同的基点上既分工，又合作地进行。

（二）凸显教学论研究的本土性

教学论研究需要重视理论的本土性。以借鉴和移植为主的以往研究主要是对“教学理论”而非“教学”的研究，在我国现代教学论学科体系建设的初始阶段，该做法具有一定的必要性。但是，我国的教学论研究已进入自主创新阶段，理论创新与教学实践相伴而行，因而研究就有必要从以“概念问题”为主转移到以“经验问题”为主，增强理论的本土性。首先，我国的传统文化与现实文化应该成为创生本土教学理论的文化基础。任何教学实践既在传统文化中进行，又在现实文化中进行，研究者只有深刻地理解传统文化和体会现实文化，才能有效地认识和考察教学现象，而注重“经验问题”的研究也就是要使教学论研究根植于这些文化传统和文化现实。其次，我国的教学实践应该成为创生本土教学理论的实践基础。要建构本土教学理论，研究者还必须走出书斋，体会现实的教学生活，从教学实践中提出研究问题，并注重“归纳”思维的运用。在研究问题的设计上，既需要关照特定时代背景下的特殊教学实践，为其提供直接的指导和帮助，又需要关照一般性的教学实践，研究一般理论问题，建构基础理论。再次，我国历史上的教学思想是建构本土教学理论的重要资源。未来研究需要在深刻领会传统教学智慧的基础上，寻求其中的一般问题，并整合于现有的学科体系。最后，我国人文社会科学的传统理论是创生本土教学理论的理论基础。创建本土教学理论需要以我国人文社会科学的已有理论为基础，借鉴和吸收我国人文社会科学研究所特有的思维方式或习惯，并秉承合理的价值取向。

（三）加强教学论研究的规范性

教学论需要在对象、问题、性质、范式以及学科体系等方面建立共同的研究规范。第一，要建立对象的实体概念，使其具体化。教学作为一种人类社会行为，它必然涉及社会的、生态的、心理的、系统的、伦理的以及其他的因素，因而无论把教学论的对象规定为什么，它都需要基于这些因素进行具体化，但同时又要与社会学、生态学、心理学、伦理学等学科的对象划清界限。第二，要建立规范的问题范畴。教学论的学科化发展需要确立自己的常规问题，这些常规问题应构成严密的逻辑体系，它蕴含着提问规则与解题规则，具有规范研究行为的效能。第三，要把理论性与技术性整合起来。教学理论需要在为教育者与学习者提供心智训练时给予行为的指导，教学技术需要在为教育者与学习者提供行为规范时给予心智的训练。第四，无论是以“方法移植”为主的研究风格，还是以“思想借鉴”为主的研究风格，都需要杜绝方法或概念的简单移植。就前者而言，方法的形成过程同研究内容的性质和研究者的意图密切相关，因而不能将方法简单地抽象出来；就后者而言，思想的形成或表达需要完全诉诸人的理性，因而在借鉴思想或使用概念时需要注重其在教学领域的可理解性和清晰性。第五，要注重话语符号对思想表达的准确性和相同概念在整个理论体系中的同一性，应尽量采用专业术语及其专业术语的一般内涵来表达教学思想。

（四）提升教学论研究的科学性

教学论的学科化及其对教学实践的指导能力主要取决于它的科学化程度，因而提升教学论研究的科学性是未来教学论研究的核心工作。追求教学论的科学性能为教育者与学习者提供良好的心智训练，能为解决教与学的重要问题提供有效指导，能使教育者与学习者的教学生活更加舒适，能为教学的审美判断带来持久的愉悦。笔者认为，提升教学论的科学性需要做好四点工作。第一，尽量客观真实地感知教学事实。尽管教学论研究在很大程度上是一种预设性研究，它依赖于研究者的主观建构和理论想象，但合理的建构与想象总是建立在真实的材料之上的，而真实的材料有赖于对教学事实进行客观真实的感知。第二，建立有效的研究概念。概念是理论的基本元素，建构理论在很大程度上是规定概念之间的关系，因而概念的有效性直接影响着理论的质量。概念的有效性需要具备两个条件：一是不自相矛盾；二是任何受过相应方法训练的人都能从知觉中演绎出来。[9]52-53 教学论的概念需要努力达成这两个条件。第三，确保有效的科学推理。有效的科学推理必须合乎逻辑，这种逻辑是在逻辑方面受过训练的正常心智所共有的，因此，它容易被正常心智所理解和接受。第四，形成严密的话语体系。研究成果需要以话语形式呈现出来供他人分享，而容易与他人分享的话语体系要有严密的语言逻辑，使用的语言符号要有可通约性，至少需要使受过专业训练的任何心智都能从中领会真意或心境。

（五）强调教学论研究的现代性

教学论研究的现代性需要考虑时间性和空间性。从时间性来讲，教学论研究的现代性即超越性。它需要解决前文所提出的一些基本问题，并通过教学理论的反思与重建来促进教学论知识的发展；需要在解决旧问题的基础上不断地提出新问题或新理论，并注重新旧问题之间的内在逻辑，使新问题的解决不但能够创生新的理论，而且有助于加深对旧问题的理解。从空间性来讲，教学论研究的现代性即国际性与本土性，它强调对当下国际国内政治、经济、文化等因素的关注。社会背景为教学论研究的现代性提供了动力和资源，教学论研究也只有在与社会背景的结合中才能创造出有效的理论。社会背景中的政治、经济、文化等因素对教学论研究的现代化的影响主要包括四个方面。一是对研究对象提出新要求。新的政治、经济、文化背景要求对教学论的对象进行重新审视和诠释，而对象本身也会在新的时代背景下表现出新的特征。二是挖掘新的研究问题。新的政治、经济、文化背景必然催生新的研究问题，它包括对老问题的新提法和原创性问题，这些问题是对这个时代的综合反应。三是革新研究方法。其他领域的发展会为教学论研究提供新技术和新资源，充分地运用这些因素可以革新教学论研究的方法。四是建构新的学科体系。在新的时代特征下，教学论的学科体系需要反映这个时代科学与人文领域的主流精神，对新时代做出新的反映。

（六）提倡教学论研究的原创性

注重原创性是构建有中国特色教学论体系的必然要求。在未来的教学论研究中，研究者需要厘清已有的研究范畴，积极地探索新的研究范畴，从而建构原创性教学理论。教学论研究的原创性要求研究的逻辑起点与范畴都是原创的。现有的教学论研究，无论是移植他国理论还是构建本土理论，其都属于一种“接力”型研究，研究的逻辑起点或问题主要源自他国，即使发现一些新理论，也仅仅是在“量”上丰富着教学论体系，而不能在“质”上获得根本的转变。因此，研究者需要反思外来的教学论研究，并对其进行“悬置”，重构教学论的体系或范畴，继而展开原创性研究。其存在的途径可能有两种。一是构建新的逻辑起点，借助逻辑演绎进行理论创新。逻辑起点是引发一切问题的始点，也是一切理论展开的原点与前提。笔者认为，“人”是教学论研究的逻辑起点，原创性研究需要基于合理的人性假设来构建教与学的理论体系。二是考察人类教学实践，借助实践经验进行理论创新。这种方式需要考察古今中外的教学现象，再现人类教学实践的真实图景，通过比较分析获取教学实践的普遍现象和一般问题，并建构问题系统，继而解决问题。其实，进行教学论原创性研究的起点很多，研究者需要善于对现有的理论体系进行反思并追根溯源，寻求理论的原初假设，并提出新的合理假设，然后展开研究。

参考文献：

[1]华勒斯坦，等．学科·知识·权力[M]．刘健芝，等，编译．北京：生活·读书·新知三联书店，1999：13.

[2]王策三．教学论稿[M]．北京：人民教育出版社，1985：54.

[3]李秉德．教学论[M]．北京：人民教育出版社，1991：5-10.

[4]波普尔．走向进化的知识论[M]．李本正，等，译．杭州：中国美术学院出版社，2001：66.

[5]李定仁，徐继存．教学论研究二十年(1979～1999)[M]．北京：人民教育出版

社,2001:485.

[6]舍勒．哲学与世界观[M]．曹卫东,译．上海:上海人民出版社,2003:82.

[7]卡西尔．人文科学的逻辑[M]．关子尹,译．上海:上海译文出版社,2004.

[8]莫兰．复杂性理论与教育问题[M]．陈一壮,译．北京:北京大学出版社,2004:29.

[9]皮尔逊．科学的规范[M]．李醒民,译．北京:华夏出版社,1999:14-15.

[10]库恩．科学革命的结构[M]．金吾伦,等,译．北京:北京大学出版社,2003:133-136.

[11]德里达．论文字学[M]．汪堂家,译．上海:上海译文出版社,2005:13-16.

[12]波普尔．猜想与反驳——科学知识的增长[M]．傅季重,等,译.上海:上海译文出版社,1986:55.

[13]伯姆,尼科．论对话[M]．王松涛,译．北京:教育科学出版社,2004:6.

第一作者:靳玉乐(1966—),男,河南邓州人,西南大学教育学院,教授,博士生导师,主要研究课程与教学论。

原文出处:《西南大学学报》(社会科学版)2009 年第 4 期。

试论中等职业教育在高中教育普及化进程中的作用

——国际比较视阈中的考察

张德伟，刘彦尊

摘　要：近代以来，欧美国家和日本在产业革命和社会民主化的要求下，积极推进高中教育的大众化和普及化，重视中等职业教育的发展和制度化建设。从国际视野考察发现，在中等教育由精英型向大众型过渡的进程中，中等职业教育起到了不可缺少的作用；高中教育在实现大众化和普及化的过程中，中等职业教育起到了重要作用。今后，中国为实现完全工业化和进一步推进和谐社会建设，高中阶段教育要以实现普及化为目标，大力发展中等职业教育，加快综合高中建设。

改革开放30年来，我国社会政治、经济、文化、教育等各领域取得了长足发展，尤其是工业经济实现了跨越式发展，工业化进程取得了巨大进展。中国社会科学院经济学部课题组的研究报告《对我国工业化进程的基本认识》表明：到2005年，“我国的工业经济占据了绝对主体地位，中国的基本经济国情已从一个农业经济大国转变为工业经济大国”，“我国整体已经处于工业化中期的后半阶段，但各个地区之间工业化水平差异巨大”[1]。这样，为了完全实现工业化，推行新型工业化战略被认为是今后我国经济现代化建设的主导方向。在这一进程中，加大人力资本投资是必须要采取的首要战略举措之一。与提高人力资本相关联，我国的教育要做结构性、体系性改革，其中加快高中教育普及化进程，特别是进一步扩大中等职业教育的规模并提高其质量，成为当前乃至今后一段时期我国基础教育阶段一项亟待完成的重要任务。

从学校教育系统内部来看，我国在世纪之交基本普及九年制义务教育，普及高中阶段教育就成为随后而至的一个棘手问题。之所以说它棘手，主要是基于以下几方面原因。其一，普及高中教育首先要促进高中教育数量的增长，同时还必须谋求其质量的提高，这两者是一个一体两面的矛盾关系。其二，高中教育普及化表面上看是高中教育的规模扩大和质量提高的过程，但其背后又是一个在教育政策和教育制度上是追求公平还是追求效率，或者是争取两者并立的教育理念权衡的过程，这种理念权衡不光是教育系统内部的事情，还与教育系统外部的社会环境和条件直接相关。其三，高中教育既具有普通教育的特性，又具有职业、技术、甚至专业教育的特性，这使得走向普及化的高中教育中的学生分流问题异常复杂。随之而来的一个重要问题是采取什么样的模式来普及高中教育？其四，为了实现高中教育的普及化，有关部门和各学校必须在设施设备整备、教师培养培训、课程与教学改革、教育经费投入等方面积极做好准备，在此过程中，必须处理好高中教育与其他各级各类教育的关系[2]。看来，围绕高中教育普及化，各种矛盾和问题错综复杂、相互交织。由于篇幅关系，本文围绕中等职业教育与高中教育普及化的关系，从国际视野出发，运用比较的思维，集中探讨在高中教育普及化进程中中等职业教育的作用，在此基础上，探讨我国普及高中教育应当采取什么样的模式。

一、高中教育普及化的涵义

对于“高中教育普及化”这个概念，目前很少有学者进行过缜密的论述和严格的界定。日本教育社会学者藤田英典在《月刊高中教育》1978 年第 2 期上发表的《高中教育的普及化与选拔原理》一文，借用美国学者马丁·特罗(Martin Trow)的高等教育发展阶段理论，对高中教育普及化问题进行了阐述。

20 世纪 70 年代初，马丁·特罗通过考察二战后美国和西欧国家高等教育的发展状况，分析这些国家高等教育发展过程中的量变和质变，以高等教育的入学率为指标，明确地把高等教育的发展历程分为“精英”“大众”和“普及”三个阶段。他指出:“一些国家的精英高等教育,在其规模扩大到能为15%左右的适龄青年提供学习机会之前,它的性质基本上不会改变。当达到15%时,高等教育系统的性质开始改变,转向大众型;如果这个过渡成功,大众高等教育可在不改变其性质下,扩大规模直至其容量达到适龄人口的50%。当超过50%时,即高等教育开始快速迈向普及时,它必然再创新的高等教育模式。”[3]这就是马丁·特罗的高等教育发展阶段理论。

藤田英典借用马丁·特罗的这一理论,以高中入学率为指标,把明治维新以来日本高中教育的数量扩大和性质变化的过程划分为精英化、大众化和普及化三个阶段。精英化阶段是从明治初期至大正中期(大约1872—1920年),该阶段日本中等学校(旧制中学校、高等女学校、甲种实业学校)的入学率保持在15%以下;大众化阶段是从大正中期到昭和20年代末(大约1920—1954年),该阶段中等学校或高级中学的入学率从15%提高到了50%;普及化阶段是昭和20年代末以后(1954年以后),该阶段高级中学的入学率超过了50%。同时,藤田英典还认识到,明治维新以来日本高中教育发展在发生阶段性跃进的过渡期,高中教育的性质发生了变化,1920年前后的过渡期为“第一次变化”,1954年前后的过渡期为“第二次变化”。[4]藤田英典的这一创见可以被称为高中教育发展阶段理论。

本文在考察高中教育普及化问题时亦依照这种阶段区分法(精英化、大众化和普及化)和阶段划分标准(高中入学率的15%以内、15%—50%、50%以上)。

二、精英化阶段中等职业教育的作用

从世界范围看,中等教育的精英化阶段大体上处于从欧洲宗教改革、文艺复兴运动至20世纪10年代这一段时期。之所以把欧洲宗教改革、文艺复兴运动作为精英中等教育的起点,是因为从那时起英、法、德等欧洲国家在中世纪时期的传统学术型中学的基础上,新建、改建了一批学术型中学。之所以把20世纪10年代作为精英中等教育的终点,是因为从那时起,美、日等国家中等教育的入学率超过了15%(1910年美国有15%的适龄青年进入中学学习[5]41,1920年日本旧制中学校、高等女学校和甲种实业学校的入学率达15.8%[5]72)。

(一)精英化阶段中等职业教育的发展

在精英化阶段,世界中等教育的基本特征是:传统的学术型中学获得了巨大发展,在整个中等教育体系中占据着主导地位;同时,实施中等职业技术教育的各种实科中学逐步发展起来,但是它们仅处于从属地位。这样,在中等普通教育和职业教育的关系上就形成了鲜明的双轨制,其典型代表是英、法、德等欧洲国家。所以,精英化阶段世界中等教育的结构特征是以欧洲为代表的双轨制。

近代中等教育发展的早期,亦即其精英化阶段的前期,基本是实施中等普通教育的学术型中学一统天下。但自18世纪后期,产业革命首先在英国兴起并向其他欧洲国家和美国、日本等扩展开来以后,中等教育开始向大众化方向迈进,同时职业中学和技术中学相继建立并发展起来。1708年德国的席姆勒(Zemmler)在哈勒建立了一所实科中学,1747年德国人赫克(J. J. Hecker)在考赫斯特拉斯建立了一所"经济学、数学实科学校",这是世界中等职业教育机构创设的肇始。此后,中等职业教育在世界范围内发展起来。18世纪后期英国实科中学的盛行,19世纪中期英国实科技术学校的发展,19世纪后期法国"现代中学"的兴起和德国实科中学的发展,19世纪70年代美国文实学校的蓬勃发展,以及19世纪末日本实业学校(甲种)的建立与发展都表明:在不同历史时期各个国家开展产业革命的促动下,中等职业教育逐渐发展壮大,中等职业教育机构从自然无序状态逐渐发展到了制度化状态。

尽管在精英化阶段中等职业教育已经取得了较大的发展,但是各种职业教育机构在制度层面上还没有取得与传统学术型中学同等重要的平等地位,它们的毕业生一般不具有升入大学的资格,只得在就业市场就业。例如,德国在1901年以前大学是对非文科中学毕业生持"歧视"态度的[6],英国在1926年发表《青年的教育》(即"哈多报告")之前现代中学和技术中学的地位是无法与文法中学相比的[7]。

（二）中等职业教育在中等教育由精英型向大众型过渡中所发挥的作用

中等职业教育在中等教育由精英型向大众型过渡过程中所起到的作用，可以从以下两方面来考察。

从学理上来考察，由于学术型中学主要是为升大学做准备的，其服务对象主要是人口数量有限的中产阶级以上的阶层，所以，单凭封闭的学术型中学是很难实现中等教育大众化的。当然，这一阶段学术型中学也取得了较大发展，但学术型中学的发展主要是由大学教育规模扩大所带动的结果。可是，18 世纪后期以来，产业革命的发展不仅需要成千上万的普通劳动者（非技术工人），更需要中等水平的技术熟练工人，于是发展中等职业技术教育就成了非常必要的事情，欧美国家和日本的中等职业教育的大发展无不与产业革命的深入发展有直接的关系。

从实际来考察，18 世纪中期以前职业类中学虽然已经产生，但其力量非常微弱。18 世纪后期至 19 世纪中期，在产业革命的影响下，德国和美国等的中等职业教育有一定的发展，但其力量仍然比较微弱。到了 19 世纪后期，中等职业教育才以德国为首迅速地发展壮大起来。比如，德国于 19 世纪末形成了文科中学、文实中学、实科中学并存的局面，美国既设有实用课程又设有古典课程的公立中学自 19 世纪六七十年代取得了巨大的发展，日本在《实业学校令》颁布（1899 年）、修改（1920 年）后实业学校取得了巨大发展。

通过以上两方面的考察可以发现，欧美国家和日本在中等教育由精英型向大众型过渡的过程中，中等职业教育发挥着重要作用。换句话说，如果没有中等职业教育的参与，中等教育向大众化过渡是难以实现的。

三、大众化和普及化阶段中等职业教育的作用

从世界范围看，20 世纪 10 年代以后，欧、美、日等国家相继实现了高中教育的大众化，进而实现了普及化。从时间上看，大体上从 20 世纪 10 年代至五六十年代是高中教育的大众化阶段，20 世纪五六十年代以后是高中教育的普及化阶段。但各个国家的高中教育进入大众化和普及化阶段的时间

是不尽一致的。

(一)大众化、普及化阶段中等职业教育的发展

20世纪10年代以后,相继进入大众化乃至普及化阶段的欧美国家和日本的高中教育结构发生了重大变化,主要表现在以下三个方面。第一,中等教育制度的分化产生了初级中学和高级中学,从而使高中教育实现了制度化。高中教育的制度化始于1918年美国教育协会“中等教育改组委员会”发表的《中等教育的基本原则》报告,该报告建议把中学分为初级和高级两个阶段。第二,综合中学在美、英等国成为中等学校的主流。综合中学是美国在公立中学制度的基础上创建的一种具有美国特色的中学类型,它的建立始于《中等教育的基本原则》报告的建议,此后,综合中学在美国逐步发展起来。美国的综合中学制度对欧洲国家产生了重大影响,其中英国在综合中学制度建设上迈出的步伐最大。第三,在高中教育综合化的进程中,传统的双轨制逐步被消除了。二战后,伴随着综合中学制度的发展,欧洲型的双轨制逐渐走向了分叉制甚至单轨制。比如,英国在经过1965年和1976年两次大的改革后,原来的双轨制(文法中学和技术中学、现代中学)变成了以校内分轨(课程分化)为特征的单轨制。法国和德国的中等教育经历综合化改革以后,传统的双轨制演变成了分叉制。

高中教育由精英化阶段过渡到大众化阶段再奔向普及化阶段,这一过程是中等普通教育和职业教育协同发展的过程。在大众化和普及化阶段,中等职业教育取得与普通教育同样的合法地位是特别值得重视的事情。例如,英国历史上(二战以前)向来是重视文法中学而轻视技术中学和现代中学的国家,但二战以后实行综合中学制度,把职业课程和学术课程置于同等重要地位,从而在制度上提高了中等职业教育的地位。法国一向不重视职业教育的发展,但1975年哈比教育改革之后建立的两年制短期职业高中成为实施中等职业教育的主体,而且20世纪80年代中期设立职业高中科会考,更使职业高中的地位得到了显著提升。日本在二战后建立了单轨学制,其高级中学既设普通科又设职业科,职业科高中的地位和普通科高中是平等的,特别是20世纪50年代中期进入经济高度增长阶段以后,产业界和政

府都对大力发展中等职业教育和技术教育倾注了巨大的热情。

应当指出，随着高中教育普及化的到来，欧美国家和日本（除个别国家以外，如高度重视职业教育的德国）在中等普通教育和职业教育的比例关系上，出现了以普通教育为主、以职业教育为辅的局面。

（二）中等职业教育在高中教育大众化、普及化进程中所发挥的作用

二战以后，欧美国家和日本等都在法律上确立了中等职业教育与普通教育的同等地位，再加上这些国家都开展了新的工业化进程，所以，以培养熟练技术工人为主要目的的职业中学获得了巨大的发展，它们的发展又直接加速了高中教育的大众化和普及化进程。仅以日本为例，1954 年是日本高中教育进入普及化的初年，就在 1955 年约有 40％的高中生就读于职业科高中。

二战以后，欧美国家和日本为了促进中等职业教育的发展，在“普职等值”改革方面做出了巨大的努力，创造了“普职双轨体系下的转换模式”（德国）、“普职整合体系下的渗透模式”（美国）和“普职单列体系下的互补模式”（日本）[8]，注重使职业学校毕业生也具有同样的高等学校的入学资格，从而促进了中等职业教育的发展。

这样，取得合法地位、面临工业化发展需要、有大学入学资格的中等职业教育在高中教育大众化和普及化进程中发挥重要作用就成为必然了。

四、高中教育普及化进程中中等职业教育发展的因素分析

无论是中等教育的精英化阶段，还是高中教育的大众化和普及化阶段，中等职业教育均为中等（高中）教育的数量增长和规模扩张起到了重要作用，在这一进程中，中等职业教育的地位也得到了相应的提升。对于这种发展变化的合理性和必然性，需要作具体的“因素分析”。

第一，工业化始终对中等职业教育的发展起着促进作用。通过对欧美国家和日本的宏观历史考察可以知道，高中教育的普及化过程和中等职业教育的发展过程具有同步性，而这两者的发展又与工业化进程具有相即性。

这一点是在高中教育普及化进程中来考察工业化对中等职业教育发展的影响作用的重要前提。

从历史上看，职业教育从产生的那一天起就与欧洲资本主义的萌芽和工商业的发展有一定关系。18世纪后期以来，随着产业革命席卷欧美国家，中等职业教育也在欧美国家不仅数量规模上取得了较大发展，而且还达到了组织化、制度化的程度，其典型标志是欧洲双轨制中等教育体制的形成和美国综合性公立中学的发展。19世纪末20世纪初相继完成由农业国向工业国过渡的各个国家，更是非常重视中等职业教育的发展，以美国为首的综合高中的形成和发展在高中教育发展史上具有重要的意义。二战后，在经济复兴和新型工业化运动中，中等职业教育受到了前所未有的重视，欧洲国家赋予中等职业教育与普通教育的同等价值和允许职业学校毕业生具有高校入学资格，这是中等职业教育得到发展的前提和制度空间。这一历程表明，发展中等职业教育是工业化发展的需要，工业化进程促进了中等职业教育的发展，其内部机理是职业教育具有潜在的经济性。

第二，政治民主化对中等职业教育的发展起着或制衡或促进的作用。在资本主义发展的初期乃至中期，政治民主化程度偏低，一般平民阶层的政治地位很低，所以“近代型义务教育”基本上限于初等教育阶段，而中等教育则在各社会阶层间是不平等的，欧洲型的双轨制是这种不平等的显著体现。而制造这种不平等的正是相关国家政府组织的公共权力。也就是说，在资本主义发展最初的相当长一段时期，中等职业教育虽有发展但整体处于低迷状态是受到公共权力制约的结果。

20世纪10年代以后，在政治民主化总体进步的形势下，在欧美国家和日本等实现工业化并成为成熟工业化国家的情形下，“现代型义务教育”普及到了初中甚至高中阶段，高中教育的大众化和普及化才被一些政府或政党组织提到议事日程上。美国《中等教育的基本原则》报告主张把作为“民主制度的原型”的综合中学作为中等学校的“标准类型”[9]，英国工党发言人托尼(Richard Henry Tawney)发表的《人人受中等教育》报告(1922年)主张把中等学校建设成为面向所有男女青少年的“普遍的中等教育”机构[10]，日本中央教育审议会发表的《关于后期中等教育的扩充、整备》咨询报告(1966

年)主张在后期中等教育阶段"彻底强化教育机会均等"理念[11],这些都表明,在高中教育走向大众化乃至普及化阶段,政治民主化和教育民主化总体上是起促进作用的。也就是说,政治民主化和教育民主化促进了高中教育的大众化和普及化,而高中教育的大众化和普及化又带动了中等职业教育取得前所未有的发展。反过来,中等职业教育的发展又大大推进了高中教育的大众化和普及化。

第三,文化传统对普通教育和职业教育的关系起着调节作用。文化传统的涵义非常丰富,与探讨普通教育和职业教育的关系相关联,不同国家人们的普通教育观念意识和职业教育观念意识是文化传统的一个重要组成部分,有什么样的文化传统,就对二者关系有什么样的认识。比如,同为欧洲国家的法国不像德国那样重视职业教育,其原因何在?教育社会学者约西·沙威特和沃尔特·穆勒把法国社会和德国社会分别定义为"组织空间"和"资格空间",并认为这种社会性质决定了两国对待职业教育的差异[12]。而法国社会的"组织空间"性质和德国社会的"资格空间"性质的形成是有其深层文化传统的原因的。

五、中国的可能选择:以普及高中教育为目标,大力发展中等职业教育,加快综合高中建设

通过考察欧美国家和日本高中教育普及化进程中中等职业教育的地位、作用的变化可以发现,在精英化阶段,体现效率优先原则的双轨制是欧洲中等教育的传统,职业技术学校是双轨制中的旁轨,它们在促使中等教育由精英型向大众型过渡中,起到了不可缺少的作用。在大众化和普及化阶段,美国型的综合高中模式既体现了民主、平等精神,又基本适应了经济社会发展对普及高中教育的要求,因而受到了许多国家的重视;在这两个阶段,中等职业教育为各国高中教育的普及发挥了重要作用。

通过考察欧美国家和日本社会经济和中等教育的发展状况发现,但凡处在工业化发展盛期的国家,都把大力发展中等职业教育作为教育发展的重点问题之一。那么,处在工业化中期后半段的中国需要把大力发展中等职业教育放在十分重要的位置,这是满足我国经济现代化对中等技术人才

需求的根本性举措。同时，大力发展中等职业教育也是使我国高中教育真正实现普及化的一条必由之路。

另外，建设和谐社会在教育上的体现应该是深化教育民主化建设，普及高中教育无疑是其中的一个重要方面。今后，我国普及高中教育的模式会有多种选择，基于继承历史和“洋为中用”式的思考，“普通高中＋职业高中＋综合中学”应当成为我国今后一段时期的选择，因为既要大力推进工业化建设，又要加强和谐社会建设的中国要注重保持教育政策的公平和效率的统一。此外，这种模式在制度上的灵活性、在结构和功能上的多样性或多重适应性可以解决普及高中教育中的一些棘手问题和主要矛盾。为此，现阶段，我国应该以战略眼光和科学态度加快综合高中的建设。

参考文献：

[1]中国社会科学院经济学部课题组．对我国工业化进程的基本认识[J]．中国党政干部论坛，2008(2)：35-37.

[2]廖其发．改革开放以来我国普及义务教育的回眸[J]．西南大学学报(社会科学版)，2008(5)：14-21.

[3]谢作栩．马丁·特罗高等教育大众化理论述评[J]．现代大学教育，2001(3)：13-18.

[4]藤田英典．高中教育的普及化与选拔原理[J]．月刊高中教育，1978(2)：10-17.

[5]李其龙，张德伟．普通高中教育发展国际比较研究[M]．北京：教育科学出版社，2008.

[6]滕大春．外国近代教育史[M]．北京：人民教育出版社，1989：466.

[7]吴式颖．外国现代教育史[M]．北京：人民教育出版社，1997：90-91.

[8]郭扬，李晓玲．国际上几种普职互通模式及其比较借鉴[J]．职业技术教育(教科版)，2002(31)：23-26.

[9]夏之莲．外国教育发展史料选粹(下册)[M]．北京：北京师范大学出版社，1999：163.

[10](日)世界教育史研究会．世界教育史大系25·中等教育史Ⅱ[M]．东京：

株式会社讲谈社，1976：183-184.

[11]（日）中央教育审议会．关于后期中等教育的扩充、整备（咨询报告）[G]//（日）教育问题调查会．后期中等教育最终咨询报告解说．东京：明治图书出版株式会社，1966：196-199.

[12]哈里楠．教育社会学手册[M]．傅松涛，等，译．上海：华东师范大学出版社，2004：581-584.

第一作者：张德伟（1966—），男，河北衡水人，教育学博士，东北师范大学国际与比较教育研究所，教授，博士生导师，主要研究比较教育原理与方法论和比较基础教育。

原文出处：《西南大学学报》（社会科学版）2009年第3期。

转　　载：人大复印报刊资料《职业技术教育》2009年8期全文转载。

对中国课程与教学论流派构建的审思

沈小碚，王天平，张　东

摘　要：中国课程与教学论研究已经进入了自主构建阶段，原创性研究和本土化研究为建设中国特色的课程与教学论奠定了深厚的学术土壤。在批判和借鉴已有课程与教学论流派的知识论和方法论基础之上，大力促进中国课程与教学论流派的发展，可以丰富和发展中国课程与教学论学科，更好地利用课程与教学论流派所创生的理论与学说，指导中国大地上的课程与教学实践，有效地解决教育教学实践中所面对的各种现实问题。

构建具有中国特色的社会主义课程与教学论体系，以实现课程与教学论的世纪转换，一直是教育理论界所追求的目标。近几年，关于课程与教学论学科体系的科学化与中国化的研究，已成为教育理论界的一个热点问题。当前，将“流派”这个词引入教育领域中来审思课程与教学论，可以将中国课程与教学论的研究推向一个新的高度，促进中国课程与教学论的学科发展。

一、中国课程与教学论流派的现状

流派（genre）是体裁、样式，即以鲜明的风格、形式或内容为标志的派别。“流派”中的“流”有流布、流传之意，因而“流派”就暗含“根”“源”“脉络”之意。由于“流派”一词多用于文学、艺术、哲学等领域，“流派”通常就指“学术思想和文艺创作方面的派别”。这不但指出流派在学科理论体系中的来龙去脉，而且进一步表明流派与时代精神、社会实践的密切关联性，即流派是历史的产物，在不同的时代，不同的流派反映了不同的时代意蕴、生活风貌和社会实际。在学术领域，一般认为流派形成的标志有三个方面：一是有创始人及代表人物，能够引领理论和实践的发展；二是有代表著作和思想，被广为传播并为人们所认同；三是有比较完整的理论体系，能够提供解决问题的独特视角和思路。综上所述，笔者认为中国课程与教学论流派的构成要素主要有三个方面：第一，必须在具体历史时代发生、发展、流行于中华民族的文化土壤；第二，必须有突出的代表性人物，具有广泛的理论与实践的影响力；第三，必须有完整的理论体系、代表著作，对课程与教学实践有较大的影响力。因此，中国课程与教学论流派可以被界定为：在中国教育发展历程中，渗透了中华民族的文化精神与中国的时代发展印记，具有中国特色和影响广泛的课程与教学理论的学术派别，主要表现为具有系统的课程与教学的思想主张、一定的课程与教学的实施模式、创新的研究成果，对课程与教学理论和实践产生了广泛的影响。

（一）中国有没有课程与教学论流派

20世纪以来，世界教育改革的浪潮此起彼伏，呈现出一种持续稳定的发展态势，有关教育教学理论的流派也层出不穷。比如，从现代西方教育流派看主要有：实验主义教育流派、新教育流派、实用主义教育流派、永恒主义教育流派、要素主义教育流派、新行为主义教育流派、结构主义教育流派、终身教育流派等等。从现代西方教学理论流派看主要有发展教学理论流派、结构主义教学理论流派、范例教学理论流派、建构主义教学理论流派、后现代主义教学理论流派等等。可以说，在世界范围内许多各具特色的教育教学理论流派，都体现了特定时期教育教学改革与发展的基本诉求，也反映了教育教学自身发展的普遍需求。虽然世界上的教育教学理论流派纷呈，但是人们对“中国有没有课程与教学论流派”仍然存在着争论。

对于这一问题，从中国对课程与教学论流派的研究可见一斑。改革开放以来，研究课程与教学论流派比较有影响的著作主要有《当代国外教学论流派》（吴文侃主编，1990）、《美国教学论流派》（钟启泉等主编，1993）、《原苏联教学论流派研究》（杜殿坤主编，1993）、《德国教学论流派》（李其龙编著，1993）、《课程流派研究》（张华等著，2000）。这些著作以代表人物的重要课程与教学思想为线索展开，较为系统地介绍了西方课程与教学理论，并根据一定的标准划分了课程与教学论流派，尤其是一些学者对包括苏联、美国、德国与英国等西方国家的课程与教学论流派进行了详细的归纳与阐述。可以认为这是中国课程与教学理论研究中的“跟随理论”现象，表现在研究中主要翻译、介绍、诠释国外理论研究成果，复制别人的思想、理论、定理、观点、结论和假说等。[1]此外，《中国当代教学流派》（李彦军等编著，2002）、《教学流派初探》（李定仁、李如密，2004）等研究对中国的教学流派进行了梳理。但是，对于以课程流派和教学流派为研究对象的研究，只是从课程论与教学论内部的某些方面做了研究，比如教学流派就与教学模式、教学风格和教学方法等既有区别又有联系[2]，这表明其不是以课程与教学论为整体研究对象进行的元研究。在这个意义上，关于课程流派和教学流派的研究就做了课程与教学论流派研究的奠基工作，也就是说，课程流派和教学流派不能与课程与教学论流派完全画上等号。

上述关于课程与教学论流派的研究表明：虽然可能是由于研究者对课程与教学论流派研究缺乏兴趣而导致这方面的研究不足，但是，对中国课程与教学论流派的研究没有成为一个研究重点，这在一定程度上恰恰反映了中国课程与教学论还不太成熟，没有形成特征非常鲜明的学术流派。

（二）中国课程与教学论流派缘何缺失

中国课程与教学论流派缺失的原因非常复杂，既有历史原因，也有现实原因。从历史角度看，社会的巨大变迁拉长了构建中国课程与教学论流派的时间表。在中华人民共和国成立后，中国先后两次大规模引进并学习别国的教育教学理论，中华人民共和国成立初是苏联的教育教学理论，改革开放以来是英美等西方发达国家的教育教学理论。这使得对外来教育教学理论的借鉴、吸收、改造、实践不充分，而且不同国家的教育教学理论之间还存在差异，甚至有冲突，客观上容易导致我国教育教学的理论与实践左右摇摆，也就影响了中国课程与教学论流派的形成。同时，中国传统的教育教学理论的现代转换还未完成，这也影响了构建中国课程与教学论流派的进程。要形成中国特色的课程与教学论流派，必须立足于中华民族的文化传统，尤其需要挖掘历史上教育教学理论的精华。但是，自从“五四运动”以来，总体上对中国传统文化的批判多于继承与发展，这使得研究者不够重视传统的教育教学理论，在借鉴吸收外来教育教学理论的过程中，难以快速地形成中国特色的课程与教学论流派。

从现实角度看，首先，中国课程与教学论的研究长期采取带有学理性、思辨性的研究范式，对教学实践的关注程度不够，对教学实验的开展不足，对已有课程与教学理论的验证研究也不充分，这些使得课程与教学论不能达到“事实之学与价值之学的统一”[3]，导致课程与教学论在成长并形成流派的过程中缺乏扎实的实践根基和事实基础。其次，中国课程与教学论的学科体系过于分化，不但课程与教学论在教育学学科体系中的独立性非常明显，而且课程论与教学论分化明显，并且它们的内部也非常细化。由此，研究者难以以系统观、整体观的视角来研究课程与教学问题，不能有效整合分散程度高的学术资源，从而不利于提升课程与教学论研究的整体水平。再次，由于受市场经济的影响，研究者的功利主义和实用主义倾向导致他们的研究焦点和研究兴趣不断发生转移，不能长期深入地研究专门的问题，使课程与教学论的研究成果浅表化和散乱化。最后，由于长期受到外来课程与教学论的影响，中国课程与教学论还没有形成一套具有中国特色的、被广泛认同的话语系统，缺乏明确的基本核心概念体系，课程与教学论的科学化程度不高。因为话语不但意味着一种言说方式，而且意味着对言说者地位和权力的隐蔽性认同；文化话语权的确立实践离不开本土文化的输出，如果单纯注意保持个性，忽略共性的交流与对话，最终的结果只是权力假象和自说自话。[4]当然，分析中国课程与教学论流派发展缓慢的主要原因的目的，就是为了构建具有中国特色的课程与教学论流派，从而有效地指导中国大地上开展得如火如荼的课程与教学改革实践，进一步促进学生的和谐发展。

二、中国课程与教学论流派构建的意义与价值

课程与教学论流派是时代的标志，也是教育理论的“名片”；同时，课程与教学论流派总是生动地反映特定时代的课程与教学改革，或者说，在一定程度上，反映了课程与教学改革不断深入的必然趋势，也是课程与教学改革繁荣的标志。因而，无论是在理论建设方面，还是在实践指导方面，构建中国课程与教学论流派都具有特殊的意义和价值。

（一）梳理已有的教育教学理论，尤其是课程与教学理论

任何一个课程与教学论流派都不是凭空形成的，也不是一切从零开始的，而是在批判继承传统的教育教学理论的过程中，结合现实逐渐形成的。也就是说，要构建一个新的课程与教学论流派，必须对已有教育教学理论，尤其是课程与教学论进行一番梳理，了解它们的来龙去脉，把握它们的合理之处，发现它们的当代价值。对中外教育教学理论，特别是课程与教学论的回顾、梳理、总结与提升，主要从方法论角度理解它们的构建过程，掌握它们的核心观点，从而丰富中国课程与教学论，更好地促进中国课程与教学论流派的构建。因此，要构建中国课程与教学论流派，就要梳理中外既有的教育教学理论，重点梳理课程与教学论，从而发现产生课程与教学论流派的时代背景、理论渊源、实践基础、形成过程、发展路径等，通过借鉴比较、推陈出新，加速中国课程与教学论流派的形成。比如，从 20 世纪美国教学论流派的创生来看，“把握当代中国社会发展动向，关注中国大地上的教学实践，是创生中国教学论流派的社会基础和实践基础；敬业、求实、创新、诚实和勇气，是教学论研究者创生中国教学论流派的精神凭借”[5]。在一定程度上，这也是当代中国构建中国课程与教学论流派应该借鉴和发扬的。

（二）推进中国课程与教学论的学术发展

流派的形成过程，流派之间的学术争鸣，对课程与教学论的学科发展能够起到积极的推动作用。一方面，课程与教学论流派的形成与争鸣使得特定的研究者持续地、系统地、深入地关注和研究特定的课程与教学实践，专注于某些特定的课程与教学问题，从而针对某一理论旨趣形成具有一定特色的课程与教学的思想、主张及理论体系；另一方面，由于在同一时代，不同的课程与教学论流派关注的课程与教学实践中的主要矛盾是大致相同的，从而使课程与教学论流派之间相互竞争，形成持续而稳定的研究课程与教学实践的动力，维持研究者深入研究的兴趣，保证研究队伍的稳定和发展。同时，不同的课程与教学流派的理论与学说可以相互补充、相互启发、相互激荡，从而使得课程与教学论流派的理论与学说越来越丰富和完善，能够更加全面地反映和指导课程与教学实践。

事实上，构建中国课程与教学论流派，必须提高教育教学理论的研究水平，形成创生中国课程与教学论流派的创新机制。也就是说，研究者需要借鉴中外课程与教学论发展的成功经验，结合时代主题，立足中国课程与教学实践，从总体上把握中国课程与教学论的发展方向，才能形成真正具有影响力的、中国特色的课程与教学论流派。因为真正个性的理论，才具有生命力；真正民族的理论，才能够在世界范围内产生广泛的影响。20 世纪 60 年代世界上产生的三大课程与教学论流派就是美国、苏联、德国针对共同的教育问题，立足本国实际而形成的解决方案，不但有效地解决了本国的实际问题，还在世界教育界产生了深远的影响。因此，在 21 世纪，中国要直面当下的教育主题，有效地解决核心的课程与教学问题，形成中国特色的课程与教学论流派，并力争在世界教育理论界占有一席之地。此外，要形成创生中国课程与教学论流派的创新机制，就需要形成自由的、充满活力的理论创新氛围。在深层次上，流派和学派一样，都倡导理性自由，本质上明确地展示了理性中异质部分的东西拥有自由表达的权力，昭示着人们精神的根本追求。[6]这表明要构建中国课程与教学论流派，就必须从制度上和机制上保证研究者的理性自由，才能形成个性化的中国课程与教学论流派，从整体上推进中国课程与教学论的学科发展。

（三）促进课程与教学论指导课程与教学实践

课程与教学论流派的形成与争鸣，实际上体现了不同的课程与教学论的研究者及实践者对特定时代的课程与教学实践中的矛盾从不同角度所做出的反应，尤其体现了解决共同矛盾而形成的方案上的不同。[7]正因为是针对课程与教学实践中的特定问题，从多个角度进行理论描述和构建不同的理论体系，能够比较全面地把握课程与教学实践，丰富人们对课程与教学实践的理性认识，拓展理论指导实践的功能，提高理论指导实践的水平。对课程与教学实践而言，针对特定的主要矛盾而形成的多种关于课程与教学问题的解决方案，在一定程度上能够满足不同地区、不同学校、不同个人开展课程与教学实践的选择性需要。具体而言，一套解决方案主要体现为针对特定的课程与教学问题而形成的一套教法——实践操作体系。“不以规矩，不能成方圆”，教学如果没有教法，就没有可操作性。也就是说，课程与教学论形成不同流派，其实是基于不同的教育哲学而形成的不同的解决方案和实践操作体系。所以，构建中国课程与教学论流派，就是根据中国的课程与教学实践，从多种角度出发探索不同的解决方案和实践操作体系，殊途同归，采用各自特有的教法达到一定的教学效果。

总体来看，构建中国课程与教学论流派，有利于促进中国课程与教学论的研究，克服研究工作中存在的功利主义、实用主义等不良倾向，使研究工作更加科学化、规范化、系统化，从整体上提升中国课程与教学论的学术水平，增强中国课程与教学论的概括力和解释力，实现其旨归——更好地指导中国的课程与教学实践，有效而妥善地解决课程与教学实践中的现实问题。

三、中国课程与教学论流派构建的对策与方法

改革开放以来，中国课程与教学论经历了“借鉴移植”“问题反思”和“自主创新”三个阶段，前两个阶段有效地推动了中国课程与教学论的发展，为“自主创新”阶段奠定了坚实的基础，能够有力地促进中国课程与教学论流派的构建。但是，由于当前“自主创新”非常不充分，原创性研究相对比较少，中国还缺乏特色鲜明的课程与教学论流派。所以，中国要通过不断的自主创新，大力鼓励原创性研究，才能构建具有中国特色的课程与教学论流派。

（一）加强课程与教学论的学科发展规划

学科发展规划对于学科的发展具有重要作用，能够促进学术研究有计划、有步骤、有层次地展开。科学的学科发展规划能够明确勾画出课程与教学论的学科发展前景，界定学科的研究领域和研究对象，统筹研究的总体框架、关键项目和重点内容，形成一批性质和内涵大致相同的研究课题；能够打破课程与教学论学科内部条块分割的状态，促进下位学科之间的融合，立足于学科的整体发展，形成结构优良的学科体系；能够整合学术资源，提高学术资源的利用效率，集中有限的学术资源解决关键的课程与教学问题，从而带动其他相关问题的解决；能够引导研究者树立浓厚的学科意识，积极地参与课程与教学论研究，力求对学科范围内基本问题、核心问题、重大问题

做出自主的、创新的回答。由此看来，科学的学科发展规划能够使课程与教学论研究提高规范化程度和系统化水平，产生规模化效应，形成自主、原创的研究成果，从而促进课程与教学论的学科发展，加快构建课程与教学论流派的步伐。

(二)提升课程与教学论研究的学术规范

学术规范能够规约研究者的研究行为，使研究能够达到学科标准，保证研究成果具有典型的学科特征。判定一项学术研究是否规范，可以从研究所采用的研究方法和核心概念做出基本的判断。因此，判断一个课程与教学论流派是否产生，其中的一个标准就是看它的代表成果和理论体系是否达到一定的学术规范。也就是说，流派是否采用社会所认可的，至少是教育学术界所认可的研究方法，是否有一套内涵稳定的核心概念体系。

对于研究方法，中国的社会科学一贯比较重视哲学思辨的研究方法，提倡“领悟”“体验”“理解”等。这是中国课程与教学论研究的一个特色和优势，使得研究者能够从整体上把握课程与教学论的研究对象，体悟到课程与教学论的深刻内涵。但是，人文取向的研究方法存在的主要问题有两个，一是不能很好地使研究者遵守“价值中立”的原则，二是由于缺乏精确的事实基础，研究成果的客观性和科学性受到质疑，其指导实践的有效性也不高。所以，要提高课程与教学论的学科地位，构建相应的学术流派，课程与教学论的研究者需要多采用科学的、实证的研究方法，尤其是数学方法，为课程与教学论构筑可靠的事实基础，将人文理解和科学理性两者结合，提升课程与教学论的学术水准，增强课程与教学论研究的客观性、科学性及操作性。

对于核心概念体系，在一定程度上，中国课程与教学论表现出“失语症”，不是外来概念“不绝于耳”，就是研究者随意制造概念。这使得核心概念体系的边界不定，核心概念的基本内涵及表征方式也不够稳定。因此，构建课程与教学论流派，就需要形成一套基本内涵稳定的核心概念体系，提升理论成果在言说方式上的统一性，这有利于不同的课程与教学论流派之间的交流，便于将理论成果向社会传播，提高社会对课程与教学论的认可度。

（三）坚持课程与教学论研究的学术立场

构建中国课程与教学论流派是一项长期的、艰巨的系统工程，需要研究者具有坚定的学术立场。也就是说，只有研究者对课程与教学论研究抱着高度的学术认同，树立深厚的学术信念，保持高昂的学术激情、砥砺优良的学术品性，遵守严格的学术规范，发挥特有的学术个性，中国课程与教学论流派才可能构建起来。学术立场包括学科立场、学派立场及个性立场。

学科立场从整体上规范了研究者的知识论和方法论的立场，引导研究者形成特定的学科意识。为了加强课程与教学论的学科意识，首先，要培养一大批专业的、独立的、高素质的研究者，形成一些团结协作、勇于创新、有共同学术信念的学术共同体，建设一批教学改革实验基地。其次，要遵从课程与教学论的学科逻辑，既注重学理性研究，又扎根于课程与教学实践。最后，要逐渐摆脱国外课程与教学论的束缚，大胆借鉴和吸收其他学科的成果，形成坚固的学科领域，构筑学科赖以存在的理论基础，逐渐增强中国课程与教学论流派形成的气势。

学派是有共同的追求、观点、主张等共性的学术研究者集合，一般具有独立自主的研究领域、学术地位、价值体系和方法策略。在本质上，学派与流派是一致的，主要区别在于学派有严格的师承关系，而流派没有；通常学派比流派小，流派可以包含学派。构建流派可以先从构建学派开始。让研究者秉持一定的学派立场有利于学术流派的产生。研究同一类问题的不同学派之间展开争鸣，可以实现更高层面的融合和创新，从而就有可能产生学术流派。由此，要构建中国课程与教学论流派，可以先在课程与教学论的学科范围内建立一些学派，让秉持不同立场的学派和个人之间产生辩难和争鸣，形成构建学术流派的学术氛围。

个性立场主要是学术研究中的个性展示，体现出尊重、宽容、批判、个性等特征。在人类的思想发展史上，个性立场鲜明的、有独创性的思想和学说往往存在争议，甚至有时遭到误解，同时这些思想和学说也是富有启示性的。因此，秉持个性立场可以消除课程与教学论研究的“跟随现象”，大胆质疑、勇于批判、自主创新，有利于形成原创性的研究成果，为构建中国课程与教学论流派做必要的理论准备。

（四）树立课程与教学论研究的本土意识

相对于全球意识而言，本土意识是指一种基于研究者自身的地域、历史、文化传统及思维方式的理性自觉。这种理性自觉能够使研究者时刻关注中国的文化传统、社会现实、课程与教学实践等。事实上，中国特色就体现了本土意识，是中国课程与教学论流派的关键特征。失去中国特色，就失去了中国课程与教学论流派赖以存在的根基。过去那种“舶来品”式的课程与教学论研究，过于依赖引进的教育教学理论，缺乏具有原创性、针对性的研究，难以形成适应中国课程与教学实践的课程与教学论。因而树立本土意识，不仅能提升课程与教学论研究的原创性水平，还能加强理论与实践的联系，使课程与教学论真正具有实践意义与操作价值，从而扩大中国课程与教学论的影响，“催生”中国特色的课程与教学论流派。

要树立课程与教学论研究的本土意识，首先，应唤醒和加强研究者的主体意识，强化他们的学术信心和学术能力，发挥他们的主体性。当前，需要继续发扬解放思想、实事求是的精神，进一步营造生动活泼、求真务实的学术环境，有效激发研究者的主体意识，积极主动地推进课程与教学论的学科发展和流派构建。其次，本土意识的核心是民族文化意识，因而必须坚持维护中国的民族文化意识。研究者要克服“文化自卑”“文化仆从”的心理，正确处理普世文化与本土文化、多元文化与民族文化之间的关系，在批判中继承，在吸收中提升，从博大精深的中国文化中汲取营养，形成能够体现中国的民族文化意识的课程与教学论流派。再次，本土意识还要求研究者必须继承和发扬中国传统的教育教学思想。对于中国课程与教学论而言，放弃这些教育教学思想则成为无源之流，因而构建中国课程与教学论流派必须从中国传统的教育教学思想中吸收“养分”。最后，本土意识需要重点关注中国的课程与教学改革实践，充分考虑中国的社会实际，使课程与教学论研究充满现实生命力，让构建中国课程与教学论流派具有实际意义。

参考文献：

[1]胡志刚，等．消除“跟随理论”现象，开创自主创新的中国气派的教学理论研究新局面[J]．湖南师大学报，2007(1)：25-28.

[2]李定仁，李如密．教学流派初探[J]．教育理论与实践，2004(1)：46-49.

[3]李森，潘光文．教学论研究的事实与价值之思[J]．西南大学学报(社会科学版)，2008(6)：130-138.

[4]李承先，陈学飞．话语权与教育本土化[J]．教育研究，2008(6)：14-23.

[5]李森，潘光文．从美国教学论流派的创生看中国教学论的发展[J]．课程·教材·教法，2008(3)：18-23.

[6]黎君．“创学派”与“真学问”之学理考[J]．上海教育科研，1999(1)：25-27.

[7]裴娣娜．现代教学论：第一卷[M]．北京：人民教育出版社，2005：412.

第一作者：沈小碚(1963—)，男，安徽六安人，教育学博士，西南大学教育科学研究所，副研究员，主要研究课程与教学论。

原文出处：《西南大学学报》(社会科学版)2010年第1期。

转　　载：《高等学校文科学术文摘》2010年2期论点摘要。

教师的身份变迁与教师教育演变

——兼论我国教师教育走向

张学敏，张　翔

摘　要：人类社会经济形态经历了前工业经济、工业经济，并正向信息化经济变迁，这种变迁也使教师经历了兼职人员、职业教师和专业教师三种不同身份的演变。教师身份的演变使教师教育由自然养成方式发展为封闭式师范教育，进而发展为以大学为主体的职前—职后一体化教师教育。我国在当前以及今后一段时期内将处于以信息化经济为发展方向的前工业经济、工业经济和信息化经济并存交融时期，因此，教师教育的走向也具有较强的时代特征和中国特色。

经济形态的变迁是师范教育发展的重要推动力。根据处于支配地位的社会生产技术方式，经济形态的演变可以大致划分为前工业经济（包括狩猎经济和农业经济）、工业经济和信息化经济三个阶段。在不同的经济形态下，社会赋予教师不同身份，这对教师教育提出了不同的诉求，教师教育在回应这种诉求的过程中也在悄然变迁。本文以三种经济形态为线索透视教师身份的变迁以及伴随而至的教师教育发展历程，并以此为基础探索我国当前教师教育走向。

一、前工业经济时期教师身份及教师养成

生产技术方式是指使用某种生产资料和劳动方法进行生产的方式。[1]其核心在于动力系统，鉴于狩猎经济和农业经济动力系统主要是人的体力，我们把狩猎经济和农业经济归为前工业经济。

（一）兼职人员——前工业经济时期的教师身份

以原始狩猎经济形态为主的社会阶段通常被称为原始狩猎社会。原始

狩猎经济形态大约出现于公元前200万年至公元前1万年期间，这是人类进化和社会发展的特殊时期[2]。在这一阶段，人类的生产动力是简单的体力，所依靠的唯一劳动工具就是劳动者身上的器官。尽管后来出现了一些简单意义上的工具，但人类基本上是靠自然生长的动物、植物及其果实以及人自身的器官和体力进行生存和生产活动，生产技术方式表现为“体力＋体力”。在这种低水平的生产力条件下，所有人共同劳动产生的成果只够勉强维持全体社会成员不致饿死，因而不存在“有体力却不劳动”的人。在劳动过程中，人们将自己的劳动经验传递给后代，年迈不能参加劳动的长者在家看守孩子，同时也充当教育孩子的角色，这个时期的社会分工水平较低，教育和劳动没有分化，更没有专门的教师。

随着狩猎经济的发展，人类历史出现了第一次社会分工，原始的畜牧业和农业从狩猎经济中独立出来。此时，除了体力以外，土地开始成为人类所依靠的最主要的劳动资料。这种依靠土地和体力的养殖和种植行为逐渐固定下来，人类社会进入农业经济时期，这是一种依靠体力和土地的经济，其技术方式表现为“土地＋体力”[2]。生产劳动均只有手工劳作，劳作技能只是由人体一系列特定动作方式构成的动作系统，传授方式主要是在劳动现场进行动作的示范与矫正，学习者在把握简单要领后主要靠自己反复练习，故此时的经济不需要教育为之进行多少专门的劳动力培养与训练，教育功能主要是为统治者培养统治人才并对民众进行政治宣传，承担“社会防范职能”[3]。这就决定了教师的使命在于传授“治民之术”和“化民成俗”，因而出现“学高为师”，只要具有知识即能为师，当时的“学高者”主要是官吏或教士，因而主要“以吏为师”或“以教士为师”，尽管也存在极少数专职的教师，如中国的私塾教师，但相对整个庞大的兼职教师群体来说，可谓微不足道。因此，无论是狩猎经济形态下的“长者为师”还是农业经济中的“以吏为师”和“以教士为师”，教师都主要是兼职工作者，没有获得独立的职业身份。

（二）自然养成——前工业经济时期的教师培养

前工业经济时期，教师不是一个单独的职业群体，而是作为一种依附于其他职业的兼职人员，教师的权利来源于“长者”“吏”“教士”等等。教师既没有制度规定的独立的法律身份，也没有社会所确认的独立的社会身份。

教师工作是一种兼职性工作，凡有学问者皆可为师，既没有什么资格规定，也没有专门的机构予以培训，教育所需要的教育能力、教育技巧、职业道德和教育艺术皆从后天的实践经验中模仿习得。教师的养成主要是靠教育者在实践过程中自己摸索而逐渐成长起来的，教师教育自然也没有被提上议事日程，教师成长完全是自然养成的结果。

二、工业经济时期教师身份及师范教育

18 世纪 60 年代工业革命以后，人类进入了工业经济时代，各国纷纷建立市场经济制度，市场经济使人们基本摆脱当地自然资源限制，追求高生产效率成了社会的首要价值取向，这进一步强化了社会分工。正如亚当·斯密所言，分工使每一个人的业务减少到某种简单的操作程度并使这种简单的操作成为他终身的唯一职业，必然极大地增加工人的熟练程度。[4] 教师在这种背景下成为一种职业。

（一）职业教师——工业经济时期的教师身份

工业社会以生产和机器为轴心发展经济，以市场为主体配置资源。这个阶段的生产技术方式表现为“资本＋技术＋劳动力”。这对劳动力的要求相对较高，不仅表现在劳动力构成中脑力劳动的比例提高了，而且劳动力发挥作用的过程中机器对劳动的熟练程度也有了特别的要求。相对农业经济而言，工业经济对劳动力的智力水平要求较高。工业革命之初，社会生产需要普通劳动者具备起码的读、写、算能力，普及初等义务教育作为实现工业化的必然要求，而初等义务教育的普及需要大规模的教师，这就需要一部分人相对稳定地专门承担具体的教育教学工作。这部分人通过教育教学获取收入，并以此为生存手段，职业教师应运而生，教师从此获得了独立的职业身份，这种身份包括制度规定的教师的职业角色、从业要求以及制度赋予教师的经济地位、政治地位、文化地位的综合，还包括教师受人尊重的程度以及人们在价值预设的支配下建构的对教师职业的期望和追求。[5]

(二)师范教育——工业经济时期的教师培养

工业经济要求大量教师职业化,而职业化教师的培养呼吁师范教育的产生,专门的师范教育在此基础上迅速发展起来。在专门的师范教育出现以前,教师的养成主要是靠教育者在实践过程中自己摸索而逐渐成长起来。工业革命以后,各国为了适应基础教育对教师的需求,纷纷设置专门机构培养师资,独立的师范学校迅速发展,普及教育有了师资保障。德国是较早建立正规师范教育的国家之一,大约从18世纪中叶开始形成,1763年颁布的《乡村学校规程》对适龄儿童的义务教育作了规定,并把原来由教会控制的教育机构收归国有,政府也开始设立国民学校师资训练所。[6]从此,师资培养机构逐渐由私立演变成公立,师范学校成了德国教师教育体系的主要组成部分。英国早期主要采用"导生制"培养师资,这种方式在19世纪初盛行,成了英国现代教师教育的起源,但导生制毕竟只是一种应急措施,不能从根本上解决师资培养的质量和数量问题。于是,英国在1840年开始兴办师范学校,建立了正规的教师教育制度。法国和美国分别于1810年和1839年兴办第一所师范学校,日本以及其他一些国家也纷纷建立了专门的师范教育机构以培养教师,这说明,从19世纪开始,有组织的师范教育开始发展[7]。

然而,此时的师范学校都是培养初等教育教师,层次较低,形式单一。19世纪70年代后,随着各国延长初等义务教育年限并发展中等教育和职业技术教育,以前的师范学校(相当于中等教育水平)已不再适应教育对教师的需求,高等师范教育随之产生,与中等师范教育并存,分别培养中等和初等学校师资,师范教育的课程体系也相应建立起来,形成了一种至今仍然具有深刻影响的封闭式、定向型师范教育模式。进而,发达国家已经普及初等义务教育,对师范教育质量提出了更高要求,中等师范教育逐渐向高等师范教育转变,封闭式、定向型师范教育体系进一步向高等教育层次的师范教育发展。其重要特征表现为,从招生到培养过程和就业归宿,师范生的教师身份都是确定无疑的,但同时,师范生所接受的教师职业教育却主要是依附于学术水平相对较低的学科教育而进行的一些具有补充性的简单教学技能训练。作为培养教师的主体形式,这种封闭式、定向型师范教育一直延续到20世纪中叶,对我国及世界很多国家,至今还具有重要的影响。但是,也正是这一特征，各国师范教育——特别是发达国家的师范教育在经济形态的变化中也面临着来自新的教师培养模式的挑战，并孕育着教师培养向专业化发展的变革。

三、信息化经济时期教师身份以及教师教育变革

20世纪60年代以后，人类历史开始步入信息化经济时期，这种经济是建立在知识和信息的生产、分配和使用之上的现代经济，信息作为知识的一种表现形态，通过网络等信息技术提高物质生产部门的自动化程度并带动服务产业以及整个社会管理、人类生存方式的变革与发展。在这种经济形态下，教师不能仅仅是知识的传递者，而更应该是培养人的专业人员。

（一）教育专家——信息化经济时期的教师身份

如果说工业社会是以科学技术代替和减轻人类的体力劳动，那么信息化经济则是以人工智能代替和减轻人的脑力劳动。信息化经济的技术方式表现为“人工智能＋资本”，知识产品和智力产品（智力劳动者）在社会产品中占主要地位。生产过程的主要活动逐步变成加工处理知识信号，这种以电子计算机为基础的信息管理系统使生产活动的组织与管理模式发生根本改变，使整个生产系统由一个“刚性”的产品制造系统变为一个“柔性”的知识创新系统，生产过程中的琐碎工作被人工智能替代，人类进入一个“轻”经济（a weightless economy）时代，社会实践的重心从开发大自然转为开发人类自己，要求大量知识劳动者生产、传播和应用知识，创新能力成了信息化经济对劳动者的根本要求，具有创新能力的劳动者可游离于不同工作之间。因此，培养创新型知识劳动者成了信息化经济时期教育的基本使命，而创新型知识劳动者不是简单授予知识便可以养成的，其需要在专业人才的指引下“转识成慧”①。这就使得教师不再是传递经验的重复性职业者，而是能够“转识成慧”的创造性专业工作者，其能及时处理各种非均衡状态，拥有较高

① “转识成慧”源于佛教中唯识论的“转识成智”，其含义是将知识转化为智慧。本文为了避免将“转识成智”中的“智”误解为智力，因而特使用“转识成慧”。

的配置能力，即处理不均衡状态的能力，或者说采取均衡性行为以使不均衡复归均衡的能力[8]。因此，教师专业化成了时代的必然要求，时代赋予教师“教育专家”的身份。

（二）大学化职前—职后一体式教师教育——信息化经济时期教师教育

教育专家的培养需要长时间的专业训练，因此，以大学为主体的职前—职后一体化教师教育将成为教师教育发展的主要趋势。教师教育大学化要求将教师教育纳入大学的空间，以高等教育机构（综合性大学或高等师范院校）为基地，对师范生进行职前培养和教师在岗教育以及职后脱产培训，实现教师教育职前—职后一体化，更加注重体系的开放性以及与中小学的合作，保证教师教育的学术性和专业性双向发展。其中，职前培养以高校培养为主体，以中小学校为实践基地，重视学生的实际教学能力培养，追求教育学院就像医学院向未来的医生授予医学学位一样，向未来的教师授予教育学位。职中在岗学习主要是依托高校智力资源，以解决中小学校教师教学问题为出发点，以教师行动研究为载体进行校本培训，要求教师能像医生对病人进行分析、诊断、开处方那样解决教学中的各种实际问题，成为教学的“临床专家”。职后脱产培训是以高校为平台，以脱产研修为方式，更新教师的教育观念，完善教师的知识结构，提升教师的教学技能，提高教师的专业化程度。总之，通过建构职前—职后一体化的教师教育体系，保证教师教育的连续性与开发性，为教师专业发展奠定基础。

四、我国当前教师教育走向探索

经济形态的变迁是教师教育演变的根本原因，我国在当前以及今后一段时期内将处于以信息化经济为发展方向的前工业经济、工业经济和信息化经济并存交融时期，这就注定我国教师教育走向无论在教育目标、课程设置还是培养方式都不可避免地具有时代特征和中国特色。

（一）教师教育模式走向

任何人才培养模式都包括目的要素、内容要素、方法要素。同样，教师教育也面临“培养什么样的教师”“用什么内容培养教师”“用何种方式方法培养教师”三个核心问题。据此，教师教育走向也应该从这三个维度展开。

1. 职业型教师与专家型教师并重——教师教育目标走向

教师教育目标是教师教育的出发点和最终归宿，它所回答的是关于“培养什么样的教师”的问题。纵观国外教师教育的发展轨迹，可以清晰地看到，工业革命时期需要大量的教师，那时的教师教育目标就是培养能够进行教育教学活动的“职业工人”。而到了信息化经济的今天，发达国家的教师教育在满足基础教育对教师数量需求时，提高教师质量就成为教师教育的发展战略，因而教师教育目标就转为培养专业工作者，即教育专家。目前，我国教师分布极不均衡，广大农村地区，尤其是贫困的农村地区，经济发展还处于前工业经济时期或工业经济初期，教师在数量上仍有很大的缺口，并存在着结构性与学科性差异，大量代课教师进入一线课堂，这需要教师教育培养大批合格的“职业教师”。然而，在城市地区，尤其是东部沿海城市，交通发达，信息化程度高，其经济形态具有引领趋势，需要教育不断培养高水平的智力劳动者，要求教师在教育教学过程中更具有知识创新特点和现代人格与品质塑造特征。因此，教师教育的目标将直接指向培养高度专业化的教育专业工作者。由是观之，当前以及今后一段时期内，我国教师教育目标应该是培养职业型教师与专家型教师并重。

2. 学科专业与教师专业兼顾——教师教育课程走向

课程设置是教师教育的中心环节，它回答“用什么内容培养教师”的问题。当前，国际上教师教育课程大体由通识课程、学科专业课程、教育专业课程（包括教育实践课程）三部分构成。我国的师范教育长期以来过于突出学科专业课程，忽视了通识课程和教育专业课程，导致师范教育特色不明显，不能体现教师教育专业的要求，致使师范院校毕业生在竞聘教师岗位时没有优势，师范教育存在的“合法性”受到质疑。当前，我国封闭型师范教育正在向开放型教师教育转型，这种转型要借助于课程来实现。针对当前教师教育注重学科课程，忽视教育专业课程和通识课程的问题，改革后的教师教育专业课程体系应由以学科专业教育为主线转向以教师教育专业课程为中心，课程样态应由线性单向体结构转变为以服务学生成才为主旨的网状多向课程结构，着力提高教师教育类课程的比例，加强课程的综合化建设，注意职前教育课程与职后培训课程合理连接，加强教师入职时期的课程开发和课程设置[9]，增强新教师适应角色的能力。需要特别指出的是，鉴于教师职业具有很强的实践性，教师教育要特别注意加强教育实践环节，通过教育实习真正提高学生的教育教学实践能力，确保教师教育特色与优势。

3. a＋X＝a 共时性培养与 a＋X＝b 连续性培养共存——教师教育方式走向

目前，教师教育方式不外乎共时性培养方式和连续性培养方式两种。我国长期以来一直由独立的师范院校实行共时性培养，这种方式满足了我国教育发展的实际需要的同时却存在一些问题。据此，诸多学者主张借鉴美国的“X＋X”模式，即学科教育与专业教育相分离。然而，美国的实践表明，这种分离式的教师教育造成了理论训练与教学实践的割裂，导致未来教师知识基础支离破碎和实际专业能力降低。教师教育，尤其是本科阶段的教师教育，几乎不可能实施“X＋X”分离模式，因为 3—4 年的本科学习时间分为两个部分，将会使学生囿于时间因素既不能学好学科知识，也无法提升教学技能，导致双专业双薄弱，最终教师的专业发展难以实现。其实，任何模式都没有优劣之分，只有适合与否之别，由于我国当前教师教育是以本科层次为主体，这就注定不能盲目学习美国分离模式(因为美国的教师教育已实现以研究生教育为主)，而是要根据我国实际，积极完善 a＋X＝a(a＝4 年)共时性培养模式，这种模式将学科专业教育与教师专业教育混合进行。当然，在研究生层次培养教师，由于修业年限延长，可以使用“X＋X”分离模式，即本文的 a＋X＝b 连续性培养模式。这种模式把教师的培养分为两个阶段，它要求师范类学生或想成为教师者先在专业院系接受 a 年的学科教育，获取该学科的学士学位，然后再分流到教育学院或其他教师教育机构接受“X”阶段的教育教学理论和实践的培养。当然，研究生层次的教师教育也可以探索 a＋X＝a 共时性培养模式，尤其是原师范院校培养研究生层次的教师，由于长期以来形成了教师教育的优势和特色，受到这种特色的路径依赖影响，不宜“另起炉灶”，而应在原有经验的基础上积极探寻 a＋X＝a 共时性培养模式。

(二) 教师教育管理走向

教师教育管理是教师教育顺利进行的一个重要条件，今后政府对教师教育管理将会淡出具体培养过程的管理，转向教师资格认证管理和教师质量评估管理。教师资格认证是保证教师教育专业化和教师专业发展的重要措施，是对教师资格的认可和法律保护，同时也是对进入师范院校即可自然获得教师身份的否定，保证了教师资格的合法地位。首先，提高认证条件（包括学历条件和技能要求），要求教师的学历本科化，有条件的地方要求教师必须获得教育硕士学位，并完成规定的必修课程，方能申请教师资格证书。其次，完善认证方式，加大资格考试力度，要求所有想获取教师资格证书者必须通过资格认证考试，取消师范院校学生自然获取教师资格证书的做法，保证教师资格获取时标准的统一性和一致性，实现教师在资格获得过程中的公正和公平。最后，丰富教师资格证书种类及实效性，定期认证取代一次性永久认证。

此外，教师质量认证管理是教师教育管理的一个重要方面。加强对教师进行考核和评定，划分出不同的等级，按不同的角色职能、胜任工作能力等将教师划分为不同的级别，并分别提出不同的教育或培训要求，给予不同的专业职称和不同级别的待遇。根据教师的专业化程度将教师分为教员（instructors）、专业教师（professional teachers）、终身专业教师（career professional teachers），并将其作为获取教师待遇和薪酬的重要依据。凡有教师在教学中取得优异成绩，积累了丰富教学经验，在实际工作中证明是合格者均可以申请晋升为高一级别的专业教师，然后由教师专业组织进行评估认定，认定合格后授予其高一级别的教师职称和证书。

总之，经济形态的演变影响着教师身份变迁，而教师身份变迁又使教师教育发生演变。我国当前以及今后一段时期内将处于以信息化经济为发展方向的前工业经济、工业经济和信息化经济并存交融时期，因此，我国教师教育走向具有较强的时代特征和中国特色。在当前以及今后一段时期内要以培养职业型教师和专家型教师为目标取向，兼顾学科专业与教师专业发展，并根据师范大学（或院校）等教师教育机构实际情况，可以采用共时性培养与连续性培养等不同方式进行。在教师教育管理方面，政府管理将淡出具体培养过程的管理，转向教师资格认证和教师质量评估等间接性和指导性管理。

参考文献：

[1]中国大百科全书总编辑委员会《经济学》编辑委员会．中国大百科全书(经济学Ⅱ)[M]．北京：中国大百科全书出版社，1988：879-880.

[2]崔占峰，乔晶．从原始狩猎经济到生物经济——经济形态演变的政治经济学分析[J]．重庆工商大学学报(西部论坛)，2006(1)：79-82.

[3]吴康宁．教育社会学[M]．北京：人民教育出版社，1998：61.

[4]斯密．国富论[M]．唐日松，等，译．北京：华夏出版社，2005：9.

[5]徐淑琴，郅庭瑾．教师身份的伦理思考——基于中国教师身份发展过程的分析[J]．教育科学研究，2007(11)：9-12.

[6]牛道生．德国师范教育对经济和社会的影响[J]．教育理论与实践，2002(3)：28-32.

[7]黄崴．教师教育体制：国际比较研究[M]．广州：广东高等教育出版社，2003：72.

[8]Schultz T W. The Walue of Ability to Deal With Disequilibria[J]. Journal of Economic Literature, 1975,13: 842-46.

[9]陈时见，杜静．教师入职训练的国际经验与发展趋势[J]．西南大学学报(社会科学版)．2009(3)：80-84.

第一作者：张学敏(1961—)，男，重庆奉节人，教育学博士，西南大学教育学院，教授，博士生导师，主要研究教育经济与管理、教育学原理。

原文出处：《西南大学学报》(社会科学版)2010年第5期。

转　　载：《教育科学文摘》2010年6期摘抄。

论师范生的教师专业伦理建构与培养

刘义兵

摘　要：教师专业伦理是教师专业化发展的重要内容。尚未进入教师职业现场的师范生，其专业伦理的建设通常在入职之后才被关注。教师专业伦理的培养应该贯穿师范生职前培养的全过程。对当前师范生的教师专业伦理建设在培养理念、伦理标准、课程体系、教育和实践等方面存在的主要问题进行剖析，可以发现师范生职前和入职后专业伦理建设一体化的思路以及从“一般思想道德”转向“教师专业伦理”的理念，从而探讨师范生专业伦理建构的主要内容、师范生的教师专业伦理标准、教师教育课程的专业伦理性构建以及教师专业伦理职前职后一体化建设的社会文化支持系统等实践策略。

教师专业化发展是当前高素质教师队伍建设和追求高质量教育不可回避的一个时代主题，教师专业伦理则是保证教师专业化水平持续提高的原动力之一，同时也是衡量教师专业化发展程度的重要指标。作为未来教师的师范生，其专业伦理的发展水平在教师专业化持续发展进程中起着基础性和引领性的关键作用。

一、师范生的教师专业伦理内涵及价值

（一）师范生的教师专业伦理之内涵阐释

在中国古代语境下，“伦”有顺序、次序、分类的意思，而“理”则有条理、道理的内涵。一般认为，“伦”主要指人在顺序或分类上的外在表现，而“理”则主要指人类关系中的内在规定或规律。因此，“伦理”可以理解为是人与

人之间各种关系的内在规定或规则。“伦理”(ethic)主要指客观的道德法则，侧重于社会的规定性，具有社会性和客观性，是个人内在的理性控制行为，其和“道德”既有联系也有区别。“道德”(morality)是客观见之于主观的法则，是个体在实际生活中应该遵循的外在规则，侧重于个体意识，主要指称个人的道德修养及其结果。以往的研究经常把伦理和道德混为一谈。对此，有学者引用德国哲学家谢林(Schelling)的话指出，道德是针对个人的规范要求，目的在于达成人格的完美，而伦理是针对社会规范的要求，它会要求全体社会遵守规范，借以保障每一个人的人格。[1]本文认为，由于过去没有把教师职业当成一种专业，教师专业伦理的建设主要停留在个人道德层面。但是，随着社会、家庭、学校和学生对教师专业水准要求的不断提高，不仅要求教师提高其基本教育教学能力，还要求教师具有专业化自主发展的持续动力源——教师专业伦理。

一般认为，专业伦理指的是人们在人际活动或交往过程中处理各种关系时所持有的价值信念和行为规则。有学者认为，所谓专业伦理是指职业群体为更好地履行职业责任、满足社会需要、维护职业声誉而制订的自我约束的行为规范——一套一致认可的伦理标准[2]。一般认为，专业伦理的基本内涵包括：尊重服务对象的权益，严守服务对象的秘密，公平服务大众，重视同事的工作，恪守公私分明，维护社会正义，信守机构政策，充实及提升工作知识和能力，促进专业发展。专业伦理是作为评判专业是否成熟的重要指标，对于职业的专业化发展具有重要意义。

值得指出的是，职业不等于都是专业。一种职业能否被社会认可为一门专业是有条件的。有学者认为，专业是指一群人在从事一种必须经过专门教育或训练，具有较高深和独特的专门知识和技术，按照一定的专业标准进行的活动，通过这种活动来解决人生和社会问题，促进社会进步并获得相应的报酬待遇和社会地位。[3]但是，对教师的职业而言，师范生的教师职业道德只是一般意义上的行业道德规范在教育行业里的简单演绎和套用，无法体现教师的“专业性”“服务性”“自律性”等特质，而师范生的教师专业伦理是从教师专业性角度出发而制订的一套能得到教师一致认可并自觉遵守的行业内部规范和准则，充分体现了教师的“专业”特征，有助于提升师范生的专业化培养层次，保障职后教师群体的专业化发展质量，把教师教育一体化要求落到实处。

教师专业化发展是贯穿于教师教育全程的一个持续不断的动态过程。这个过程关乎教师的质量、教育的质量、民族的未来、国家的希望，而师范生的专业化培养是这个动态过程中的初始环节，也是教师教育全程的起点，更是保证我国教育质量的重中之重。这就要求要改革传统师范生只注重知识、职业技能的技术性培养，而转向对师范生的教师专业服务意识、从教信念、专业精神、专业自律、专业情感、专业价值等全面综合的专业伦理培养上。而传统教师职业道德存在着模糊、抽象、宏大、理想化，并重在从外围约束、要求甚至命令等缺陷。而以突出服务理念、专业精神，并重在强化教师从教信念，提升教师专业自律、专业认同感为内涵的师范生的教师专业伦理更能彰显教师专业化发展的时代特征，其取代师范生的教师职业道德是必然的。

当然，作为以育人为本的教师专业，其专业伦理有自己一些独特的内涵和表现形式。本文认为，师范生的教师专业伦理是指师范生以准教师的身份，实践育人为本、遵循教育教学规律、服务教育事业、不断追求作为卓越教师的自觉意识、态度、情感、信念、价值观及其规范和行为准则。师范生作为未来的教师，在读期间便建构起源自内心的教师专业伦理信念与规范，是体现教师的专业化培养要求、实现教师持续性专业成长的自觉追求和必然要求。

在师范生教育的全过程中，不仅要重视作为师范生外在行为规范的职业道德的培养，更要强调作为师范生内在信念系统或内在自觉与自律的教师专业伦理的建设。这是彰显教师专业特质、发展专业精神、促进教师专业化发展的必然要求。

（二）师范生的教师专业伦理之价值意蕴

伦理对于教育活动是灵魂，失之，教育的意义则荡然无存。[4]正如古德森所指出的：教学首先是一种道德和伦理的专业，新的专业精神需要重申以此作为指导原则，在新的教学道德规范中，专业化和专业精神将围绕对教学和学生学习的道德定义而达到统一。[1]可以说，师范生的教师专业伦理是体现教师专业特质的核心，是教师专业化培养的要求，也是教师专业化发展的重要精神价值维度。

1. 价值导向

教师教育是培养教师的，教师又是培养人才的，所以，师范生肩负着未来人才再生产的重任。作为未来的教师，师范生不仅要具有专业的知识和教学技能，尤为重要的是要具有高尚的专业伦理素养。而在工具理性教师教育范式下，“作为教养人的丰富的教学实践被窄化为一种技术操作活动；作为具有丰富个性与道德品质的教师被单纯地看成是熟练使用教学技术手段的技术人员；培养人的复杂的教师教育实践被简化为技能训练的技术活动”[5]，其过于重视教师的外在工具价值而忽视甚至否定了教师的内在生命价值，教师被视为被动的、被控制的、被塑造的、被利用的客体，丧失了其主体性和意义。然而，教育首先是道德活动，是使人向善的活动，且没有一种教育是价值中立的，也没有一种教师教育是价值中立的(Beyer et al. 1987)，教师专业伦理的价值定位，就是追求教育中的“善”与“美”，使教育价值客体满足教育价值主体的需要[6]。强调培养师范生的教师专业伦理有助于师范生正确认识自己作为准教师的内在生命价值，就如派因和博伊(Pine and Boy,1979)所坚决主张的那样：“尊重自己内在价值的教师往往也十分尊重学生。为了尊重学生，教师必须首先尊重自己。”[7]这同时也有助于师范生充分肯定自己将从事的教师专业的价值，保障教师的专业化培养质量，进而推进教师专业化发展的进程。

2. 专业激励

教师职业被认可为一门专业之前，其在人们心目中只是一种谋生的手段，相关部门对教师只是提出一般性的道德要求，体现的是一种外围的约束，并未从行业内部提出专业伦理的要求，教师群体也无较高的职业声誉和社会地位。随着“教师职业专业化发展”这一观点的提出和不断推进，人们越来越意识到教师不再是一种谋生的手段了，教师和医生、律师一样，也是一种专业，而教师专业伦理便是衡量其是否是专业的一个重要维度。教师专业伦理旨在提高教师群体的职业声誉和社会地位，是从行业内部对教师从事教育教学专业工作提出的得到教师一致认可并积极践履的一套伦理准则和行为规范，更多体现为引领教师专业行为向理想境界发展的德性伦理，对生命和教育意义的领悟和践履，其旨在内在激励，而不是外围约束，其功能是自我超越的意义感而不是对惩罚的恐惧感，是激励教师职业群体专业化发展的强大动力。师范生的教师专业伦理培养，可以激励广大准教师坚信自己将是一名教育专业人士并坚定自己将终身从教的信念，激励其为我国高素质教师队伍建设和教育质量的不断提高而认真学习，不懈努力，为有效提高教师专业化培养的质量并推动教师专业化发展的伟大进程提供强大动力。

3. 专业发展

教师专业伦理是一个衡量专业成熟度的重要指标，是推动教师专业化发展的一个重要动力。其不再仅从外围去一味要求、约束教师，而旨在在尊重教师个体内在生命价值的基础上，从行业内部提出对教师专业发展的伦理规范和准则，重在尊重教师专业特征，促进教师专业发展，不再把教师当作一个只会执行命令的教育教学的工具、机器，而是教育教学的设计者、研究者、参与者。教师也不再只是一个知识的消费者、文化的传播者，逐渐成为知识和文化的生产者；不再只是课程的忠实传递者，逐渐成为课程的开发者。师范生在读期间，正是培养其对教育事业的高度责任感和服务教育的专业意识，使其形成热爱教育事业的专业情感和奠定其长期从教、终身从教的专业信念之重要时期，也是其核心价值观、重要教育观和科学人生观形成的关键期，其教师专业伦理的培养不仅是教师专业化培养的首要、根本要求，还是教师专业化发展的核心，是我国"造就一支高素质专业化教师队伍"，"造就一批教育家、教学名师和学科领军人才"的前提和基础，更是教师教育一体化体系建构的重要保障。

二、师范生教师专业伦理的结构分析

为了全面、深入认识和理解教师专业伦理的丰富内涵，以便在师范生的教师专业伦理建构和培养过程中有针对性、方向性，对其结构进行分析是非常必要的。一般而言，伦理有三种涵义："一是处理好坏、对错或道德责任和义务的规律；二是一组道德原则或一套行为价值；三是管理个人或职业的行为准则。"[8]235 而专业伦理主要指专业领域内的一套伦理准则和行为规范。师范生的教师专业伦理是指师范生作为准教师在将要从事的教育教学专业活动中一致认可并积极遵守的一套伦理准则和行为规范。

（一）专业伦理知识

知识是个体通过与环境相互作用后获得的信息及其组织，而伦理知识本质上是个体处理伦理问题所应具备的专业素养，其让教师能够自觉地用伦理眼光审视日常的教学活动，发现其中蕴含的伦理问题，让教师能够将核心道德原则与复杂的教学情境“对接”起来，建立某种实践的联系，同时激发教师的道德勇气，解决伦理难题。[9]师范生的教师专业伦理知识主要是师范生在与教育者以及周边伦理环境的相互作用中获得的一系列关于教师专业伦理的认识、体验和感悟，是教师专业伦理的载体。

（二）专业服务精神

服务是一个专业的根本要求，专业服务精神不仅是教师专业化的根本要求，也是教师专业伦理的内在要求。一个专业首要的社会目的就是服务。专业工作者应是那些接受了教育并且利用其知识和技能为不具备这些知识和技能的大众服务的人。他们内心要有为大众服务的倾向，有义务以“道德理解”为起点来运用复杂的知识与技能，并通过提供实际工作以表现出公正、责任感和美德来。[10]对教师专业来说，其服务的对象包括社会、学校、学生和家长等，其中学生是最主要也是最重要的服务对象，师范生的教师专业服务精神就是要以“服务学生为本”，把学生放在第一位，一切教育教学活动都是为了学生获得最充分、最全面、最自由的发展。

（三）专业情感

情感是人对客观事物是否满足自己的需要而产生的态度体验，属于主观意识范畴，是人对事物的价值特性所产生的主观反映，在哲学本质上，情感就是人类主体对于客观事物的价值关系的一种主观反映，而专业情感就是教师在所从事的教育教学活动中获得专业需要的满足，并由满足带来愉悦的一种情绪体验。专业情感是教师专业伦理的内在动力因素，没有情感投入的职业只是谋生的手段，而只有教师视职业为一种伟大的事业时才会投入专业的情感，因为，教育意味着一棵树摇动另一棵树，一朵云推动另一朵云，一个灵魂唤醒另一个灵魂。[11]这种唤醒灵魂的伟大事业离不开专业情感的投入。而且教师在唤醒学生对真、善、美追求的同时，也满足了自己求真、向善、创美的需要，内心也收获了由教师这种专业带来的幸福与满足。

（四）专业信念

信念是指人按照自己所确信的观点、原则和理论去行动的个性倾向，是认知、情感和意志的有机统一体，是人们在一定的认知基础上确立的对某种思想或事物坚信不疑并身体力行的心理态度和精神状态。专业信念是教师在对所从事的教育教学专业活动的价值判断与意义理解的基础上所形成的对该专业坚定不移的一种心理态度和精神状态，是教师专业伦理的重要因素，因为“使教师成为优秀教师的，不是他们的知识或方法，而是教师对学生、自己、他们的目的、意图和教学任务所持的信念”[12]。这种信念会时常在教师心灵深处唤起教师内心世界的真、善、美，并成为一种推动力，使教师的道德情感得到升华，摆脱“谋生”思想，站在教育家的高度审视自己的专业，不断促进教师的专业伦理发展，并进一步推进教师专业化进程。

（五）专业自律

在哲学意义上，自律指“人自觉、自愿地对个人自由进行自我约束。自觉的前提是理性，自愿的前提是意志自由，是人能够理性地、主动地而非被动地约束自己的行动”[13]。专业自律是教师在教育教学活动中，以专业理性和专业自主为前提所形成的自觉的自我约束。其包含了师范生高度的“专业自主、专业自觉”，是教师专业伦理的重要组成部分，也是其灵魂所在。“专业自主”是指师范生作为准教师在教育教学专业活动中拥有“专业”发言权，不受业外人士的非专业“指导”。教师是否拥有高度的专业自主决策权，是学术自由和教师专业化水平的一个重要指标。“专业自觉”是指师范生作为准教师对教育教学专业活动的认同、反思、接受并主动积极参与教育教学活动。教师是否具有高度的专业自觉，是衡量教师专业化发展水平的重要精神维度。

三、师范生的教师专业伦理建设现状与分析

当前师范生的培养呈现的是一种理智取向的专业发展范式，该范式强调教师专业发展主要就是学习学科知识和教育知识。对师范生作为未来教师的服务理念、专业精神、专业情感、专业态度、专业信念等专业伦理方面的关注和重视极为不够，“呈现出一种‘技术化’驱动‘专业化’”的现象[14]，陷入了师范生专业化培养的误区。本文将从培养理念、专业伦理标准、课程体系、教育与实践四个维度对当前师范生的专业伦理建设和培养现状进行分析。

（一）培养理念：教师教育一体化断裂

当前对师范生的教师专业伦理培养和建设都有比较大的忽视。一方面，在师范生培养阶段，人们认为谈及教师专业伦理还为时过早，觉得专业伦理建设是成为教师后的事情，不属于职前教育的工作范畴，从观念上就忽视了师范生专业伦理建设的必要性和重要性；另一方面，教育者和师范生自身都把师范生严格定位在学生这个角色上，在观念上、思想上、心理上都没有任何“教师”的准备。据有关调查显示，在高师院校的教师及高师生被问及“是否了解我国《中小学教师职业道德规范》等的基本内容”时，回答“非常了解”的占0.8%，回答“比较了解”的占18.8%，回答“不太了解”的占49.6%，回答“不了解”的占30.9%。[15]这样的调查结果是令人痛心的，高师院校的教师和师范生都没有在观念上意识到教师专业伦理培养的重要性，对《中小学教师职业道德规范》如此的不关注，甚至是一种可怕的漠视态度。在这样的理念下，教师的专业化培养质量势必大打折扣，教师专业化发展的进程势必要延缓，教师教育职前职后一体化体系将脱节，造成人为的断裂。

（二）专业伦理标准：教师专业伦理标准泛化

教师在现代社会中至少有三个角色或身份：其一，社会中的一般个体；其二，国家的一个公民；其三，教育专业人士，即教师。[16]对应这三个身份，教师伦理也相应包含三个层次：其一，教师作为社会的一般个体，应该具有一

般个体的伦理素养；其二，教师作为一个国家的公民，应该具有国家公民的伦理素养；其三，教师作为一个教育专业人士，即教师，应该具有教师专业伦理。而提出教师专业伦理，就是针对“教师专业人士”这个身份而言的。我国从商周时代就对教师提出了道德上的要求，由于当时“学在官府”的特殊性，导致教师职业伦理从一开始就夹杂在政治道德中，具有浓厚的政治色彩。加上受到“躬自厚而薄责于人”“求诸己”“见贤思齐焉，见不贤而内自省也”等儒家道德文化传统影响以及古代社会把教师与“天、地、君、亲”并列在一起加以崇拜的惯性，目前的教师专业伦理一方面体现为约束教师行为而不是促进教师专业自主的政治化规范伦理；另一方面，又表现为把教师当成“圣人”“君子”“完人”“人类灵魂的工程师”，这些伦理规范的表述都存在着宏大叙述、模糊、笼统、抽象、外在化、理想化，无视教师的专业身份，把教师的身份无限放大，其结果必然导致教师“工具化”“神圣化”。从教师专业伦理发展的历史演变来看，教师专业伦理没有提供一种包含起码的人道主义精神的底线伦理，也没有具体的标准来衡量教师行为是否合乎伦理规范，从而造成部分教师片面理解教师专业伦理[8]240，导致教师专业伦理标准的泛化。

（三）课程体系：一般道德课程代替教师专业伦理课程，教师专业伦理课程建设缺失

课程是培养人才的重要载体，未来的教育家、人民教师离不开教师教育的课程体系，尤其是职前阶段的课程体系这个主要载体。现行师范院校的课程体系，虽然具体课程的表现形式和所占比例不同，但是通常由三大模块组成：通识课程、专业课程、教师教育课程。通识课程是教育部规定的所有本科大学生的必修课程，属于“法定”课程，其并不体现教师教育的专业特征；专业课程是“学科专业”的体现，也并不是“教学专业”的体现；教师教育课程本应是彰显教师专业特质的课程，但是现行的教师教育课程多半只是一个“体现”，并非“彰显”。当前师范院校课程设置存在以下三种现象。其一，由于“法定”课程开设了涉及大学生思想道德修养方面的课程，如“毛泽东思想和中国特色社会主义理论体系”“思想道德修养与法律基础”等，所以在教师教育课程体系中就没有开设关于教师专业伦理方面的课程。其二，

教师教育课程多以老“三课”，即《教育学》《心理学》《教学法》为主体，随着教师专业化发展进程的推进、国家基础教育课程改革的进一步深化，各个院校也自行建设了诸如“案例资源库”“名师教学资源库”等拓展性教师教育课程，但极少有学校开设“教师专业伦理”相关课程。这样的课程体系虽也充分体现了教师应该“如何教、怎么教”的学科教学知识问题，但没有体现教师专业伦理的知识，没有思考教师“好教、乐教、爱教”的动力性问题。其三，专业课程是针对学科专业负责，多以专业课程的开设为己任，体现的是学科教学知识问题。整个课程结构存在很多问题：其一，通识课程中的思想道德修养课程与非师范生的思想道德课程并无二样，没有体现培养师范生的教师专业伦理方面，致使师范生对教师专业伦理的理解停留于一般道德层面上；其二，教师教育课程由于受到“思想道德修养与法律基础”等相关“法定”课程的影响，并未专门开设体现教师专业特质的教师专业伦理相关课程，致使师范生的教师专业伦理课程边缘化；其三，学科课程和教师教育课程都体现的是一种工具理性主义，过于重视教师的工具价值，而忽视了教师个体应有的生命价值，进而忽视了对准教师应有的坚定的从教信念、端正的专业态度、积极的专业情感、对教师专业强烈的认同、高度的专业自主与专业自律等教师专业伦理之核心要素的培养。由此可见，当前师范生的教师专业伦理课程处于缺失状态。

（四）教育与实践：宏大的理论灌输与专业伦理实践的弱化

人们对教师专业伦理经常有这样的误解，认为教师专业伦理就是教师的伦理。从本质上说，教师专业伦理突出的是教师专业，是教师专业的伦理，不是教师的伦理。教师专业伦理只是一种场合道德，即当有固定身份的一方在履行责任，满足身份固定的另一方的需要时才适用。也就是说，职业活动过程中的教师必须恪守专业伦理规范，而职业生活之外，教师只是普通人，其伦理道德要求也应该与普通公民一致。[8]246 一方面，长期以来，由于对教师职业的专业性认识不足，致使教师专业伦理规范沦为一般道德修养，出现宏大、抽象、笼统、模糊等特点，这就造成了教师专业伦理的可操作性不强，导致现实生活中教师专业伦理的缺失；另一方面，由于我国传统教师伦理属于“经验式”“理想式”的一种圣贤伦理，强调的是一种崇高、神圣、意识形态化的价值观念加诸每个教师的灵魂深处并使之外显于教学行为之中。[8]240 教师在师范生的教育和培养过程中秉持一种“教师中心”的伦理取向，采用一种“坐而论道”的教育方式，过于重视“师道尊严”，没有把自己和师范生放在一个平等的位置上，存在着命令式、灌输式的专业伦理知识的理论传授。此外，在师范生实习这一必修环节中，存在着实习随意化、形式化、技术化等现象，对实习没有做出一个系统的顶层设计，没有系统论的意识，仅仅把实习当成职前教师教育的一个环节，无视师范生实习质量在保障整个教师教育质量中的核心作用；没有真正重视教学工作的“临床性”特征，仅仅满足于师范生去实习这个事实结果，而不追求师范生去实习的效率效果；没有立足于教学工作首先是个道德工作这一本质，只满足于知识的传授、教学技能的形成，将职后顺利“走上讲台”并“站稳讲台”当成实习的最大目标。整个实习阶段，没有对实习生进行教师专业伦理的培养，错失了在教育实习中培育师范生教师专业伦理的良机。

四、师范生的教师专业伦理建构与培养的路径与策略

（一）转变传统理念，强化教师教育职前职后专业伦理建设一体化理念

教师教育应该是涵盖了职前、职后教育在内的一体化的教育，其实质是“对教师职前培养、入职教育和职后培训进行全程规划，建立各个阶段内容衔接、资源统筹、教育规划一体化”的体系，其关键是“教师职前职后教育内容的一体化”。教师的专业化发展是贯穿于职前专业培养与职后专业发展全过程的，任何单靠职前一次性“终结型”师范教育和全靠职后教育的思想和观念都是极其错误的。任何职前教育与职后教育脱节的做法都只会破坏教师教育一体化的系统，阻碍教师的专业化进程，严重影响我国教师队伍的质量。教师专业伦理属于心灵建设的范畴，与教师的专业信念、专业情感、专业态度、专业自主以及教师的价值观等紧密相连，需要经过长时间的培育，对教育教学事业有高度自觉的意识，并通过内心的升华和有效的实践外化而生成，这是一个漫长的过程，绝非入职后的一朝一夕就能养成。所以，

对教师专业伦理的培养，应该从师范生入学的那天就开始，而不是等到师范生入职做了教师才开始。职前教育阶段对师范生的教师专业伦理建设的高度重视，不仅是教师教育一体化体系建构的关键举措，更是提高我国教师队伍建设质量和保障我国教育质量的根本。所以，转变职前教育无需重视教师专业伦理培养与建设这一错误观念，然而强化教师教育职前职后专业伦理建设一体化的理念刻不容缓，势在必行。这一举措必将功在当代，利在千秋。

（二）制订适合师范生实际的教师专业伦理标准

要确保教师的行为符合专业伦理的精神，首先必须设立教师专业伦理的标准。由于受到我国几千年封建文化传统的影响，人们对教师的期望往往远离了现实生活，教师的专业伦理被置于“政治化”“神圣化”的“泛化”地位，人们理所当然地认为教师应该是高尚道德和完美道德的化身，对教师行为要求严格，对教师的伦理要求甚至到了吹毛求疵的地步。这和工具理性教师教育范式过于强调教师的工具价值，而忽视教师生命价值的观点不谋而合，导致了教师专业伦理要求的泛化，偏离了教师专业伦理旨在提高教师专业自主，使教师获得职业幸福感的目标，不仅不能推进教师专业化发展，反倒阻碍了教师专业化发展的进程。当务之急是要制订一个既能符合师范生道德认知规律，又能体现对教师最基本的专业伦理要求的“大众化”“专业化”而非“神圣化”“政治化”的教师专业伦理标准，而一个合理的教师专业伦理体系应该体现最基本的教师伦理要求，应该“强调从专业特点出发讨论伦理规范的建立，而不再是一般道德在教育行业里的简单演绎与应用。所建立的伦理标准都有较为充足的专业和理论的依据，充分考虑了教师专业工作和专业发展的特点与实际，全面、具体、规范，要求适中”[17]。总的来说，就是要坚持务实的态度，秉持人道主义的精神，把握“崇高伦理”和“底线伦理”相统一的原则，让标准详细、具体、可操作。

（三）“一般思想道德”转向“教师专业伦理”，强化教师教育课程的专业伦理性

教师教育职前阶段通识课程中“道德”课程对教师专业伦理课程的替代

化、专业学科课程的重知识与技能化、教师教育课程中“教师专业伦理”课程的缺失化，致使师范生的教师专业伦理课程缺失、教师专业伦理的相关知识缺失、教师专业伦理的培养边缘化，进而导致一些师范院校毕业生进入教育教学一线后“对自身伦理责任处于‘无认知’和‘不自觉’的境地，对教师在工作中所要处理的各种关系与矛盾缺乏深入了解，在处理专业问题与事务时暴露出专业伦理素养缺乏的问题”[18]。这和温家宝谈到的师范大学“造就的应是堪称人师的教育家，要学为人师，行为世范。不仅要言教，还要身教；不仅要立己，还要立人”的要求还有较大距离。显然，教师教育职前课程体系亟须改革。首先，结合师范生的教师专业特质，改革通识课程中关于“思想道德修养”的课程，使其从“一般思想道德”课程转向“教师专业伦理”课程；其次，结合师范生道德认知规律和当前社会发展对教师专业伦理素养的要求，增设教师教育课程中关于教师专业伦理的课程，防止教师专业伦理课程的边缘化；最后，整合通识课程、学科课程与教师教育课程，把教师教育职前课程置于整个社会发展的文化环境、全球教师专业化发展的大背景以及教师教育一体化系统中进行设计和调整。

（四）构建系统化实习模式，强化在教师专业理论与教育实践融合中养成师范生的教师专业伦理

人类的伦理关系不是在主客关系中产生的，而是在主体间的交往关系中发生的。师范生的教师专业伦理既不是在教室通过与教师的“坐而论道”而产生的，也不是在教师宏大的专业理论灌输下产生的，更不是在自己“独白式”的自我想象中产生的，唯有在真实的教育教学情境中，教师真实地与师范生“面对面”地交往、沟通，达到心灵的碰撞、交融，并逐渐融入其对教育事业和学生无比的热爱、自发地投入真挚的情感这一过程中慢慢孕育而成。对于准教师身份的师范生而言，其教师专业伦理的养成同样需要真实的、长期的教育教学实践活动。所以，不仅要改变当前教师“坐而论道”、宏大理论灌输式的教育教学方法，同时要改革当前不系统、走形式、无实效的实习模式，构建见习、试习、实习、研习一体化的动态实习模式。这一模式中的每一个环节均是下一个环节的基础和前提，下一个环节又都是建立在上一个环节基础之上的。让学生带着理论去见习，在见习中初步获得关于“教学”“教

师”“学生”“课堂”“师生关系”等概念的感性认识；在试习中初步感受初为人师的不安、紧张、喜悦、焦虑等复杂心理过程，初次通过参与部分教学实践尝试对所学的理论做出一定的回应和验证；在实习中完全参与到教育教学实践中，努力做一个真正的教师，通过教育实践深刻体悟到作为教师不仅需要知识、教学技能，还需要从教的热情、坚定的信念、对学生的爱以及对教育事业的服务和奉献精神；实习的结束并不意味着就摘掉了准教师的“准”身份，师范生必须系统总结和反思在见习、试习、实习时的所见、所闻、所思、所感、所悟，经过查缺补漏、“对症下药”后根据自己的真实需要选择再次回到实习这个环节，直到能真正成为一名教师。通过设计这样的实习模式，让师范生在真实的、长期的教育实践中体会、领悟到，在这个社会转型，经济市场化，价值和文化多元，各种道德观、价值观、信念冲突的时代背景下，“人师”必将取代“经师”。

（五）构建教师专业伦理职前职后一体化建设的社会文化支持系统

当前，教师专业伦理建设面临的困境之一就是教师专业伦理的缺失，如在我们校园里屡禁不止的“上课留一手，下课伸个手”现象，教师让“学困生”戴“绿领巾”，以及为了惩罚犯错学生，让其在炎热夏天“跪国旗”等事件就是教师专业伦理缺失的一个表现。而我国是一个有着“伦理本位”文化传统的国家，向来重视“伦理”，如黑格尔说：中国纯粹是建筑在一种道德的结合上。[19]斯宾格勒认为中国文化的基本象征符号是“道德灵魂”。在此，他们都指出了中国文化的核心要素，即高尚的伦理精神，正是这种高尚的伦理精神，孕育了无数伟大的人民教育家。当前出现的教师专业伦理缺失的状况应该引起我们足够的重视、反思，我们应采取积极有效的行动，来建设教育之灵魂的教师专业伦理，而且这个急迫的任务不是等到教师专业伦理严重缺失后才去做，也不是等到教师入职后才去做，而是要从教师教育职前阶段就开始进行，构建一个教师专业伦理职前职后一体化建设的社会文化支持系统是当下解决教师专业伦理缺失问题、保障教育质量的根本举措，具有关乎民族、国家未来的重要意义。社会文化对教育的影响是无所不在的，其通过对教育深层的价值取向产生影响进而影响到教育的各个层面。可以说，价值观念的系统是社会文化的核心，建立教师一致认可的核心伦理价值观念系统是建设教师专业伦理的社会文化的核心。只有通过这个核心价值观系统才能统摄、引领、发展、建设教师专业伦理。

参考文献:

[1]徐廷福．论我国教师专业伦理的建构[J]. 教育研究,2006(7):48-51.

[2]刘捷．专业化:挑战21世纪的教师[M]. 北京:教育科学出版社,2002:62.

[3]教育部师范教育司．教师专业化的理论与实践(修订版)[M]. 北京:人民教育出版社,2003:32.

[4]朱新卓．教师专业化的现代性困境[J]. 高等教育研究,2005(1):47-52.

[5]何菊玲．教师教育范式研究[M]. 北京:教育科学出版社,2009:78.

[6]孙峰．教师专业伦理的价值选择[J]. 思想理论教育,2008(22):4-8.

[7]中央教育科学研究所比较教育研究室．简明国际教育百科全书:教学(下册)[M]. 北京:教育科学出版社,1990:81.

[8]金忠明．教师教育的历史、理论与实践[M]. 上海:上海教育出版社,2008.

[9]王晓芳,韩星基．教师伦理知识的养成与生长——读《伦理型教师》一书的启迪[J]. 中国教师,2012(3):78-80.

[10]舒尔曼．理论、实践与教育的专业化[J]. 王幼真,刘捷,编译．比较教育研究,1999(3):36-40.

[11]雅斯贝尔斯．什么是教育[M]. 邹进,译．北京:生活·读书·新知三联书店,1991.

[12]库姆斯．教育改革的新假设[G]//瞿葆奎．教育学文集·第25卷·国际教育展望[M]. 北京:人民教育出版社,1993:275.

[13]常健,郭薇．行业自律的定位、动因、模式和局限[J]. 南开学报(哲学社会科学版),2011(1):133-140.

[14]钟启泉．"教师专业化"的误区及其批判[J]. 教育发展研究,2003(4):119-123.

[15]李西君．专业化视角构建高师生职业伦理价值观的研究[J]. 宁波广播电视大学学报,2010(2):91-93.

[16]王卫东．教师专业发展探新——若干理论的阐释与辨析[M]. 广州:暨南大学出版社,2007:62.

[17]檀传宝．论教师“职业道德”向“专业道德”的观念转移[J]．教育研究，2005(1)：48-51.

[18]牛利华．教师职前培养中专业伦理教育的缺失与对策[J]．教育发展研究，2008(24)：80-83.

[19]黑格尔．历史哲学[M]．王造时，译．北京：生活·读书·新知三联书店，1956：65.

作者简介： 刘义兵，教育学博士，西南大学教育学部，教授，博士生导师。

原文出处：《西南大学学报》(社会科学版)2012 年第 5 期。

转　　载： 人大复印报刊资料《教育学》2013 年 1 期全文转载。

麦克莱伦的批判课程理论及其启示

李宝庆，靳玉乐

摘　要：麦克莱伦的批判课程理论注重学生批判意识与能力的养成，并以学生的自由与解放为根本旨归。他以社会批判理论、马克思主义、后现代主义、弗莱雷和吉鲁的批判教育学等为理论来源，对课程价值、课程决策、课程内容、课程实施、课程研究方法作了深刻的阐释，从而丰富了当代的课程研究话语，同时也为我国的课程改革提供了诸多启示。

20世纪70年代以降，批判课程理论傲然崛起于西方课程研究领域，其主要代表有阿普尔（M. W. Apple）、吉鲁（H. Giroux）、麦克莱伦（P. McLaren）等。目前，国内研究者对阿普尔、吉鲁等学者的批判课程理论已有诸多论述，但对麦克莱伦的批判课程理论并未引起足够重视。为此，本文力图对麦克莱伦批判课程理论的学术渊源、基本观点等方面进行研究，并分析其对我国课程改革的启示。

一、麦克莱伦简介

麦克莱伦（1948—）是享誉世界的批判教育理论家、教育社会学家。他出生于加拿大安大略省的多伦多市，童年生活相对优越而安逸，其父亲在一家知名的电子公司担任总经理。但在他17岁时，父亲被公司解雇，又因疾病而过早去世。在此背景下，麦克莱伦开始阅读马克思、马尔库塞（H. Marcuse）等人的作品，从而激发了他的批判思想。1973年，麦克莱伦在加拿大的滑铁卢大学（University of Waterloo）获得英国文学学士学位。1974年他在多伦多大学(University of Toronto)教育学院获得教育学学士学位后便开始了他在小学和初中的教学工作。麦克莱伦在多伦多内城地区的一所小学工作了四年半,他在此期间接触了许多来自社会底层的学生,并从此立下了为“他者”发声的志向。麦克莱伦认为,在种族歧视和资本主义的双重背景下,社会对这些弱势的学生非常不利,他们从小就生活在一个没有未来与希望的世界中。他将这段教学经历写成《走廊的哭泣声》(1980)一书,后来将该书进一步修改为《校园生活:批判教育学导论》(1989),而这本书也成为批判教育学的代表作之一。1979年,他辞去教学工作。1980年取得了布洛克大学(Brock University)教育学院的教育学硕士学位,然后进入了加拿大多伦多大学渥太华教育研究所攻读博士。1983年他获得了哲学博士学位,并仍想回到内城地区的学校教书,但加拿大政府规定研究所毕业的学生不得到内城的学校教书,这让麦克莱伦看清了主流社会对于弱势群体的排挤与歧视,也使他毅然决定以更为激进的批判精神从事学术研究。这样,他担任了布洛克大学的讲师,其研究主题为内城教育与语言艺术。1985年,麦克莱伦受到美国教育学者吉鲁的邀请,前往美国迈阿密大学(University of Miami)的教育学院工作,并担任助理教授,他与吉鲁一起密切合作了八年,并见证了批判教育学在北美的成长与发展。后来,两人因学术理念逐渐产生差异而分道扬镳。1993年,他被聘为美国加利福尼亚大学洛杉矶分校(University of California, Los Angeles)教育与信息研究生院的教授。2000年,麦克莱伦正式加入美国国籍。事实上,由于他所研究主题的激进性、批判性,常被主流学术界所排挤,他申请的研究项目也从未获得任何经费,其主要收入来源是其众多著作的版税。麦克莱伦在其著作与教学中常痛批美国政府、伊拉克战争、共和党以及新右派的主张。因此,他也曾被加利福尼亚大学洛杉矶分校校友会的琼斯(A. Jones)名列为“肮脏三十”(dirty thirty)的黑名单之首,琼斯甚至以金钱利诱学生收集麦克莱伦上课时的言行与教材,试图抹黑他。

麦克莱伦曾四次荣获美国教育研究协会的最佳著作奖,其作品跨越哲学、人类学、社会学、符号学、课程理论和文化批评等领域,不过他的研究重心集中于课程与教学、教育社会学、政策分析、文化批评等。他是一位多产的学者,至今已出版著作近50部,比如《教育理论中的马克思主义对抗后现代》《批判教育学与掠夺文化》等。麦克莱伦的作品也被翻译成20几种文字，流传于欧洲、拉丁美洲、中东及东南亚等地区。同时，他也积极参与这些地区的民族解放与民主事业，作出了卓越贡献。麦克莱伦大力支持南美洲的反美行动，甚至在这些南美国家担任教育顾问。2011年6月1—2日，他受邀赴华东师范大学课程与教学研究所进行了为期两天的学术交流，并作了"马克思主义、教育实践与后资本主义的未来"的学术报告。他指出，必须根据时代的发展而完善马克思主义，使其可以更深入地分析当今社会的政治、经济以及文化等方面的问题。他还与其学术伙伴杰瑞米勒(N. E. Jaramillo)教授分别结合各自在拉丁美洲、美国等地发起的教育改革实验，分析了如何革新教育理论、课程开发及教师教育，消除文化殖民主义、西方中心主义、白人种族主义及男权主义等"后资本主义"力量在世界范围内造成的教育及文化不平等。事实上，麦克莱伦为实现其解放被压迫者的崇高理想，至今仍坚持不辍。

二、麦克莱伦批判课程理论的学术渊源

实际上，麦克莱伦的批判课程理论的形成与发展有着广阔而深厚的学术渊源。

（一）社会批判理论

"社会批判理论"是当代西方影响最大、流传最广的社会思潮之一，它由"法兰克福学派"所创立。该学派产生于20世纪30年代的德国，主要代表人物有霍克海默(M. Horkheimer)、阿多尔诺(T. W. Adorno)、马尔库塞以及哈贝马斯(J. Habermas)等。社会批判理论以人和社会问题为研究中心，批判了技术理性对人的压制，注重人在社会中的地位、命运与解放，力求通过批判使人意识到资本主义社会的基本矛盾和人的本性的异化。事实上，社会批判理论对麦克莱伦课程理论中的课程价值、课程内容选择、课程研究方法等方面都产生了重要影响。比如，社会批判理论的文化分析就成为麦克莱伦分析课程问题的重要工具。社会批判理论着重分析了社会文化与主流群体以及附属群体之间的关系，并深刻解析了文化是怎样传递主流意识形

态的，同时也积极呼吁注重并培养工人阶级、女性、黑人、学生等群体的语言、知识、沟通技巧以及社会关系。实际上，这些观点在麦克莱伦的批判课程理论中都得到了积极的体现。

（二）马克思主义

马克思主义对麦克莱伦的批判课程理论产生了重要影响，他对教育的关怀最终是以马克思主义追求的自由与解放为中心。麦克莱伦对社会革命和解放实践持有高度的期望，他指出："作为我的中心理论和政治立场，我绝对没有放弃、背叛马克思主义。事实上，晚近几年我非常着迷于马克思的'激进的历史观'。我重新发现，马克思主义可以作为建构一个革命性、社会主义工程的方法。"[1]393-394 麦克莱伦最终坚守马克思主义的立场，是因为他认为以马克思主义对于无产阶级的丰富情感来关怀当今社会中的弱势群体，便会认识到种种压迫者与受压迫者的冲突皆是阶级斗争的变形，因而必须以唯物辩证法的思维方式相信资本主义社会因其内在的矛盾最终会走向灭亡，从而变成更为平等自由的社会。概言之，马克思的历史唯物论、辩证法、阶级冲突论、劳动论、物化和异化等思想，对麦克莱伦的批判课程理论的形成起到了重要作用。例如，马克思对劳动和实践的重视，使得麦克莱伦认识到人是主动地通过实践来改变世界，从而不断地追求与实现梦想。

（三）后现代主义

后现代主义是20世纪60年代以来基于对现代哲学的深刻反思而涌现的诸多哲学思潮。这些思潮主要有：以福柯（M. Foucault）、德里达（J. Derrida）、利奥塔（J. F. Lyotard）等为代表的后结构主义；以罗蒂（R. Rorty）等为代表的新实用主义；以格里芬（D. R. Griffin）等为代表的建设性后现代主义；等等。后现代主义最重要的特征是对现代主义观念中的整体性、普遍性和理性进行批判。麦克莱伦认为，后现代的反本质主义可以剥离有关性别角色、人性本质、种族偏见等传统思想中所根深蒂固的意识形态，而后现代的反实证主义可以挑战学校教育中信奉客观真理的科学主义迷思。在诸多后现代主义思潮中，麦克莱伦的批判课程理论主要受到后结构主义的影响，尤其是福柯的思想。福柯被视为自马克思以来最全面而透彻剖析权力的思想家。他指出,“权力制造知识……权力和知识是直接相互连带的”[2]。其意思也就是知识与权力二者难以分割,任何知识都包含了权力,而任何权力也需要知识才能有效运作。受福柯思想影响,麦克莱伦认为批判课程理论基本上关切的是对“权力—知识”关系的理解。这是因为,主流的课程总是忽视知识和权力的关系,而用纯粹技术性的方式看待知识,这种技术理性的课程使得知识被过度工具化,而忽略了知识的本质是社会建构的,事实上知识绝对不能被视为存在于“权力—知识”的关系之外的。

(四)弗莱雷与吉鲁的批判教育学

巴西教育家保罗·弗莱雷(P. Freire)被誉为“拉丁美洲的杜威”,他提出了教育的政治性问题,并在《被压迫者教育学》一书中充分完整地阐述了以培养批判意识为目的的解放教育理论。事实上,弗莱雷是对麦克莱伦批判课程理论的形成影响最深的教育学者。他将弗莱雷视为开启了批判教育学先河的学者,认为弗莱雷的著作毫无争议地已经成为推动北美批判教育学形成的原动力[3]。麦克莱伦也曾在加利福尼亚大学洛杉矶分校与流亡到美国的弗莱雷相遇。他还多次撰写关于弗莱雷生平和思想的文章,比如《弗莱雷主义教育学、实践与希望:千禧年的计划》《解放的政治:弗莱雷路线》等。麦克莱伦认为,弗莱雷的作品协助他抛开作为一位在西方工业化社会下的教育工作者脑中所具有的殖民观。教育系统其实是被放在帝国主义、父权主义和欧洲中心主义中的论述。更为重要的是,弗莱雷也协助他发展反抗霸权的策略以及城市教育改革的策略。[2]27 实际上,弗莱雷教育思想中的诸多观点,如“意识觉醒”“对话式教学”“爱与希望”等都深深影响着麦克莱伦。

美国批判教育学者吉鲁认为,应以一种激进的教育理论指导课程与教学实践,学校课程要能唤醒被压迫者的政治意识,反映不同的知识立场和阶级声音,要让学校成为民主的公共领域。在《校园生活:批判教育学导论》一书中,麦克莱伦指出他的许多观点都是受吉鲁作品的启发而来,尤其是《教育中的理论与抗争》《教育围城》《教师作为知识分子》等作品,吉鲁提供给他许多具有洞见的研究路线和精神上的鼓励。[2]19 比如,在吉鲁的作品中非常强调学生声音的重要性,认为教师要将引导学生的文化资本和声音容纳到课程之中。麦克莱伦也使用了吉鲁的“发声”概念,认为它是一个重要的教学概念，是指个人解读和诉说经验的文化方法，使学生从主流文化的宰制中得以解放，并有能力改造自己和社会。

此外，麦克莱伦批判课程理论的学术渊源还包括法国社会学家布迪厄(P. Bourdieu)、美国黑人女权主义学者胡克斯(B. Hooks)等著名学者的思想。值得一提的是，麦克莱伦还非常推崇格瓦拉(C. Guevara)和卢森堡(R. Luxemburg)等具有崇高革命气节的英雄人物，所以相对于其他批判课程研究学者，他更具有反叛性和革命精神。

三、麦克莱伦批判课程理论的基本观点

麦克莱伦对批判课程的课程价值、课程决策、课程内容、课程实施以及课程研究方法等方面都作了深刻的阐释，从而丰富了当代的课程研究话语。

(一)课程价值观

麦克莱伦在教育现场以及社会生活中的经历使得他充分体会到弱势群体遭受的不公正待遇，因此他认为课程的价值在于培养学生的主体意识和批判精神，从而最终寻求解放。他指出，学校必须要找到好的方法，让学校成为所有学生生命中的重要媒介，学生由此获得能力去掌控自己的命运，而非认为自己被困在他所属的社会阶级中无法超脱。[2]255 在他看来，解放就是要摆脱各种压迫和宰制的行为，它包括身体和心灵两个方面，而主体的解放必须先有灵魂的解放，其目的是“展现一种追求自由的务实愿望”。他借用柯威(J. Kovel)的话语来展现解放主体的特性：我是一个主体，因此我需要把自己的存在投射到世界上，改变世界，作为我存在的表达，而且，最终我会主导自己的存在，而非将自己的存在，交由他人宰制、剥削。[2]399 想要达成学生解放的目的，就需要培养他们的批判意识与能力。麦克莱伦认为，批判意识能使主体对课程内容和社会处境进行批判性理解，而批判性理解可以进一步转化为批判性行动，而批判性行动才能转变不平等的社会结构。

(二)课程决策观

传统课程的弊端在于：课程的决策权往往掌握在教育专家和教育当权

者手中，在课程中充塞着维护现存主流价值观的内容，课程与教学成为一种从上到下传递知识的过程。麦克莱伦对这种“防教师”的课程观进行了批判。在他看来，保守人士一直试图确保教师在传播课程时不对课程进行“歪曲”，教师与学生的声音在课程决策中一直处于被压制的状态。[4]261 他认为，教育在复制主流社会里的技术官僚、企业组织和资本主义意识形态，在每次的教育改革提案中，教学几乎等同于“执行”事先设计好的方法和传授事先组装好的课程。教学变成教师不需要作任何决定与思考的工作，教师的梦想、愿望和声音往往遭到压抑。一旦教师接受自己作为工匠的角色，没有质疑学校教育复制既存的阶级、种族和性别权力关系时，他就传达给学生这样的讯息：一些人在既存的社会秩序中的附属角色是合理的。为此，他曾指出美国课程改革方案《美国2000年目标》所列举的课程目标“过于普遍化”，由此教师们不断地被要求采纳由技术、工具、效率和测量的命令所控制的教学模式。[4]698 这样，真正受课程决策影响最深的教师、学生反而很少参与课程决策。基于对课程决策中教师、学生等主体的被边缘化，麦克莱伦认为可以通过“沟通式民主”来实现课程决策的民主化。在他看来，“沟通式民主”彰显出“大众参与、理性讨论、追求共识”的民主理念，它强调主体间意见的交流，蕴含着“权力赋予”。[5]这就意味着，课程决策不再只是教育专家与教育当权者意志的体现，而需充分发挥集思广益的优势，更为尊重多元的声音与建议，多方的课程参与者得以在真实互动的情境中进行交流，并权衡每一种方案的利弊得失，最终达成课程共识。

（三）课程内容观

麦克莱伦的批判课程理论在课程内容方面主要强调以下几点。其一，重视学生的生活经验。事实上，长期以来，课程内容过于注重成人的文化，而学生的生活经验则处于边缘化的地位。这种课程内容远离了大多数学生的生活世界而使得他们难以正视自身的文化。麦克莱伦明确反对这种严重脱离学生生活的课程内容，认为课程内容不应忽视学生的生活经验，不能只是选择上层阶级所熟悉的文化，而应以学生的生活经验为基础。他曾说，任何解放的课程必须强调学生的经验，而学生的经验又跟身份认同紧密相关。[2]354“一旦我开始让他们觉得自己的生活经验是很重要的探究领域时，我的教学就变得非常有效。”[2]257 因此，学生的生活经验应成为课程中的一部分，教师不能忽视学生的经验，并要能引导学生能够透过生活经验和课程文本的互动而学习知识，并批判和超越压制他们的那些束缚。然而，我们不能因为重视学生的生活经验，就使学生故步自封于自己文化的迷思之中。因此，课程内容还需反映多元文化的精神。其二，多元文化的课程选择。麦克莱伦批判学校教育强调主流文化的优越性并将其作为课程的主要内容，旨在将原本具有文化差异性的社会群体同化于主流文化之下，并使其适应主流文化支配下的社会生活。在他看来，这是社会结构再生产的主要工具。为此，他指出：学生所接触到的主流的意义系统，大部分在意识形态上是跟西方帝国主义和父权文化紧密相连。他很感兴趣地提出下列问题，我们有没有任何课程可以动摇西方父权文化和帝国主义针对妇女和少数民族的论述。[2]396 比如，针对课程内容中男性文化占据优势这一现象，他认为教育体制是产生父权文化的主要根源，男性垄断了知识的生产与分配。如果女性进行抗拒，她们将会受到教育体制的排斥而难以在主流社会中获得成功，由此造成了性别不平等的再生产。在对主流文化进行批判的基础上，他指出课程内容必须体现多元文化的精神，以启发学生的批判意识。这种多元文化课程观对教师提出的要求是教师必须要识别这些文化方面的各种选择是具解放性的还是压迫性的。[2]316 其三，社会取向的课程内容。社会取向的课程内容包括两层涵义：以真实的社会生活事件作为讨论批判的素材，即教材并非局限于教科书中；学生亲身体验社会生活，分析社会的问题并考虑改善策略，即学习范围由教室扩展至社会。这样，教学过程中教师要关注学生的自主探究，努力拓展学生的学习时空，整合校内外资源。麦克莱伦批判了学校过度紧随商业的需求这一现象，商业盛行于学校并决定课程，为此他提出了不同的课程愿景，主张教育应追随弗莱雷所说的日常生活的社会和政治分析应成为课程的核心。[6]在他看来，社会问题应成为教师与学生进行批判与探讨的教学主题。其四，批判地理解学科知识。麦克莱伦的批判课程强调学生生活经验的重要性，并非忽视学科知识的教学与学习，而是主张应对学科知识进行批判性理解，以发展学生的批判意识与能力，以及灵活运用知识的能力。因此，教师与学生应重新看待学科知识，把普遍化的抽象知识与个人生活经验不断辩证、相互修正。其五，重视隐性课程的作用。麦克莱伦将课程视为一种形式的文化政治学，特别重视潜在课程的解析。他发现学校运用“隐性课程”的机制，将学生囚禁在“权力的符号学”中，并且压制弱势种族、女性和穷人家庭的孩子获得成功。他认为：“隐性课程所研究的是一些不言而喻的方式。运用这些默示的方式，知识和行为得以在通常的课程材料和正规安排的授课之外形成。隐性课程是学校中官僚主义和管理方面的‘压力’之一部分——受这些联合在一起的力量的驱使，学生被劝诱说服，进而遵从于与权威、行为和道德相关的，处于优势的意识形态及社会实践。”[4]243 不过，他也指出学生可以从隐性课程中得到更多的有关民主和种族方面的信息。

（四）课程实施观

麦克莱伦对传统保守的企业管理式的教学方法进行了批判。他指出，这种教学方法日渐普及，导致更多的教育政策贬低教师的技能，创造出一种技术官僚的理性思维，规划和创意从执行面被架空，教师最重要的角色变成工匠或白领工人。[2]6 这就完全漠视了将学校视为社会改造和解放的场所的观念。基于对传统教学的批判，麦克莱伦提倡一种批判教学观。他指出，我们必须发展一种教学方法，可以培养学生在智力和道德上抵抗压迫的能力，它拓展教学的概念，让教学不再只是知识技能的传递，它也拓展道德的概念，让道德不只停留在人际关系的层面。这就是所谓的批判教学。[2]30 他提倡的批判教学观，将学生的问题与需求当作一切的起点，教师必须协助学生分析他们自己的经验。比如，他认为教师可向学生提问这些问题，并将其作为教学的起点：这个社会对你有哪些影响？哪些是你不再想要的影响？在电视中所看到的媒体对于黑人、拉丁人、同性恋的再现，与你实际接触这些群体的印象之间存在怎样的落差？这种批判教学观，既可拓展学生的批判思考能力，又可引导学生的社会行动，从而改善不合理的社会现状。

在批判教学中，教师的课程角色也发生根本性转变。其一，转化型知识分子。转化型知识分子是指那些在专业表现上对弱势和被压迫团体的苦难和抗争展现出关切的知识分子，是有能力阐述解放的可能性和努力实现解放理想的人。基于此，教师可以运用以下措施：进行小班教学，重视班级中弱势学生的价值观与能力，使自己具备更多的特殊专业能力，积极改进社会计划。[2]257 教师如果承担转化型知识分子的角色，就会和学生一起质疑知识是如何生产、分配的，并运用对话策略让知识变得更有意义与批判性，从而最终获得解放。其二，合作者。麦克莱伦认为，教师与学生应处于一种平等的关系，这种平等关系并非意味着事事以学生为主而否定教师的角色，它非常重视教师的作用，教师有责任协助学生发掘被压迫与被边缘化的知识，进而对抗那些主流知识。[2]360 教师很重要的工作是去协助学生寻找有哪些方法可以进行自我思考和意义的建构，积极鼓励学生“发声”，进而协助学生改变自我，这样教师就可以分析学生的观点中所呈现的特定价值观和意识形态。其三，反思性实践者。教师应深入反思教学工作中所蕴含的政治意义，不能将教学工作简化为知识的传递，而不自觉地成为社会结构再生产的工具。教师反思之后，应转化为批判性行动，在教室中加强批判教学，并培养学生的行动能力。其四，课程的设计者。麦克莱伦指出，教师作为课程设计者要让学生有机会批判课程内容和知识形式，必须重视女性、有色人种、经济弱势族群和他人的历史。[2]382 这就表明，教师必须将教室变成批判场域，在这个批判场域中教师必须深入挖掘那些被边缘化或被孤立团体“被压迫的知识”。

（五）课程研究方法观

20 世纪 70 年代以前，受实证主义和科学化运动的影响，研究者认为学校课程是价值中立的。这一取向模仿自然科学的研究范式，采取价值中立的观点将研究主体与研究客体截然分开，追求所谓的确定与规律。社会批判理论的发展，使社会科学的研究逐渐扬弃传统实证主义的研究典范，强调理论与实践的关系，对于西方近代人文社会科学界产生相当的影响。[7]受此影响，麦克莱伦也反对实证主义的课程研究取向，主张采用历史的、辩证的、宏观与微观相结合的方法来揭示课程内外的复杂关系，他将学校课程置于广阔的社会背景下进行考量，批判并检视课程背后的意识形态，认为课程不是价值中立的，它无法避免来自政治、经济以及文化等方面的影响。

四、对麦克莱伦批判课程理论的评价

对于麦克莱伦的批判课程理论,我们可以从以下方面进行评价。

(一)基础广博,理论系统性不足

麦克莱伦对马克思主义相当熟悉,对其他许多学者的著作也有很好的掌握。在他的课程理论中经常引用其他学者的研究和观点,比如葛兰西(A. Gramsci)、威利斯(P. Wills)、伯恩斯坦(P. Bernstein)、布迪厄、哈贝马斯、弗莱雷等学者的研究,都成为他分析课程问题的基础。他的长处不在于提出新的理论,而是成功地将这些理论和观点整合应用于课程研究、文化研究等方面。同时,对于不合理的课程观点,他也能运用相关研究提出修正和批评。然而,尽管从其他领域引入相关理论以活跃其研究思路,同时也展现了其理论博学,但这些学者的理论对于麦克莱伦而言更多的是作为一种批判和斗争的工具,因而尽管他涉猎领域宽泛,但并不注重自我课程理论建构的系统性。

(二)重视课程理论与实践的循环观照

马克思的辩证法深深影响了麦克莱伦。他认为,根据马克思的方法论,我们要重视理论与实践之间的辩证关系,理论是为实践服务的,在实践情境中产生的问题,必须通过理论来回答。[8]在他看来,批判课程理论也应追求一种理论与实践不断辩证的研究观,课程理论和课程实践是一个动态过程而非各自分立,马克思重视"实践"的思想有助于我们将课程理论与课程实践相结合。对批判课程理论的研究,麦克莱伦并未仅仅停留于空泛的理论思辨,而是积极投入到课程实践之中。比如,他认为北美教育系统完全没有提供准教师必要的批判技能、概念方法和道德责任感,从而让他们可以批判地分析学校教育的目的,教育学院一再强调将教师训练成对预定教学内容的"管理者"和"执行者"。为此,他和吉鲁共同拟订了一套教师教育课程,这套课程将"对权力、语言、文化以及历史的批判性研究与批判教育学的实践联结了起来,非常重视学生的经验感受以及学生的声音"[4]259。目前,他也正在拉丁美洲等地进行课程改革实验，力图通过革新课程开发等途径，消除西方中心主义、白人种族主义及男权主义造成的教育及文化不平等。

（三）反传统色彩与理想化情怀并存

麦克莱伦对传统课程理论存在的诸多问题进行了批判。传统的课程理论认为，知识是客观、价值中立的，它追求对行为的有效控制。但在麦克莱伦看来，知识并非价值中立的，而是渗透着统治阶级的意识形态。此外，他对传统课程的决策方式、内容选择、实施方式、研究方法等方面进行了全面的批判。这些观点有助于我们深化对课程问题和课程研究的认识，促使我们对课程理论与课程实践进行再思考。

麦克莱伦堪称一位富有激情及浪漫气质的课程学者。尽管他在自己的课堂中践行着批判教学，同时也在一些地区积极开展课程改革实验，但也难免带有一定的“乌托邦”式的浪漫情怀。这是因为，他力图在资本主义的教育框架内，倡导通过包括课程在内的教育改革来改变社会的不平等从而实现社会的平等，但对这些改革措施实施的可行性缺少深刻论述，同时也对其实施过程中的价值阻力、文化阻力、心理阻力、制度阻力等方面欠缺深入思考。比如，他认为教师和学生等主体应参与课程决策，但他们是否愿意承担这种责任，承担这种责任又会面临何种困难，麦克莱伦并未给出清晰而明确的回答。

五、麦克莱伦批判课程理论的启示

事实上，麦克莱伦的批判课程理论对我国的课程改革提供了诸多启示。

（一）注重学生的批判素养

我国新一轮基础教育课程改革将培养学生的创新精神与实践能力作为重要目标。实际上，创新精神离不开学生的批判素养。目前，我国教育部正组织研究各学段的学生发展核心素养体系，以使学生具备适应终身发展和社会发展需要的必备品格和关键能力。事实上，批判素养应成为学生发展核心素养体系的重要维度。然而长期以来在我国的课程改革实践中，教师和学生很少质疑课程内容，教师以复制和传递教学内容为己任，而学生只是被动地接受知识。麦克莱伦的批判课程理论启示我们，教师不应将学生简单地视为知识的接收器，应细心呵护与积极培养学生的批判精神与能力，鼓励学生敢于质疑教材和教师的权威，而学生也应在教师引导下以一种积极主动的态度对课程问题与社会问题进行批判性讨论。

（二）课程决策的民主化与公开化

长期以来，我国拥有课程决策权的是远离课堂教学实践的行政人员、课程专家和学科专家。[9]近年来，虽然我国的课程决策过程较以往更为民主与开放，但是程度仍显不足，教师（尤其是农村教师）、学生、家长等利益相关主体参与课程决策的机会非常有限。这既不利于学生的发展，也不利于课程改革方案的顺利推行。因此，除了教育行政人员和课程专家之外，教师、学生、家长、社区人员、民间团体等都应有参与课程决策的机会，而且课程决策的过程以及结果应公开化。

（三）重视多元文化的课程内容

随着我国多次基础教育课程改革的进行，多元文化在课程内容中不断得到重视。然而，目前我国的课程内容仍存在着过于重视社会主流文化的倾向，而比较忽视其他非主流文化在课程内容中的地位。李长吉研究发现，教科书存在农村素材的遗忘、农村文化的遗忘等问题。[10]沈晓敏、权五铉研究发现，我国人教版和科教版《品德与社会》教科书关于少数民族文化的独特魅力、少数民族对国家独立和发展的贡献等内容都是从汉族角度阐述的，其他单元几乎很少提到少数民族。[11]因此，我国课程改革仍需要重视将多元文化视为合法化的课程知识，在教学中培养学生对这些课程知识的批判能力，对课程内容中所存在的地域、民族、性别、社会阶层等方面的偏见与歧视进行批判与修正，并使其逐渐淡化并最终消弭。

（四）发展批判的教学方式

长期以来，我国课堂教学主要采取以教师为中心的教学方法，教师成为知识的权威，而学生则是知识的被动接受者。麦克莱伦的课程理论启示我们，应发展一种具有批判性的教学方式，这种教学方式强调对话、自我反思以及批判性思维的发展，教师以解放的姿态引导学生的文化资本和“声音”进入课程内容之中，和学生共同解构课程文本的权威。

（五）重视教师的社会责任与批判能力

麦克莱伦认为应对教师进行“赋权增能”，而不能将教师只局限于工具性角色，鼓励教师践行社会责任并以批判的心态和具体的行动改变公共领域中的压迫与非正义。他指出，教师的功能，不能只停留在批评社会而已。他们必须企图形塑一种希望的语言，在实践自由和正义的原则下，倡导新的社会和物质关系，他们必须主动地介入人类的行为。投入被压迫团体真正需要的工作上，并且发展一种永续的责任感，协助他们得以增能，改变当代日趋下流的道德热忱，以及改变社会不断诱发的人性精神的颓丧。[2]382-383 实际上，在我国职前和职后教师教育中，都应加强教师与社会公共生活和多元文化的联系，培养教师讨论与参与社会生活的能力，从而使他们成为促进社会进步的公共知识分子。此外，目前我国的教师教育倾向于将教师培养为课程内容的忠实执行者，而对他们批判反思能力的培养重视不足。由于欠缺批判性教学能力，他们以后所教的学生也就难以养成对课程文化、社会问题等方面的批判素养。[12] 身为少数民族、女性、农村家庭的学生也就难以体认到来自主流文化的歧视与偏见。因此，我国的教师教育机构有必要加强教师批判反思能力的培养。

参考文献：

[1]麦克莱伦．校园生活——批判教育学导论[M]．萧昭君，陈巨擘，译．台北：巨流图书有限公司，2003.

[2]福柯．规训与惩罚：监狱的诞生[M]．刘北成，杨远婴，译．北京：生活・读书・新知三联书店，1999：29-30.

[3]S Steine，P McLaren. Freirean Pedagogy，Praxis，and Possibilities：Projects for the New Millennium[M]. New York：Falmer Press，2000：10.

[4]派纳，等．理解与课程——历史与当代课程话语研究导论[M]．张华，等，

译．北京：教育科学出版社，2003.

[5]黄彦文．Peter McLaren.“革命性批判教育学”思想及对课程理论的启示[D]. 台北：台北教育大学硕士论文，2007：251.

[6]李锦旭，王慧兰．批判教育学：台湾的探索[M]. 台北：心理出版社，2006：229.

[7]张盈堃．批判的民俗志研究：以北美批判教育学阵营为例[J]. 课程研究，2005(1)：149-166.

[8]P McLaren, R Farahmandpur. Teaching Against Global Capitalism and the New Imperialism: A Critical Pedagogy[M]. New York: Rowman&Littlefield Publishers，2005：8.

[9]靳玉乐，樊亚峤．校本课程发展中大学与中小学合作的意义和策略[J]. 西南大学学报(社会科学版)，2010(2)：88-92.

[10]李长吉．防止教科书对农村的遗忘[J]. 课程·教材·教法，2011(6)：23-28.

[11]沈晓敏，权五铉．中国社会科教科书中的国家形象透析——以人教版和科教版《品德与社会》为例[J]. 全球教育展望，2010(12)：32-37.

[12]李宝庆，樊亚峤．麦克莱伦的多元文化教育观及其启示[J]. 比较教育研究，2012(5)：62-67.

第一作者：李宝庆，教育学博士，西南大学统筹城乡教育发展研究中心、教育学部，副教授。

原文出处：《西南大学学报》(社会科学版)2014 年第 6 期。

转　　载：《高等学校文科学术文摘》2015 年 1 期长文转载。

学生课业负担测评模型的构建研究

——以义务教育阶段学生为例

宋乃庆，杨　欣，王定华，朱德全

摘　要：我国中小学“减负”很重要，但很难，除了突破考试文化的束缚，改革考试评价与录取，还应积极开展课业负担的定量研究，构建可量化、可操作的学生课业负担测评模型，以及用于监测评价的课业负担常模，以此科学推进“减负提质”。本文在构建课业负担操作性定义的基础上，通过对 4 省市、1 350 名被试的抽样调查，初步构建了学生课业负担的测评模型。其中，675 名被试用于探索性因素分析，得到的课业负担测评模型包括成绩压力、课业难度、精力消耗和课内学习任务四个维度，合计 14 个指标；675 名被试用于验证性因素分析，结果显示：课业负担测评模型拟合良好；课业负担各维度与睡眠时间、学习成绩有轻微的负相关。这与厌学倾向有中等程度的正相关。这说明该模型具有良好的测量学性能，可作为学生课业负担的测评工具。

我国政府对减轻中小学生过重课业负担（以下简称“减负”）这一问题的重视程度是罕见的。不仅几代最高领导人都对其作出过重要批示或讲话，而且从教育部到地方教育行政部门为解决这一问题先后出台过成百上千的政策文件。但时至今日，中小学“减负”仍感任重道远。

中小学生课业负担过重的形成因素很多，如传统考试文化、就业压力、高考指挥棒、过分强调知识传授的教育方式等。其中最重要的因素是我国千百年来形成的考试文化造成了社会与学校都以考试分数排序、“定乾坤”、选人才。同时，为了维护社会公平、教育公平，我国的中、高考也不得不用考试分数来确定录取，导致学生往往为了取得更好的名次或分数不得不花费大量的时间和精力进行机械重复的学习。近年来，我国基础教育在考试评价录取方面进行了一系列的改革和尝试，取得了一定的进展，但要以此彻底解决中小学生课业负担过重的问题仍然需要一个相当长的渐进过程。

近三十年来，随着现代教育测量理论与技术的深入发展，通过教育测评建立的各种数据库，为不少国家在监测教育系统的状态和变化趋势、发现潜在问题并指明解决方向以及判定目标是否达成等方面提供了科学的依据与决策。[1]换言之，通过对教育问题的测评、监测与督导提升教育质量，已经成为当前世界教育发展的趋势，这也为我们解决课业负担问题提供了新的思考。

鉴于此，“减负”一方面需要突破考试文化的束缚，改革高考、中考的评价与录取方式，另一方面需要积极构建可测量、可操作的学生课业负担测评模型，并以此建构可监测、评价的课业负担常模，从而科学推进“减负提质”。为此，本文在构建课业负担操作性定义的基础上，依托课题组对全国 20 个省市、400 余所中小学、20 098 名中小学生、3 836 名学生家长、3 766 名教师的前期调查，尝试通过进一步的实证研究构建学生课业负担测评模型，以期推动我国中小学“减负”的监测与督导工作。

一、课业负担的操作性定义

时至今日，尽管研究者从各自不同的角度与领域对课业负担进行了大量的阐述，但对课业负担这一概念仍然缺乏统一认识，尤其是面向实证研究的操作性定义。为了对课业负担这一抽象概念进行定量研究，需要重新对其内涵构建可观测、可测量、可操作的定义。鉴于此，本文从我国中小学实情出发，尝试运用教育学研究中的概念分析[2]，从课业负担的词源与已有定义出发，对其内涵进行操作性定义。

（一）课业负担问题的由来与演变

在我国教育研究领域内，“课业负担”首次被提出是在 1954 年发表在《人民教育》的《积极设法消除学生过重的课业负担》一文中。该文提出要响应和执行毛泽东同志提出的“学习好、身体好、工作好”的指示，并将课业负担概括为“学生所背负的课程负担以及生理负担”。那一时期，学生课业负担过重的主要原因是一些地区过于激进地提高教学质量和学习成绩，加之非学业性社团活动过多，致使学生正常学习受到严重干扰。也正是从这个时期，我国基础教育受到凯洛夫《教育学》中教学论的影响，更加注重系统知识的传授与教师的主导作用。[3]尽管此举在相当长时间内对我国基础教育的发展起到了一定的积极作用，但它也逐渐成为我国中小学生课业负担过重的一个重要原因。

当1977年高考制度恢复后，中小学生课业过重问题的背景与内涵出现了一定的变化。一些学校为了考出好成绩让学生加班加点，甚至不惜采用疲劳战术。而这一问题再次得到党中央和全社会的关注。1978年4月，邓小平同志在全国教育工作会议上指出：学生负担太重是不好的，今后仍然要采取有效措施来防止和纠正。在这一时期，学者对课业负担的研究已不再局限于课业负担本身，也开始逐渐反思学校制度、教学方式、课程设置、考试评价等因素对课业负担的影响。至此，应试教育逐步成为导致我国中小学生课业负担过重的首要因素。

1999年6月，中共中央国务院发布了《关于深化教育改革全面推行素质教育的决定》，其中明确提出“减轻中小学生课业负担已成为推行素质教育中刻不容缓的问题”。进入新世纪之后，为了积极、科学地推动素质教育，全国从上到下都投入到学生课业负担问题的讨论当中来。2000年2月，江泽民同志在《关于教育问题的谈话》中提出：“现在一些学生负担很重，结果形成了很大的心理压力。这不利于青少年学生的健康成长。”2007年10月，胡锦涛同志首次在中共十七大政治报告中明确提出：“减轻中小学生课业负担，提高学生综合素质。”2013年3月，习近平同志在参加首都义务植树活动时亲切询问小学生“作业多吗”，再次表达了国家最高领导人对中小学生课业负担问题的高度关注。与此同时，研究者对课业负担的探究更加深入和系统化，从教育学、经济学、社会学、心理学、统计学等不同学科对课业负担问题进行了跨学科、跨领域的探索，并提出了诸多有益见解。

回顾课业负担这一概念的发展与变化，不难发现以下几个要点。第一，课业负担是一种长期存在的教育问题，但它在不同时期具有不同的内涵与意义。第二，人们对课业负担的关注反映了我国应试教育传统与素质教育发展趋势之间的冲突。第三，课业负担是可能引发学生不良反应的学习现象，如果学生课业负担过重就没有时间参加科学、文艺、体育和社会实践等活动，就无法发挥自己的兴趣与特长，享受幸福的学习生活。第四，课业负担源于教育者过分强调学科知识的掌握，是在学生力所能及的地方、"可能"接受的地方尽量拔高，特别是在形式上和细微处理上孜孜以求，出现了形式和繁琐的倾向，淡化了实质，脱离了学生认知实际。[4]

（二）课业负担的定义分析与构建

尽管学界高度关注课业负担这一问题，但对这一问题的概括和说明相对多元，具体表现为：一方面，对这一概念的称呼不一，主要有课业负担、学习负担、学业负担、学生负担等说法；另一方面，对这一概念内涵的界定各执一词，比如有学者将其定义为"学生为了达到自身素质全面发展的目的所应该承担的全部任务与责任"[5]，也有学者将这类现象界定为"人类个体以个体经验的方式，在对人类经验吸纳、加工以认识和适应生存环境的过程中，对认定的目标、承担的任务和责任所带来的压力的一种体验，以及为此而消耗的生命"[6]。此外，还有研究者认为中国的中小学生课业负担现象已经超越了国际研究领域中所界定的学生课业，是学生学习时间、学习数量、学习精力、情感投入以及压力感受的复杂函数方程。[7]

就已有研究而言，无论这类现象被如何命名，它的关键词都包含了"目标""压力""课业（任务）"等。进一步分析可以发现，这类现象的核心表征：一是课业负担是客观学习量（如教辅、作业）与主观心理体验（如压力、难度）的综合体现；二是课业负担是一个"中国式教育难题"，因为我国中小学高度重视智育，导致学生学习的内容、时间与方式严重失衡；三是课业负担不是一个简单的教育问题，而是一个具有多元主体和多重逻辑的复杂问题，因此我们必须运用复杂性思维去驾驭它，以整体的、辩证的、发展的眼光去解析课业负担的内涵与构成。[8]

综上所述，本文构建的课业负担操作性定义是：学生在适应现有学习环境的过程中，由考试评价与课业任务引发的压力体验，以及为此消耗的时间与精力。

二、学生课业负担测评模型构建的方法

（一）研究假设

根据上述课业负担的操作性定义，本文提出了三条课业负担测评模型假设。下文的“付出”是指学生在学习过程中承担的任务与要求，以及为此消耗的时间与精力。

假设一：如果某种付出被称作课业负担，那么它一定是课业任务及其心理体验的综合体现。

假设二：如果某种付出被称作课业负担，那么它更多是为了满足成绩目标的需要。

假设三：如果某种付出被称作课业负担，那么它会对学生发展产生消极作用。

（二）研究目的与思路

本文在构建课业负担操作性定义的基础上，通过在部分地区的抽样调查，结合统计分析的方法，定量探索课业负担的维度与指标，以期为科学评估课业负担提供可观察、可测量、可操作的信息。基于此，本次研究在构建课业负担维度与指标时，主要遵循以下原则：

(1)理论与实践相结合。课业负担测评模型是由一系列相互独立、相互关联的指标所构成的有机整体，其指标的选建应以相关理论作为指导，同时结合与课业负担有关的典型案例，从而清晰、易懂地诠释课业负担内涵。

(2)操作性与体悟性兼备。课业负担测评模型各项指标的数据必须能够被收集和计算，收集到的数据可重复、可检验，且有助于人们感受与反思课业负担的内涵。

(3)力求简化、突出重点。在利用统计学方法描述课业负担测评模型时，如果挖掘的细节过多，不仅容易掉入相互解释的死循环，还会让事实变得更加模糊。所以，本研究运用统计学的方法探究课业负担测评模型，力求简化有关维度与指标，并突出课业负担的核心要素。

(4)学生视角。由于课业负担牵涉方面较多,既有学校、社会,也有家庭与学生;内容既包括教与学,还包括繁杂的社会因素。为了便于统计分析,本研究以4—9年级的中小学生为例,从学生的视角探索课业负担测评模型。因此,本文暂不考虑周课时、在校学习时间、统一考试次数等学校层面指标,另文有专题研究。

除了把握上述原则之外,本研究主要参考了《国家中长期教育改革和发展规划纲要(2010—2020年)》《中小学学生近视眼防控工作方案》《中共中央国务院关于加强青少年体育增强青少年体质的意见》,以及部分省市的有关规定,同时广泛吸取教育研究专家和一线各级教育行政与管理人员的意见。

(三)样本的选择

2013年12月到2014年1月,本文通过随机抽样选取重庆合川区、湖南邵阳市、山东济州市、浙江义乌市16所中小学、1 476名中小学生,收回有效问卷1 350份,问卷有效率91.46%。其中4年级学生219人,5年级学生218人,6年级学生222人,初一学生236人,初二学生230人,初三学生225人。男生671名,女生679名。本次问卷调查的样本选择充分考虑区域、学校类型等方面的代表性,过程符合随机抽样的要求,结构较为合理。这种抽样调查基本可以反映义务教育学生课业负担的基本状况。

(四)研究工具的编制

本研究主要从以下两个方面收集课业负担测评模型的构建素材。

第一,文献分析。查阅已有的文献,包括国内外公开发表有关课业负担的文献,运用文献分析法抽取出能够反映学生负担的语句。

第二,开放式问卷调查。对重庆某小学进行方便取样的开放式问卷调查,访谈题目包括:(1)对课业负担的直观感受与认识,并举例说明;(2)对“在学习上付出时间与精力”“因为成绩承担的压力”“课业任务的难易度”“课内外学习活动”等概念的理解,并举例说明。

为了检验初始问卷是否存在表述不清、语意模糊或者过于专业化的现象,问卷编好后请教育学专业、心理学专业的博士研究生各两名进行审阅,又请12位重庆市某小学4—9年级中小学生以及12名中小学教师进行阅读，确保所有指标能够准确反映学生课业负担的内容。最后综合考虑内容效度、文字表述以及是否符合中小学生的实际情况等，每个维度至少保留了4个条目，得到了包含35个指标的课业负担测评模型。其中，所有描述心理层面课业负担的指标采用李克特五点计分法从1（“非常不符合”）到5（“完全符合”）。描述客观层面课业负担的指标根据数量多少以及相关规定划分为五个等级。

（五）课业负担测评模型的测算方法

通过课业负担测评模型收集的数据在测算之前，应经过数据同趋化处理和无量纲化处理。数据同趋化处理主要解决不同性质数据问题，对不同性质指标直接相加并不能正确反映不同指标的综合结果，须先考虑改变反向指标数据性质，使所有指标对测评方案的作用力同趋化。数据无量纲化处理主要解决数据的可比性。为此，本文将不同指标转换成5点量表，然后测算学生的课业负担情况，各项指标越接近5说明学生的课业负担水平越高。

（六）问卷施测与数据处理

根据调研要求与调研工具设计思路对32位调研人员进行培训，统一指导语和施测方式，并对可能出现的与问卷有关的问题进行详细解释，然后为调研人员提供问卷。所有中小学生被试均按照自愿的原则完成问卷，完成一份问卷的平均时间约为15分钟。问卷收回后对所收集数据进行录入，按要求剔除无效问卷，采用统计软件SPSS16.0进行数据管理和统计分析处理。

对所有录入问卷进行编码，数据输入计算机之后，将1 350份有效问卷随机分成2组，其中675个样本数据借助SPSS16.0做探索性因素分析，另外675个样本数据借助AMOS 17.0做验证性因素分析。

三、学生课业负担测评模型构建的过程

（一）课业负担测评模型的探索性因素分析

为了构建学生课业负担测评模型，本文对本次调查问卷35个指标进行了探索性因素分析，采用主成分分析法和正交旋转法抽取公共维度。以特征根大于等于1为因子抽取的原则，并参照碎石图来确定指标抽取因子的有效数目。保留一个指标的标准为：(1)该指标在某一维度上的负荷超过0.50；(2)该指标不存在交叉负荷，即不在两个维度上都有超过0.35的负荷。经过几次探索之后，最后抽取出4个维度，其贡献率为64.65%。各个指标在相应维度上具有较大的负荷，处于0.61～0.83之间，具体结果如表1。从表1可以看出，因素分析的结果与理论构想相符，说明本问卷有较好的构想效度。

最后根据意义对4个维度命名。F1是课业难度，指的是学生课业内容难易程度的心理感受，主要表现为上课、作业、考试等是否超过学生的理解能力与学习基础。F2是成绩压力，指的是学生在强调学习成绩的环境中所面临的心理威胁。中小学生的成绩负担主要表现在两个层面：一是个人对成绩的重视程度；二是个人对学习成绩的消极归因。F3是精力消耗，指的是学生在学习过程中对投入时间与精力的心理体验。F4是课内学习任务，指的是为了让学生完成课程标准、教学计划、家长要求等，学校（家长）通过惯例、权威、信念等方式给予学生的书面作业与辅导书。这四个维度的内容符合本研究的假设一与假设二。

需要特别说明的是，本研究原本假设的课外活动这一维度并没有出现在探索得出的学生课业负担测评模型之中。这是因为本研究发现，课外学习活动这一维度的指标与其他四个维度的指标要么相关不显著，要么呈现负相关。究其原因，是课外学习任务与课内学习任务呈现“零和状态”，即如果学生课内任务过多，他们就没有更多时间与精力参加课外学习任务。

表 1　课业负担测评模型探索分析表(被试=675)

指标	成绩压力	课业难度	精力消耗	课内学习任务	共同度
A1 总担心自己考得不够好	0.83				0.75
A2 成绩不好(退步)时,觉得自己笨	0.83				0.75
A3 成绩不好(退步)时,担心受到父母的责骂	0.76				0.66
A4 成绩不好(退步时),担心被别人看不起	0.68				0.55
B1 经常听不懂上课内容		0.79			0.67
B2 作业太难		0.78			0.68
B3 学习令自己头疼		0.74			0.65
B4 考试太难		0.66			0.54
C1 每天要做很多题			0.83		0.73
C2 每天要背诵很多东西			0.75		0.61
C3 只能做与学习有关的事			0.73		0.60
C4 经常学习到很晚			0.61		0.54
D1 每天平均作业时间				0.77	0.64
D2 教辅持有量				0.76	0.62
特征值	4.52	1.83	1.37	1.25	
解释变异量	32.29%	13.09%	9.76%	8.90%	64.04%

(二)课业负担测评模型的验证性因素分析

为了检验根据探索性因素分析结果建构的课业负担四维度模型是否合理,进行了验证性因素分析。采用极大似然估计,结果显示:$\chi^2/df=4.51$ ($\chi^2=320.54, df=71$),RMSEA=0.072,SRMR=0.052,GFI=0.94,AGFI=0.91,CFI=0.92,TLI=0.89,各指标的标准负荷值均在 0.5 以上(具体数值见表 2)。该模型的各项指标均达到了测量学要求,说明本研究构建的课业负担四维度一阶模型得到了数据的支持。

表 2　课业负担指标验证性因素分析的标准负荷(被试=675)

成绩压力		课业难度		精力消耗		课外学习任务	
指标	负荷	指标	负荷	指标	负荷	指标	负荷
A1	0.77	B1	0.72	C1	0.74	D1	0.55
A2	0.83	B2	0.66	C2	0.67	D2	0.63
A3	0.65	B3	0.78	C3	0.66		
A4	0.62	B4	0.61	C4	0.71		

(三)课业负担测评模型的信效度检验

在本研究中,成绩压力、课业难度、精力消耗、课内学习任务和课业负担总量表的内部一致性系数分别为:0.81,0.79,0.78,0.53,0.83。表 1 数据也表明,课业负担问卷各个维度清晰,指标的因素负荷量均大于 0.50,总体方差解释量为 64.04%,并且各个指标含义清楚,具有较强的解释性,可以认为指标结构效度较好。已有研究表明课业负担对学习心理、学习成绩有一定的负面作用。[9][10] 为此,我们同时测量了中小学生厌学倾向、睡眠时间和成绩状况,并以它们作为测量效标,用以检验课业负担各维度的外部效度。其中成绩状况的测量分为四个等级:等级 1 表示学习困难,等级 2 表示中等,等级 3 表示良好,等级 4 表示优秀;睡眠时间划分为五个等级,等级 1 表示 6 小时,等级 2 表示 7 小时,等级 3 表示 8 小时,等级 4 表示 9 小时,等级 5 表示 10 小时及其以上。本研究中的厌学倾向是指学生在学习过程中经常感到身心疲惫、对学习本身缺乏兴趣、时常因为学习情绪低落,共有 6 个指标,内部一致性系数为 0.82。结果如表 3 所示,课业负担各维度与成绩状况、睡眠时间有低度的负相关,与厌学倾向有中等程度的正相关。这说明本研究构建的指标模型符合本研究的假设三,且具有良好的效标效度。

表 3　课业负担的内部一致性信度和效标关联效度(被试=1350)

维度名称	课业负担总分	成绩压力	课业难度	精力消耗	课内学习任务	厌学倾向	成绩状况	睡眠时间	内部一致性系数
课业负担总分	1								0.83
成绩压力	0.71**	1							0.81
课业难度	0.73**	0.26**	1						0.79
精力消耗	0.77**	0.33**	0.45**	1					0.78
课内学习任务	0.53**	0.18**	0.31**	0.31**	1				0.53
厌学倾向	0.55**	0.30**	0.57**	0.43**	0.18**	1			0.82
成绩状况	−0.15**	−0.09**	−0.26**	—	—	−0.23**	1		N A
睡眠时间	−0.28**	—	−0.23**	−0.26**	−0.35**	−0.25**	0.11**	1	N A

注:1. * 代表 $p<0.05$;* * 代表 $p<0.01$;—表示不显著;
2. N A 表示“不适用”

四、学生课业负担测评模型构建的讨论

(一)科学构建学生课业负担测评模型的分析

课业负担测评模型的构建经历了文献分析、访谈与开放式问卷调查、构建理论、编制指标、初测、复测和正式测试等程序,严格遵循教育统计的基本过程,并且以验证性因素分析得到的结果为依据,确定了课业负担的初步测评模型。该测评模型既有理论依据,又有一定的建构效度。在此基础上,验证性因素分析的结果也证明了课业负担测评模型具有较好的真实性,可以作为学生课业负担的测评工具。本研究构建的课业负担测评模型一共有 4 个维度、14 个指标。

(二)开展学生课业负担督导的维度分析

本研究通过文献分析、开放式问卷调查、访谈等方式收集指标,运用探索性因素分析和验证性因素分析的方法,分三个步骤对课业负担测评模型进行了初步探索。结果表明,课业负担测评模型由四个维度构成,其贡献率

依次为：成绩压力＞课业难度＞精力消耗＞课内学习任务。这四个维度与问卷总分显著相关，模型拟合指数均符合要求。这一结论具有理论意义。在这四个维度之中，成绩压力的解释率明显高于其他三个维度。出现这种结果可能是由于成绩压力最能体现我国学生课业负担的本质：我国学生之所以背负如此沉重的课业负担，正是源于社会、学校、家庭以及学生自己对考试成绩的高度重视。

值得一提的是，从表3来看，课业负担与厌学倾向呈中等程度正相关，与学习成绩呈低等程度负相关。这说明课业负担过重会让学生找不到学习的成就感，逐渐失去兴趣，并且经常感到情绪低落。同时，学生们更多的付出并没有让学生获得好成绩，相反这还可能导致学生成绩的轻度下降。

（三）加大学生课业负担测评模型的实际应用

通过对学生课业负担测评模型的定量研究，可以初步形成一套衡量学生课业负担状况的指标量数，即根据反映课业负担的综合指数和若干分类指数，据此判断或预测课业负担的程度。根据本文构建的课业负担测评模型，未来可以从学生个体的角度出发，重点考察成绩压力、课业难度、精力消耗、课内学习任务这四项内容，同时结合课时数、统一考试次数、在校学习时间等学校层面指标，定量阐明课业负担对学生身心健康、文体活动、社会实践、素质发展、睡眠时间等方面的影响。

此举一方面有助于引导学校纠正通过增加课业负担、损害学生身体健康、违背科学发展观来谋求学生成绩提高的教育方式[11]，并着力使教学中的合理要求变成学生内在的思维渴求[12]；同时努力优化课堂教学方式与内容、更新考试评价理念与制度以及提升作业（教辅）质量与品味，促进学生形成健康活泼的学习情感、学习方式与学习态度[13]。另一方面以此为据可以形成课业负担定量督导管理办法，由各级教育部门和教研部门定期定量监测、督导不同地区、学校的学生课业负担状况，科学推进“减负提质”。此外，通过学生课业负担测评模型分析课业负担现象，不仅可以建立公众对课业负担的话语体系与分析框架，还可以启示课业负担对应的课程、教学、生理、认知和行为等研究。

由于国内外课业负担问题定量研究较少，本文尝试构建的课业负担测评模型仍需进一步完善。未来要确切描述学生课业负担的高低，还应在上述课业负担测评模型基础上构建学生课业负担常模——监测学生课业负担的状态和变化趋势，判定“减负”目标是否达成以及达成效果。若要详细描绘学生课业负担潜在的危害，还需要探索课业负担的作用机制——明确课业负担对学生学习发展的影响，指明下一步中小学“减负”的方向。此外，本研究对课业负担测评模型进行了初步构建，未来要测评不同学段、不同学科、不同地区的学生课业负担，有待构建相应的具体模型与常模参照。

参考文献：

[1]杨向东，朱虹．教育指标系统构建的理论问题[J]．清华大学教育研究，2013(3)：16-28.

[2]石中英．教育学研究中的概念分析[J]．北京师范大学学报(社会科学版)，2009(3)：29-38.

[3]顾明远．论苏联教育理论对中国教育的影响[J]．北京师范大学学报(社会科学版)，2004(1)：5-13.

[4]陈重穆，宋乃庆．淡化形式，注重实质——兼论《九年义务教育全日制初级中学数学教学大纲》[J]．数学教育学报，1993(2)：4-9.

[5]邬志辉．关于学生负担问题的深层次思考[J]．课程·教材·教法，1998(1)：13-15.

[6]肖建彬．学习负担：涵义、类型及合理性原理[J]．教育研究，2001(5)：53-56.

[7]陈霜叶，柯政．从个人困扰到公共教育议题：在真实世界中理解中小学生课业负担[J]．全球教育展望，2012(12)：15-23.

[8]梁倩，林克松，朱德全．多重制度逻辑下的课业负担问题治理[J]．教育发展研究，2013(6)：36-40.

[9]宋乃庆，杨欣．中小学生课业负担过重的定量分析[J]．教育研究，2014(3)：25-30.

[10]中央教育科学研究所中小学生学业成就调查研究课题组．我国小学六年级学生学业成就调查报告[J]．教育研究，2011(1)：27-38.

[11]王定华．论基础教育的科学发展[J]．教育研究，2009(2)：52-57，77.

[12]朱德全，宋乃庆．论数学教育现代化与素质教育观[J]．西南师范大学学报

(人文社会科学版),2000(1):76-81.

[13]林崇德．心理和谐:心理健康教育的指导思想[J]. 西南大学学报(社会科学版),2012(3):5-11.

第一作者: 宋乃庆,西南大学教育学部,教授,博士生导师。

原文出处:《西南大学学报》(社会科学版)2015 年第 3 期。

转　　载:《高等学校文科学术文摘》2015 年 4 期论点摘要。

“被”技术化的儿童：成因·问题·对策

李　静，童宏亮

摘　要：日新月异的信息技术已全方位渗入人类生活。技术在给人类带来了便利的同时，也悄无声息地僭越了人的主体性地位，让人陷入“被”技术化的困境，面临自由沦丧、精神空虚的人性灾难！儿童，由于其好奇心强、分辨力弱、自制力差、可塑性大以及成人的失范与失教，无法幸免地成为这场“灾难”最大的牺牲者。其生理发育被损害、心理健康被扭曲及其社会交往被阻断。面对不可回避的信息技术和亟须拯救的“被”技术化儿童，基于克里斯·罗文的“平衡技术管理”理论，允许技术进入、减少技术使用、把守技术内容和形成“F-S-G”支持共同体，可有效地协调技术使用与健康成长之间的关系，避免儿童“被”技术化的灾难。

随着科技的不断发展与创新，技术正在为人类创造着比以往任何时代都更加便捷、舒适的生活。依赖技术，人们几乎足不出户便可满足所有的生活需求。久而久之，人的体能、思维、社会交往能力逐渐弱化，人的生活也就愈加依赖技术。身心发展有待完善的儿童，从小就浸染在偏爱技术设备的氛围里，丧失了最基本的抵御技术侵扰的意识与甄别“虚拟”与“现实”生活的能力，逐渐沦落为信息技术的工具，也就是“被”技术化了。这不仅会导致亲子关系的疏远，还会损害孩子的身心发展与健康。甚至“很有可能对人类造成不可逆转的损害，这种损害不只是短期的，而将是永远的”[1]19。因此，拯救“被”技术化的儿童乃是当务之急。

一、儿童“被”技术化的多重缘由

儿童“被”技术化意指儿童在面对技术的侵袭时是一种非主观的、不得不的选择，这是一种社会化的大趋势，儿童是这个时代中最脆弱的群体，他们选择成为"被"时代中的"技术使用承担者"，被动地体验技术世界所营造的那种虚拟的比特信息。[1]2"被"接受可借助英文"accept"与"receive"的区别来理解它的意涵。前者是主动地接受、主观上承认的意思；后者指被动地接受、客观上承受。基于上述概念的界定及其分析，儿童"被"技术化主要取决于技术、监护人及其自身特性三大因素。

（一）技术的诱惑

当今，随着信息技术的飞速发展，针对儿童生活、娱乐、学习的电子技术产品种类越来越多，如电子游戏机、智能手机、平板电脑、电子书阅读器、学习电脑、学习机、点读笔等，种类繁多，令人目不暇接；而且，其功能也越来越强大，不断追求着"对于儿童的思维、想象、情趣、欲望等心理元素的调动和运用，以迎合或服务于儿童的娱乐、审美、游戏、求知等需要的满足和实现"[2]，如智能手机的聊天、游戏、拍照、录音、录像、美图，以及微信功能中的朋友圈、红包、表情包等诸多功能，不断地满足并刺激着儿童多样化的需求。这种便捷、新奇、刺激性体验的诱惑是儿童无法抗拒的。因此，儿童"触电"的年龄越来越早、时间越来越多，对电子技术产品的依赖性越来越强。于是，技术便越来越多、越来越深入地占据和渗入了儿童的生活，影响着儿童未来的发展趋向。

（二）成人的失范与失教

成人的失范为儿童"被"技术化提供了肥沃的土壤。目前，没有任何数据支撑广大家长对儿童使用技术产品从根本上投"赞同票"，因为在技术产品上过多时间的投入必然会占用儿童学习的常规时间，这和"应试教育"观念的做法是相背离的。因此，从理论上说，成人应当更倾向于限制儿童使用技术产品，并发挥言传身教的作用。然而在实际中，成人的言行不一致却是变相地支持过度使用技术产品。随着智能手机、iPad等技术产品的广泛普及，父母中"低头族"越来越多。而成人世界是孩子的未来镜像，他们是通过模仿成人逐渐走向社会的，成人的失范行为则为儿童树立了一个不良的参照标准，一旦家长沉迷于技术产品，极有可能致使一些儿童盲目追随家长的失范行为，成为新的“低头族”。

成人教育孩子不得法是另外一个不容忽略的原因。一方面，成人没有陪伴、接纳、关爱儿童，致使儿童孤独、自卑，于是儿童在技术产品的虚拟世界中寻找乐趣、安慰和信心；另一方面，当发现儿童沉迷技术产品的世界，并感受到其危害后，其教育方式多为简单的奖励或惩罚，乃至粗暴的打骂，而没有从根本上寻找原因，解决问题。在这样简单粗暴的教育下，儿童愈感自卑和孤独，于是陷入更深度的技术产品依赖。有些成人则实行的是溺爱型教养方式，在面对儿童提出“要买某种技术产品”的要求时，欣然应允；而当儿童逐渐依赖技术产品时，成人又很难下定决心采取相对应的措施，多表现为放纵儿童沉溺于技术产品的简单娱乐中。

（三）儿童的特性

好奇心强、自制力差、可塑性大是儿童与生俱来的特性。这些特性对儿童行为的产生发挥着自发性作用，如同“自由生长的植物，虽然保持着人们强制它倾斜生长的方向，但是它们的液汁并不因此就改变原来的方向，而且，如果这种植物继续发育的话，它又会直立地生长的”[3]。面对不断翻新的电子技术产品，好奇心如同马达般驱动着儿童不断接近、探究它们；当投入其中之后，较差的自制力又使得儿童长时间不能自拔，从而影响其身心的健康发展。而且，儿童期的可塑性大，是行为习惯养成的关键期。因此，一旦养成依赖技术产品的习惯，便很难改变，从而陷入恶性循环的困境。

二、儿童“被”技术化的现实之“殇”

过度使用技术产品会给孩子们带来长期的灾难性后果。据估计，现在有高达10%的小学生沉迷于游戏，另外还有一些年仅两周岁的孩子也沉迷于此，致使三个儿童就有一个儿童存在健康问题或学习障碍问题，六个儿童中有一个儿童已被确诊为患有心理疾病，并经常伴随着使用药物。[1]200-203

（一）生理发育被损害

生理发育是儿童健康成长的基础。“健康之精神寓于健康之身体，这是对于人世幸福的一种简短而充分的描绘”，“身体精神有一方面不健康的人，即使得到了别的种种，也是徒然”，“我们要能工作，要有幸福，必须先有健康；我们要能忍耐劳苦，要在世界上做个人物，也必须先有强健的体格”。[4]当今儿童在身体健康方面存在着诸多问题，以肥胖、近视和体质下降为代表。可以说，它们的形成与发展是离不开技术产品的过度使用或技术产品成瘾的。已有研究证明，儿童发育迟缓与久坐不动的生活方式有着显著的因果关系。[5]过度使用技术产品不仅剥夺了儿童体育锻炼的时间，还使儿童丧失了社交能力获得发展的机会，使活泼好动的儿童心甘情愿地坐下来，目不转睛地注视着前方“大屏幕”或者手中的“小屏幕”，这将严重阻碍儿童生理发育的进程。据英国广播公司报道，久坐不动的生活方式极有可能导致肥胖症、心血管疾病和糖尿病，这会造成一个可怕的后果，即 21 世纪的新生代将会成为第一代活不过他们父母的一代人。[6]过度使用技术产品还会损害视觉和听觉系统。儿童在户外游戏过程中，通过在三维空间观察和体验自然，其视觉或集中于短距离或集中于长距离，并伴随着头部不同方向的转动，可发展各种感知能力。而技术化的产品取而代之的则是固定的二维屏幕，儿童置身于如此的声音刺激、视觉图像刺激以及经常性的电子媒体暴力刺激中，视觉和听觉系统的发育方式将可能永远被改变”。[7]此外，过度使用技术产品还有可能造成脑损伤、细胞死亡等，譬如，手机的使用将会导致脑肿瘤（Khurana，2009）。[1]51

（二）心理健康被扭曲

心理健康是人生幸福的源泉，其重要性人们早已达成了共识。随着生产力的不断发展以及人民生活水平的逐步提高，作为人类健康“两翼”之一的心理健康，越来越受到现代人的关注。甚至有学者指出，人的心理健康是社会进步的重要人文指标。[8]儿童是心理发展尚未完全成熟的个体，可塑性极强，且心理防御机制有待提高。儿童犹如亟须水来浇灌的小树苗，过多的技术使用，易造成水分填塞土壤间隙，致使空气为水所代替，土壤缺氧，根组织呼吸困难，代谢功能降低甚至逐渐丧失，长此以往则会导致小树苗窒息死亡。据统计，我国 17 岁以下未成年人有各类学习、情绪、行为障碍者约 3 000 万人。[9]而布里斯托尔大学（Bristol University）2010 年的一项研究成果发现，儿童使用技术产品的时间如果超过专家建议的每天 1—2 小时，心理障碍发病率就会增加 60%。[1]53 过多的技术产品使用，很有可能导致儿童技术成瘾。技术成瘾可被定义为由习惯于技术产品的应用发展到渐渐依赖直至沉溺的程度，它把人从现实中抽离出来，一旦断绝使用，就会感到无精打采，难以入眠，无所事事，甚至情绪暴戾。从更深层次考虑，技术成瘾诱发的主要因素是由父母和孩子之间的依恋关系建立失败而造成的[10]，这意味着父母花费大量时间与技术产品建立亲密关系时，正在不断地远离自己的孩子。这样将会造成孩子与技术产品形成一种不健康的依恋关系。孤独、自闭、自卑，甚至压抑等不良情感在儿童内心蔓延，逐渐吞噬着儿童那颗天真、质朴的心灵。

（三）社会交往被阻断

人是社会性动物，个人的生存与发展离不开社会，因而，生活在社会中的人，不得不从事或者参与社会交往。对于儿童而言，个性的发展和社会化过程都离不开人与人之间的相互作用，而且要评定一个儿童期的个性特点、社会能力、行为价值也离不开与人的相互作用。[11] 由于技术成瘾发轫于孤独，相对于那些正常的使用者来说，技术成瘾者具有一定程度的自卑感和较差的社交技巧。[12]在人际交往的过程中，社交能力较差者处于不利地位，容易沉迷于个人通过技术产品构建的虚拟世界中，成为技术产品的奴隶，日渐丧失与人交往的能力，致使同周遭的人进行交流和对话都变得异常困难。生活中此现象比比皆是，笔者也深有感触。时常听到高校教师反映，每当到下课时，下面黑压压一片、整齐划一地在点击手中的“神器”，由此，不得不告诫学生：课间休息时，哪怕和前后左右聊天也比玩手机好。另外，青少年儿童的网瘾问题极为严重，每 6 个网民中就有 1 个具有成瘾倾向[13]。更糟糕的是，以“手机控”“拇指族”为代表的技术成瘾问题致使“语言”的交流逐渐被“手指”交流取代，并由此衍生出一系列的“虚拟”交流。由于儿童的社会化不足或正在处于发展阶段，沉溺于“虚拟世界”的一个严重后果可能是孩子变成“网聊高手”但在现实中却不善于表达，无论是融进一个新的集体还是与老师、家长之间的互动都显得尤为困难。另外，技术成瘾还扼杀了儿童“被”社会化的机会。有些孩子由于性格等原因独守在自我的世界，而一些社交能力较强的同伴会积极主动地将其纳入共同的朋友圈子，但技术成瘾的儿童却拒绝了融入集体的机会，例如走路戴着耳机，边吃饭边用手机看新闻、回短信等，这些似乎在告诉旁人：“我很忙，不要打扰我！”

三、“被”技术化儿童的拯救之策

技术是把双刃剑，应摒弃“全盘开放”或“完全排斥”的极端性措施，关键在于如何趋利避害。然而，儿童作为心智尚未成熟的个体，不能独自、适宜地使用技术产品，仅诉诸成人对儿童的限制也不是一种有效之策，因为儿童的技术产品使用模式极有可能是模仿或复制成人的，甚至，相关证据指出有的家长自身就有技术成瘾症。[14]而“平衡技术管理”则是在“全盘开放”和“完全排斥”间寻找到了平衡点，有助于拯救“被”技术化的儿童。

（一）允许技术进入

允许技术进入是前提。“技术是人类为了一定的目的而创造的各种调节、改造、控制自然的手段”[15]，甚至由于技术与现代文化的其他创造性分支有着多元联系，因此技术成了整个文化的中心[16]，可见，技术和人类的生存与发展有着直接的、必然的联系，科学技术是第一生产力，从某种程度上来说排斥技术就是拒绝发展。对此，应当与主张停止技术乃至取消技术的悲观主义思潮保持距离。这是因为，允许“技术”进入人类生活是人类实现自身发展的前提，否则尽管刨除了儿童“被”技术化的土壤，却要拯救整个人类。

加拿大的儿童职业治疗师克里斯·罗文(Cris Rowan)早就意识到了这一点，在她看来，技术无论好坏，都将会是孩子未来的一种生活方式，是无法避免的。为此，结合现实困境提出了平衡技术管理(Balanced Technology Management)这个概念。其初衷并不是将儿童和技术产品相隔离，让其生活在卢梭所描绘的“自然生活”中，而是为了“帮助儿童协调成长发育必须参加的活动与技术使用之间的关系”[17]。她精心设计了平衡管理技术的第一条原则，即“输入＝输出”原则，具体指无论何种能量以技术的形式进入到儿童的身体里，我们都需要花同样多的时间将这些能量以活动的形式释放出来，以达到两者平衡，优化儿童的发展。[1]193 这条原则首先已经默认了技术是生产力发展的必然结果，是大势所趋，无论你是否愿意，你都必须接触并使用它。只有在允许技术进入人们日常生活的前提下，才有可能试图在技术使用与活动参与之间寻求一种平衡。譬如，儿童观看一段时间电视或使用技术产品以后，接下来参加同等时间的体育锻炼或户外活动等。在克里斯看来，这个时间最好设置在 30 分钟，因为对于超过 30 分钟的儿童来说，他们非常不愿意从技术状态转为其他活动状态。而对于少于 30 分钟的儿童来说，他们愿意从技术状态转到一个更加有益健康的状态。[1]193 类似于“祖母法则”(或称“普雷马克原理”)，尽管不能确定“输入”与“输出”活动频率的高低，但基于儿童兴趣的非持续性，使前后两者之间构建稳定的联结，有利于形成健康的活动习惯。

(二)减少技术使用

减少技术使用是关键。“平衡管理技术”理念是由起初的“减少技术使用”理念演化而来，由于“减少”这一行为本身就带有对技术责怪、排斥甚至迁怒的意思，这与技术的价值性、功能性相冲突。但是，这一理念是以整体上减少技术的使用和逐步停止技术的使用，为儿童提供时间参与其他代替性活动作为前提的。[1]192 就是说，第一，技术本身是把双刃剑，关键在于使用者如何运用，至少应对其持有中立的态度。否则，由于对技术的消极情感而忽略技术本身的工具价值，对个人的成长以及社会的发展都是不利的。譬如，现代社会称不会使用电脑的人是新“文盲”，有力地证明了技术自身的意义与价值。第二，技术使用并不是儿童活动的主要部分，应当尽量减少不必要的技术使用，并采用替代性活动来填补减少技术产品使用所带来的空白地带。

为了更好地促使替代性活动产生实际效果，“平衡管理技术”还要坚持另一条基本原则，即“每天一小时，每周一天，每年一周”原则。它是指无论儿童在家里、学校，还是社区，他们都应时常停止所有的技术产品。[1]193 也就是说，家长和老师在固定的时间内通过替代性活动对儿童“暂时”不使用技术产品所引起的不适逐渐建立起新的联结以形成习惯，促使儿童日渐适应与技术产品隔绝的生活，直至成为技术世界的主人。这个“暂时”的期限是相对的，是一个由量变到质变的过程。更重要的是，这个原则需要所有的家庭成员和学校老师形成统一战线，并以身作则，在同一时间段停止技术使用，为儿童建立和谐的、互动的、真实的人际关系，塑造健康成长的良好环境，降低技术僭越主体的空间及其可能性。

（三）把守技术内容

把守技术内容是保障。由于儿童的心智尚未成熟，分辨事物的能力较差，这就需要成人在儿童的活动选择上不仅要扮演“守门员”的角色，起着把关的作用，还需起着监督的作用，确保儿童参与活动整体过程的质量。[1]192-193 尽管技术本身更多呈现的是价值中立，仅是一种达到目的的工具和手段，它既可以用于“善”的目的，也可以投入“恶”的行为，其主要取决于使用者的主观意图。但技术具体化为技术产品，则更多受制造者的目的所左右着，尤其在商业利益的驱使下，所谓的“善”“恶”必须臣服于经济效益。这样，一些“恶”的技术产品像病毒一样聚集在一起，如果成人不加以筛选，儿童由于好奇心而选择了尝试，便由此打开了潘多拉魔盒。《浙江在线》所报道的《哥哥沉溺色情电影不能自拔　一年多强奸亲妹 4 次》[18] 则深刻地印证了成人在把守“技术”内容上的缺位而造成了人伦悲剧。另一方面，技术产品本身具有适用性。譬如，相关法律法规对网吧接纳未成年人实行的是“零容忍”。因此，成人要根据儿童的年龄及其身心发展特征有目标地为其选择技术内容，要用发展的眼光时刻审视技术产品。

（四）形成“F-S-G”支持共同体

要让以上“平衡管理技术”真正落到实处，还需要与儿童发展相关的各责任主体,即家庭(family)、学校(school)和政府(government)合力形成共同体,拯救“被”技术化的儿童。

家长是儿童的第一任“老师”,在血缘关系、时空便利以及心理联结等方面的优势下,家长在拯救儿童“被”技术化的过程中理应扮演着首要角色。第一,应全面地对技术进行了解和认识。一方面,认识到技术本身的工具性价值以及技术功能的一体两面性,了解过度使用技术对儿童的生理、心理及其社会性的损害。另一方面要清楚处于高速发展的信息化社会,无法阻挡技术生产企业推陈出新的步伐,由起初的适应日臻演变成生存性依赖。为此,所谓的“权宜之计”应运而生,即采用最快的办法来治疗“被”技术化所产生的一系列问题,最明显的莫过于让孩子接受行为诊断或药物治疗。这种对策显然是短期的,更是短视的,不能从根本上杜绝或减少儿童“被”技术化的可能性。第二,加强与教师的沟通配合,扩展家校沟通渠道。家长应主动将儿童的兴趣爱好和心理特征向教师反映,同时,将儿童在家庭里技术产品的使用情况反馈给教师,并在策略与方法上予以探讨,形成两者间的教育合力。第三,重视家庭教育,建立良好的亲子关系。多与儿童进行交流,加深情感,用自己的言行去影响孩子,言传身教,为其技术使用树立良好的示范作用。第四,积极寻求专业性方法。家长工具和修复工具是非常可靠的借鉴。譬如,“十步让你的孩子成功远离技术”是一个专门为家庭和学校设计的技术产品使用文档[1]200,可以帮助家长顺利地走上管理儿童使用技术的道路,让儿童减少技术使用。

学校是儿童成长中第二重要场所。由于家长的文化层次或忙于生计等方面原因,导致很少或不能系统地、有规律地去教育子女,又由于儿童大部分时间是在学校里度过的,学校在拯救“被”技术化的儿童过程中具有得天独厚的优势。其一,要创设安全的校园环境。在应试教育的驱使下,以大数据为代表的技术产品的高效性与便利性使得无线互联网在学校被广泛运用。已有研究表明,无线网所发射出的低频电磁辐射具有潜在的危害性,它与脑癌的发生有一定的相关性,甚至手机发射出来的电磁辐射也不例外。[1]214 现实中,教室里几乎都安装有计算机,甚至幼儿园也如此,以此来辅助教学活动。但考虑到电磁辐射潜在的危害性,学校应对这些技术产品持有谨慎的态度,尽量整体减少技术产品的使用。此外,通过完善运动场构造,适当地组织体育活动,让儿童接触大自然,在自然中寻找天真烂漫的快乐也不失为一种行之有效的方法。其二,加强儿童技术产品使用意识的教育。让儿童充分意识到过度使用技术产品给学习和生活带来的危害,让其学会如何适宜地使用技术产品,根据实际情况制订"技术产品使用日程表",包括规定技术产品使用时间、内容以及替代性活动等。此外,倡导有益于身心健康的运动,尤其是户外活动,正如克里斯·罗文所言:到户外去,大自然母亲是一位了不起的治疗师,无论你有什么样的家庭问题,都可以帮助你治愈。[1]199 其三,调查分析儿童技术产品使用的状况及其影响,为学校或教育部门制定相关决策提供数据支撑。记录儿童使用技术产品的年龄、时间、频率等,并对此进行参数分析,明了儿童使用技术产品的基本模式。另外,根据人类发展生态学的微观系统和外层系统,既要分析技术产品使用对儿童造成的直接影响,还要探究其对家庭、学校乃至整个社会的间接影响。只有通过深入地分析与研究,才能制定有益于儿童身心发展的决策。

通常,政府在"守夜人"与"利维坦"两种角色中摇摆。前者主张限制政府的权力,充分发挥市场"这只无形的手"的作用,将教育资源调整到最佳状态;后者强调政府的绝对作用,支持政府的管理或干预行为。按照政府治理的相关理论,最佳的选择应当是在"强政府"与"弱政府"之间寻找平衡点。"强政府"主要发挥立法与监管作用。譬如制定相应的法律与规则规范企业的技术产品生产、限制儿童的使用年龄以及内容等,并对技术产品生产、销售和消费进行制度化、程序化的监督与管理,建立相关的预警机制。"弱政府"可着眼于教育功能的发挥。政府部门通过对教育人员和家长进行适当地教育,让其明了技术产品过度使用对儿童造成的可能性伤害。"强政府"与"弱政府"不是二者择一的非此即彼关系,而是一体两面的协调。更重要的是,政府部门需要从长远出发,厘清企业技术产品生产与儿童健康成长的关系,切勿局限于眼前的经济发展以牺牲儿童的健康为代价。面对儿童"被"技术化程度的不断升级伴随着家长与教师的"不知情"与"无助",政府部门应当对此负责。总之,政府理应基于儿童利益采取一系列防止儿童"被"技术化的有效策略。

参考文献：

[1]罗文．“被”虚拟化的儿童[M]．李银玲，译．上海：华东师范大学出版社，2013.

[2]丁海东．儿童动漫：幼年精神之旅的“魅”与“劫”[J]．西南大学学报（社会科学版），2010(5)：142-146.

[3]卢梭．爱弥儿（上卷）[M]．李平沤，译．北京：商务印书馆，1978：8.

[4]洛克．教育漫话[M]．傅任敢，译．北京：教育科学出版社，1999：1-2.

[5] Hamilton S. Screening for Developmental Delay：Reliable，Easy-to-use Tools[J]. Journal of Family Practice. 2006，55(5)：416-422.

[6]BBC News. Obesity's Huge Challenge for Humans. September 9，2002. By Jonathan Amos. Available at：http://news. bbc. Co. Uk/2/hi/in_depth/sci_tech/2002/leicester_2002/2246450. stm.

[7]Christakis D A. Audible Television and Decreased Adult Words，Infant Vocalization，and Conversational Turns[J]. Archives of pediatrics & Adolescent Medicine. 2009，163(6)：554-558.

[8]张向葵，等．透视文化变迁下的个体心理状态——社会文化震荡影响个体心理健康的访谈研究[J]．东北师大学报（哲学社会科学版），2006(1)：124-127.

[9]俞国良，董妍．我国心理健康研究的现状、热点与发展趋势[J]．教育研究，2012(6)：97-102.

[10]Flores P. Addiction as An Attachment Disorder[M]. Rowman & Littlefield Publishers Inc.；Oxford，UK. 2004.

[11]刘金花．儿童发展心理学（第三版）[M]．上海：华东师范大学出版社，2013：243.

[12]Ghassemzadeh L，Shahraray M，Moradi A. Prevalence of Internet Addiction and Comparison of Internet Addicts and Non-addicts in Iranian High Schools[J]. Cyberpsychology & Behavior. 2008：doi：10.1089/cpb.2007.0243.

[13]中国互联网络信息中心．第24次中国互联网络发展状况统计报告[EB/OL]．(2009-07-16). http://www.cnnic.net.cn.

[14]Horvath C W. Measuring Television Addiction[J]. Journal of Broadcasting and Electronic Media. 2004，48(3)378-398.

[15]常立农．技术哲学[M]．长沙：湖南大学出版社，2003：7.

[16]M. 邦格．技术的哲学输入和哲学输出[J]. 自然科学哲学问题丛刊，1984(1)：63.

[17]刘惠惠．读《"被"虚拟化的儿童》[J]. 早期教育(教师版)，2015(3)：16.

[18]浙江在线．哥哥沉溺色情电影不能自拔 一年多强奸亲妹 4 次[EB/OL].(2015-01-26). http://news. sohu. com/20150126/n408090107. shtml.

第一简介：李静，西南大学教育学部，教授，博士生导师。

原文出处：《西南大学学报》(社会科学版)2016 年第 6 期。

转　　载：人大复印报刊资料《幼儿教育导读》2017 年 3 期长文转载。

参与式教学的形态特征与实施策略

陈时见,谢梦雪

摘　要:参与式教学是一种旨在促进个体参与到群体教学活动当中并最大限度地发挥自身的潜能,以达到个体与个体之间、个体与教学群体之间的积极互动,实现群体教学活动中个体之间的互动学习和共生发展的教学活动。参与式教学把"为学生"转变为"与学生",把"被动出席"转变为"主动融入",在教学基本形态上体现出开放性、互动性和共生性,在教学策略上注重小组合作、情境体验、游戏探究和交流展示,强调在教学实际过程和互动关系中实现师生共学和教学相长。

"参与"指的是个体融入群体活动的一种状态,从个体心理维度看,它包括个体在认知、情感和行为上的投入,从社会群体维度看,它指个体与其他个体之间的互动、个体受群体影响以及个体影响群体的方式和程度。[1]"参与式教学"是一种旨在促进个体参与到群体教学活动当中并最大限度地发挥自身的潜能,以达到个体与个体之间、个体与教学群体之间的积极互动,实现群体教学活动中个体之间的互动学习和共生发展的教学活动。参与式教学关注学生的个体差异和实际需要,注重学生学习的实际过程和互动关系,突出师生共学和教学相长。因此,参与式教学对于当前深化教学改革、培养创新型人才具有积极的现实意义。

一、参与式教学的变革性特征

教学,既包含"教"又包含"学",只有当教师和学生同时参与到教学活动当中，教师的教和学生的学之间才会产生积极的交互作用。既然教学存在的前提已包含了师生的参与，那么凡能称为“教学”的，都必然包含教师和学生的参与，参与式教学岂非是个伪命题？事实上，参与式教学中的参与，指的是教师和学生主动地融入教学活动当中，达成教师与学生之间、学生与学生之间的积极互动。这里的参与强调的是教师和学生主动地融入教学活动和共同地构建学习的意义，而不是被动或消极地出席教学活动。从传统意义上讲，教师是学生的教师，学生是教师的学生，教师和学生的角色是完全固定的，教学活动往往是从教师到学生的单向输出。参与式教学揭示了教师和学生新的角色：教师既是学生的教师，亦是学生的学生；学生既是教师的学生，亦是教师的教师。教师作为组织者和引领者，教的同时也在被教。教学活动不仅是满足学生的求知需求和促进学生健康发展的过程，同时也是满足教师的生命价值和实现教师专业成长的历程。

（一）从“为学生”到“与学生”

教学不是一种单向的信息输入。倘若一方传递信息，而另一方被动接受，就不能形成有效的互动，教学活动就会陷入一种刚性的刻板，无法激起思维的火花。正如《学会生存——教育世界的今天与明天》一书所言：“未来的学校必须把教育的对象变成自己教育自己的主体。受教育的人必须成为教育他自己的人；别人的教育必须成为这个人自己的教育。”[2]参与式教学破除了传统教学“为学生”的桎梏，使教师从“布道者”转化为“学习共同体”的成员。学生从被动的“听道者”转化为发挥主观能动性的“建构者”。教师不再通过外力促使学生学习，而是通过融入教学活动并与学生一起互动，使学生自内而外地发挥主体性，主动地参与到教学活动中。在“为学生”的课堂上，教师精心备课，预设情境，学生配合教师完成教学任务。即便有学生提出教师预设之外的问题或者给予超出教师预期的回应，也被当作点缀和陪衬。课堂的主旋律是学生配合教师完成“为学生”而编制的“教案剧”。而在“与学生”的课堂上，学生不再是配角或群众演员，单向地接受“剧本”和配合演出，而同样是编导和演员，与教师形成联盟，平等地讨论教学目标、学习方法和评价标准，在一个开放的体系中，自主地参与到学习中。从“为学生”到“与学生”的转化，体现了学生从被动接受外部的“教”转向自主探索内部的

"学"。在"与学生"的课堂上,教师不再依靠师道尊严的地位优势,自上而下地传授知识,也不再是独立于学生之外的评判者,而是与学生组成同盟军,成为学生学习的盟友,不仅给予学生方向性的指导和建议,而且与学生一起学习和一起成长,真正体现了师生共学和教学相长。"教长也,学亦长也,无论教抑或学,皆可促进发展。"[3]

(二)从"出席"到"融入"

参与式教学注重发挥学生的主体作用,通过教学活动让学生积极参与到学习当中。主体参与性包含三层含义,即全体学生参与、学生全程参与、学生全身心参与。这三层含义从个体参与的时间、广度和深度上阐述了参与式教学的根本要求,在教学活动中具体体现为认知、行为、情感三个层面。从认知方面而言,强调个体思维的卷入,表现为认真的态度和浓厚的兴趣;从行为方面而言,注重个体的身体力行,表现为在小组合作、讨论交流、成果展示等具体活动中积极主动地承担和完成任务;从情感方面而言,突出情感的共鸣,教师通过移情,理解学生的生活经验,通过创设相应的情境和模拟体验等方式让学生融入教学活动之中,从而达到既全身心地参与学又积极主动地参与教的目的。学生的主体参与离不开教师的引领作用,以学生为主体并不是教师一味放手。相反,以学生为主体要求教师对学生的学业状况、发展类型以及学习规律有更为深入的了解。人们通常认为,教师作为接受过专业训练的教育工作者,具备行业认可的专业水平,占有了大量的教学资源和经验,而学生是发展中的人,因此教师在教学活动中理应发挥主导作用。然而,如果教师不熟悉学生的学习实际,不了解学生的发展规律,即使具备高超的专业水平也会是徒劳的。教师只有融入学习活动当中,才能真正熟悉和了解学生的学习和成长规律,才能真正从学生的学习实际出发。因此,参与式教学强调,教师和学生是平等的参与者,教师和学生都应积极地参与到学习活动当中。一方面,教师的学习可以引领和指导学生的学习;另一方面,学生的学习亦可以促进和带动教师的学习。教师和学生在主动地融入和平等地参与学习活动的过程中实现相互学习、相互促进、共同发展。"师生共学"可以更好地激励和促进教师和学生的学习,让教学真正成为教学相长的过程。[4]

二、参与式教学的基本形态

参与式教学的核心在于主动融入和共同参与，具有很强的共生性和交往性，因而在教学基本形态上主要体现为课堂的开放性、交往的互动性和发展的共生性三个方面。

（一）开放的课堂形态

参与式教学从教学目标的创设、教学内容的确定到教学资源的选择、教学方法的运用等都是在一个开放的体系中，由师生双方共同探索完成的。正如马修·李普曼（M. Lipman）所说，如果学生发现所学的东西都是完美无缺、符合逻辑的，他们就会对这些研究失去兴趣。反之，如果学生发现提供给他们的学习材料是片面的、零碎的、残缺的，他们就会想尽办法去解决、征服它们。[5]参与式教学秉持生本理念，既关照到学生的短期目标达成，也关照学生长远发展的价值实现，[6]期待教师和学生通过共同探索提出新问题和生成新认知。教学目标作为对教学结果的一种预测，紧紧围绕学生发展程度和实际水平，是一个方向性的指引，因此不是一成不变的，而是在过程中不断生成的。教学内容虽以教材为起点，但又不囿于教材。教材只是教学资源的一部分，而非全部的教学内容，要根据不同学生学习的实际需求将预设性的教学资源和生成性的教学资源进行有效的整合，让每一位学生都能找到生长点。教学方法的选用上，要充分考虑学生的类型、能力和需求以及学科特点和年段特征，以更好地激发学生的学习热情。

（二）互动的交往形态

传统的课堂多为教师讲、学生听、教师评价、学生接受的单向形态。参与式教学中师生和生生形成多向互动。多向互动体现在师生之间、学生之间以及各小组之间的教学活动之中。在多向互动的交往形态下，人人参与，每个人都是信息的节点，因而每个人既是信息的接受者，也是重组者、传递者和生成者，形成网络式互动。无论“学困生”还是优等生，都能在多向互动的交往中增强自我效能感。正如威廉·F. 派纳所言，教师的作用不是告诉他人做什么，也不是发布命令，更不是帮助他人形成语言、承诺、指令和程序。教师的任务不是肯定普遍认可的教学大纲，而是批判性地质疑那些不言自明的东西，搅动习惯了的定式，拆解熟悉了的和已经接受了的方式，置陌生于熟悉，置熟悉于陌生。[7]在参与式教学中，教师不只是信息的发布者，而更应该是组织者，学生个体与个体之间、学生个体与群体之间、学生与教师之间、学生与教学内容之间形成多向的互动，并在互动中生成新的学习和成长。比如，在课前准备的过程中，每个小组分头搜集教学资料，提出问题，在组内讨论，记录员通过组内自主探究解决问题。对于组内没能解决的问题，形成组间讨论，教师也参与其中，作为教学资料和学生之间的中介，促进学生与教学资料之间的互动。在教学中，教师的提问应兼顾不同层面的学生，充分了解不同学业水平学生的能力，设置能凸显其智能优势的情境，使其互助合作，发挥各自优势，敢于发言、乐于展示。各个小组也选派学生代表提问，并请其他小组的成员回答，形成点面结合的互动机制。在课堂的评价反馈过程中，学生并不依赖于老师，而是广泛开展组内互评、组间互评、师生互评。组内依据分工合作的职责，评价成员是否各司其职。组间依据各组提出问题的有效性、解决问题的能动性及成员的参与度进行评判。师生之间根据参与行为对知识、能力、情感等方面的发展进行评价。

（三）共生的发展形态

参与式教学通过自主探究、小组合作、讨论交流、成果展示等丰富多样的活动让学习者在体验的过程中，将自己的身心投入到与内部或外部世界的交往中，生成个性化的知识体系，建构知识的意义。体验是一个转换的过程，将无意义的知识纳入自身的认知体系，在感知、反思中获得提升。在参与式教学中，学生通过主动探索，在具体情境中加强身体行动与头脑思考的联结，恢复泛化的知识与个性化的情感之间的联系。不同的活动赋予学生不同的体验，在小组讨论中，学生体验到如何分工合作、团队作战；在问题解决中，学生体验到探索发现的乐趣；在情境体验中，学生建立了生活和学习的联结。传统课堂的空间形态多为“秧田式”，即学生与学生前额对后脑，左肩邻右肩，全班同学横成行、竖成列的排座方式。这样的空间强化了教师一对多的交往模式，限制了学生之间的交往，不利于学生平等地参与教学活动。参与式教学强调“只有差异、没有差距”，尊重学生的差异性，鼓励学生在已有认知水平的基础上自主探究，实现师生之间、生生之间的平等对话。因此，针对不同的教学活动，采用相应的排座方式，通常在空间形态上体现为圆桌式、直排式、马蹄式等。小组讨论时，采用圆桌式排座法，每组成员围桌而坐，面对面地交流，有利于平等地参与教学活动。开展讨论时，采用对立式排座法，有利于正方和反方阐述各自的论据。举办讲座时，采用直排式排座法，有利于演讲者和观众有效互动。成果展示时，可以采用马蹄式排座法，便于每位学生清楚直观地了解彼此展示的成果。平等参与的空间形态缩小了地理距离造成的空间疏离感，为每个师生创设了民主平等的氛围和安全的心理环境，形成共生的发展环境。

三、参与式教学的实施策略

参与式教学主要是通过教学交往而实现师生共同学习和共生发展。因而在实施过程中必然需要一些特殊的教学策略。科学运用这些教学策略是参与式教学得以有效实施的重要保证。

（一）小组合作策略

小组合作教学策略既要发挥集体的合作精神，也要为学生彰显个性提供机会。开展小组合作之前，教师应了解每一个学生的能力水平和气质特征，根据教学需要决定同质分组、异质分组或者随机分组，并确定每组的规模和人数。学生必须对学习内容有一定程度的准备，形成个体的思考和见解，不能脱离文本或问题本身而进行主观臆断，这就需要健全监督互助体系，在学生之间开展检查督导的工作，保证学生有主题意识和问题意识。开展小组合作时，教师应处理好时间和效率的关系，参与的深度与广度的关系，把握讨论进度，深入组内活动，给予及时有效的帮助。小组内部要有明确的分工，避免有的同学抢占话语霸权，而有的同学一言不发。教师要根据学生的个性特点鼓励学生承担起各自扮演角色的内容。组长应统筹全局，号召每个同学积极参与。记录员要把每个同学发言的要点和疑惑记录下来。记时员要提醒每位同学在规定时间内发言，保证每个同学都有发言机会。汇报员负责提炼每位成员的观点，汇总陈述。小组合作中既要倡导组与组之间的竞争关系，也要倡导组内成员之间和各组之间的合作关系，让学生真正沉浸在竞争与合作的良好学习氛围之中。

（二）情境体验策略

情境体验教学策略指根据教学内容的要求，创设类似现实的情境，使学生身临其境，进而激发思维，增强学习动机。教育家陶行知先生曾做过一个精辟的比喻：“接知如接枝。”意即依据学生的生活经验及已有的知识水平作为起点进行教学。在参与式教学中创设情境，既要满足基于学生生活经验和认知水平的要求，也要体现学科特点，还要具备形象生动、激发学生探索发现，唤醒学生情感的特点。形象生动，指创设的教学情境应是具体可感的，不是抽象难懂的，要符合学生由易到难、由简单到抽象、由感性到理性的认知规律。激发学生的探索发现，是指教学情境应含有需要学生解决的问题，问题应能激起学生的认知冲突，引起师生之间及生生之间的互动，让学生的思维处于活跃的求知状态。唤醒学生的情感是指教学情境能够触及学生的精神世界，让学生的情绪和意志沉浸其中，形成个体的体验。创设情境时，宜整体考量，注重体验的阶段性。连续的体验有助于个体在单位时间内融合不同阶段习得的观念，上一个情境中学到的知识，为下一个情境处理问题奠定基础。后一个情境获得的理解强化前一个情境发生的体验。每次课的体验为下一次的体验做铺垫，学生在循环的学习过程中升华情感，提高参与的积极性。体验的重要性不在于学会某种操作技术，获得某种技能，而在于获得对于现实的真实感受，而这种内心的体验是学习者形成认识、转化为行为的原动力。[8]

（三）游戏探究策略

游戏为学生提供了一种新的视角，打破了常规教学固化的展示和评价方式，让识记能力、书写能力相对滞后但观察能力较强、善于发现的学生获得发挥潜能的机会。游戏还具有诊断和治疗作用，可以帮助教师分析解释困扰学生情绪的因素，从而采取相应的措施帮助其克服困难。参与式教学中的游戏活动策略，是指以游戏为载体，让师生参与其中，潜移默化地学习。

每个年龄段的学生对游戏都有着天然的兴趣，但对于游戏的开展形式和持续时间要求不同。低年级的学生注意力集中时间短，思维主要依靠形象具体的材料或实物进行。由于分析推理等抽象逻辑处于初步的发展阶段，因而对游戏的要求更多地体现在感官性、故事性方面。中高年级的学生则对游戏的挑战难度、选用策略和游戏技能、游戏反馈提出了更高的要求。女生更倾向于被情境性较强的游戏教学吸引，而男生更倾向于被竞技性较强的游戏教学吸引。挖掘学生对于游戏的内在需要，解决学生学习与游戏内容的适配性，能够有效增强参与式教学的内生动力。

（四）交流展示策略

交流展示是参与式教学中的一种常用的实施策略。教师和学生经过主题探究后，将取得的成果进行展示交流，通过这项活动，不仅提高自身知识水平，而且促进相互学习。交流展示活动能促进生生之间和师生之间相互汲取优点，有利于学生自发地提升探索问题、思考问题的能力。交流展示的方式呈现多样化的趋势，分为多媒体与传统文本展示、实物模型与数据模型、实验报告与研究报告、艺术创作与艺术表演等多种方式，选用时可以根据班级实际情况和学生自身特点进行调整或组合。通常情况下，交流展示根据主题活动的不同类型，相应地以不同形式呈现。以主题探究为主的研究性学习活动依托实验报告，通过论坛演讲、调查报告或模拟仿真来展示；以参观或考察为主的体验性学习活动通过摄影录像、照片图画、访谈实录等资料展示；以项目与应用为主的设计性学习活动通过展示作品、介绍原理、辩论探讨的方式展示；以社会参与及服务性学习为主的实践性活动通过公益服务、板报宣传及资料集展览的方式展示。交流展示的方式虽然丰富多彩，但选用何种方式取决于学生已经进行了哪些活动以及活动中达成了哪些目标。这就要求教师在学生开始活动前与其共同设计方案，在活动中了解进度并有效调控，在活动后根据实际情况创设机会，选择合适的方式让学生将其所得充分展示出来。从准备参与到开展活动，再至交流展示，教师的参与至关重要。学生收集到的材料和获取的信息是庞大繁杂的，而展示的成果是去粗取精、去伪存真、加工整理的。教师引领学生提取和再加工信息的过程，本身也是学生内化学习成果、建构知识体系和不断反省学习方式的过程。

参考文献：

[1]陈时见，冉源懋．参与式教学[M]．北京：高等教育出版社，2012：6.

[2]联合国教科文组织国际教育发展委员会．学会生存——教育世界的今天和明天[M]．上海：上海译文出版社，1979：218-219.

[3]李保强，薄存旭．"教学相长"本义复归及其教师专业发展价值[J]．教育研究，2012(6)：129-135.

[4]陈时见．参与式教学的内涵特征[J]．教师教育学报，2014(4)：108-110.

[5]Lipman M. Thinking in Education[M]. New York: Cambridge University Press, 1991:68.

[6]靳玉乐．学业负担政策的价值重建[J]．西南大学学报(社会科学版)，2015(4)：81-86.

[7]派纳．课程：走向新的身份[M]．陈时见，等，译．北京：教育科学出版社，2008：29.

[8]陈向明．在参与中学习与行动——参与式方法培训指南(上册)[M]．北京：教育科学出版社，2003：6.

第一作者： 陈时见，教育学博士，西南大学教育学部，教授，博士生导师。

原文出处：《西南大学学报》(社会科学版)2016 年第 6 期。

转　　载： 人大复印报刊资料《教育学》2017 年 4 期长文转载。

后记

HOUJI

2017年6月，本社决定以《西南大学学报》(社会科学版)多年设立的主要栏目为基础，收录2005—2016年间发表的高水平代表性论文，编集《马克思主义与哲学文集》《文学与中国侠文化文集》《教育学研究文集》《心理学研究文集》和《明清史研究文集》5种专题论文集，由原责任编辑担任分册执行编辑；与自然科学版编纂的《"领跑者5000"论文集》一起，定名为"《西南大学学报》建设丛书"，作为创刊60周年暨改版10周年的纪念，由西南师范大学出版社出版。

社会科学版各集的论文入选标准是：在考虑实际发文情况的前提下，入选论文应覆盖相应学科的主要分支；入选论文以高转载、高被引为遴选标准，具有显著的学术影响，并兼顾本校优势学科、本刊发稿质量及作者代表作等诸方面因素；入选作者在相关学科领域具有代表性，校内作者数量控制在三分之一以内；一位作者一般入选一篇独立署名论文。

经过多年努力，《西南大学学报》(社会科学版)取得了良好的社会效益，扩大了学术影响力：入选《中文社会科学引文索引(2017—2018年)来源期刊》(南京大学)、《中文核心期刊要目总览(2014年版)》(北京大学)、《中国人文社会科学核心期刊要览(2014年版)》(中国社科院)；2010年荣获首届重庆市政府出版奖期刊奖，是唯一获得此奖的高校社科学报；同年被评为全国高校三十佳社科期刊；2014年被评为"全国高校精品社科期刊"；2015、2016、2017年度均获得重庆市重点学术期刊建设工程出版专项资金资助。吸引了国内(含港澳台)国外专家、学者的关注和支持，年均接收稿件超过5 000篇次以上，采用率不到3%。《西南大学学报》(社会科学版)正在成为国内有重要影响力的学术发表平台，在重庆市内居于领先地位，在选题策划、期刊编辑、稿件组织、学术研究等方面逐步形成自身特色。

据CSSCI(2017—2018)南大核心目录报告，在收录的70种综合大学学报中，《西南大学学报》(社会科学版)综合评价居第17位，较以前有较大幅度的提升，在重庆市学术期刊中名列前茅。

据中国科学文献计量评价研究中心《中国学术期刊影响因子年报》2017年版统计，《西南大学学报》(社会科学版)的复合总被引为3 466，复合影响因子为0.940，综合影响因子为0.592，影响力指数为130.594，在617种综合性人文、社会科学期刊中，按学术期刊影响力指数及影响因子，排名为第52位。

《教育学研究文集》是《〈西南大学学报〉建设丛书》的社科专题文集之一，所收录的文章都出自《教育学研究》栏目。

至2017年底，《教育学研究》栏目共开设62期，刊发论文240余篇。这些论文作者大多来自西南大学、中国社科院、北京大学、南开大学、北京师范大学、华东师范大学、厦门大学、四川大学、东北师范大学等高校和科研机构，所刊发的文章大多数是国家社会科学基金、教育部人文社会科学基金及其他省部级科研基金项目的成果。《教育学研究》栏目逐步形成了以职业教育、教学论原理、教师教育、基础教育、教育政策法规、比较教育、学龄前教育等领域的研究成果为主要刊发对象的特色，得到业内的关注和肯定，社会效益极为显著。

根据中南财经政法大学图书馆的检索报告，至2017年底，已刊发文章被《新华文摘》《中国社会科学文摘》《高等学校文科学术文摘》《人大复印报刊资料》转载79篇次，转载率达33％。其中，2013年第4期刊载了一组职业教育研究文章，石伟平、陆俊杰的《城镇化市民化进程中我国城乡统筹发展职业教育策略研究》，朱德全、李鹏的《论统筹城乡职业教育的多重治理逻辑》，赵志群的《现代职业教育质量保证体系研究：现状与展望》3篇，《城镇化市民化进程中我国城乡统筹发展职业教育策略研究》《论统筹城乡职业教育的多重治理逻辑》登上《新华文摘》2014年第22期封面标题且被长文转载，《论统筹城乡职业教育的多重治理逻辑》《现代职业教育质量保证体系研究：现状与展望》被《人大复印报刊资料》全文转载；截至2017年12月，这3篇文章的被引频次、下载数量分别为39/1 358、24/969、28/1 481。2015年4期刊载的李森的《新型城镇化进程中我国乡村教育可持续发展的现实困境与战略选择》一文,登上《新华文摘》2015年第21期封面标题且被长文转载,又被《高等学校文科学术文摘》2015年第6期长文转载;由于选题宏大、切中时政,该文荣获2016年“第五届全国教育科学研究优秀成果奖”一等奖,实现了国内社科学报刊发文章高级别获奖零的突破。

以上数据说明,《教育学研究》栏目经过十余载的精心打造,已经凭借其学术水准及学术质量在学界及期刊界形成良好影响,赢得了广泛的认同。

《教育学研究文集》共收录27篇论文,分为两编,上编为“教育理论与政策研究”,下编为“教育专题问题研究”,由栏目编辑曹莉副编审负责编纂成书。

编者

2018年09月